BOOK 1

교과서 개념을 쉽게 이해할 수 있는

개념북

✦ 쉽고 자세한 교과서 개념학습   ✦ 서술형·논술형 문제 강화

4-2

국어
리더

천재교육

Chunjae
Makes
Chunjae

▼

국어 리더 4-2

편집개발	원명희, 임주희, 정시현
디자인총괄	김희정
표지디자인	윤순미, 장미
내지디자인	박희춘
제작	황성진, 조규영

발행일	2024년 6월 1일 7판 2024년 6월 1일 1쇄
발행인	(주)천재교육
주소	서울시 금천구 가산로9길 54
신고번호	제2001-000018호
고객센터	1577-0902
교재 구입 문의	1522-5566

리더가 되기 위한 공부 비법

국어
리더

4-2 가

단원	영역	제재 이름	지은이	나온 곳	리더
독서		『오세암』 머리말	정채봉	『오세암』 -(주)창비, 2006.	11쪽
1 단원	국어 활동	「독도 수비대 강치」	경상북도 문화콘텐츠 진흥원· (주)픽셀플 레넷	「독도 수비대 강치」 -경상북도문화콘텐츠진흥원, 2017.	24쪽
		「임금님 귀는 당나귀 귀」	한국방송 공사	「배추 도사 무 도사의 옛날 옛적에」 -제1화, 한국방송공사, 1990.	25쪽
2 단원	국어 ㉯	안창호 선생이 아들에게 쓴 편지	오주영 엮음	『세상에서 가장 유명한 위인들의 편지』 -채우리, 2014.	36쪽
	국어 활동	「좋은 사람과 사귀려면 좋은 인상을 주어라」	필립 체스터필드 글, 박은호 엮음	『아들아, 너는 미래를 이렇게 준비하렴』 -도서출판 글고은, 2006.	39쪽
3 단원	국어 ㉯	1번 광고	이유용	「너의 목소리가 들려」 -한국방송광고진흥공사, 2014.	56쪽
4 단원	국어 ㉯	「사라, 버스를 타다」	윌리엄 밀러 글, 박찬석 옮김, 존 워드 그림	『사라, 버스를 타다』 -(주)사계절출판사, 2004.	68쪽
		「우진이는 정말 멋져!」	강정연	『콩닥콩닥 짝 바꾸는 날』 -시공주니어, 2009.	73쪽
		「젓가락 달인」	유타루	『젓가락 달인』 -바람의아이들, 2014.	77쪽
	국어 활동	「주인 잃은 옷」	원유순	『100년 후에도 읽고 싶은 한국 명작 동화 Ⅱ』 -(주)예림당, 2015.	82쪽
		「비 오는 날」 (원제목: 「초코파이」)	김자연	『두고두고 읽고 싶은 한국 대표 창작 동화 3』 -(주)계림북스, 2006.	83쪽
5 단원	국어 활동	「함께 사는 다문화 왜 중요할까요?」	홍명진	『함께 사는 다문화 왜 중요할까요?』 -나무생각, 2012.	99쪽

『세상에서 가장 유명한 위인들의 편지』

간디, 베토벤, 고흐, 정약용, 김정희, 안창호 등 세계 여러 나라 위인들의 마음과 생각을 담은 편지를 모아 엮은 책입니다. 편지에 담긴 사랑, 우정, 용기, 희망을 느낄 수 있습니다.

◎ 안창호 선생의 동상

『사라, 버스를 타다』

미국 흑인 권리 운동이 일어나게 된 로사 팍스의 실제 이야기를 바탕으로 한 책입니다.

흑인은 버스 뒤쪽에, 백인은 버스 앞쪽에 타야 한다는 법이 옳지 않다고 여긴 사라의 작은 저항에 사람들이 참여하게 됩니다. 결국 흑인과 백인의 차별은 법 위반이라는 판결을 이끌어 냅니다.

모두에게 평등한 권리를!

『함께 사는 다문화 왜 중요할까요?』

편견을 버리고 다양한 문화를 존중하면서 함께 살아가는 방법을 알 수 있습니다. 언어, 종교, 음식, 피부색 등이 달라도 함께 어울려 살아갈 수 있으며 세계화로 나아가는 발걸음이라는 것을 보여 줍니다.

단원	영역	제재 이름	지은이	나온 곳	리더
6 단원	국어 🌵	「김만덕」	신현배	『5000년 한국 여성 위인전 1』 –홍진피앤엠, 2007.	**111쪽**
		김만덕 초상	윤여환	–김만덕기념사업회	**111쪽**
		「정약용」	김은미	『정약용』 –(주)비룡소, 2010.	**114쪽**
		「헬렌 켈러」 (원제목: 「사흘만 볼 수 있다면 그리고 헬렌 켈러 이야기」)	신여명	『사흘만 볼 수 있다면 그리고 헬렌 켈러 이야기』 –두레아이들, 2013.	**116쪽**
	국어 활동	「임금님을 공부시킨 책벌레」	마술연필	『우리 조상들은 얼마나 책을 좋아했을까?』 –보물창고, 2015.	**122쪽**
		「시인 허난설헌」 (원제목: 「글방 동무」)	장성자	『초희의 글방 동무』 –도서출판 개암나무(주), 2014.	**123쪽**
7 단원	국어 🌵	「어머니의 이슬 털이」	이순원	『어머니의 이슬 털이』 –북극곰, 2013.	**134쪽**
		「투발루에게 수영을 가르칠 걸 그랬어!」	유다정	『투발루에게 수영을 가르칠 걸 그랬어!』 –미래아이, 2008.	**138쪽**
	국어 활동	「멋진 사냥꾼 잠자리」	안은영	『멋진 사냥꾼 잠자리』 –길벗어린이(주), 2005.	**141쪽**
8 단원	국어 활동	1번 광고	남광민·양희원	『여기가 맞을 텐데…?』 –한국방송광고진흥공사, 2017.	**157쪽**
		「자유가 뭐예요?」	오스카 브르니피에 글, 양진희 옮김	『자유가 뭐예요?』 –상수리, 2008.	**158쪽**
9 단원	국어 🌵	「온통 비행기」	김개미	『쉬는 시간에 똥 싸기 싫어』 –토토북, 2017.	**168쪽**
		「지하 주차장」	김현욱	『지각 중계석』 –(주)문학동네, 2015.	**169쪽**
		「김밥」	한국교육방송공사	『TV로 보는 원작 동화: 김밥』 –한국교육방송공사, 2011.	**170쪽**
		「멸치 대왕의 꿈」	천미진	『멸치 대왕의 꿈』 –도서출판 (주)키즈엠, 2015.	**171쪽**
	국어 활동	「제기차기」	김형경	『고학년을 위한 동요 동시집』 –상서각, 2008.	**173쪽**

『정약용』

조선의 대표적인 실학자 정약용의 일생에 대한 책입니다. 실학을 공부하고 백성과 나라에 도움이 되는 책을 쓴 정약용의 모습과 업적 등이 담겨 있습니다.

『우리 조상들은 얼마나 책을 좋아했을까?』

조선 시대에 책을 좋아한 조상들의 삶을 재미있는 동화로 썼습니다. 우리 조상들이 어떻게 책을 읽고, 책에서 무엇을 얻었는지 알 수 있습니다.

『투발루에게 수영을 가르칠 걸 그랬어!』

남태평양의 가운데에 있는 섬으로 된 나라 투발루는 지구 온난화 때문에 바닷물의 높이가 점점 높아지면서 가라앉고 있어요. 이런 투발루의 상황을 수영을 못하는 고양이 투발루를 통해 알리고 우리가 어떻게 해야 할지 생각해 보도록 합니다.

『자유가 뭐예요?』

자유에 대해 어린이들이 궁금하게 생각하는 것을 쉽게 풀어 쓴 책입니다. 나의 자유도 소중하고 존중받아야 하지만 다른 사람의 자유도 지켜 주어야 한다는 것을 가르쳐 줍니다.

『멸치 대왕의 꿈』

꿈풀이를 바탕으로 여러 바다 생물들이 어떻게 지금과 같은 생김새를 갖게 되었는지를 재미있게 담은 옛이야기입니다. 멸치의 꿈 하나를 놓고 바다 생물들이 다양하게 푸는 모습을 통해 서로 다른 생각의 재미도 느낄 수 있습니다.

구성과 특징

교과서 **개념**을 이해하기 쉽게!

독서 단원

개정 교육과정에 새로 들어갔어요!

국어 교과서 특별 단원인 「독서 단원」의 구성과 활용 방법을 소개!

---

❶ 개념 만화

퀴즈로 학습 내용을 재미있게!

---

❷ 개념 정리

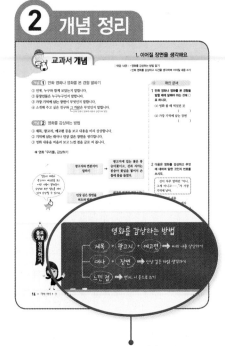

칠판 정리로 머릿속에 쏙쏙!

---

❸ 진도 학습

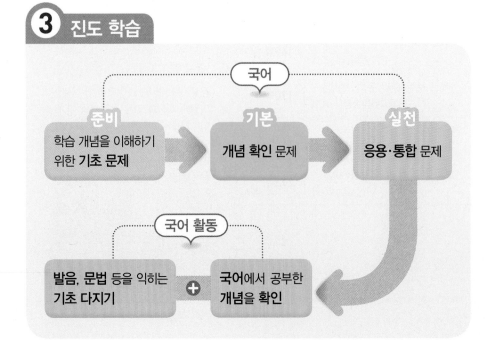

국어

준비	기본	실천
학습 개념을 이해하기 위한 **기초 문제**	**개념 확인** 문제	**응용·통합** 문제

국어 활동

발음, 문법 등을 익히는 **기초 다지기** + 국어에서 공부한 **개념을 확인**

---

❹ 단원평가

❺ 서술형·논술형 평가

학교 평가에서 중요해지는 서술형·논술형 평가 완벽 분석!

Book 2 평가북

다양한 유형의 **단계별 문제**를 풀면서 **실력**을 **튼튼**하게!

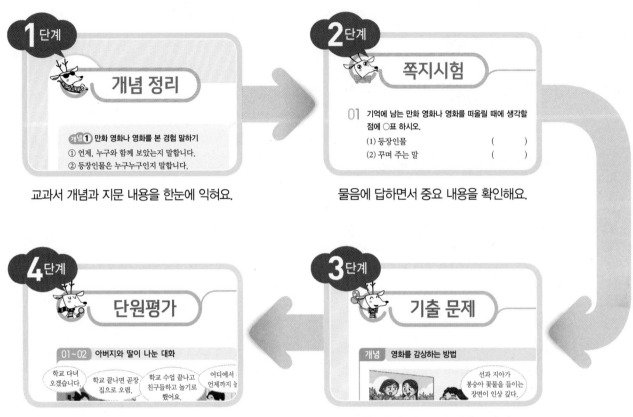

1단계 개념 정리

개념① 만화 영화나 영화를 본 경험 말하기
① 언제, 누구와 함께 보았는지 말합니다.
② 등장인물은 누구누구인지 말합니다.

교과서 개념과 지문 내용을 한눈에 익혀요.

2단계 쪽지시험

01 기억에 남는 만화 영화나 영화를 떠올릴 때에 생각할
점에 ○표 하시오.
(1) 등장인물　　　　　　　　　(　　　)
(2) 꾸며 주는 말　　　　　　　(　　　)

물음에 답하면서 중요 내용을 확인해요.

4단계 단원평가

01~02 아버지와 딸이 나눈 대화

학교 다녀
오겠습니다.

학교 끝나면 곧장
집으로 오렴.

학교 수업 끝나고
친구들하고 놀기로
했어요.

어디에서
언제까지 놀

꼭 알아야 할 문제를 풀면서
단원을 마무리하고 정리해요.

3단계 기출 문제

개념 영화를 감상하는 방법

선과 지아가
봉숭아 꽃물을 들이는
장면이 인상 깊다.

학교시험에 잘 나오는 문제만 모았어요.

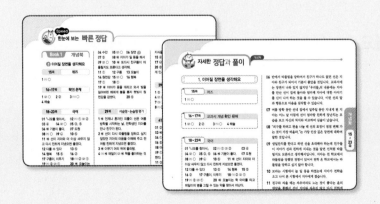

Book 3 코칭북

빠른 정답으로 채점은 편하게!

자세한 풀이로 문제 이해는 쉽게!

차례

등장 인물

어린이 신들이 진정한 신이 되기 위해서 학교에 갔어요.
어떤 일들이 펼쳐질까요?

제우스

친구들의 대장이에요.
말썽꾸러기 친구들을 이끌고 과제를
해결해야 신전에 들어갈 수 있답니다.

토르

힘쓰는 것을 좋아하고
단순해요. 장난을 좋아하기도
하지만 어려운 일이 있을 때
앞장서서 친구들을 도와요.

아프로디테

자신을 세상에서
제일 예쁘다고 생각해요.

아테나

말괄량이에 화를
잘 참지 못해요.
아프로디테와 매번
티격태격해요.

하데스

마음으로는 친구들과
사이좋게 지내고 싶어하지만
뜻대로 되지 않아서 심술을
부려요.

나는 공부할 준비가 되었나? √표를 해 보자.

- 책상은 깨끗이 정리했니? ☑
- 엉덩이는 바짝 붙이고 앉았니? ☐
- 연필과 지우개는 책상에 놓여 있니? ☐
- 연필깎이는 가까이에 두었니? ☐
- 화장실에 갔다 오지 않아도 괜찮겠니? ☐

다 괜찮다면,

이제 내 목소리에 귀 기울일 준비가 되었니?
다른 문은 다 닫고, 나와 이야기할 마음이 되었다면

자, 책장을 넘겨 볼까?

독서
단원

" 책을 읽고 생각을 나누어요 "

 『독서 단원』이란?

공부 시간에 책을 읽고 함께 생각을 나누는 단원입니다.
4학년 2학기 『국어』 교과서의 첫 번째 단원은 「독서 단원」입니다. 독서 단원은
독서 교육을 강조하는 특별한 형태의 단원으로, 한 학기 동안 읽고 싶은 책을
스스로 정하여 여러 가지 방법으로 책을 읽고 독후 활동을 하는 단원입니다.

『국어 리더』는 교과서에 제시된 「독서 단원」의 교과 내용을 소개하고, 실제 학교
수업에서 이루어질 수 있는 여러 가지 학습 과제들을 친구들이 쉽게 이해하고
따라할 수 있도록 풀어 놓았습니다.

* 「독서 단원」은 2학기 중에 언제든지 공부할 수 있어요.

읽을 책 정하기
책을 골랐던 경험을 떠올려 보고 읽을 책을 정해 봅시다.

▨ 경험 나누기

• **자신이 읽었던 책 이야기하기**

> 나는 문화재를 다룬 정보책을 읽었어.

> 나는 4학년 친구들이 지은 시를 모은 동시집을 읽었어.

> 예) 나는 우주에 대한 과학책을 읽었어.

• **자신이 읽었던 책 목록 만들기**

> 책은 내용에 따라 이야기책, 정보책, 동시집 따위로 종류를 나눌 수 있어요.

• **자신의 독서 습관에 대해 짝과 이야기 나누기**

> 나는 평소 우주를 다룬 책을 많이 읽는 편이야.

> 나는 평소 인물 이야기를 많이 읽었어. 이제 다른 종류의 책도 폭넓게 읽어야겠어.

📖 『국어』 교과서 10~11쪽

▨ 책 찾아보기

• **책을 고르는 방법 알아보기**

> 평소 즐겨 읽는 책인가요?

> 책 내용에 대해 더 알고 싶은 것이 있나요?

> 책 내용과 그림에 흥미가 있나요?

> 책 속 글자의 크기가 너무 크거나 작지 않나요?

• **책을 고르는 자신의 기준 만들기**

> 나는 역사를 다룬 책을 즐겨 읽어. 그래서 이 책을 골랐어.

> 이 책에 있는 여러 나라의 전통 옷과 장신구의 그림과 사진이 흥미로워.

> 책을 고르는 또 다른 기준에는 어떤 것이 있을까?

내 기준	예) 나는 내가 좋아하는 작가가 쓴 책은 모두 읽어.

『국어』 교과서 12쪽 📖

▨ 누구와 읽을지 정하기

> 나는 1학기에 모둠별로 활동했어. 모둠원들이 서로 의논해서 더 좋은 책을 고를 수 있었어.

> 우리 모둠은 책에 나오는 어려운 낱말을 모아 낱말사전을 만들었어.

> 관심 있는 분야가 비슷한 친구끼리 동아리를 만들어 함께 책을 읽고 이야기를 나누면 어떨까?

> 우리 반 모두가 함께 읽으면 더 즐겁게 읽을 수 있지 않을까?

 혼자
자신이 읽고 싶은 책을 혼자 골라 읽어요.

 모둠
모둠 친구들과 의논해 읽고 싶은 책을 함께 골라 읽어요.

 동아리
관심 있는 분야가 같은 친구들이 모여 함께 읽어요.

 예) 가족
예) 가족들과 함께 책을 읽어요.

> 책은 혼자 읽고 난 뒤 소개할 수도 있고, 친구들과 함께 읽고 서로 생각을 나눌 수도 있어요.

📖 『국어』 교과서 13쪽

▨ 읽을 책 결정하기

• **혼자서 읽을 때**

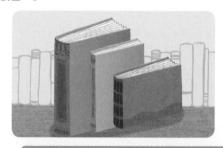

> 갈색 책은 내가 읽어 본 적이 없는 종류이지만 내가 좋아하는 우주를 다루고 있어.

> 노란색 책은 내가 평소에 즐겨 읽는 종류의 책이야. 하지만 책 내용과 그림을 훑어보니 흥미가 생기지 않아.

> 초록색 책은 내가 관심 있어하는 주제를 다루지는 않지만, 책 내용과 그림을 훑어보니 재미있을 것 같아.

내가 읽을 책 제목	예) 꼬리 잘린 여우

『국어』 교과서 14~15쪽 📖

• 친구와 함께 읽을 때

친구들과 함께 읽고 싶은 책을 소개해 봐요.
책을 고른 까닭이나 기준을 말하면 더 좋아요.

전에 이 파란색 책과 비슷한 종류의 책을 읽은 적이 있어.
그때 정말 재미있게 읽어서 이번에 이 책을 친구들과
함께 읽고 싶어.

이 초록색 책은 전통 놀이를 다룬 책이야. 전통 놀이는
모두에게 흥미를 줄 수 있을 거야. 우리가 함께 읽고 이야
기를 나누면 좋을 것 같아.

친구들이 고른 책을 살펴보고, 책을 고른 기준을
고려하며 어떤 책을 읽으면 좋을지 생각해 봐요.

내가 추천한
책은 아니지만 평소에
관심 있던 주제를 다룬
책이라서 재미있을
것 같아.

이 책의 내용에
흥미가 있지만 너무
얇아서 금방 읽어
버릴 것 같아.

나는 이런 책을
읽어 본 적이 있어.
이 책을 친구들과 함께
읽고 이야기를 나누고
싶어.

| 우리가 함께 읽을 책 제목 | 例 우리는 경쟁과 우정에 대한 주제를 다루는 『○○○』란 책을 읽을 것이다. |

책의 저자와 머리말을 살펴보고 내용 예상하기
책의 저자와 머리말을 살펴보고 내용을 예상해 봅시다.

■ 책의 저자를 살펴보고 내용 예상하기

작가 소개

오세암
정채봉

정채봉(1946~2001)
작은 바닷가 마을에서 태어나
동화 작가가 되었습니다.
『물에서 나온 새』, 『멀리 가는 향기』,
『콩 형제 이야기』 따위를 썼고
어린이 문학상을 많이
받았습니다.

정채봉
작가는 꽃, 새
따위를 소재로 동화책을
많이 쓰신 분이야.

나도 이
작가의 책을
읽어 봤어.

■ 여러 가지 머리말을 살펴보고 내용 예상하기

머리말은 작가의 말, 서문이라고도 해요. 작가님이 책을
쓰신 까닭이나 책 전체 내용에 대한 정보가 담겨 있어요.

머리말

부끄러움 속에서

나는 동화를 쓴다는 사실
에 행복하면서도 부끄러움
을 느낍니다. 행복하다는 것
은 동화가 동심에 있는 것
이므로 그것을 찾는 중에 짖
게 되는 감동이 있기 때문입
니다. 그러나 이런 맑음과
는 거리가 먼 이 세상살이가
문득문득 나를 부끄럽게 합
니다. 그래서 우리 삶을 위
로해 주는 좋은 것들에 대해

쓰고자 하는 것이 저의 바
람입니다.
　　　……
봄부터 여름까지는 뻐
꾸기가 울며, 가을에는 들
국화가, 겨울에는 눈이 잘
녹지 않는 마을이었지요.
그곳의 베어 내고 남은 벼
포기마다에 하얗게 내린
서리, 그 시린 정기를 이
책의 독자들과 함께 나누
어 가지고 싶습니다.
　　　1986년 8월 18일
　　　　　정채봉

머리말을 읽으니 이 작품을 쓴 작가의 마음이나 작가가
독자에게 바라는 점을 알 수 있어.

머리말

예전에는 작은 돌멩이 하
나로도 놀이를 할 수 있었는
데 언제부터인가 어린이들
의 놀이가 달라지고 있어요.
함께 놀기보다 혼자 놀기 좋
아하고 컴퓨터나 휴대 전화
가 있어야 즐거워하지요.
그래서 여러분에게 친구
들과 재미있게 노는 방법을
소개하려고 해요. 옛날부터
전해 내려오는 놀이 방법을
설명할 거예요.

이 책은 둘이서 사이좋
게 놀기, 여러 친구와 함
께 놀기, 운동장에서 놀
기, 교실에서 놀기로 나뉘
어 있어요. 이 책을 읽고
여러분이 즐겁게 놀았으
면 좋겠어요.
자, 그럼 재미있게 놀
준비가 되었나요? 지금부
터 시작해 볼까요?

　　　언제나 행복한
　　　　이힘찬

머리말에는 작가가 글을 쓴 까닭이 드러나 있어.

머리말에는 책에 나올 내용이 소개되기도 해.

읽기 방법 정하기
책을 어떤 방법으로 읽을지 정해 봅시다.

어떤 방법으로 읽을까?

선생님께서 읽어 주시는 내용 듣기

혼자 소리 내지 않고 읽기

모둠 친구들과 돌아가며 읽기

친구와 번갈아 가며 읽기

두 가지 방법으로 읽을 수도 있어요.

우리가 정한 읽기 방법	예 친구와 번갈아 가며 읽기 / 선생님과 번갈아 가며 읽기

「국어」 교과서 21쪽

궁금한 점을 떠올리며 책 읽기
궁금한 점을 떠올리며 책을 읽어 봅시다.

■ 궁금한 점을 떠올리며 책 읽기

옹고집

옹고집은 가족이 매우 그리웠지만, 고향으로 돌아가면 쫓겨날까 두려워 용기를 낼 수 없었다.

한편 고향에서는 가짜 옹고집이 자신의 잘못을 반성하며 곳간에 있는 곡식을 가난한 사람들에게 나누어 주고, 마을 사람들은 가짜 옹고집을 칭찬했다.

이 말을 들은 진짜 옹고집은 화를 내다가 앞일을 걱정했다.

'가짜가 내 재물로 사람들에게 인심을 얻었으니 나는 이제 집에 돌아갈 희망이 없구나. 마지막으로 내 집 한번 보고 싶구나.'

진짜 옹고집은 왜 고향으로 가지 못했지?

책을 읽으며 떠오르는 궁금한 점을 붙임쪽지에 써서 붙여 두면 나중에 궁금증을 해결하거나 기억할 수 있어요.

■ 책을 읽고 떠오른 질문 정리하기

• 진짜 옹고집이 잘못한 일에는 어떤 것이 있을까?
• 가족과 마을 사람들에게 가짜라며 쫓겨날 때 진짜 옹고집은 어떤 생각을 했을까?

「국어」 교과서 22~23쪽

■ 질문 분류하기

책을 다 읽고 나서 자신이 만든 질문의 답을 어떻게 알 수 있을지 생각하며 분류해 봐요.

책에서 답을 찾을 수 있는 질문	책에서 답을 찾을 수 없는 질문
• 진짜 옹고집이 잘못한 일에는 어떤 것이 있을까? • 원님은 왜 가짜 옹고집을 진짜라고 생각했을까?	• 가족과 마을 사람들에게 가짜라며 쫓겨날 때 진짜 옹고집은 어떤 생각을 했을까? • 내가 옹고집이라면 어떤 방법으로 진짜 옹고집이라는 것을 증명할까?

이 질문은 책에서 답을 찾을 수 있어. 원님이 가짜 옹고집을 진짜라고 생각하게 된 까닭은 원님이 두 옹고집에게 물어보는 장면에서 찾을 수 있어.

"내가 옹고집이라면 어떤 방법으로 진짜 옹고집이라는 것을 증명할까?"라는 질문의 답은 책에서 찾을 수 없고, 옹고집의 상황을 따지며 내가 생각해 봐야 해.

「국어」 교과서 24쪽

■ 자신이 고른 책을 읽고 떠오른 질문 분류하기

책 제목	예 가끔씩 비 오는 날
내가 떠올린 질문	

• 예 쓸모 있는 못들의 말을 듣고 '나'는 어떤 기분이 들었을까?
• 예 세상에 쓸모없는 것이 있을까?
• 예 '나'는 어떤 일에 쓸모가 있을까?

자신이 떠올린 질문을 어떻게 해결할지 계획을 세워 봐요.

책에서 답을 찾을 수 있는 질문	책에서 답을 찾을 수 없는 질문
• 예 쓸모 있는 못들의 말을 듣고 '나'는 어떤 기분이 들었을까? • 예 '나'는 어떤 일에 쓸모가 있을까?	• 예 세상에 쓸모없는 것이 있을까?

궁금한 점을 떠올리며 책을 읽으니 책 내용을 깊이 있게 이해할 수 있어.

인물의 마음이나 글쓴이의 생각을 찾을 수 있어서 책 읽는 것이 더 재미있어.

「국어」 교과서 25쪽

책 내용 간추리기

책 한 권을 끝까지 읽고 책 내용을 간추려 봅시다.

책 제목	별별 우주 이야기

옛날 옛적 하늘을 탐구하다: 밤하늘에 관심이 많았던 옛날 사람들은 밤하늘을 관측했고, 그 결과 달력이 만들어졌다.

그래도 지구는 돈다: 사람들은 1500년 넘게 천동설을 믿었지만 여러 과학자가 노력하고 천체 망원경으로 관찰한 결과, 지구가 태양의 주위를 돈다는 지동설이 옳다는 것이 밝혀졌다.

우주, 저 멀리 새로운 세계: 천체 망원경으로 별을 관찰하면서 우리 은하와 외부의 수많은 은하가 모여 우주를 이룬다는 것을 알게 되었다.

아름다운 밤하늘 이야기: 옛날 사람들은 별을 보고 여러 궁금증을 풀려고 했다. 그래서 시간과 계절의 변화를 알았고 별자리에 신화와 전설을 붙여 별자리 이야기를 만들었다.

 이야기 글은 누가, 언제, 어디에서, 무엇을 했는지 생각해 보고 간추려요. 그리고 설명하는 글은 중요한 낱말을 중심으로 정리한 뒤에 관련 있는 내용을 덧붙이며 간추려요.

『국어』 교과서 26~27쪽

생각 나누기

다음 활동 가운데에서 하나를 골라 해 봅시다.

■ [선택 1] 개념 지도 그리기

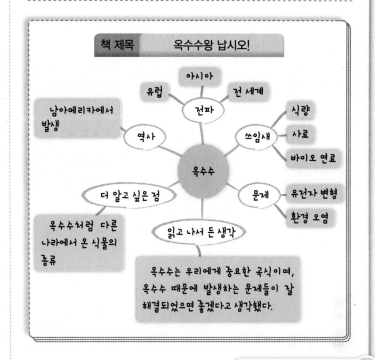

『국어』 교과서 28쪽

■ [선택 2] 책 속 좋은 구절 말하기

책 속 좋은 구절	책 제목: 행복한 청소부 "무슨 뜻인지 알게 될 때까지 되풀이해서 읽었어."
고른 까닭	나는 책을 읽다가 모르는 것이 나오면 포기했었는데 책에 나오는 청소부 아저씨처럼 읽다 보니 점점 이해가 되었다. 이 사실을 다른 사람에게도 알려 주고 싶다.

■ [선택 3] 독서 토의 하기

책 제목: 늑대가 들려주는 아기 돼지 삼 형제 이야기

〈이야기 나누고 싶은 내용〉
• 늑대가 동물을 먹이로 먹는다고 해서 이웃집 아기 돼지를 먹은 것은 잘한 일일까?
• 늑대가 하는 말은 진실일까?

우리 모둠이 읽은 책 제목	예 나무 그늘을 산 총각

• 예 부자 영감이 동네를 떠나게 한 것은 잘한 일일까?
• 예 나무 그늘에는 주인이 없을까?

『국어』 교과서 29~32쪽

정리하기 독서 활동 돌아보기

매우 잘함: ●●●, 잘함: ●●, 보통임: ●

『국어』 교과서 33쪽

1 이어질 장면을 생각해요

우리가 영화표를 사고, 하데스가 팝콘과 음료수를 사니까 좋네.

맞아.

아아, 영화표 값보다 팝콘과 음료수 값이 더 나왔어.

○○ 시네마

우아, 정말 재미있어.

나도 조상들처럼 멋진 신이 될 거야!

나도 최고의 아름다운 신이 되겠어. 물론 지금도 아름답지만!

하지만 정식 신이 되기 위해서는 신전 학교에 가야 하는데……

우리 모두 신전 학교에 입학하자!

첫! 영화관에서 나를 골탕 먹였겠다? 너희들이 절대로 신전 학교에서 잘 지내지 못하도록 할 거야.

정답 9쪽

🔍 **퀴즈**

1. 영화를 감상할 때 내용을 미리 상상하려고 보는 것에 ○표 하세요.

(1) 광고지 　　　　　　 (　　　　　)

(2) 영화관의 위치 　　　 (　　　　　)

| 배울 내용 | • 영화를 감상하는 방법 알기
• 만화 영화를 감상하고 사건을 생각하며 이어질 내용 쓰기

개념 1 만화 영화나 영화를 본 경험 말하기

① 언제, 누구와 함께 보았는지 말합니다.
② 등장인물은 누구누구인지 말합니다.
③ 가장 기억에 남는 장면이 무엇인지 말합니다.
④ 소개해 주고 싶은 친구와 그 까닭은 무엇인지 말합니다.
└ 만화 영화나 영화의 내용과 관련지어 말함.

개념 2 영화를 감상하는 방법

① 제목, 광고지, 예고편 등을 보고 내용을 미리 상상합니다.
② 기억에 남는 대사나 인상 깊은 장면을 생각합니다.
③ 영화 내용을 떠올려 보고 느낀 점을 글로 써 봅니다.

예 영화 「우리들」 감상하기

| 광고지와 연관지어 말하기 | → | 광고지에 있는 꽃은 봉숭이 꽃이고, 선과 지아는 봉숭아 꽃잎을 찧어서 손톱에 물을 들였다. |

영화의 제목과 광고지나 예고편을 보고 어떤 내용이 펼쳐질지 상상해 보면 영화를 재미있게 감상할 수 있어요.

| 인상 깊은 장면을 떠올려 말하기 | → | 피구를 하려고 편을 나눌 때 선의 표정이 점점 변해 가는 것이 가장 인상 깊다. |

확인 문제

1 만화 영화나 영화를 본 경험을 말할 때에 말해야 하는 것에 ○표 하시오.

(1) 영화 볼 때 먹었던 것
( )

(2) 가장 기억에 남는 장면
( )

2 다음은 영화를 감상하고 무엇에 대하여 말한 것인지 번호를 쓰시오.

> 선이 자주 말하던 "아니, 그게 아니고……."가 가장 기억에 남아.

① 예고편의 내용
② 가장 기억에 남는 대사
( )

중요 개념 정리하기

영화를 감상하는 방법

제목 + 광고지 + 예고편 ➡ 미리 내용 상상하기

대사 + 장면 ➡ 인상 깊은 까닭 생각하기

느낀 점 ➡ 편지, 시 등으로 쓰기

개념 ③ 만화 영화 감상하기

① 광고지와 등장인물을 보고 어떤 내용이 펼쳐질지 상상합니다.
② 각 장면을 보고 일이 일어난 차례를 생각하며 내용을 간추립니다.
③ 등장인물의 표정, 몸짓, 말투 등을 바탕으로 성격을 파악합니다.
④ 만화 영화를 감상한 느낌을 여러 가지 방법으로 표현해 봅니다.

⑩ 만화 영화 「오늘이」를 감상한 느낌
• 등장인물의 행동 가운데에서 본받고 싶은 행동과 그 까닭 쓰기

등장인물	본받고 싶은 행동	본받고 싶은 까닭
오늘이	처음 본 등장인물들에게 물어 보는 모습	처음 만난 인물들에게 스스럼 없이 말을 거는 모습이 부러웠다.

• 인상 깊은 장면과 그 까닭 쓰기

인상 깊은 장면	인상 깊은 까닭
· 매일이가 책을 많이 쌓아 놓고 읽는 모습	매일이가 책을 많이 읽는 것이 무척 부러웠어. 책을 읽으면서 매일이가 행복했으면 하는 생각을 했어.

개념 ④ 만화 영화를 감상하고 사건을 생각하며 이어질 내용 쓰기

└─ 이야기의 흐름이 자연스럽게 이어지도록 씀.

① 일이 일어난 차례를 생각하며 씁니다.
② 앞의 내용과 잘 어울리도록 씁니다.
③ 인물의 성격이나 하는 일을 생각해서 씁니다.
④ 인물이 처한 상황을 다르게 하여 이야기를 상상해서 씁니다.

확인 문제

3 다음에서 알 수 있는 등장인물의 성격은 어떠합니까?

( )

> 오늘이는 어려움을 이겨 내고 원천강으로 돌아갔다.

① 소심하다.
② 정직하다.
③ 겁이 많다.
④ 용기가 있다.
⑤ 잘난 척을 잘한다.

4 만화 영화의 이어질 내용을 상상해서 쓰는 방법을 알맞게 말한 사람을 쓰시오.

> 해솔: 이어질 내용에는 새로운 인물을 등장시킬 수도 있어.
> 정인: 이야기의 흐름이 자연스럽지 않아도 행복한 결말이면 괜찮아.

( )

1
단원

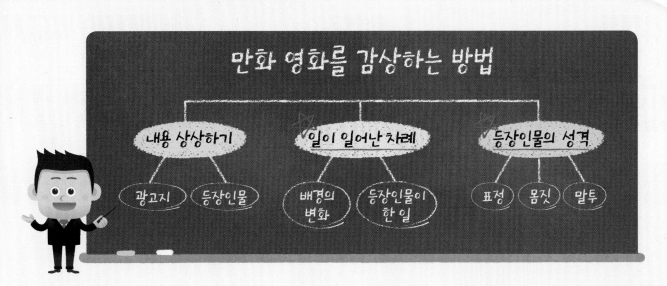

아버지와 딸이 나눈 대화

• **대화의 내용**: 만화 영화에 나오는 아빠 물고기에 대하여 아버지와 딸의 생각이 다르다는 것을 알 수 있습니다.

✧ 만화 영화나 영화를 본 경험 말하기

기억에 남는 만화 영화나 영화의 제목 알아맞히기 놀이 하기

↓

알아맞힌 만화 영화나 영화의 등장인물이나 내용 떠올리기

↓

떠올린 내용을 발표하기

「니모를 찾아서」 아기 물고기 '니모'가 사람에게 잡혀가자 아빠 물고기가 아들을 구하기 위하여 모험을 떠나는 내용의 만화 영화.

---

01 두 사람이 본 만화 영화의 제목은 무엇인지 쓰세요.

(   )

> 두 사람의 대화를 통해 만화 영화의 내용이나 등장인물에 대한 생각이나 느낌이 사람마다 다를 수 있다는 것을 알 수 있어요.

📖 교과서 문제

02 두 사람은 만화 영화에 나오는 아빠 물고기를 각각 어떻게 생각하는지 알맞게 이으세요.

(1) 아버지 •
(2) 딸 •

• ① 니모를 무척 사랑한다.

• ② 니모를 사랑하기도 하지만 걱정이 많다.

03 기억에 남는 만화 영화나 영화에 대해 떠올릴 내용으로 알맞지 <u>않은</u> 것은 무엇인가요? (   )

① 언제 보았나요?
② 누구와 함께 보았나요?
③ 등장인물은 누구누구였나요?
④ 끝나고 어떤 음식을 먹었나요?
⑤ 어떤 장면이 가장 기억에 남나요?

04 나래가 말하는 내용에서 알 수 있는 ☐ 안에 알맞은 만화 영화의 제목은 무엇이겠나요? (   )

> 나래: 짝에게 ☐ (이)라는 만화 영화를 소개해 주고 싶어. 장금이가 맛있는 음식을 만드는 모습을 요리사가 꿈인 친구에게 보여 주고 싶기 때문이야.

① 「머털 도사」　　② 「장금이의 꿈」
③ 「안녕 자두야」　④ 「검정 고무신」
⑤ 「마당을 나온 암탉」

우리들

• **영화의 내용:** 언제나 외톨이였던 선이 전학 온 친구 지아를 만나게 되면서 일어나는 이야기입니다.

광고지의 내용

광고지 1: 사이가 좋아 보이는 두 소녀가 꽃잎으로 무엇을 하고 있습니다.

광고지 2: 두 소녀의 뒷모습이 보입니다. 소녀들은 같은 곳을 보고 있습니다.

등장인물

선: 11살. 반에서 따돌림을 당하고 있음.

지아: 선네 반에 전학 온 친구

보라: 반 친구로, 선을 따돌리는 데 앞장섬.

윤: 선의 동생

예고편

여름 방학을 시작하는 날 만난 선과 지아는 여름 방학 동안에 둘도 없는 친구가 되었습니다. 그런데 개학을 하고 다시 만난 지아는 선을 따돌리기 시작하는데 그 이유는 무엇일까요?

「우리들」 앞부분 내용

내용 1

피구를 하려고 편을 나누는데 계속 선의 이름이 불리지 않음.(선은 반에서 따돌림을 당하고 있음.)

내용 2

여름 방학에 선과 지아는 비밀을 나누는 친한 사이가 됨. 지아는 부모님이 이혼하셔서 할머니 댁에서 살고 있음.

1단원

중요

05 피구를 하려고 편을 가르는 장면에서 친구들 이름이 한 명씩 불릴 때 선의 마음은 어떠했을지 두 가지 고르세요. (,)

① 공에 맞고 싶지 않다.
② 피구를 빨리 하고 싶다.
③ 자기 이름이 언제 불릴까 기대된다.
④ 잘하는 친구들이 많은 편에 들어가고 싶다.
⑤ 마지막까지 이름이 불리지 않자 실망스럽다.

06 내용 2 에서 선의 마음은 어떠하였을지 쓰세요.
( )

교과서 문제

07 지아가 선의 엄마께서 싸 주신 오이김밥을 먹지 않고 과자를 먹은 까닭을 내용 2 와 관련지어 알맞게 말한 사람의 이름을 쓰세요.

서준: 먹다 남긴 오이김밥이 싫었기 때문이야.
도원: 선이 엄마랑 재미있게 지내는 것이 부러워서 심술이 났기 때문이야.

( )

08 다음은 무엇에 대하여 이야기한 것인지 ○표 하세요.

피구를 하려고 편을 나눌 때 선의 표정이 점점 변해 가는 것이 가장 떠올라.

(1) 가장 인상 깊은 장면 ( )
(2) 가장 기억에 남는 대사 ( )

내용 3

지아는 생일잔치를 하지 않는다고 선에게 거짓말을 함.
지아가 시험에서 일 등을 하자, 그전까지 반에서 늘 일 등을 하던 보라가 욺.

내용 4

선이 동생 윤에게 친구 연호와 싸우면서도 계속 노는 이유가 무엇이냐고 물어보자 윤이 대답함.

「우리들」에서 일어난 사건의 차례

1 체육 시간에 피구를 하려고 편을 가르는데 선은 마지막까지 선택을 받지 못한다.

2 언제나 혼자인 외톨이 선은 여름 방학을 시작하는 날, 전학생인 지아를 만나 친구가 된다.

3 지아와 선은 봉숭아 꽃물을 들이며 여름 방학을 함께 보내고 순식간에 세상 누구보다 친한 사이가 된다.

4 개학을 하고 학교에서 선을 만난 지아는 선을 따돌리는 보라 편에 서서 선을 외면한다.

5 선은 지아와 예전처럼 친해지려고 노력했지만 결국 크게 싸우고 만다.

6 피구를 할 때 선은 지아가 금을 밟지 않았다고 용기를 내어 친구들에게 말한다.

📖 교과서 문제

09 지아가 생일잔치를 하지 않는다고 선에게 거짓말을 한 까닭을 알맞게 말한 것의 기호를 쓰세요.

㉠ 선이 좋은 선물을 사 오지 못할 것 같아서이다.
㉡ 생일잔치에 선을 초대하면, 친구들이 지아가 선과 친하게 지내는 것을 알고 선처럼 따돌릴지도 모른다고 생각해서이다.

(   )

10 보라가 학원에서 운 까닭은 무엇인가요? (   )
① 친구들이 따돌려서
② 피구 시합에서 져서
③ 부모님께서 싸움을 하셔서
④ 지아의 생일에 초대받지 못해서
⑤ 늘 자신이 일 등이었는데 지아가 일 등을 해서

✍️ 서술형 논술형 문제

11 다음 내용 4 에서 윤의 대답을 보고 이 장면을 통해 전하고 싶은 뜻은 무엇일지 쓰세요. _{영화의 주제}

윤은 친구 연호와 싸우고 나서도 같이 놀았다고 대답하였다. 잘잘못을 따지며 다투는 것보다는 조금 억울해도 함께 놀 친구가 필요했기 때문이다.

_____

_____

12 다음을 읽고 알맞은 말에 ○표 하세요.
• 기억에 남는 대사나 인상 깊은 장면을 친구들과 이야기하면서 영화에 대한 생각이나 느낌이 서로 (같다 / 다를 수 있다)는 것을 알게 된다.

오늘이

• **내용:** 원천강에서 학 야아, 여의주와 행복하게 살던 오늘이가 먼 곳에 갔다가 다시 원천강으로 돌아가기 위해 여러 인물을 만나 다양한 사건을 겪게 됩니다.

광고지의 내용

주인공인 오늘이가 뒷모습을 보이며 서 있습니다.

등장인물

오늘이, 여의주, 야아: 원천강에서 함께 살던 인물
매일이, 연꽃나무, 구름이, 이무기: 오늘이가 여행을 하면서 만나는 인물

「오늘이」의 내용

1 오늘이, 야아, 여의주가 원천강에서 행복하게 산다.

2 수상한 뱃사람들이 야아 몰래 오늘이를 데려가다가 화살로 야아를 쏜 뒤에 원천강이 얼어붙는다.

3 오늘이는 원천강으로 돌아가는 길에 행복을 찾겠다며 책만 읽는 매일이를 만난다.

4 꽃봉오리를 많이 가졌지만 꽃이 한 송이밖에 피지 않는 연꽃나무를 만난다.

5 오늘이는 사막에서 비와 구름을 벗어나고 싶어 하는 구름이를 만난다.

6 여의주를 많이 가지고도 용이 되지 못한 이무기를 만난다.

7 이무기는 갈라진 얼음 사이로 떨어지는 오늘이를 구해 마침내 용이 되고, 용이 불을 뿜어 원천강이 빛을 되찾는다.

8 구름이는 연꽃을 꺾어서 매일이에게 주고, 둘은 행복한 시간을 보낸다.
구름이가 바람에 날려서 날아가다가 연꽃을 꺾게 됨.

9 야아와 다시 만난 오늘이는 행복하게 산다.

---

13 오늘이가 원천강으로 가려고 한 까닭은 무엇인가요?
(   )

① 여의주를 가져오려고
② 야아에게 책을 읽어 주고 싶어서
③ 야아에게 연꽃을 선물하고 싶어서
④ 얼어붙은 원천강을 녹이고 싶어서
⑤ 야아와 행복하게 살았던 원천강으로 다시 돌아가 행복하게 살고 싶어서

14 매일이가 많은 책을 읽은 까닭은 무엇인지 쓰세요.

• [   ]이 무엇인지 알고 싶어서 계속해서 책을 읽었다.

15 이무기는 어떻게 해서 용이 되었나요? (   )
① 여의주를 두 개 더 모아서
② 화살에 맞은 야아를 치료해 주어서
③ 연꽃이 많이 피는 방법을 알려 주어서
④ 오늘이를 데려갔던 뱃사람들을 혼내 주어서
⑤ 용이 되려고 모았던 여의주를 버리면서 오늘이를 구해서

중요
16 「오늘이」에 나오는 등장인물의 성격을 알맞게 말하지 <u>못한</u> 것의 번호를 쓰세요.

① 매일이가 열심히 책을 읽은 것으로 보아 성실하다.
② 용이 되기 위해 다른 동물을 해치는 이무기는 사납다.
③ 오늘이는 어려움을 이겨 내고 원천강으로 돌아간 것으로 보아 용기가 있다.

(   )

1. 등장인물의 고민이 무엇인지 생각하며 「오늘이」를 다시 보기

❶ 오늘이가 원천강에서 학 야아와 행복하게 지냄.

❷ 오늘이가 책을 읽고 있던 매일이 머리 위로 떨어짐.

❸ 오늘이가 사막에서 비를 맞고 있던 구름이를 만남.

❹ 오늘이가 원천강으로 가기 위해 이무기 머리 위에 올라탐.

2. 등장인물의 고민과 해결 방법

등장인물	고민	해결
오늘이	원천강으로 가야 하는데 가는 길을 모른다.	㉮
연꽃나무	㉠	연꽃이 꺾어지자마자 송이송이 다른 꽃들이 피기 시작했다.
이무기	㉡	위험에 빠진 오늘이를 구하려고 품고 있던 여의주를 모두 버려 마침내 용이 되었다.
매일이	행복이 무엇인지 알고 싶다.	㉯

17 오늘이가 원천강으로 가기 위해 만난 등장인물을 차례대로 쓰세요.

| 매일이 | → | 연꽃나무 |

→ [   ] → [   ]

18 ㉠과 ㉡에 들어갈 등장인물의 고민을 알맞게 선으로 이으세요.

(1) ㉠ •

(2) ㉡ •

• ① 여의주를 많이 가졌는데도 용이 되지 못한 까닭을 모른다.

• ② 꽃봉오리를 많이 가지고 있는데, 이상하게도 하나만 꽃이 핀 까닭을 알고 싶다.

19 ㉮와 ㉯에서 등장인물의 고민은 어떻게 해결되었는지 알맞은 것을 찾아 번호를 쓰세요.

① 책에서 벗어나 구름이와 행복한 시간을 보낸다.
② 매일이, 연꽃나무, 구름이, 이무기를 만나 원천강으로 가게 된다.

(1) ㉮: (   )   (2) ㉯: (   )

✍서술형 논술형 문제

20 「오늘이」에서 다음 내용에 이어질 이야기를 상상하여 쓰세요.

• 오늘이에게 매일이가 아프다는 편지가 온다.

➡ _____

「오늘이」의 뒷이야기를 역할극으로 나타내기
일어날 일을 꾸민 후에 등장인물이 되어 대사와 행동으로 표현

나는 태윤이가 쓴 내용으로 역할극을 했으면 좋겠어. 야아가 시름시름 앓다가 죽자 오늘이는 ⟨　　㉠　　⟩. 오늘이에게 웃음을 찾아 주고자 용이 된 이무기가 오늘이를 등에 태우고 여행을 떠난다는 내용이 마음에 들어.

지호가 쓴 이야기를 역할극으로 하면 정말 재미있을 것 같아. 원천강에 갑자기 햇빛이 사라져 버리자 몇 날 며칠 어둠이 내려 앉았어. ⟨　　㉡　　⟩……. 야아가 용을 데리고 와서 빛을 잃어버린 해에게 불을 뿜자 햇빛이 원천강을 감쌌지. 다시 식물들이 살아나서 잔치를 벌이는 것을 역할극으로 했으면 좋겠어.

○ 역할극을 발표하는 모습

연기를 실감 나게 하려면 자신이 맡은 역할을 충분히 이해해야 해요. 적절한 표정, 몸짓, 말투로 정성을 다해 연기해 봐요.

◐ 역할극 만들기

① 역할을 정하고, 대본이 없는 상태에서 즉흥적으로 이어질 내용에 어울리는 대사를 만들어 가며 연기하기

↓

② 대사가 잘 떠오르지 않을 때에는 모둠 친구들과 함께 직접 연기해 보며 대사를 만들기

↓

③ 대본을 쓰거나 외우지 않으므로 실감 나게 연기하려면 여러 번 연습하기

↓

④ 연기에 필요한 소품을 만들기

21 ⟨ ㉠ ⟩에 들어갈 내용으로 알맞은 것은 무엇인가요? (　　　)

① 매일매일 웃었지
② 깊은 슬픔에 빠졌지
③ 새로운 학을 만났지
④ 덩실덩실 춤을 추었지
⑤ 수상한 뱃사람들을 불렀지

중요
23 「오늘이」의 이어질 내용을 알맞게 말한 것에 ○표 하세요.

(1) 매일매일 책을 읽던 매일이가 책으로 변하자 구름이가 책을 연못에 던져 버렸어. (　　　)
(2) 어느 날 여의주가 사라지자 오늘이는 용에게 편지를 보냈어. 용은 깊은 물속으로 들어가서 여의주를 찾아다 주었어. (　　　)

22 ⟨ ㉡ ⟩에 들어갈 내용으로 알맞은 것은 무엇인가요? (　　　)

① 야아가 노래를 부르고
② 식물들은 말라 죽어 가고
③ 오늘이가 친구들을 초대하고
④ 여의주가 여러 개로 늘어나고
⑤ 해바라기가 꽃을 가득 피우고

24 역할극에서 연기를 실감 나게 하는 방법으로 알맞지 않은 것은 무엇인가요? (　　　)

① 대사에 따라 말투를 알맞게 한다.
② 대사에 따라 알맞은 표정을 짓는다.
③ 대사에 따라 행동을 자연스럽게 한다.
④ 자신이 맡은 역할을 충분히 이해한다.
⑤ 대본을 보면서 대사를 틀리지 않게 한다.

만화 영화를 감상할 수 있는지 확인해 봅시다.

독도 수비대 강치

· 내용: 자신의 과거를 모르고 서커스 단원으로 살아가던 강치와 친구들이 불타는 얼음을 차지하기 위해 독도를 침략한 아무르와 부하를 물리칩니다.

등장인물

아무르, 부하, 갈매기들

장소

잠수함

일어난 일

아무르와 부하는 불타는 얼음을 차지하려고 독도로 가는 길에 갈매기에게 공격을 당함.

등장인물

강치와 친구들, 사철나무 어르신, 갈매기들
└ 코코, 호호, 루루

장소

독도

일어난 일

강치와 친구들이 독도에 와서 사철나무 어르신을 만남.

등장인물

강치

장소

독도

일어난 일

강치가 아무르와 싸워서 불타는 얼음을 되찾음.

강치 '바다사자'를 일상적으로 이르는 말.

1 아무르와 부하가 독도로 가는 까닭은 무엇인가요? (　　　)

① 친구들을 만나려고
② 불타는 얼음을 차지하려고
③ 사철나무 어르신을 만나려고
④ 강치가 하는 서커스를 보려고
⑤ 강치에게 목걸이를 돌려주려고

2 다음에서 설명하는 등장인물은 누구이겠는지 쓰세요.

> 독도를 지키는 지혜로운 어른으로, 강치와 친구들이 독도에 와서 만나는 인물

(　　　　　　)

3 강치의 성격으로 알맞은 것은 무엇인가요? (　　　)

① 용감하다.
② 욕심이 많다.
③ 장난기가 많다.
④ 비밀을 잘 지킨다.
⑤ 돈과 물건을 아낀다.

4 인상 깊은 장면과 그 까닭은 무엇인지 쓰세요.

_____

_____

만화 영화를 감상하고 사건을 생각하며 이어질 내용을 쓸 수 있는지 확인해 봅시다.

임금님 귀는 당나귀 귀
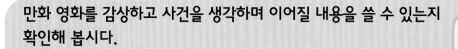
신라 제48대 왕인 경문왕이라고 함.

• **내용:** 임금님의 귀가 당나귀 귀라는 비밀을 혼자만 알고 있어서 답답해하던 노인이 대나무 숲에 가서 "임금님 귀는 당나귀 귀."라고 외쳤습니다.

❶ 자고 일어났더니 귀가 커진 것을 알게 된 임금님이 의관을 만드는 노인에게 귀를 감출 수 있는 큰 왕관을 만들게 했다.

❷ 노인이 임금님의 귀가 길어졌다는 것을 말하지 못하고 끙끙 앓다가 병이 들었다.

❸ 노인은 아무도 없는 대나무 숲에 가서 "임금님 귀는 당나귀 귀."라고 말했다.

❹ 대나무 숲에서 "임금님 귀는 당나귀 귀."라는 소리가 들리자 임금님은 대나무를 모두 베어 버렸다.

5 장면 ❷에서 노인의 마음으로 알맞은 것은 무엇인가요? (　　　)

① 기쁘다.　　② 설렌다.
③ 답답하다.　　④ 화가 난다.
⑤ 깜짝 놀랐다.

6 이 만화 영화의 뒤에 이어지는 다음 내용을 보고 느낀 점을 쓰세요.

> 임금님은 큰 귀를 백성의 소리에 귀를 기울이는 어진 임금이 되라는 뜻으로 받아들였다.

_____

_____

_____

기초 다지기　　-(으)로서 / -(으)로써

• 지위나 신분 또는 자격을 나타낼 때에는 '-(으)로서'를 쓰고, 어떤 일의 수단이나 도구 또는 까닭을 나타낼 때에는 '-(으)로써'를 씁니다. 학급 회장은 신분 또는 자격을 나타내므로 '학급 회장으로서'와 같이 쓰고, 농사의 시작은 한곳에 머물러 살게 된 까닭이 되므로 '시작함으로써'와 같이 씁니다.

나는 학급 회장으로서 학급에 열심히 봉사할 것이다.

사람들이 농사를 시작함으로써 한 곳에 머물러 살 수 있게 되었다.

7 알맞은 것에 ○표 하세요.
(1) 우리는 책을 읽음으로서 지혜를 얻는다.　　　　(　　　　)
(2) 나는 자랑스러운 우리 학교 학생으로서 늘 최선을 다한다.
　　　　(　　　　)

8 '로서'나 '로써'를 알맞게 써넣으세요.
(1) 친구와 다투었지만 대화(　　　) 풀 수 있었다.
(2) 언니는 자신이 아버지의 딸(　　　) 부족하지 않다고 생각했다.

01~03 아버지와 딸이 나눈 대화

한꺼번에 너무 많이 물으시는데요? 꼭 「니모를 찾아서」에 나오는 아빠 물고기 같아요.

사랑하기도 하지만 걱정이 많다는 뜻이에요.

그래, 알았다. 즐겁게 놀고 너무 늦지 않게 들어오면 좋겠구나. 아빠도 이제 걱정을 덜 하도록 노력하마.

지난번에 같이 본 만화 영화 「니모를 찾아서」에 나오는 아빠 물고기처럼 너를 무척 사랑한다는 말이지?

01 딸은 아버지를 만화 영화의 등장인물 중에서 누구와 같다고 하였는지 쓰시오.

( )

02 아버지는 만화 영화에 나오는 아빠 물고기를 어떻게 생각합니까? ( )

① 다른 이들을 잘 이끈다.
② 다른 이들을 잘 돌보아 준다.
③ 기억을 잘 못하여서 걱정이다.
④ 니모를 무척 사랑한다.
⑤ 니모가 스스로 할 수 있도록 지켜본다.

03 딸은 만화 영화에 나오는 아빠 물고기를 어떻게 생각하는지 쓰시오.

• 아빠 물고기가 니모를 ( )
   걱정이 많다.

04 만화 영화나 영화를 본 경험을 알맞게 말한 사람의 이름을 쓰시오.

서진: 겨울 방학이 되면 만화 영화를 보고 싶어.
수안: 머틸이 누덕 도사에게 훈련을 받는 장면이 가장 기억에 남아.

( )

05~07 우리들

1 언제나 혼자인 외톨이 선은 여름 방학을 시작하는 날, 전학생인 지아를 만나 친구가 된다.

2 지아와 선은 봉숭아 꽃물을 들이며 여름 방학을 함께 보내고 순식간에 세상 누구보다 친한 사이가 된다.

3 개학을 하고 학교에서 선을 만난 지아는 선을 따돌리는 보라 편에 서서 선을 외면한다.

05 이 영화에서 시간의 흐름으로 알맞은 것의 번호를 쓰시오.

① 4학년 2학기 → 겨울 방학
② 여름 방학 → 개학을 한 후

( )

06 다음은 **1**~**3**의 내용 중 어떤 장면을 보고 말한 것인지 번호를 쓰시오.

선이 보라와 그 친구들과 어울리는 지아의 뒷모습을 바라보는 장면이 인상 깊어. 선의 서운한 마음이 느껴졌기 때문이야.

( )

07 **3**에서 선의 마음은 어떠하겠습니까? ( )

① 설렌다.   ② 기쁘다.   ③ 뿌듯하다.
④ 재미있다.   ⑤ 속상하다.

1 지아가 시험에서 일 등을 하자, 그전까지 반에서 늘 일 등을 하던 보라가 욺.

2 선이 동생 윤에게 친구 연호와 싸우면서도 계속 노는 이유를 묻자 윤이 대답함.

08 **1**에서 보라가 학원에서 울고 있었던 까닭은 무엇일지 쓰시오.

• 보라 부모님은 보라가 일 등을 해야 한다고 기대

하고 있는데 [   ]

속상했기 때문이다.

09 **2**에서 윤은 무엇이라고 대답하였겠는지 알맞은 것에 ○표 하시오.

(1) "놀지 않으면 연호가 때린다고 했어." (   )

(2) "계속 싸우는 것보다는 놀고 싶어." (   )

✒️ 서술형 논술형 문제

10 「우리들」의 전체 내용과 관련지어 다음 여자아이는 무엇이라고 말하였을지 쓰시오.

지아와 선은 여름 방학 때 친하게 지냈어.

그런데 개학을 하고 학교에서 만난 지아는 선을 따돌려.

지아는 전 학교에서 따돌림을 당했던 경험이 있어.

지아는 그래서 선과 친하게 지내면 _____

1 오늘이는 원천강으로 돌아가는 길에 행복을 찾겠다며 책만 읽는 매일이를 만난다.

2 오늘이는 꽃봉오리를 많이 가졌지만 꽃이 한 송이밖에 피지 않는 연꽃나무를 만난다.

3 오늘이는 사막에서 비와 구름을 벗어나고 싶어 하는 구름이를 만난다.

4 오늘이는 여의주를 많이 가지고도 용이 되지 못한 이무기를 만난다.

11 이무기가 여의주를 많이 모은 까닭은 무엇입니까?

(   )

① 용이 되려고

② 오늘이를 구하려고

③ 비와 구름을 만들려고

④ 원천강으로 돌아가려고

⑤ 연꽃을 활짝 피어나게 하려고

12 구름이의 고민은 무엇인지 쓰시오.

• 비와 [   ]을 벗어나고 싶다.

13 다음은 「오늘이」에 나오는 등장인물이 한 행동 가운데에서 본받고 싶은 행동에 대한 까닭입니다. 어떤 인물의 행동인지 이름을 쓰시오.

원천강으로 돌아가기 위해서 처음 만난 인물들에게 스스럼없이 말을 거는 모습이 부러웠다.

(   )

단원평가　1. 이어질 장면을 생각해요

14~16 오늘이

등장인물	고민	해결
오늘이	㉠	매일이, 연꽃나무, 구름이, 이무기를 만나 원천강으로 가게 된다.
연꽃나무	꽃봉오리를 많이 가지고 있는데, 이상하게도 하나만 꽃이 핀 까닭을 알고 싶다.	㉡
매일이	㉢ 이 무엇인지 알고 싶다.	책에서 벗어나 구름이와 행복한 시간을 보낸다.

14 ㉠에서 오늘이의 고민은 무엇인지 쓰시오.

· ☐☐☐☐으로 가야 하는데 가는 길을 모른다.

15 연꽃나무의 고민은 어떻게 해결되었는지 ㉡에 알맞은 내용에 ○표 하시오.

(1) 연못에 깨끗한 물을 넣어 주었다. ( )

(2) 연꽃이 꺾어지자마자 송이송이 다른 꽃들이 피기 시작했다. ( )

16 ㉢ 에 알맞은 두 글자의 낱말을 찾아 쓰시오.

( )

17 「오늘이」의 이어질 이야기를 상상할 때 생각할 점으로 알맞지 <u>않은</u> 것의 번호를 쓰시오.

> ① 연꽃나무의 생김새
> ② 중심인물에게 생긴 일
> ③ 중심인물에게 생긴 일을 해결한 방법

( )

18~19 「오늘이」의 뒷이야기를 상상하기

야아가 시름시름 앓다가 죽자 ㉠오늘이는 깊은 슬픔에 빠졌지. 오늘이에게 웃음을 찾아 주고자 용이 된 이무기가 오늘이를 등에 태우고 여행을 떠난다는 내용이 마음에 들어.

원천강에 갑자기 햇빛이 사라져 버리자 며칠 며칠 어둠이 내려앉았어. 식물들은 말라 죽어 가고…… ㉡ 다시 식물들이 살아나서 잔치를 벌이는 것을 역할극으로 했으면 좋겠어.

18 ㉠을 역할극으로 알맞게 표현한 것의 번호를 쓰시오.

> ① 멍한 표정으로 축 처져서 앉아 있는 모습
> ② 두 팔을 위로 올리고 만세를 부르는 모습
> ③ 입을 크게 벌리고 눈을 크게 뜨고 놀란 표정을 짓는 모습

( )

✎ 서술형 논술형 문제

19 어떻게 식물들이 살아났을지 ㉡ 에 알맞은 내용을 상상하여 쓰시오.

_____

_____

20 친구들이 발표하는 역할극을 보며 생각할 점으로 알맞지 <u>않은</u> 것은 무엇입니까? ( )

① 내용에 알맞은 목소리를 냈나요?

② 내용에 알맞은 표정을 하였나요?

③ 내용이 잘 이어지게 표현했나요?

④ 대사와 행동을 자연스럽게 연기했나요?

⑤ 소품을 활용하지 않고 몸짓만으로 표현했나요?

1
단원

1~2

1 체육 시간에 피구를 하려고 편을 가르는데 선은 마지막까지 선택을 받지 못한다.

2

3 지아와 선은 봉숭아 꽃물을 들이며 여름 방학을 함께 보내고 순식간에 세상 누구보다 친한 사이가 된다.

4 개학을 하고 학교에서 선을 만난 지아는 선을 따돌리는 보라 편에 서서 선을 외면한다.

5 선은 지아와 예전처럼 친해지려고 노력했지만 결국 크게 싸우고 만다.

6 피구를 할 때 선은 지아가 금을 밟지 않았다고 용기를 내어 친구들에게 말한다.

3~4

오늘이가 원천강에서 학 야야와 행복하게 지냄.

↓

오늘이가 책을 읽고 있던 매일이 머리 위로 떨어짐.

↓

오늘이가 사막에서 비를 맞고 있던 구름이를 만남.

↓

오늘이가 여의주를 많이 가지고도 용이 되지 못한 이무기를 만남.

↓

이무기는 _____ _____용이 됨.

1 **2**에서 일어난 일은 무엇일지 쓰시오.

_____
_____

3 밑줄 그은 부분에 들어갈 사건을 쓰시오.

_____
_____

2 「우리들」의 내용을 보고 느낀 점을 쓰시오.

_____

4 「오늘이」의 등장인물 중에서 자신과 성격이 비슷한 등장인물과 비슷한 점을 쓰시오.

자신과 성격이 비슷한 등장인물	(1)
비슷한 점	(2)

2 마음을 전하는 글을 써요

신전 학교

어린이 신들은 신전 학교에서 과제를 해결해야 정식 신이 될 수 있어요.

빙!

빙!

빙!

하하, 입학하는 날 기분이 정말 좋다!

아야! 눈에 먼지 들어갔어. 먼지마저도 나의 예쁨을 질투하는구나.

헉!

괜찮아?

후다닥!

다음 날

내가 망치를 휘둘러서 아프로디테 눈에 먼지가 들어갔어.

솔직하게 말하는 것이 어때?

미안한 마음을 전하는 글을 써 봐.

어떻게 써야 하는데?

어떤 형식으로 쓸지 정한 후에

마음을 잘 나타내는 표현을 사용해서

읽는 사람의 마음을 고려해서 쓰면 돼.

좋았어! 편지로 내 마음을 전해야지!

내 친구 아프로디테에게

안녕? 너에게 미안한 마음을 전하려고 이렇게 글을 쓰게 되었어. 내가 장난을 치는 바람에 먼지가 일어나 네 눈에 들어가게 되었어. 정말 미안해. 다음부터는 다른 사람에게 피해가 가는 행동을 하지 않을게.

그럼 잘 지내.

○○월 ○○일

사과를 받아 줘!!

후후, 이 정도면 충분해!

아프로디테 자리에 두어야지.

턱

내가 둘이 화해하게 둘 줄 알고?

편지를 몰래 다른 내용으로 바꾸어야지.

내 자리에서 뭐하는 거야?

헉!

아, 편지? 나를 좋아한다는 내용이지?

그게 아닌데……

뭐? 하데스 네가 먼지를 일으켰다고.

쓴 사람이 누군지 보고 말하라고.

이번 한번만 용서해 줄게. 나는 착한 마음씨를 가지고 있거든. 다음부터는 그러지 마.

🔍 퀴즈

정답 12쪽

1. 토르가 아프로디테에게 쓴 편지에서 전하려는 마음은 무엇인가요?

(   )

교과서 개념

| 배울 내용 | • 마음을 전하는 글을 쓰는 방법 알기
• 마음을 전하는 글 쓰기

개념 1 마음을 드러내는 표현 찾기

① 미안한 마음, 고마운 마음, 부끄러운 마음, 즐거운 마음 등 마음을 드러내는 표현을 찾습니다.

② 마음을 드러내는 표현을 다른 표현으로 바꾸어 봅니다.

언니와 함께한 잠자리 잡기가 참 재미있었어.

└ 마음을 드러내는 표현

개념 2 글을 읽고 글쓴이의 마음을 파악하는 방법

└ 편지를 쓴 사람임.

① 누가 누구에게 쓴 글인지 알아봅니다.

② 무슨 일에 대하여 썼는지 알아봅니다.

③ 글쓴이가 마음을 전하려고 사용한 표현은 무엇인지 찾아봅니다.

④ 글쓴이가 전하려는 마음은 무엇일지 파악합니다.

존경하는 김하영 선생님께
　지난 체험학습에서 도자기를 만들 때 친절하게 가르쳐 주신 일 고맙습니다.

제자 전지우 올림

확인 문제

1 다음 ( ) 안에 알맞은 마음을 드러내는 표현에 ○표 하시오.

> 네가 싫어하는 별명을 부르며 놀려서 (　　　).

(1) 고마워　　　(　　)
(2) 미안해　　　(　　)

2 글을 읽고 글쓴이의 마음을 파악할 때 살펴볼 것이 **아닌** 것은 무엇입니까? (　　　)

① 글을 쓴 장소
② 전하려는 마음
③ 마음을 나타내는 표현
④ 마음을 표현하고 싶은 일
⑤ 글쓴이가 쓴 글을 읽을 사람

중요 개념 정리하기

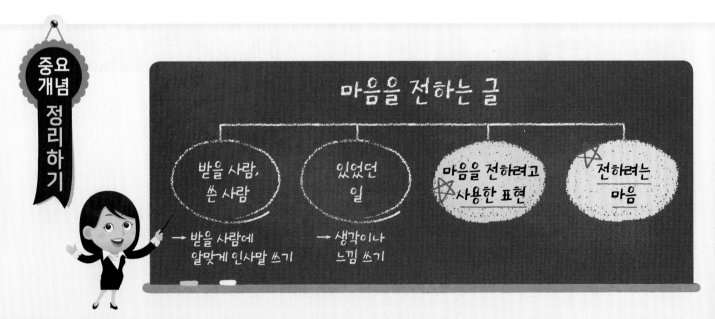

마음을 전하는 글

| 받을 사람, 쓴 사람 | 있었던 일 | 마음을 전하려고 사용한 표현 | 전하려는 마음 |

→ 받을 사람에 알맞게 인사말 쓰기
→ 생각이나 느낌 쓰기

개념 3 마음을 전하는 글을 쓰는 방법

① 마음을 전하고 싶은 일을 떠올립니다.
　　　　　　마음을 전하고 싶은 까닭
② 글에서 전하려는 마음을 생각합니다.
③ 마음을 잘 나타낼 수 있는 표현을 사용합니다.
④ 어떤 형식의 글로 전할지 생각합니다.
⑤ 글을 읽는 사람의 마음이 어떠할지 짐작하며 씁니다.

㉔ 안창호 선생이 아들에게 쓴 편지 살펴보기

편지를 쓸 때 고려한 점	전하려는 마음	사용한 표현
• 받을 사람: 아들 • 목적: 안부를 묻고 당부할 말을 전하기 위해서이다.	• 다친 일을 걱정하는 마음 • 한 학년 올라간 일을 축하하는 마음	• 걱정되는구나. • 축하한다.

개념 4 마음을 전하는 글 쓰기

① 일어난 일, 표현하고 싶은 마음, 그 일에 대한 생각이나 느낌을 씁니다.
② 고마운 마음, 미안한 마음, 위로하는 마음 등 마음을 드러내는 표현을 씁니다.
③ 자신이 만약 읽는 사람이라면 어떤 기분이 들지 생각하며 씁니다.

소율이에게
　소율아, 우리 학년 달리기 대회에서 상을 받은 것을 축하해.
　열심히 연습하더니 보람이 있구나.
　　　　　　　　　너의 친구 정우가

3 다음에서 마음을 나타내는 표현을 찾아 쓰시오.

> 한 학년 올라가게 된 것을 축하한다.

(　　　　　　　　　　)

4 병원에 입원한 친구에게 전해야 할 마음은 무엇입니까?
(　　　　　　)

① 위로하는 마음
② 사과하는 마음
③ 축하하는 마음
④ 부끄러운 마음
⑤ 샘이 나는 마음

5 그리운 마음을 전해야 할 상황으로 알맞은 것의 번호를 쓰시오.

> ① 친구를 놀렸을 때
> ② 전학 간 친한 친구가 있을 때

(　　　　　　)

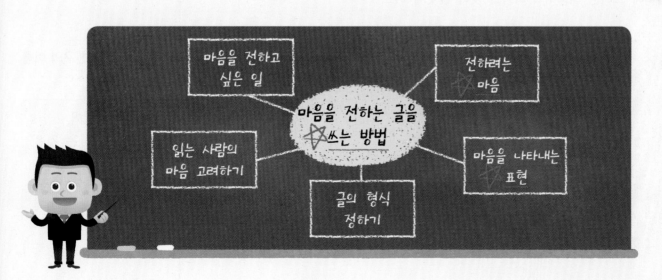

태웅이가 쓴 편지

우리 반 친구들에게 → 받을 사람

친구들아, 안녕? → 첫인사

나 태웅이야. 오늘 운동회에서 있었던 일을 생각하면 아직도 가슴이 두근거려.

그때 그 고마운 마음을 직접 말로 전하고 싶었지만 쑥스러워서 이렇게 편지를 쓰

5 게 되었어.

　　운동회 날이 되면 나는 기쁘면서도 두려웠어. 달리기 경기를 하는 게 늘 걱정

이 되었거든. 달리기를 할 때면 나는 어디론가 숨고 싶었어. 「잔뜩 긴장해서 달리

다가 오늘도 그만 넘어지고 말았지. 그런데 그때 너희가 달리다가 돌아와서 나를

일으켜 주었지. 내 손을 꼭 잡은 너희의 따뜻한 마음이 느껴져서 눈물이 날 것 같

「　」: 마음을 표현하고 싶은 일

10 았어. 힘껏 달리고 싶었을 텐데 나 때문에 참았을 것 같아서 미안한 마음이 들어.

　　고마워, 친구들아!

　　같이 달려 주고 응원해 준 너희의 따뜻한 마음 잊지 않을게.

　　　　　　　　　　　　　　　　　　20○○년 9월 12일 → 쓴 날짜

　　　　　　　　　　　　　　　　　　　　쓴 사람 → **태웅이가**

• **편지의 내용:** 태웅이가 운동회 달리기 경기에서 넘어졌을 때, 자신의 손을 잡고 일으켜 준 반 친구들에게 마음을 전하는 내용입니다.

두려웠어 마음에 꺼리거나 걱정이 되어 불안했어.
　　예 엄마께서 집에 안 계시자 **두려웠어.**
긴장해서 마음을 조이고 정신을 바짝 차려서.

---

01 편지를 쓴 까닭은 무엇인가요? (　　　　)

① 마음을 전하려고
② 친구들을 집에 초대하려고
③ 학급 회의 주제를 미리 알려 주려고
④ 책을 읽은 생각이나 느낌을 전하려고
⑤ 여행을 다녀온 곳의 정보를 알려 주려고

📖 교과서 문제

02 편지에 드러난 태웅이의 마음을 찾아 알맞게 이으세요.

(1) 달리기를 할 때면 나는 어디론가 숨고 싶었어. ・　・① 미안한 마음

(2) 힘껏 달리고 싶었을 텐데 나 때문에 참았을 것 같아서 미안한 마음이 들어. ・　・② 고마운 마음

(3) 같이 달려 주고 응원해 준 너희의 따뜻한 마음 잊지 않을게. ・　・③ 부끄러운 마음

03 이 편지에서 마음을 나타내는 낱말을 세 가지 고르세요. (　,　,　)

① 미안한　　　　　② 고마워
③ 어색해서　　　　④ 쑥스러워서
⑤ 당황스러워서

04 태웅이의 편지를 받고 알맞지 **않게** 말한 친구의 이름을 쓰세요.

시안: 나도 함께 뛸 수 있어서 참 행복했어.
이현: 몸이 불편해서 달리기를 못한다는 것은 핑계라고 생각해.
수아: 힘차게 달리는 것보다 너와 함께 달리는 것도 보람 있었어.

　　　　　　　　　　　　　　　　　(　　　　　　　)

지우가 쓴 글
편지

존경하는 김하영 선생님께 - 받을 사람

「선생님, 안녕하세요? 저는 전지우입니다. 그동안 잘 지내셨습니까? 선생님께 고마운 마음을 전하려고 이렇게 글을 쓰게 되었습니다.」 「 」: 첫인사

지난 체험학습에서 **도자기**를 만들 때였습니다. 저는 진흙 반죽을 물레 위에 놓

5 고 그릇 모양을 만들려고 했습니다. 그런데 생각처럼 잘되지 않았습니다. 만들고 나니 상상했던 모양과 너무 달라서 당황스러웠습니다.

　㉠제가 속상해서 어찌할 바를 모를 때 선생님께서 오셨습니다. 그리고 어떻게 모양을 내는지 **시범**을 보여 주셨습니다. 저는 선생님을 따라서 다시 해 보았습니다. 그랬더니 신기하게도 그릇 모양이 잘 만들어졌습니다.

10 　그날 만든 그릇은 지금도 제 책상 위에 놓여 있습니다. 이 그릇을 보면 친절하게 가르쳐 주시던 선생님 모습이 생각납니다.
지우가 선생님과의 일을 떠올린 까닭

　㉡선생님, 제 마음에 드는 그릇을 만들도록 도와주셔서 고맙습니다. 안녕히 계세요. → 끝인사

20○○년 9월 24일 → 쓴 날짜

쓴 사람 → 제자 전지우 올림

• 글의 내용: 지우가 선생님께 체험학습 때 있었던 일에 대하여 마음을 표현하는 내용입니다.

도자기　흙으로 만든 그릇.
물레　도자기를 만들 때, 흙을 빚거나 무늬를 넣는 데 사용하는 기구. 빙글빙글 돌아감.
시범　본보기로 해 보임.

05 지우가 글을 쓴 까닭은 무엇인가요? (　　　)

① 선생님께 마음을 전하려고
② 체험학습에 가지 못한다는 것을 말씀드리려고
③ 자기가 만든 그릇을 드려도 되는지 여쭈어보려고
④ 도자기 만드는 방법을 가르쳐 달라고 말씀드리려고
⑤ 선생님께서 주신 그릇이 깨졌다는 것을 말씀드리려고

06 지난 체험학습 때 지우가 당황했던 까닭을 두 가지 고르세요. (　　,　　)

① 다 만든 도자기를 깨뜨려서
② 친구들이 도자기를 못 만든다고 놀려서
③ 도자기를 만들 때 생각처럼 잘되지 않아서
④ 만든 도자기가 상상했던 모양과 너무 달라서
⑤ 선생님께서 보여 주신 시범을 이해하지 못해서

 교과서 문제

07 ㉠에서 알 수 있는 선생님의 마음으로 알맞은 것에 ○표 하세요.

(1) 지우를 칭찬하고 싶은 마음　　(　　)
(2) 지우를 걱정하고 배려하는 마음　(　　)

08 지우는 무슨 일에 대하여 글을 썼나요?

• 지난 체험학습에서 도자기를 만들 때

중요
09 ㉡에서 지우가 선생님께 마음을 전하려고 사용한 표현을 찾아 쓰세요.

(　　　　　　　　)

안창호 선생이 아들에게 쓴 편지

• 생각할 점: 아들에 대한 아버지의 마음을 생각하며 읽어 봅니다.

① 사랑하는 아들 필립→ 받을 사람

어머니의 편지를 받아 보았다. 「네가 넘어져 팔을 다쳤다는 소식이 들어 있어 매우 ㉠걱정되는구나. 팔이 낫거들랑 내게 바로 알려라. 한 학년 올라가게 된 것을 ㉡축하한다. 아버지는 무척 기쁘구나. 나는 이곳에 편안히 잘 있다. 미국 국회 의원들이 동양에 온다고 해 홍콩으로 왔다만 그들이 이곳에 들르지 않아 만나지는 못했단다. 나는 곧 상하이로 돌아갈 거란다.→ 아버지의 소식을 전함.

「 」: 아들의 안부를 물음

중심 내용 **①** 필립의 다친 팔을 걱정하며 한 학년 올라간 것을 축하한다.

② 내 아들 필립아. 키가 크고 몸이 커지는 만큼 스스로 좋은 사람이 되려고 ㉢힘써야 한단다. 네가 어리고 몸이 작았을 때보다 더욱더 힘써야 하지. 스스로 좋은 사람이 되려고 노력하는 네 모습을 내 눈으로 직접 보고 싶구나. 너는 워낙 남을 속이지 않는 진실한 사람이라 좋은 사람이 되기도 쉬울 거란다.

아들의 성격

중심 내용 **②** 필립아, 좋은 사람이 되기 위해 힘써야 한다.

③ 좋은 사람이 되려면 진실하고 깨끗해야 해. 또 좋은 친구를 가려 사귀어야 한단다. 그게 좋은 사람이 되는 ㉣첫 번째 조건이지. 더욱 부지런해져라. 어려운 일도 열심히 견디거라. 책은 부지런히 보고 있니? 아무 책이나 읽지 말고, 좋은 책을 골라 꾸준히 읽어라. 좋은 책을 가려 보는 것이 좋은 사람이 되는 두 번째 조건이란다. 좋은 친구를 사귀고 좋은 책을 읽는 일을 멈추지 말아라. 책은 두 종류를 택하렴. 첫째는 좋은 사람들의 이야기가 담겨 있어 본받을 수 있는 책이고, 둘째는 너의 공부에 필요한 지식을 얻기 위한 책이다. 또 우리글과 책을 잘 익혀라. 즐거운 마음으로 내 말을 따라 주겠지? 너를 믿는다.

→ 아들에게 당부할 말을 전함.

중심 내용 **③** 필립아, 좋은 책을 골라 꾸준히 읽어야 한다.

1920년 8월 3일 홍콩에서

쓴 사람→ 아버지가

---

10 안창호 선생이 아들에게 전하는 마음을 세 가지 고르세요. (　 , 　 , 　)

① 다친 일을 걱정하는 마음
② 홍콩으로 와서 설레는 마음
③ 한 학년 올라간 일을 축하하는 마음
④ 우리나라의 독립이 어려운 것을 걱정하는 마음
⑤ 좋은 사람이 되기 위해 힘쓰기를 당부하는 마음

11 ㉠~㉣ 중에서 안창호 선생의 마음을 나타내는 표현으로 알맞지 않은 것의 기호를 쓰세요.

(　　　　)

12 좋은 사람이 되려면 어떻게 해야 한다고 하였나요?

(　　　　)

① 진실하고 깨끗해야 한다.
② 정직하고 성실해야 한다.
③ 검소한 생활을 해야 한다.
④ 나라를 위해 일해야 한다.
⑤ 어려운 이웃을 잘 도와야 한다.

서술형 논술형 문제

13 안창호 선생은 아들에게 어떤 책을 읽으라고 하였는지 모두 쓰세요.

_____

_____

전해야 할 마음 떠올리기

❶ 네가 싫어하는 별명을 부르며 놀려서 미안해.

지원   소민

— 축하해야 할 상황

❷ 네가 우리 학년 달리기 대회에서 상을 받았다고 들었어.

정우   소율

❸ 괜찮아?

도원

❹

연아

◇ 그림의 상황 살펴보기

그림 ❶	소민이가 싫어하는 별명을 부르며 놀린 것을 지원이가 사과함.
그림 ❷	소율이가 달리기 대회에서 상을 받은 것에 대하여 정우가 말함.
그림 ❸	도원이가 병원에 입원한 친구를 찾아감.
그림 ❹	연아가 같이 놀던 친구를 그리워함.

2 단원

---

14 그림 ❶에서 지원이가 소민이에게 전해야 할 마음은 무엇인가요? (　　　)

① 미안한 마음
② 고마운 마음
③ 서운한 마음
④ 걱정하는 마음
⑤ 좋아하는 마음

15 그림 ❷에서 정우가 이어서 할 말로 알맞은 것은 무엇인가요? (　　　)

① 나 맛있는 것 좀 사 줘.
② 상 받았다고 잘난 척하지 마.
③ 나도 상 받을 수 있었는데 아깝다.
④ 열심히 연습하더니 잘됐다. 축하해.
⑤ 이번에는 못하는 친구들만 나와서 네가 상 받은 거야.

📖 교과서 문제

16 그림 ❸과 ❹에서 전해야 할 마음으로 알맞은 것을 줄로 이으세요.

(1) 그림 ❸ ・　　　・ ① 그리운 마음

(2) 그림 ❹ ・　　　・ ② 위로하는 마음

17 다음 중에서 나머지 둘과 전해야 할 마음이 <u>다른</u> 하나의 기호를 쓰세요.

> ㉮ 새 신발을 사 주신 어머니께
> ㉯ 내가 실수로 팔을 쳐서 그림을 망친 짝에게
> ㉰ 다리를 다쳤을 때 치료해 주신 보건 선생님께

（　　　　　　　）

재환이가 겪은 일

• **글의 내용:** 재환이가 이사를 와서 승강기 안에 붙인 편지에 이웃 사람들이 쪽지를 써서 붙였습니다.

1 재환이는 새로운 동네로 이사를 왔습니다. 재환이는 이웃들에게 인사를 하기로 했습니다. 그래서 재환이가 사는 아파트 승강기 안에 편지를 붙였답니다.

> 안녕하세요? 저는 12층에 이사 온 열한 살 이재환입니다.
> _{자기소개를 함.}
> 새로 만난 이웃들에게 인사를 드리고 싶어 편지를 씁니다. 저희 가족은 엄마, 아빠, 귀여운 동생 그리고 저, 이렇게 넷입니다. 저희는 아직 이사 온 지 얼마 되지 않아 다니는 길도, 사람들도 낯설기만 합니다. 그래도 저는 나무도 많고 놀이터가 있는 이곳이 마음에 듭니다. <u>앞으
> 재환이의 마음</u>
> <u>로 여러분과 좋은 이웃이 되고 싶습니다.</u>
> _{재환이가 이웃 사람들에게 하고 싶은 말}
>
> 이재환 올림

중심 내용 **1** 재환이는 이사를 와서 살고 있는 아파트 승강기 안에 편지를 써서 붙였습니다.

2 하루, 이틀이 지날수록 재환이의 편지에는 신기한 일이 생겼어요.
_{이웃 사람들이 쪽지를 붙인 일}

> 이사 온 것을 축하합니다. 앞으로도 자주 소통하는 이웃이 됩시다.
>
> 환영해요.
>
> 안녕하세요? 저도 12층에 살아요! 좋은 친구가 되었으면 좋겠네요.
>
> 친하게 지내요. 전 7층에 살아요. 집 앞 공원에서 같이 운동해요.
>
> 환영해요! 이렇게 먼저 인사해 줘서 고마워요. 참 예쁜 마음씨네요.
>
> 반가워!
>
> 반가워요.
>
> 좋은 이웃!
>
> 이재환 올림

승강기를 탄 이웃 사람들이 편지를 보고 마음을 담은 쪽지를 붙인 것이었어요. 재환이도, 쪽지를 써서 붙인 이웃도 모두 훈훈한 마음이 한가득했습니다.

중심 내용 **2** 재환이가 붙인 편지를 읽은 이웃 사람들이 편지 위에 쪽지를 써서 붙였습니다.

소통(疏 소통할 소 通 통할 통) 뜻이 서로 통하여 오해가 없음. | **훈훈한** 마음을 부드럽게 녹여 주는 따스함이 있는.

---

18 재환이가 편지를 붙인 까닭은 무엇인가요? (　　　)
① 층간 소음이 너무 심해서
② 집에 이웃 사람들을 초대하려고
③ 이사 와서 이웃에게 인사를 하려고
④ 이사를 하다가 잃어버린 짐을 찾고 싶어서
⑤ 놀이터에서 같이 놀고 싶은 친구를 찾으려고

19 재환이가 쓴 편지를 본 이웃 사람들은 어떻게 하였나요? (　　　)
① 재환이네 집을 찾아왔다.
② 재환이에게 선물을 주었다.
③ 재환이를 집에 초대하였다.
④ 마음을 담은 쪽지를 붙였다.
⑤ 재환이에게 친구를 소개해 주었다.

20 재환이가 붙인 편지를 읽은 이웃 사람들의 마음은 어떠하였을까요? (　　　)
① 설렜다.　　　　② 화가 났다.
③ 미안하였다.　　④ 부끄러웠다.
⑤ 훈훈하였다.

서술형 논술형 문제

21 내가 재환이의 이웃 사람이라면 어떤 쪽지를 써서 붙일지 쓰세요.

_____

_____

글쓴이가 전하려는 마음을 아는지 확인해 봅시다.

딸들에게

· 글의 종류: 편지

　⊙피아노와 춤을 사랑하는 큰딸 시연아! 언제나 바르게 생활하고, 하고 싶은 것도 많고 꿈도 많은 시연이가 엄마는 항상 ⊙자랑스럽단다. 앞으로도 지금처럼 건강하고, 좋아하는 일을 열심히 하는 시연이가 되면 좋겠구나.

　우리 집 애교쟁이 작은딸 정연아! 퇴근해서 집으로 돌아오면 가장 먼저
　　　　작은딸
현관으로 뛰어나오는 귀염둥이!
　　　　　　　작은딸

　우리 딸들의 깔깔대는 웃음소리를 들을 때마다 엄마는 힘이 솟고 ⓒ행복감을 느낀단다. 엄마에게 너희는 세상 무엇과도 바꿀 수 없는 소중한 보물이야. 엄마는 너희가 건강하고 훌륭하게 자랄 수 있도록 도울게. 언
　　　　　　　　　　　　딸들
제나 사랑한다.

1 글쓴이가 딸들에게 전하고 싶은 마음은 무엇인가요? (　　)

① 화난 마음
② 설레는 마음
③ 서글픈 마음
④ 쑥스러운 마음
⑤ 사랑하는 마음

2 ⊙~ⓒ 중에서 글쓴이의 마음이 드러난 표현으로 알맞지 <u>않은</u> 것의 기호를 쓰세요.

(　　　　)

마음을 전하는 글을 쓰는 방법을 아는지 확인해 봅시다.

좋은 사람과 사귀려면 좋은 인상을 주어라

· 글의 종류: 아빠가 아들에게 쓴 편지　· 글쓴이: 필립 체스터필드

　사람을 사귀는 데 가장 기본이 되는 것이 <u>그런 마음</u>이란다. <u>상대를 기</u>
　　　　　　　　　　　　　　　　　　　　↑
<u>쁘게 해 주고 싶은 마음.</u> 그것을 어떻게 해야 하는지 모르겠다고? 주위에 너를 기쁘게 해 주는 사람들이 있잖니. 너도 그 사람들의 마음 그대로 하면 돼. 어렵지 않단다.

　사람은 동전과 같단다. 앞면과 뒷면이 같이 있어. 나쁘기만 한 사람도, 착하기만 한 사람도 없단다. 단점과 장점을 모두 갖고 있어. 그러므로 한
　　　　　　　　　　잘못되고 모자라는 점
면만 보고 그 사람 전체를 평가하는 것은 옳지 않아. 그리고 그 사람의 단
　　마음을 전하려고 사용한 표현
점을 발견했다고 해서 일부러 멀리할 필요는 없어. 너 역시 장점과 단점을 다 가지고 있잖니.

　상대에게 좋은 인상을 주려면 넓은 지식과 올바른 태도 못지않게 옷차림과 말투, 행동에도 신경 써야 한단다. 때로는 외모를 단정히 하는 것도 필요해.

3 아들에게 편지를 쓴 목적은 무엇을 알려 주기 위해서인가요? (　　)

① 연설문을 쓰는 방법
② 좋은 책을 고르는 방법
③ 저축을 많이 하는 방법
④ 때와 장소에 맞는 옷차림
⑤ 상대에게 좋은 인상을 주는 방법

4 아들에게 전한 마음은 무엇인지 ○ 표 하세요.

(1) 아들이 단점을 없애기를 바라는 마음 　　(　　)
(2) 아들이 좋은 친구를 사귀기를 바라는 마음 　　(　　)

그리고 친해지고 싶다면 혼자서 모든 이야기를 하려고 하지 마. 대화는 서로 주고받는 거야. 혼자만 말하는 것은 연설이란다.

또한 상대에게 어울리는 이야깃거리를 고르렴. 상대에 따라 대화 내용을 다르게 하는 것이 좋단다.

대화를 이끌어 가려면 그 사람의 분위기에 맞는 이야기를 할 줄 알아야 해. 그러면서 상대의 장점을 자연스럽게 끌어내면 상대도 너에게 좋은 감정을 갖게 될 거야.

특히 주의할 것은 흐름과 상관없는 네 이야기를 하지 않도록 하는 거야. 그것도 모자라 이야기 대부분을 자기 얘기만 하다 보면 자신도 모르게 <u>과장</u>을 하게 되고 우쭐대게 된단다. 그러면 불편한 분위기가 되고 말지.
사람을 대할 때 하지 말아야 할 행동

사람의 인격이란 말하지 않아도 자연스럽게 드러나는 법이란다. 아무리 입으로 떠벌리고 <u>치장을 하더라도</u> 그 사람의 됨됨이는 숨기기 어려워.
과장을 하더라도

───────────────────

연설(演 펼 연 說 말씀 설) 여러 사람 앞에서 자기의 주장이나 의견을 말함.

5 아들에게 상대와 친해지고 싶다면 어떻게 하라고 하였는지 ○표 하세요.

(1) 대화를 나눈다. ( )
(2) 혼자서 모든 이야기를 한다.
( )

6 아들에게 사람을 대할 때의 태도로 말한 것이 **아닌** 것은 무엇인가요?
( )

① 대화를 하면서 과장해라.
② 우쭐대면서 이야기를 하지 마라.
③ 상대의 분위기에 맞는 이야기를 해라.
④ 상대에게 어울리는 이야깃거리를 골라라.
⑤ 대화의 흐름과 상관없는 자신의 이야기만 하지 마라.

기초 다지기 — 겹받침 'ㄺ'의 발음

• 겹받침 'ㄺ'이 뒤에 나오는 자음자와 만나면 [ㄱ]만 소리 납니다. 그리고 '붉다', '맑다', '밝다'의 겹받침 'ㄺ' 다음에 'ㄱ'으로 시작하는 자음자가 오면 [ㄹ]로 소리 납니다.

7 다음 낱말을 알맞게 소리 내지 **못한** 것의 번호를 쓰세요.

① 맑다[막따]
② 맑지[막찌]
③ 밝기도[박끼도]
④ 밝지[박찌]

( )

8 알맞은 발음을 골라 ○표를 하세요.

(1) 가을 산에 붉지[북찌, 불찌] 않은 단풍이 드물다.
(2) 물이 참 맑기도[막끼도, 말끼도] 하구나.
(3) 찰흙 반죽이 묽고[묵꼬, 물꼬] 부드럽다.

01~02 마음을 전하고 싶은 일

01 그림 **1**에서 남자아이는 전시 해설사 선생님께 어떤 마음을 전하고 싶겠습니까? (　　　)

① 미안한 마음 ② 고마운 마음
③ 화가 난 마음 ④ 부끄러운 마음
⑤ 샘이 난 마음

02 그림 **2**에서 여자아이가 쓸 표현으로 알맞은 것의 기호를 쓰시오.

> ㉮ 네가 많이 보고 싶어.
> ㉯ 너한테 화를 내서 미안해.

（　　　　　　　）

🖋서술형 논술형 문제

03 다음 ㉠을 마음을 드러내는 다른 표현으로 바꾸어 쓰시오.

_____

_____

04~05 태웅이가 쓴 편지

우리 반 친구들에게
　친구들아, 안녕?
　나 태웅이야. 오늘 운동회에서 있었던 일을 생각하면 아직도 가슴이 두근거려. 그때 그 고마운 마음을 직접 말로 전하고 싶었지만 쑥스러워서 이렇게 편지를 쓰게 되었어.
　운동회 날이 되면 나는 기쁘면서도 두려웠어. 달리기 경기를 하는 게 늘 걱정이 되었거든. 달리기를 할 때면 나는 어디론가 숨고 싶었어. 잔뜩 긴장해서 달리다가 오늘도 그만 넘어지고 말았지. 그런데 그때 너희가 달리다가 돌아와서 나를 일으켜 주었지. 내 손을 꼭 잡은 너희의 따뜻한 마음이 느껴져서 눈물이 날 것 같았어. 힘껏 달리고 싶었을 텐데 나 때문에 참았을 것 같아서 미안한 마음이 들어.
　고마워, 친구들아!
　같이 달려 주고 응원해 준 너희의 따뜻한 마음 잊지 않을게.

　　　　　　　20○○년 9월 12일
　　　　　　　　　　태웅이가

04 운동회에서 있었던 일로 알맞은 것은 무엇입니까?
（　　　）

① 태웅이가 달리기를 하다가 넘어짐.
② 태웅이와 친구들이 응원을 열심히 함.
③ 태웅이네 반이 달리기 경기에서 일 등을 함.
④ 친구들이 잘 달리지 못하는 태웅이를 놀림.
⑤ 달리기 경기 때 친구들이 태웅이의 손을 잡고 나란히 걸어감.

05 편지에 나타난 태웅이의 마음으로 알맞은 것을 세 가지 고르시오. (　　,　　,　　)

① 미안한 마음 ② 고마운 마음
③ 화가 난 마음 ④ 부끄러운 마음
⑤ 샘이 난 마음

06~07 지우가 쓴 글

존경하는 김하영 선생님께

선생님, 안녕하세요? 저는 전지우입니다. 그동안 잘 지내셨습니까? 선생님께 고마운 마음을 전하려고 이렇게 글을 쓰게 되었습니다.

지난 체험학습에서 도자기를 만들 때였습니다. 저는 진흙 반죽을 물레 위에 놓고 그릇 모양을 만들려고 했습니다. 그런데 생각처럼 잘되지 않았습니다. 만들고 나니 상상했던 모양과 너무 달라서 당황스러웠습니다.

제가 속상해서 어찌할 바를 모를 때 선생님께서 오셨습니다. 그리고 어떻게 모양을 내는지 시범을 보여 주셨습니다. 저는 선생님을 따라서 다시 해 보았습니다. 그랬더니 신기하게도 그릇 모양이 잘 만들어졌습니다.

그날 만든 그릇은 지금도 제 책상 위에 놓여 있습니다. 이 그릇을 보면 친절하게 가르쳐 주시던 선생님 모습이 생각납니다.

선생님, 제 마음에 드는 그릇을 만들도록 도와주셔서 고맙습니다.

06 이 글의 특징으로 알맞지 <u>않은</u> 것은 무엇입니까?
(   )

① 편지 형식으로 썼다.
② 읽는 사람이 정해져 있다.
③ 체험학습 때 있었던 일을 썼다.
④ 선생님께 고마운 마음을 전하려고 썼다.
⑤ 마음을 표현하는 말이 나타나 있지 않다.

07 제자를 생각하는 선생님의 마음이 느껴지는 모습을 두 가지 고르시오. (,   )

① 그릇을 만들어 지우에게 선물하셨다.
② 그릇을 만드는 동영상을 보여 주셨다.
③ 당황하는 지우에게 칭찬의 말씀을 해 주셨다.
④ 지우가 따라 해 볼 수 있도록 시범을 보여 주셨다.
⑤ 곤란해하는 지우의 모습을 보고 직접 찾아와 도와주셨다.

08~10 안창호 선생이 아들에게 쓴 편지

사랑하는 아들 필립

어머니의 편지를 받아 보았다. 네가 넘어져 팔을 다쳤다는 소식이 들어 있어 매우 걱정되는구나. 팔이 낫거들랑 내게 바로 알려라. 한 학년 올라가게 된 것을 축하한다. 아버지는 무척 기쁘구나. 나는 이곳에 편안히 잘 있다. 미국 국회 의원들이 동양에 온다고 해 홍콩으로 왔다만 그들이 이곳에 들르지 않아 만나지는 못했단다. 나는 곧 상하이로 돌아갈 거란다.

내 아들 필립아. 키가 크고 몸이 커지는 만큼 스스로 좋은 사람이 되려고 힘써야 한단다.

08 편지를 받는 사람은 누구인지 쓰시오.
(   )

09 이 편지를 쓴 목적을 두 가지 고르시오. (,   )
① 아들의 안부를 묻기 위해서
② 아들에게 당부할 말을 전하기 위해서
③ 상하이를 여행한 느낌을 전하기 위해서
④ 우리나라 독립의 좋은 점을 말하기 위해서
⑤ 미국 국회 의원들을 만난 일을 전하기 위해서

10 아들에게 전하는 마음을 나타내는 표현을 한 가지 찾아 쓰시오.
(   )

좋은 사람이 되려면 진실하고 깨끗해야 해. 또 좋은 친구를 가려 사귀어야 한단다. 그게 좋은 사람이 되는 첫 번째 조건이지. 더욱 부지런해져라. 어려운 일도 ㉠열심히 견디거라. 책은 부지런히 보고 있니? 아무 책이나 읽지 말고, 좋은 책을 골라 꾸준히 읽어라. 좋은 책을 가려 보는 것이 좋은 사람이 되는 두 번째 조건이란다. 좋은 친구를 사귀고 좋은 책을 읽는 일을 멈추지 말아라. 책은 두 종류를 택하렴. 첫째는 좋은 사람들의 이야기가 담겨 있어 본받을 수 있는 책이고, 둘째는 너의 공부에 필요한 지식을 얻기 위한 책이다. 또 우리글과 책을 잘 익혀라. 즐거운 마음으로 내 말을 따라 주겠지? 너를 믿는다.

1920년 8월 3일 홍콩에서
아버지가

11 아버지가 아들에게 당부한 내용으로 알맞지 않은 것은 무엇입니까? ( )

① 진실하고 깨끗해야 한다.
② 더욱 부지런해져야 한다.
③ 이웃의 어려운 일을 도와야 한다.
④ 좋은 친구를 가려 사귀어야 한다.
⑤ 어려운 일을 열심히 견디어야 한다.

12 아버지가 아들에게 읽으라고 한 좋은 책은 무엇인지 쓰시오.

(1) [   ]의 이야기가 담겨 있어 본받을 수 있는 책

(2) 공부에 필요한 [   ]을 얻기 위한 책

13 ㉠과 같은 표현에서 느낄 수 있는 것으로 알맞은 것에 ○표 하시오.

(1) 아버지의 엄격함. ( )
(2) 아버지의 다정함. ( )

14 그림 1과 2에서 전해야 할 마음을 알맞게 이으시오.

(1) 그림 1 •   • ① 미안한 마음

(2) 그림 2 •   • ② 축하하는 마음

◈ 서술형 논술형 문제

15 그림 3과 4 중에서 하나를 골라 다음 내용을 쓰시오.

(1) 마음을 전할 사람	
(2) 전하고 싶은 마음	
(3) 있었던 일	

단원평가 2. 마음을 전하는 글을 써요

16~18 재환이가 겪은 일

재환이는 이웃들에게 인사를 하기로 했습니다. 그래서 재환이가 사는 아파트 승강기 안에 편지를 붙였답니다.

> 안녕하세요? 저는 12층에 이사 온 열한 살 이재환입니다. 새로 만난 이웃들에게 인사를 드리고 싶어 편지를 씁니다. 저희 가족은 엄마, 아빠, 귀여운 동생 그리고 저, 이렇게 넷입니다. 저희는 아직 이사 온 지 얼마 되지 않아 다니는 길도, 사람들도 낯설기만 합니다. 그래도 저는 나무도 많고 놀이터가 있는 이곳이 마음에 듭니다. 앞으로 여러분과 좋은 이웃이 되고 싶습니다.
>
> 이재환 올림

16 재환이가 이사를 와서 이웃에게 인사를 한 방법은 무엇입니까? ( )

① 떡을 돌렸다.
② 안내 방송을 하였다.
③ 승강기 안에 편지를 붙였다.
④ 아파트 입구에 서서 인사를 하였다.
⑤ 집집마다 현관에 쪽지를 써서 붙였다.

17 재환이의 편지를 읽고 알 수 있는 것이 <u>아닌</u> 것은 무엇입니까? ( )

① 재환이의 나이
② 재환이의 가족 구성
③ 재환이가 편지를 쓴 까닭
④ 재환이가 새로 사귄 친구
⑤ 재환이가 새로운 동네가 마음에 든다고 한 까닭

18 재환이가 전하고 싶은 마음은 무엇인지 쓰시오.

• 앞으로 여러분과 좋은 [ ]이 되고 싶습니다.

19~20 재환이가 겪은 일

하루, 이틀이 지날수록 재환이의 편지에는 신기한 일이 생겼어요.

> 이사 온 것을 축하합니다. 앞으로도 자주 소통하는 이웃이 됩시다.
>
> 2층에 이사 온 열 환영해요.
>
> 안녕하세요? 저도 12층에 살아요! 좋은 친구가 되었으면 좋겠네요.
>
> 니다. 저희 가족은 이렇게 넷입 온 지 얼마 되지 않 아 다니는 길 집 앞 공원에서 같이 운동해요.
>
> 친하게 지내요. 전 7층에 살아요. 집 앞 공원에서 같이 운동해요.
>
> 나무도 많고
>
> 반가워!
>
> 환영해요! 이렇게 먼저 인사해 줘서 고마워요. 참 예쁜 마음씨네요.
>
> 반가워요.
>
> 좋은 이웃!
>
> 이재환 올림

승강기를 탄 이웃 사람들이 편지를 보고 마음을 담은 쪽지를 붙인 것이었어요. 재환이도, 쪽지를 써서 붙인 이웃도 모두 훈훈한 마음이 한가득했습니다.

19 이웃 사람들이 붙인 쪽지에서 전하고 싶은 마음으로 알맞은 것을 두 가지 고르시오. (,)

① 재환이를 환영하는 마음
② 재환이에게 충고하고 싶은 마음
③ 재환이를 집에 초대하고 싶은 마음
④ 재환이와 좋은 이웃이 되고 싶은 마음
⑤ 재환이에게 마을의 곳곳을 안내하고 싶은 마음

20 재환이의 편지에 붙일 쪽지의 내용으로 알맞은 것에 ○표 하시오.

(1)

> 이사 온 것을 환영해요. 동네 곳곳에 좋은 곳이 많으니까 소개해 줄게요.

( )

(2)

> 희망 편지의 도움으로 건강을 찾을 수 있었어요. 고마워요.

( )

서술형 · 논술형 평가

1~2

우리 반 친구들에게

친구들아, 안녕?

나 태웅이야. 오늘 운동회에서 있었던 일을 생각하면 아직도 가슴이 두근거려. 그때 그 고마운 마음을 직접 말로 전하고 싶었지만 쑥스러워서 이렇게 편지를 쓰게 되었어.

운동회 날이 되면 나는 기쁘면서도 두려웠어. 달리기 경기를 하는 게 늘 걱정이 되었거든. ㉠달리기를 할 때면 나는 어디론가 숨고 싶었어. 잔뜩 긴장해서 달리다가 오늘도 그만 넘어지고 말았지. 그런데 그때 너희가 달리다가 돌아와서 나를 일으켜 주었지. 내 손을 꼭 잡은 너희의 따뜻한 마음이 느껴져서 눈물이 날 것 같았어. ㉡힘껏 달리고 싶었을 텐데 나 때문에 참았을 것 같아서 미안한 마음이 들어.

고마워, 친구들아!

㉢같이 달려 주고 응원해 준 너희의 따뜻한 마음 잊지 않을게.

1 ㉠~㉢에 드러난 마음은 무엇인지 각각 쓰시오.

(1) ㉠	
(2) ㉡	
(3) ㉢	

2 태웅이의 편지를 받은 친구가 되어 마음을 전하고 싶은 말을 쓰시오.

_____

_____

3~4

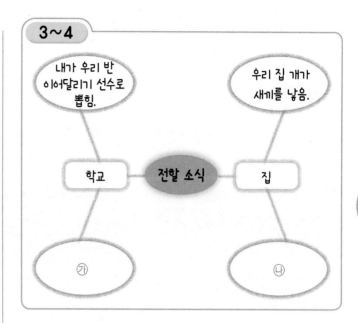

내가 우리 반 이어달리기 선수로 뽑힘.

우리 집 개가 새끼를 낳음.

학교 — 전할 소식 — 집

㉮

㉯

3 ㉮와 ㉯에 어떤 내용이 들어가면 좋을지 자신의 경험을 떠올려서 쓰시오.

(1) ㉮	
(2) ㉯	

4 3번 문제에서 떠올린 소식 가운데에서 한 가지를 골라 다음과 같은 글을 썼습니다. 글을 읽고 댓글을 쓰세요.

지난 수요일 학교에서 소방 안전 교실이 열렸습니다. 학교에 찾아오신 소방관님들께서 우리 학교 학생들에게 불을 예방하는 방법과 불이 났을 때에 어떻게 해야 하는지 알려 주셨습니다.

3 바르고 공손하게

'신이 되기 위한 첫 번째 과제'

웅성 웅성

신이 되기 위해서는 괴물들에게는 무자비하지만 약한 인간들을 보호하고 예절을 갖추어야 한다.

드디어 첫 번째 과제다!

첫 번째가 예절이라니······.

하지만 예절을 알려줄 만한 사람이 없네.

예절 하면 바로 나 아테나지.

내 별명이 '도덕책'이야.

친구들이 '넌 도덕책 잘하는 게 뭐야?'라고 한다니까.

'도대체 잘하는 게 뭐야?'라고 한 거겠지.

뭐라고?

윽!

그런 거였다니.

그럼 우리 상황을 만들어서 대화 예절을 살펴볼까?

좋은 생각이야.

역할극을 하는데 꼭 이렇게 분장까지 해야 돼?

그럼!

당연하지.

그 상황에 몰입하기 위해서는 그 사람이 직접 되어야 해.

자, 다됐다. 그럼 시작해 볼까?

이번 상황은 제우스가 친구네 집에 놀러가서 친구 어머니께 인사하는 상황이야.

알겠어.

시작!

안녕하세요. 풉! 저는 토르 친구, 풉!

그렇게 하면 안 돼!

웃어른께 인사할 때는 그렇게 말하면 안 돼.

바르게 인사하고 또박또박 이야기 해야지.

나도 알아. 하지만 상대방을 보면 웃음이 나오는 걸 어떡해!

그래서 내가 분장 안 한다고 했잖아.

퀴즈

정답 15쪽

1. 제우스는 토르 집에 가서 어떻게 인사 하는 것이 좋을지 알맞은 말에 ○표 하 세요.

(1) 집에 토르 있어요? ( )

(2) 안녕하세요? 저는 토르 친구 제우 스예요. ( )

교과서 개념

| 배울 내용 | • 예절을 지키며 대화하는 방법을 알아보기
• 회의할 때와 온라인 대화를 할 때 지켜야 할 예절을 알아보기

개념 ① 예절을 지키며 대화를 주고받으면 좋은 점

① 상대방의 기분이 좋아집니다.
② 상대방과 사이가 더 좋아질 수 있습니다.
③ 즐겁게 대화를 나눌 수 있습니다.

키다리! 왔냐?

뭐야, 듣기 싫은 별명을 부르고……

→ 예절을 지키지 않고 말하면 상대방의 기분이 나빠집니다.

민수야, 안녕?

안녕? 채은아.

→ 예절을 지키며 말하면 상대방의 기분이 좋아집니다.

개념 ② 일상생활에서 예절을 지키며 대화하는 방법

① 눈을 마주치며 바르게 인사합니다.
② 바르고 고운 말을 사용합니다.
③ 상대방이 말할 때 끼어들어 말하지 않습니다.
④ 웃어른께는 알맞은 높임말을 씁니다.

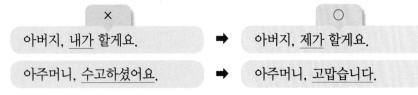

×	○
아버지, 내가 할게요.	➡ 아버지, 제가 할게요.
아주머니, 수고하셨어요.	➡ 아주머니, 고맙습니다.

확인 문제

1 예절을 지키며 친구와 대화를 주고받으면 좋은 점으로 알맞지 않은 것에 ×표 하시오.

(1) 친구와 사이가 더 좋아진다. ( )

(2) 친구를 쉽게 설득할 수 있다. ( )

(3) 친구에게 배려받는 기분이 든다. ( )

2 다음 중 알맞게 말한 사람의 이름을 쓰시오.

> 은희: 경찰 아저씨, 수고했어요.
> 태인: 영양사 선생님, 잘 먹겠습니다.
> 채원: 사서 선생님, 나를 좀 도와주세요.

( )

중요 개념 정리하기

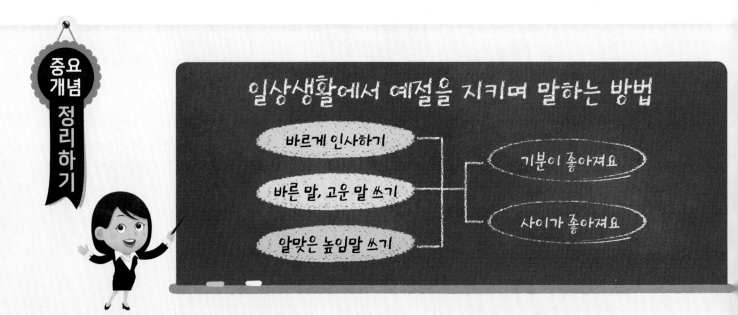

일상생활에서 예절을 지키며 말하는 방법

바르게 인사하기
바른 말, 고운 말 쓰기
알맞은 높임말 쓰기

기분이 좋아져요
사이가 좋아져요

개념 3 회의를 하면서 지켜야 할 예절

① 다른 사람이 발표할 때 끼어들지 않습니다.
② 회의와 같은 공식적인 상황에서는 높임말을 사용합니다.
③ 의견을 말할 때에는 손을 들어 말할 기회를 얻고 발표합니다.
④ 다른 사람의 의견을 경청합니다.

귀를 기울여 듣습니다.

박태영 친구가 발표해 주십시오.

제 의견은……

말할 기회 얻기

경청하기

높임말 쓰기
끼어들지 않기

개념 4 온라인 대화를 할 때 지켜야 할 예절

① 바른 말을 사용해야 합니다.
② 상대가 보이지 않으므로 대화 전에 인사하고 끝날 때에도 인사합니다.
③ 얼굴이 보이지 않는다고 해서 함부로 말하지 않습니다.
④ 그림말을 너무 많이 사용하지 않습니다.

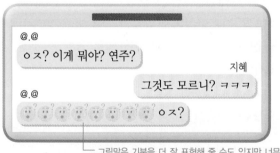

@.@
ㅇㅈ? 이게 뭐야? 연주?

지혜
그것도 모르니? ㅋㅋㅋ

@.@
ㅇㅈ?

┗ 그림말은 기분을 더 잘 표현해 줄 수도 있지만 너무 많이 사용하면 장난스러운 대화가 될 수도 있습니다.

온라인 대화에서 바른 말을 사용하지 않으면 대화가 잘 안 돼요.

확인 문제

3 다음 장면에서 찬우가 잘못한 점은 무엇입니까?

> 사회자: 이희정 친구가 의견을 발표해 주십시오.
> 이희정: 저는 "고운 말을……."
> 강찬우: 잠깐만. "심한 장난을 하지 말자."가 좋겠습니다. 왜냐하면 장난이 심해져서 싸우는 경우가 많기 때문입니다.

• 손을 들고 (　　　　　)를 얻지 않았다.

3
단원

4 그림말에 대하여 알맞게 말하지 <u>못한</u> 것의 번호를 쓰시오.

> ① 온라인 대화에서 절대 쓰면 안 된다.
> ② 성의가 없는 것처럼 느껴질 수도 있다.
> ③ 감정을 쉽게 표현할 수 있다는 장점이 있다.

(　　　　)

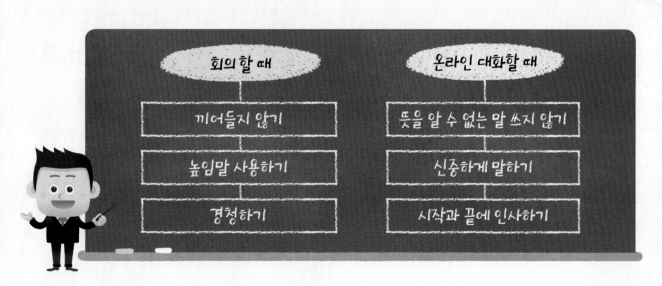

회의할 때	온라인 대화할 때
끼어들지 않기	뜻을 알 수 없는 말 쓰지 않기
높임말 사용하기	신중하게 말하기
경청하기	시작과 끝에 인사하기

🎧 듣기 자료

박바우와 박 서방

해설: 옛날, 어느 마을에 고기 파는 일을 하던 '박바우'라는 노인이 있었다. 어느
　　　　　　　　　　　　　　　　　　　　박 노인
　　날, 젊은 양반 두 사람이 거의 같은 시간에 고기를 사러 왔다. 윗마을 양반은
　　박 노인에게 이렇게 말했다.

윗마을 양반: 바우야, 쇠고기 한 근만 줘라.

5 박 노인: 알겠습니다.

해설: 이번에는 아랫마을 양반이 고기를 주문했다.

아랫마을 양반: 박 서방, 쇠고기 한 근만 주게. ┐ 똑같이 쇠고기 한 근을 주문함.

박 노인: 아이고, 네, 조금만 기다리시지요.

해설: 박 노인은 젊은 양반들에게 각각 고기를 주는데 둘의 크기가 한눈에 봐도

10　　다르게 보였다. 윗마을 양반이 가만히 보니 자기가 받은 고기보다 아랫마을 양
　　반이 받은 고기가 더 좋아 보이고 양도 훨씬 많아 보였다.

윗마을 양반: 야, 바우야! 똑같은 한 근인데, 어째서 이렇게 다르게 주느냐?

박 노인: 그러니까 손님 것은 바우 놈이 자른 것이고, 이분 것은 박 서방이 자른
　　것이기 때문이랍니다.

- 배경: 고깃집 앞
- 등장인물: 윗마을 양반, 아랫마을 양반, 박 노인(박바우)

❖ 대화 예절과 관련된 속담

> **가는 말이 고와야 오는 말이 곱다.**
> 자기가 남에게 말이나 행동을 좋게 하여야 남도 자기에게 좋게 한다는 뜻의 속담

> **말 한마디에 천 냥 빚도 갚는다.**
> 말만 잘하면 어려운 일이나 불가능해 보이는 일도 해결할 수 있다는 뜻의 속담

양반　옛날에, 벼슬아치나 신분이 높은 사람을 이르던 말.

근　무게를 나타내는 단위. 고기 한 근은 600그램(과일이나 채소 한 근은 375그램)임.

---

01 고기를 사러 온 젊은 양반들은 박 노인을 각각 무엇이라고 불렀는지 쓰세요.

(1) 윗마을 양반: (　　　　　　　)

(2) 아랫마을 양반: (　　　　　　　)

02 박 노인은 어떤 양반에게 고기를 더 많이 주었나요?

• (　　　　　　　) 양반

03 박 노인이 02번 문제에서 답한 양반에게 고기를 더 많이 준 까닭은 무엇인가요? (　　　　)

① 나이가 더 많기 때문이다.
② 더 많은 돈을 주었기 때문이다.
③ 무서운 느낌이 들었기 때문이다.
④ 고기를 더 많이 달라고 부탁하였기 때문이다.
⑤ 자신을 더 존중해 주는 느낌이 들었기 때문이다.

🔖 교과서 문제

04 다음 민수네 교실에서 있었던 일을 보고, 영철이의 말을 듣고 민수가 한 말을 고운 말로 고쳐 쓴 것에 ○표 하세요.

(1) 나는 그 별명 싫은데, 내 이름으로 불러 줄래?
　　　　　　　　　　　　　　　　　　　　　(　　　　)

(2) 너 혼나 볼래? 내가 그 별명으로 부르지 말라고 했지?　　　　　　　　　　　　(　　　　)

(3) 그래, 탄 감자야. 나도 이제 네가 싫어하는 별명으로 부를 거야.　　　　　　　(　　　　)

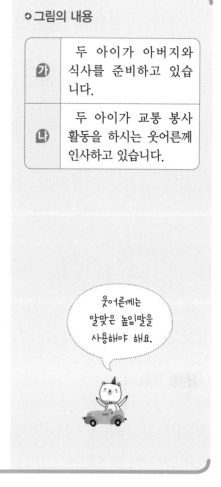

◆그림의 내용

가	두 아이가 아버지와 식사를 준비하고 있습니다.
나	두 아이가 교통 봉사 활동을 하시는 웃어른께 인사하고 있습니다.

웃어른께는 알맞은 높임말을 사용해야 해요.

05 그림 가의 남자아이와 여자아이 중 대화 예절에 어긋나게 말한 사람은 누구인가요?

( )

06 그림 가를 참고하여 알맞게 말하지 못한 사람은 누구인지 이름을 쓰세요.

영서: 할머니를 도와드릴 때 "제가 도와드리겠습니다."라고 말해야 해.
은정: 선생님께서 내가 모르는 것을 물어보셨을 때 "나는 잘 모르겠어요."라고 대답해야 해.
민준: 도서관에서 사서 선생님께 책을 찾아 달라고 부탁드릴 때 "저를 좀 도와주세요."라고 말해야 해.

( )

07 그림 나의 ①에서 아주머니께서 당황한 표정을 지으신 까닭은 무엇일까요? ( )

① 여자아이가 인사를 하지 않았기 때문이다.
② 여자아이가 갑자기 말을 걸었기 때문이다.
③ 여자아이가 속상한 마음을 전하였기 때문이다.
④ 여자아이가 예절에 어긋나게 말했기 때문이다.
⑤ 여자아이의 말과 표정이 어울리지 않기 때문이다.

중요
08 그림 나의 ②에서 남자아이가 대화 예절을 지켜 말하였다면 ㉠에 들어갈 말은 무엇인가요? ( )

① 아저씨, 고마워.
② 아저씨, 수고하세요.
③ 아저씨, 수고했어요.
④ 아저씨, 고맙습니다.
⑤ 아저씨, 수고하셨어요.

신유의 생일잔치

> • 글의 특징: 신유네 집에 온 친구들의 말과 행동을 보며 일상생활에서 주의해야 할 대화 예절을 생각할 수 있습니다.

신유 어머니: 안녕? 어서 와라. 신유 친구들이구나. 반갑다.

❶ 집에 들어갈 때

지혜: 안녕하세요? 그런데 신유는 어디 갔나요? 어? 신
5 유야, 생일 축하해!

원우: 야! 신유야, 생일 축하해! 하하하.

친구들 모두: 아주머니, 안녕하세요? 생일잔치에 초대해 주셔서 감사합니다.

❷ 음식을 먹을 때

10 신유 어머니: 이렇게 신유의 생일을 축하하러 우리 집에 와 줘서 고맙구나. 손 씻고 식탁에 앉으렴.

친구들 모두: 야, 맛있겠다!

원우: ㉠내가 닭 다리 먹어야지!

지혜: 아주머니, 맛있는 음식을 준비해 주셔서 고맙습니
15 다. 맛있게 먹겠습니다.

친구들 모두: 아주머니, 맛있는 음식을 준비해 주셔서 고맙습니다. 잘 먹겠습니다.

신유 어머니: 그렇게 말해 주니 고맙구나. 천천히 많이 먹으렴.

❸ 친구들과 놀 때   5

원우: 신유아, 이제 네 방으로 가서 놀자.

신유: 여기야.

원우: 신유야, 여기는 책이 정말 많구나.
신유의 방

현영: (귓속말로) 신유는 이 많은 책을 다 봤나 봐.

지혜: (귓속말로) 정말 많다. 그래서 공부를 잘하나 봐.   10

원우: (귓속말로) 역시 책을 좋아하는 신유답다.

신유: 얘들아, 나만 빼고 너희끼리 귓속말로 비밀 이야기를 하는 것 같아 기분이 나빠.

현영: 미안해, 신유야. 아무 생각 없이 우리끼리 그냥 한 말인데, 앞으로는 귓속말하지 않을게.   15

신유: 그래, 앞으로는 절대 귓속말을 하지 말아 줘. 나만 따돌리는 것 같아 속상하단 말이야.

원우: 신유야, 오늘은 네 생일이니까 이제 재미있게 놀자.

---

09 장면 ❶에서 지혜와 원우가 잘못한 점은 무엇인가요? (   )

① 집 안에서 뛰어다녔다.
② 너무 작은 목소리로 말했다.
③ 초대를 받지 않고 신유 집에 놀러 갔다.
④ 신유 어머니께 인사를 제대로 하지 않았다.
⑤ 신유 어머니께 높임말을 알맞게 사용하지 않았다.

중요

10 장면 ❷에서 원우는 ㉠ 대신에 무엇이라고 말하는 것이 좋을지 가장 알맞은 말에 ○표 하세요.

(1) 빨리 먹고 더 먹어야지!   (   )
(2) 닭 다리가 제일 맛있을 것 같아. (   )
(3) 음식을 준비해 주셔서 고맙습니다. (   )

11 장면 ❸에서 신유가 기분이 나쁘다고 한 까닭은 무엇인가요? (   )

① 친구들이 귓속말을 했기 때문이다.
② 친구들이 신유 흉을 보았기 때문이다.
③ 친구들이 신유만 빼고 놀러 갔기 때문이다.
④ 친구들이 신유가 좋아하는 책을 찢었기 때문이다.
⑤ 친구들이 신유의 생일을 축하해 주지 않았기 때문이다.

🖊 서술형 논술형 문제

12 친구들이 집으로 돌아갈 때 신유 어머니께 예절을 지키며 말하려면 어떻게 말해야 할지 쓰세요.

_____

_____

상황 ❶	사슴이 대화 도중에 끼어드는 상황
상황 ❷	거북이 거친 말을 하는 상황
상황 ❸	사자가 남이 하는 말은 듣지 않고 자기 말만 하는 상황

3
단원

13 상황 ❶에서 사슴은 어떤 잘못을 하였나요? (　　)

① 너무 작은 목소리로 말했다.
② 토끼가 말할 때에 끼어들었다.
③ 토끼가 싫어하는 별명을 불렀다.
④ 토끼보다 더 좋은 의견을 말했다.
⑤ 토끼가 예의 바르지 않다고 지적하였다.

상황 ❶에서 토끼는 사슴 때문에
할 말을 다 하지 못했어요.

14 상황 ❷에서 토끼는 어떤 기분이 들었을까요?
(　　)

① 뿌듯한 기분　　② 고마운 기분
③ 재미있는 기분　　④ 흥미로운 기분
⑤ 무시당하는 기분

📖 교과서 문제

15 상황 ❸에서 ㉠을 예의 바른 말로 고친 것의 번호를 쓰세요.

① 넌 상관하지 마!
② 네가 뭔데 이래라저래라 해?
③ 그래, 다른 친구부터 하고 나서 할게.

(　　　　)

16 예절을 지키며 대화를 주고받으면 좋은 점을 알맞게 말한 사람의 이름을 쓰세요.

예리: 친구에게 배려받는 것 같아서 사이가 더 좋아져.
유민: 어려운 낱말을 사용해도 친구가 잘 알아들을 수 있어.
정태: 말을 정확하게 하지 않아도 말하려는 내용을 잘 전달할 수 있어.

(　　　　)

우리 반 회의 시간

• **글의 특징:** 국민의례를 마치고 학급 회의가 시작된 장면입니다.

사회자: 오늘 회의 주제는 <u>다수결의 원칙</u>에 따라 "친구들
<small>많은 사람들의 의견에 따라 결정하는 것</small>
과 사이좋게 지내자."로 정하겠습니다. 친구들과 사이
좋게 지내려면 실천해야 할 일이 무엇인지 발표해 주
십시오. 박태영 친구가 의견을 발표해 주십시오.

5 박태영: 제 의견은 "듣기 싫은 별명으로 부르지 말자."입
니다. 기분이 나빠지면 서로 사이좋게 지내기가 어려
워지기 때문입니다.

사회자: 좋은 의견입니다. 다른 의견이 더 있습니까? 이
희정 친구가 의견을 발표해 주십시오.

10 이희정: 저는 "고운 말을……."

강찬우: 잠깐만. "심한 장난을 하지 말자."가 좋겠습니
다. 왜냐하면 장난이 심해져서 싸우는 경우가 많기 때
문입니다.

사회자: 강찬우 친구, 좋은 의견 감사합니다. 하지만 <u>다</u>
15 <u>른 사람이 의견을 발표할 때 끼어드는 것은 잘못입니</u>
다. 다음부터는 꼭 [　　⊙　　] 이희정 친구는
<small>찬우가 잘못한 점</small>
계속 발표해 주십시오.

이희정: 네, 제 의견은 "고운 말을 사용하자."입니다. 친
구들이 나쁜 말을 주고받으면 사이가 안 좋아지는 것
을 자주 봤기 때문입니다.

고경희: 쳇, 친할 때 그런 말로 장난치는 것도 모르나?

이희정: 너는 그래서 날마다 친구들과 다투냐? 5

사회자: 모두 조용히 해 주십시오. 말할 기회를 얻지 않
고 높임말도 사용하지 않은 고경희 친구 그리고 마찬
가지로 말할 기회를 얻지 않고 거친 말을 사용한 이희
정 친구에게 '주의'를 한 번씩 드립니다.

　지금부터 주제에 대한 실천 내용을 정하도록 하겠습 10
니다. 표결을 하기 전에 추가로 의견을 이야기할 친구
는 발표해 주시기 바랍니다. 김찬민 친구가 의견을 발
표해 주십시오.

김찬민: 고운 말? 뭐였지? 아무튼 그 의견보다는 '이름
부르지 않기'로 정하면 좋겠습니다. 왜냐하면 우리 반 15
모두가 싫어할 것 같기 때문입니다.

사회자: "고운 말을 사용하자."는 의견이 있었고, 이름이
아니라 "듣기 싫은 별명으로 부르지 말자."라는 의견
이 있었습니다. [　　ⓛ　　]

---

17 학급 회의 주제는 무엇인지 찾아 쓰세요.
　(　　　　　　　　　　　　　　)

18 [　⊙　]에 들어갈 알맞은 말은 무엇인가요? (　　　)
　① 알맞은 목소리로 발표해 주시기 바랍니다.
　② 의견에 알맞은 근거를 발표해 주시기 바랍니다.
　③ 쉬운 낱말을 사용하여 발표해 주시기 바랍니다.
　④ 실천할 수 있는 의견을 발표해 주시기 바랍니다.
　⑤ 손을 들어 말할 기회를 얻고 나서 발표해 주시
　　기 바랍니다.

19 경희가 사회자에게 주의를 받은 까닭을 두 가지 고르
세요. (　　,　　)
　① 높임말을 사용하지 않았다.
　② 말할 기회를 얻지 않고 말하였다.
　③ 다른 사람이 말할 때 끼어들었다.
　④ 주제와 관련이 없는 의견을 발표하였다.
　⑤ 자신의 의견이 결정되지 않아 화를 내었다.

20 사회자는 찬민이에게 무엇이라고 말했을지 [ⓛ]
에 들어갈 알맞은 말에 ○표 하세요.
　• 다른 사람의 의견을 (잘 들어 주시면 /
　　비난하지 않으면) 고맙겠습니다.

온라인 대화

- **그림의 내용:** 친구들이 온라인 대화를 나누면서 서로 대화가 잘 되지 않았습니다.

그림말은 기분을 더 잘 표현해 줄 수도 있지만 너무 많이 사용하면 장난스러운 대화가 될 수도 있어요. 그러므로 적절하게 사용해야 해요.

21 지혜가 영철이를 못 알아본 까닭은 무엇인가요?
( )

① 새로 산 안경을 끼고 왔기 때문이다.
② 자신의 이름을 줄여서 썼기 때문이다.
③ 다른 친구의 이름으로 대화했기 때문이다.
④ 대화명으로 어려운 한자어를 사용했기 때문이다.
⑤ 대화명으로 이름이 아닌 다른 것을 사용했기 때문이다.

22 ㉠, ㉡으로 보아 온라인 대화를 할 때 지켜야 할 예절은 무엇인가요? ( )

① 한자어나 영어를 쓰지 않는다.
② 알아듣기 쉽게 두 번씩 말한다.
③ 친구에게도 높임말을 사용한다.
④ 줄임 말을 지나치게 쓰지 않는다.
⑤ 상대방의 질문에 대답을 하지 않는다.

📕 교과서 문제

23 다음 그림말은 어떤 기분을 나타내는지 쓰세요.

(1)  : ( )

(2) : ( )

중요
24 온라인 대화 예절에 대하여 알맞게 말하지 <u>못한</u> 사람의 이름을 쓰세요.

> 해수: 그림말은 적절하게 사용하는 것이 좋아.
> 미연: 대화명은 자신을 잘 나타내는 것으로 정하는 것이 좋아.
> 재희: 뜻을 잘 몰라도 유행하는 표현을 쓰는 것이 재미있어서 좋아.

( )

1 대화할 때 지켜야 할 예절을 여러 방법으로 알아보기

◆자료를 조사한 방법

1	대화 예절과 관련된 공익 광고 보기
2	대화 예절과 관련된 책 읽기
3	인터넷에서 검색하기

2 조사한 내용을 정리하기

조사한 대상	공익 광고 영상 「너의 목소리가 들려」
조사한 내용	보이지 않는다고 나쁜 말을 해서는 안 된다.
느낀 점	온라인 대화를 할 때에도 말조심을 해야 한다고 생각했다. "　　⊙　　"는 속담이 떠올랐다.

다른 사람이 쓴 자료를 활용할 때에는 출처를 정확하게 밝혀야 해요.

25 **1**에서 친구들은 무엇에 대하여 조사하고 있나요?

• 대화할 때 지켜야 할 　　　　　　에 대하여 조사하였다.

26 ⊙ 에 들어갈 속담으로 알맞은 것은 어느 것인가요? (　　　)

① 백지장도 맞들면 낫다
② 돌다리도 두들겨 보고 건너라
③ 하늘은 스스로 돕는 자를 돕는다
④ 하늘이 무너져도 솟아날 구멍이 있다
⑤ 낮말은 새가 듣고 밤말은 쥐가 듣는다

27 조사를 한 후에 느낀 점을 알맞게 말하지 <u>못한</u> 사람은 누구인가요?

고은: 몰라서 지키지 못했던 대화 예절이 많은데 앞으로는 잘 지켜야겠어.
영대: 나도 친구가 말할 때 끼어든 적이 많은데 조심해야겠어.
태린: 회의할 때 발표를 많이 했는데 이제는 발표하지 않고 친구의 의견을 잘 듣기만 해야겠어.

(　　　　　　　　　)

◆서술형 논술형 문제

28 대화 예절과 관련된 표어를 만들어 쓰세요.

국어 활동

대화 예절을 지키며 대화하는 방법을 아는지 확인해 봅시다.

가 다른 사람에게 말할 때 지켜야 할 예절

1. 상대를 바라보며 말한다.

2. 고운 말, 바른 말을 쓴다.

3. 시간, 장소에 맞게 말한다.

4. 듣는 사람의 기분을 고려하며 말한다.

5. 항상 커다란 목소리로 말한다.

나 다른 사람의 말을 들을 때 지켜야 할 예절

6. 다른 사람이 말할 때 끼어들지 않는다.

7. 다른 사람이 하는 말을 끝까지 듣는다.

8. 적절히 반응하며 듣는다.

9. 자신에게 관심이 없는 이야기이면 듣지 않는다.

10. 책을 읽으며 이야기를 듣는다.

예절을 지키며 대화를 주고받으니까 친구에게 배려받는 것 같아서 기분이 좋아.

서로 기분 좋게 대화하니까 사이가 더 좋아져.

---

1 가와 나에서 대화 예절로 알맞지 **않은** 것을 각각 찾아 번호를 쓰세요.
(1) 가 (   )
(2) 나 (,   )

2 수연이는 어떻게 말하는 것이 알맞을까요? (   )

> 수연: 친구들 앞에서 발표할 때 부끄러워서 땅을 보고 말했어.

① 박수를 치며 말해야 한다.
② 선생님을 보고 말해야 한다.
③ 자리에 앉아서 말해야 한다.
④ 짝에게만 들리게 말해야 한다.
⑤ 친구들을 바라보며 말해야 한다.

3 다른 사람의 말을 들을 때 예절을 지키지 **않은** 사람은 누구인가요?

> 우림: 친구가 상 받은 이야기를 할 때 박수를 치며 축하해 줬어.
> 지현: 짝이 우주 이야기를 하는데 재미없어서 듣지 않았어.
> 미혜: 학급 회의 때 좋은 의견이 떠올랐는데 친구의 발표가 끝난 후에 손을 들고 발표했어.

(   )

4 다른 사람의 말을 들을 때 자신이 노력할 점을 한 가지 쓰세요.

_____

_____

5 다에서 민우는 어떤 상황인가요?
( )

① 어머니께 혼나는 상황
② 어머니께 칭찬을 듣는 상황
③ 어머니 심부름을 하는 상황
④ 어머니께 부탁을 드리는 상황
⑤ 어머니와 나들이를 가는 상황

6 다의 ㉠에서 민우가 할 말로 가장 알맞은 것에 ○표 하세요.

(1) 어머니께서 이것을 가져다주라고 했어요. ( )
(2) 어머니가 이것을 가져다주라고 하셨어요. ( )
(3) 어머니께서 이것을 가져다드리라고 하셨어요. ( )

7 라에서 명지에게 어떤 일이 있었나요? ( )

① 축구 경기에서 졌다.
② 축구 경기에서 이겼다.
③ 명지가 찬 공에 친구가 맞았다.
④ 친구가 찬 공에 명지가 맞았다.
⑤ 운동장에서 버려진 축구공을 주웠다.

8 라의 ㉡에서 친구는 무엇이라고 말했을지 대화 예절을 지켜 쓰세요.

_____

_____

01~02 박바우와 박 서방

해설: 옛날, 어느 마을에 고기 파는 일을 하던 '박바우'라는 노인이 있었다. 어느 날, 젊은 양반 두 사람이 거의 같은 시간에 고기를 사러 왔다. 윗마을 양반은 박 노인에게 이렇게 말했다.

윗마을 양반: 바우야, 쇠고기 한 근만 줘라.

박 노인: 알겠습니다.

해설: 이번에는 아랫마을 양반이 고기를 주문했다.

아랫마을 양반: 박 서방, 쇠고기 한 근만 주게.

박 노인: 아이고, 네, 조금만 기다리시지요.

해설: 박 노인은 젊은 양반들에게 각각 고기를 주는데 둘의 크기가 한눈에 봐도 다르게 보였다. 윗마을 양반이 가만히 보니 자기가 받은 고기보다 아랫마을 양반이 받은 고기가 더 좋아 보이고 양도 훨씬 많아 보였다.

윗마을 양반: 야, 바우야! ㉠똑같은 한 근인데, 어째서 이렇게 다르게 주느냐?

01 두 양반이 하는 말을 들은 박 노인의 표정은 어떠하였을지 쓰시오.

(1) 윗마을 양반: (　　　　　　　　　)

(2) 아랫마을 양반: (　　　　　　　　　)

02 ㉠에 대한 대답으로 박 노인은 무엇이라고 말하였겠습니까? (　　　　)

① 돈을 다르게 주셨기 때문입니다.

② 다른 사람이 잘랐기 때문입니다.

③ 저를 다른 말로 불렀기 때문입니다.

④ 목소리의 크기가 달랐기 때문입니다.

⑤ 서로 다른 곳에서 오셨기 때문입니다.

03~04 오늘 아침 민수네 교실에서 있었던 일

영철: 어이, 키다리! 왔냐?

민수: 뭐야, 아침부터 듣기 싫은 별명을 부르고…….

채은: 민수야, 안녕?

민수: 안녕, 채은아? 어제 네가 빌려준 책 참 재미있더라. 고마워.

03 다음 중 알맞지 않은 것은 어느 것입니까? (　　　　)

① 민수의 별명은 '키다리'이다.

② 민수는 '키다리'라는 별명을 좋아한다.

③ 채은이는 민수의 이름을 부르며 인사했다.

④ 영철이는 민수의 별명을 부르며 인사했다.

⑤ 민수는 두 친구의 인사를 듣고 기분이 서로 달랐다.

04 민수는 영철이와 채은이의 인사말을 듣고 기분이 어떠했을지 이으시오.

(1) 영철　•　　　　•① 기분이 좋다.

(2) 채은　•　　　　•② 기분이 나쁘다.

05 다음 장면에서 여자아이가 예절을 지키며 말하려면 어떻게 말해야 하겠습니까?

• 아주머니, [　　　　　　　　　　]

06~08 신유의 생일잔치

신유 어머니: 이렇게 신유의 생일을 축하하러 우리 집에 와 줘서 고맙구나. 손 씻고 식탁에 앉으렴.

친구들 모두: 야, 맛있겠다!

원우: 내가 닭 다리 먹어야지!

지혜: 아주머니, 맛있는 음식을 준비해 주셔서 고맙습니다. 맛있게 먹겠습니다.

친구들: 아주머니, 맛있는 음식을 준비해 주셔서 고맙습니다. 잘 먹겠습니다.

신유 어머니: 그렇게 말해 주니 고맙구나. 천천히 많이 먹으렴.

06 어떤 상황에서 있었던 일입니까? ·············· (   )

① 교실에서 친구를 만났을 때

② 놀이터에서 친구들과 놀 때

③ 학교 도서관에서 책을 찾을 때

④ 길을 가다 신유 어머니를 만났을 때

⑤ 신유의 생일잔치에 가서 음식을 먹을 때

07 원우와 지혜 중 예절을 지키며 말하지 <u>못한</u> 사람은 누구입니까?

(   )

서술형 논술형 문제

08 07번 문제에서 답한 사람이 잘못한 점은 무엇인지 쓰시오.

_____

_____

09~11 역할극 하기

09 상황 ❶에서 사슴과 대화를 할 때 토끼는 어떤 기분이 들었겠습니까? (   )

① 설레는 기분   ② 미안한 기분

③ 고마운 기분   ④ 자랑스러운 기분

⑤ 무시당하는 기분

10 상황 ❷의 거북은 어떤 잘못을 하였습니까? (   )

① 거친 말을 사용하였다.

② 친구의 별명을 불렀다.

③ 작은 목소리로 말하였다.

④ 높임말을 사용하지 않았다.

⑤ 유행하는 말을 사용하였다.

11 ㉠을 예의 바른 말로 고쳐 말한 사람은 누구입니까?

유리: 내 마음이야.

은서: 계속하면 어쩔 건데?

해민: 기분을 상하게 해서 미안해.

(   )

사회자: 친구들과 사이좋게 지내려면 실천해야 할 일이 무엇인지 발표해 주십시오. 박태영 친구가 의견을 발표해 주십시오.

박태영: 제 의견은 "듣기 싫은 별명으로 부르지 말자."입니다. 기분이 나빠지면 서로 사이좋게 지내기가 어려워지기 때문입니다.

사회자: 좋은 의견입니다. 다른 의견이 더 있습니까? 이희정 친구가 의견을 발표해 주십시오.

이희정: 저는 "고운 말을……."

강찬우: 잠깐만. "심한 장난을 하지 말자."가 좋겠습니다. 왜냐하면 장난이 심해져서 싸우는 경우가 많기 때문입니다.

사회자: 강찬우 친구, 좋은 의견 감사합니다. 하지만 다른 사람이 의견을 발표할 때 끼어드는 것은 잘못입니다.

12 태영이의 의견은 무엇입니까?

• (   )으로 부르지 말자.

13 희정이가 의견을 발표하다가 멈춘 까닭은 무엇입니까? (   )

① 할 말이 생각나지 않았기 때문이다.
② 의견이 주제에 알맞지 않았기 때문이다.
③ 사회자가 희정이의 말을 끊었기 때문이다.
④ 말하는 도중에 찬우가 끼어들었기 때문이다.
⑤ 태영이의 의견이 더 좋다고 생각했기 때문이다.

14 찬우에게 가장 알맞게 말한 사람은 누구입니까?

서연: 주제에 알맞은 의견을 발표해야 해.
태훈: 손을 들어 말할 기회를 얻고 발표해야 해.
민지: 의견을 말할 때에는 의견에 대한 까닭도 함께 말하는 것이 좋아.

(   )

이희정: 제 의견은 "고운 말을 사용하자."입니다. 친구들이 나쁜 말을 주고받으면 사이가 안 좋아지는 것을 자주 봤기 때문입니다.

고경희: 쳇, 친할 때 그런 말로 장난치는 것도 모르나?

이희정: 너는 그래서 날마다 친구들과 다투냐?

사회자: 모두 조용히 해 주십시오. 말할 기회를 얻지 않고 높임말도 사용하지 않은 고경희 친구 그리고 마찬가지로 말할 기회를 얻지 않고 거친 말을 사용한 이희정 친구에게 '주의'를 한 번씩 드립니다.
　지금부터 주제에 대한 실천 내용을 정하도록 하겠습니다. 표결을 하기 전에 추가로 의견을 이야기할 친구는 발표해 주시기 바랍니다. 김찬민 친구가 의견을 발표해 주십시오.

김찬민: 고운 말? 뭐였지? 아무튼 그 의견보다는 '이름 부르지 않기'로 정하면 좋겠습니다. 왜냐하면 우리 반 모두가 싫어할 것 같기 때문입니다.

사회자: "고운 말을 사용하자."는 의견이 있었고, 이름이 아니라 "듣기 싫은 별명으로 부르지 말자."라는 의견이 있었습니다.

15 경희와 희정이가 사회자에게 주의를 받은 행동으로 알맞지 <u>않은</u> 것에 ×표 하시오.

(1) 큰 소리로 말한 점 (   )
(2) 거친 말을 사용한 점 (   )
(3) 높임말을 사용하지 않은 점 (   )
(4) 말할 기회를 얻지 않고 말한 점 (   )

16 찬민이가 잘못한 점은 무엇입니까? (   )

① 높임말을 사용하지 않았다.
② 의견에 대한 까닭을 말하지 않았다.
③ 회의 절차에 알맞지 않게 발표했다.
④ 다른 사람이 발표할 때 끼어들었다.
⑤ 다른 사람의 의견을 경청하지 않았다.

단원평가 3. 바르고 공손하게

17~18 온라인 대화

17 친구들이 ㉠과 ㉡을 이해하지 못한 까닭은 무엇입니까? ( )

① 줄여서 만든 말이기 때문이다.
② 다른 나라의 말이기 때문이다.
③ 어려운 뜻의 낱말이기 때문이다.
④ 어른들이 자주 쓰는 말이기 때문이다.
⑤ 특정 직업의 사람이 주로 쓰는 말이기 때문이다.

18 친구들이 사용한 그림말에 대한 내용으로 알맞지 <u>않은</u> 것은 어느 것입니까? ( )

① 현영이는 화난 기분을 나타냈다.
② 영철이는 궁금한 마음을 나타냈다.
③ 기분을 더 잘 표현해 줄 수도 있다.
④ 온라인 대화에서 절대 쓰지 말아야 한다.
⑤ 너무 많이 사용하면 장난스러운 대화가 될 수 있다.

19~20 온라인 대화

19 가와 나의 온라인 대화에서 문제점은 무엇인지 보기에서 찾아 번호를 쓰시오.

┌─ 보기 ─────────────────┐
│ ① 높임말을 사용하지 않았다.
│ ② 뜻을 모르는 표현을 그냥 사용했다.
│ ③ 자신이 할 말만 하고 대화방에서 나가 버렸다.
│ ④ 친한 친구들끼리만 비밀 대화방을 만들어서 대화했다.
└──────────────────────┘

(1) 가: ( )
(2) 나: ( )

🖊 서술형 논술형 문제

20 나에 나타난 문제점을 보고 온라인 대화를 할 때 지켜야 할 예절에 대하여 알려 주는 말을 쓰시오.

┌─ 조건 ─────────────────┐
│ 대화 예절에 알맞게 친구에게 말하듯이 씁니다.
└──────────────────────┘

_____

_____

서술형·논술형 평가

1 다음 빈칸에 들어갈 알맞은 낱말에 ○표 하고, 그 낱말을 사용하여 문장을 한 가지 만들어 쓰시오.

아버지, 이건 ☐ 할게요.

(1) 알맞은 낱말: (내가 / 제가)

(2) 문장 쓰기

_____

_____

2 다음 학급 회의 장면을 보고 사회자는 어떤 말을 하였을지 쓰시오.

제 의견은 "고운 말을 사용하자." 입니다.

쳇, 친할 때 그런 말로 장난치는 것도 모르나?

너는 그래서 날마다 친구들과 다투냐?

_____

_____

3 다음 온라인 대화를 보고 물음에 답하시오.

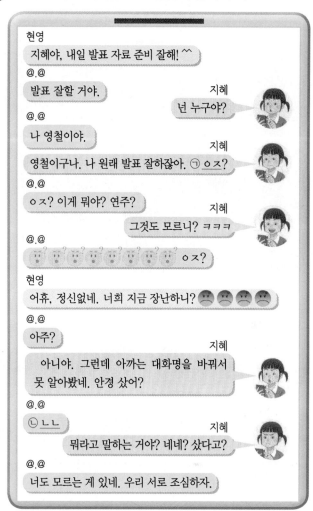

현영
지혜야, 내일 발표 자료 준비 잘해! ^^

@.@
발표 잘할 거야.

지혜
넌 누구야?

@.@
나 영철이야.

지혜
영철이구나. 나 원래 발표 잘하잖아. ㉠ ㅇㅈ?

@.@
ㅇㅈ? 이게 뭐야? 연주?

지혜
그것도 모르니? ㅋㅋㅋ

@.@
ㅇㅈ?

현영
어휴, 정신없네. 너희 지금 장난하니?

@.@
아주?

지혜
아니야. 그런데 아까는 대화명을 바꿔서 못 알아봤네. 안경 샀어?

@.@
㉡ ㄴㄴ

지혜
뭐라고 말하는 거야? 네네? 샀다고?

@.@
너도 모르는 게 있네. 우리 서로 조심하자.

(1) ㉠과 ㉡은 어떤 의미일지 쓰시오.

① ㉠	
② ㉡	

(2) ㉠, ㉡과 같이 온라인 대화를 할 때 줄임 말을 지나치게 쓰면 어떤 일이 일어날지 쓰시오.

_____

_____

④ 이야기 속 세상

정답 18쪽

🔍 퀴즈

1. 토르는 무엇을 살펴보며 메두사의 성격을 짐작하였는지 기호를 쓰시오. (   )

- ㉠ 메두사의 이름
- ㉡ 메두사의 친구
- ㉢ 메두사가 사는 곳
- ㉣ 메두사의 말과 행동

교과서 개념

| 배울 내용 | • 인물의 성격을 짐작하며 이야기 읽기
• 사건의 흐름을 생각하며 이야기 읽기

개념 1 인물, 사건, 배경을 생각하며 이야기 읽기

인물	이야기에 나오는 '누구'
사건	이야기에서 인물들이 '겪는 일'
배경	'언제', '어디에서'에 해당하는 것

↓

누가, 언제, 어디에서 어떤 일을 겪었는지 살피며 이야기를 읽습니다.

└ 인물, 사건, 배경을 이야기 구성의 3요소라고 합니다.

개념 2 인물의 성격을 짐작하며 이야기 읽기

① 인물이 어떤 말을 하였는지 살펴봅니다.
② 인물이 어떤 행동을 하였는지 살펴봅니다.
③ 말과 행동으로 짐작한 각 인물의 성격을 비교해 봅니다.

예 「우진이는 정말 멋져!」에 나오는 인물의 성격 짐작하기

인물	말이나 행동	인물의 성격
창훈	미안하다는 소리 대신 혀만 쏙 내밀고는 휙 도망감.	장난스럽다.
윤아	"싫어. 그러다가 벌레라도 손에 닿으면 어떡해?"	조심성이 많다.

확인 문제

1 이야기를 구성하는 세 가지 요소 중, '누구'에 해당하는 것을 무엇이라고 합니까?

( )

2 이야기에서 인물들이 겪는 일을 무엇이라고 합니까?

( )

3 빈칸에 공통으로 들어갈 말은 무엇입니까?

| 언제? → 시간적 ( ) |
| 어디에서? → 공간적 ( ) |

( )

4 인물의 성격을 짐작하는 방법은 무엇입니까?

➡ 인물의 말과 ( )을 살펴보며 이야기를 읽습니다.

중요 개념 정리하기

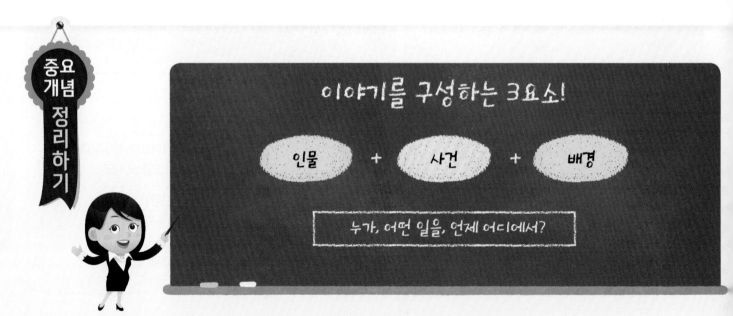

이야기를 구성하는 3요소!

인물 + 사건 + 배경

누가, 어떤 일을, 언제 어디에서?

정답 18쪽

개념 ③ 사건의 흐름을 생각하며 이야기 읽기

① 사건이 일어난 차례를 살펴봅니다.
② 인물의 성격에 따라 인물의 행동이 어떻게 달라지는지 살펴봅니다.
③ 인물의 행동에 따라 이어질 이야기가 어떻게 달라질지 예측하며 읽습니다.

㉠ 인물의 성격을 생각하며 「젓가락 달인」 읽기

| 우봉이네 반에서 젓가락 달인 대회를 열게 됨. | ➡ 우봉이의 성격: 성실하고 적극적이다. | ➡ 우봉이가 젓가락 대회 준비를 열심히 함. |
| | ➡ 만약 우봉이가 게으르고 소극적인 성격이었다면? | ➡ 우봉이가 젓가락 연습을 제대로 하지 않을 것임. |

개념 ④ 이야기를 꾸며 책 만들기

① 기억에 남는 이야기의 내용을 떠올려 생각그물로 정리합니다.
② 이야기에서 바꿀 부분을 정해 봅니다.
③ 꾸민 이야기의 내용을 쪽수에 맞게 정리해 봅니다.

㉠ 책을 꾸며서 만들 때에 떠올릴 점

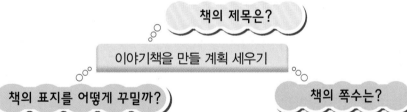

책의 제목은?
이야기책을 만들 계획 세우기
책의 표지를 어떻게 꾸밀까?
책의 쪽수는?

4
단원

확인 문제

5 사건의 흐름을 생각하며 이야기를 읽을 때 먼저 무엇을 살펴보아야 합니까?

➡ 사건이 일어난 (   )

6 사건의 흐름을 생각하며 이야기를 읽는 방법은 무엇입니까?

➡ 인물의 (   )에 따라 인물의 행동이 어떻게 달라지는지 살펴봅니다.

7 이야기를 꾸며 책을 만들 때 생각할 점이 <u>아닌</u> 것에 ×표 하시오.

(1) 책의 제목   (   )
(2) 책의 가격   (   )
(3) 책의 표지   (   )

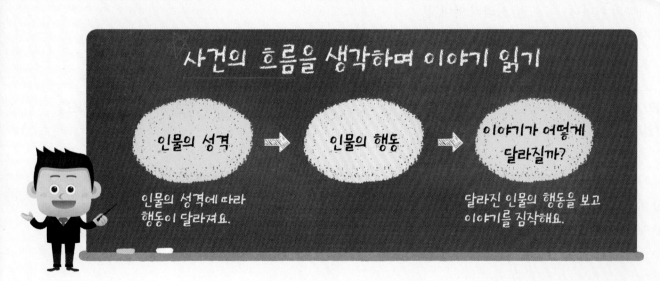

사건의 흐름을 생각하며 이야기 읽기

인물의 성격 ➡ 인물의 행동 ➡ 이야기가 어떻게 달라질까?

인물의 성격에 따라 행동이 달라져요.

달라진 인물의 행동을 보고 이야기를 짐작해요.

사라, 버스를 타다

- 글: 윌리엄 밀러(옮김: 박찬석)   • 그림: 존 워드
- 글의 내용: 흑인이 차별을 받던 시대에 주인공 사라의 용감한 행동으로 어른들의 생각을 바꿀 수 있었습니다.

❶ 아침마다 사라는 어머니와 함께 버스를 탔습니다. 언제나 백인들이 앉는 자리와 구분된 뒷자리에 앉았습니다. *사라는 백인이 아니기 때문에* 고개를 돌려 자기를 쳐다보는 백인 아이들에게 사라는 얼굴을 찡그렸습니다. 백인 아이들도 얼굴을 찡그
5 리며 웃어 댔습니다. 그러다가 어머니들에게 잔소리를 들은 뒤에야 바로 앉았습니다.

"지금까지 언제나 이래 왔단다. 자리에 앉을 수 있는 것만으로도 만족해야지." / 어머니께서는 두 손을 깍지 낀 채 이렇게 말씀하시고는 했습니다.

10 어머니께서는 사라보다 먼저 버스에서 내리셨습니다. 사라는 혼자서 학교로 가고, 어머니께서는 백인 가정의 부엌에서 일을 하셨습니다. 어머니를 생각하면 사라는 마음이 아팠습니다. 어머니께서는 주말도 없이 하루 종일 일하셨지만, 신발 한 켤레, 옷 한 벌 사 입으실 형편
15 이 못 되었습니다.

어느 날 아침, 사라는 버스 앞쪽 자리가 얼마나 좋은 *시간적 배경* 곳인지 알아보기로 마음먹었습니다. 사라는 자리에서 일어나 좁은 통로로 걸어 나갔습니다. 별다른 것도 없어 보였습니다. 창문은 똑같이 지저분했고, 버스의 시끄러운 소리도 똑같았습니다. 앞쪽 자리가 뭐가 그리 대단하 5 다는 것일까요?

한 백인 아주머니께서 물으셨습니다.

"왜 그리 두리번거리니, 꼬마야?"

"뭐 특별한 게 있는지 알아보고 싶어서요."

아주머니께서 말씀하셨습니다.   10

"네 자리로 돌아가는 게 좋겠구나." *버스의 뒷자리* 모두가 사라를 쳐다보았습니다.

사라는 계속 나아갔습니다. 앞쪽 끝까지 가서 운전사 옆자리에 앉았습니다. 사라는 운전사가 기어를 바꾸고 두 손으로 커다란 핸들을 돌리는 것을 지켜보았습니다. 15 운전사가 성난 얼굴로 사라를 쏘아보았습니다.

"꼬마 아가씨, 뒤로 가서 앉아라. 너도 알다시피 늘 그래 왔잖니?"

중심 내용 ❶ 언제나 버스의 뒷자리에 앉아야 했던 사라는 버스의 앞쪽 자리를 알아보기로 마음먹었습니다.

---

01 글 ❶에 나오는 인물은 누구누구인가요?

(,)

① 사라
② 사라의 동생
③ 사라의 어머니
④ 사라의 아버지
⑤ 사라의 할머니

02 사라가 어머니를 생각하면 마음이 아팠던 까닭은 무엇일까요? ( )

① 아버지가 집을 나가셔서
② 자신이 공부를 잘하지 못해서
③ 어머니의 건강이 좋지 않으셔서
④ 매일 버스를 너무 오래 기다리셔서
⑤ 주말도 없이 하루 종일 일만 하셔서

03 글 ❶의 공간적 배경은 어디인지 쓰세요.

사라가 탄 ( ) 안

04 글 ❶에서 일어난 중요한 사건은 무엇인가요?

( )

① 사라가 매일 타는 버스를 놓친 일
② 사라가 버스의 앞쪽 자리로 간 일
③ 운전사가 성난 얼굴로 사라를 본 일
④ 사라의 어머니가 버스를 타지 못한 일
⑤ 백인 아주머니가 뒤쪽 자리에 앉은 일

2 사라는 그대로 앉은 채 마음속으로 말했습니다.

'뒷자리로 돌아갈 아무런 이유가 없어!'

운전사는 뭐라고 중얼거리더니 브레이크를 밟았습니다. 버스가 '끼익' 소리를 내며 갑자기 멈춰 섰습니다.

5 "규칙을 따르지 못하겠다면 이제부터는 걸어가거라."

운전사가 '덜컹' 소리를 내며 문을 당겨 열었습니다. 사라는 외롭고 무서웠습니다. 사라 생각에 버스에서 내리는 것도, 학교까지 걸어가는 것도 그리 어려운 일은 아니었습니다. 하지만 걷기에는 꽤 먼 길이었습니다.

10 사라는 작지만 당당한 목소리로 말했습니다.

㉠"문 닫으셔도 돼요. 저는 학교까지 타고 가겠어요."

운전사는 자리에서 일어나 쿵쾅거리며 버스 계단을 내려갔습니다. 버스 안에 있던 백인들이 화를 내며 소리쳤습니다.

"빨리 가자고! 이러다 지각하겠어."

15 잠시 뒤, 운전사는 경찰관과 함께 돌아왔습니다.

경찰관이 물었습니다.

"오늘, 무슨 일이 있니?"

사라는 가슴이 콩닥거렸습니다.

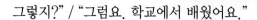

"아무 일도 없어요."

"법이 뭔지 너도 알 거다. 그렇지?" / "그럼요. 학교에서 배웠어요." 5

경찰관이 살짝 웃으며 말했습니다.

"아무렴. 법에는 말이다, 너희 같은 사람은 버스 뒷자리에 앉아야 한다고 나와 있단다. 그래서 말인데, 법을 어기고 싶지 않다면 네 자리로 돌아가거라."

밖에 사람들이 모여들기 시작했습니다. 사람들이 흥분 10 하여 사라에게 큰 소리를 질렀지만, 몇몇은 사라를 응원했습니다. / 한 아저씨께서 소리치셨습니다.

"일어나지 마라. 그 자리는 네 피부색과 아무 상관이 없어." → 법이 옳지 않다고 생각함.

경찰관이 안타깝다는 듯 고개를 절레절레 흔들더니 사 15 라를 번쩍 안아 올렸습니다. 그리고는 사람들 사이를 지나 경찰서로 향했습니다.

당당한 남 앞에 내세울 만큼 태도가 떳떳한.
콩닥거렸습니다 마음에 충격을 받아 가슴이 자꾸 세차게 뛰었습니다.

흥분 어떤 일 때문에 감정이 크고 강하게 일어남.
절레절레 머리를 왼쪽, 오른쪽으로 자꾸 흔드는 모양.

---

05 운전사가 버스를 세운 까닭은 무엇인가요? (　　　)

① 경찰관이 나타나 버스를 세워서
② 갑자기 내리겠다는 손님이 생겨서
③ 사라가 계속 버스 통로에 서 있어서
④ 사라가 학교까지 걸어가겠다고 해서
⑤ 규칙을 안 지키는 사라를 내리게 하기 위해서

06 ㉠에서 알 수 있는 사라의 성격은 어떠한가요?

(　　　)

① 성실하다.　　　② 당당하다.
③ 겁이 많다.　　　④ 소극적이다.
⑤ 인정이 많다.

07 사라가 지키지 않은 '법'의 내용으로 알맞은 것에 ○표 하세요.

(1) 어린이는 버스의 뒷자리에 앉는다. (　　　)
(2) 피부색과 버스의 자리는 상관이 없다.(　　　)
(3) 사라와 같은 피부색을 가진 사람은 버스의 뒷자리에 앉는다. (　　　)

중요

08 글 **2**에서 일어난 중요한 사건을 알맞게 말한 사람은 누구인가요? (　　　)

은지: 사라 때문에 버스 운전사가 화를 냈습니다.
수현: 사라가 버스 앞쪽 자리에 계속 앉아서 경찰서로 가게 되었습니다.
성민: 사라가 경찰을 만나 법에 대해 설명했습니다.

사라는 울기 시작했습니다.

㉠"절 감옥으로 보내실 건가요?"

경찰관은 아무 말도 하지 않았습니다. 하지만 사람들은 더 크게 소리를 질렀습니다.

5 한 아주머니께서 소리치셨습니다.

"용기를 내!"

그러자 다른 사람이 **되받아쳤습니다**.

"법을 어기면 어떻게 되는지 확실히 알게 해 줘!"

중심 내용 2 사라는 버스의 앞쪽 자리로 갔다가 경찰서에 가게 되었습니다.

③ 경찰관이 어머니께 전화를 하는 동안, 사라는 커다

10 란 책상 앞에 앉아 있었습니다. 키가 큰 아저씨께서 사진기를 들고 와 사라를 찍으셨습니다.

"신문사에서 왔단다. ㉡용기 있는 행동을 한 사람에 대한 기사를 쓰고 있어."

아저씨의 말씀에 경찰관이 크고 거친 손으로 사라의

15 등을 **토닥이며** 대꾸했습니다.

"꼬맹이가 잠시 헷갈렸을 뿐이오."

사라의 이야기는 빠르게 퍼져 나갔습니다. 많은 사람

차별에 맞서서 경찰서에 가게 된 이야기

이 여기저기에서 사라를 보러 왔습니다. 누구인가 사라에게 초콜릿 과자를 가져다주었습니다. 사라는 과자를 한 입 베어 물고 나서야 자기가 얼마나 배가 고픈지 깨달았습니다.

과자를 반쯤 먹었을 때 어머니께서 오셨습니다. 어머 5 니께서 손을 내밀며 말씀하셨습니다.

"가자, 경찰관들이 진짜 범죄자들을 잡으러 가야 할 때인 것 같구나." → '사라는 범죄자가 아니다.'

경찰관이 사라와 어머니의 뒤에 대고 소리쳤습니다.

"앞으로 당신 딸이 어디에 앉아야 하는지 단단히 일러 10 주시오!"

밖으로 나오자, 신문 기자가 사라의 사진을 좀 더 찍은 뒤에 잘 가라고 손을 흔들어 주었습니다. 사라가 어머니와 함께 사람들 사이를 헤치고 나가며 말했습니다.

"죄송해요, 어머니. 말썽을 일으키려던 것은 아니었어 15 요. 그냥 뭐가 그리 특별한지 알고 싶었을 뿐이에요."

"괜찮다. 넌 아무것도 잘못한 게 없어."

사라와 어머니는 아무 말 없이 집으로 걸어갔습니다.

되받아쳤습니다 남의 말이나 행동에 맞서 대들었습니다.
� 듣고 있던 친구가 화를 내며 **되받아쳤습니다.**

토닥이며 가볍게 두드리며.
단단히 틀림이 없이 믿을 만하게.

---

09 ㉠에 담긴 사라의 마음은 어떠할까요? (　　　)

① 감옥은 어떤 곳인지 궁금한 마음
② 감옥에 가게 되어 기대되는 마음
③ 아무 데도 가기 싫은 귀찮은 마음
④ 감옥에 가게 될까 봐 두려운 마음
⑤ 감옥에라도 보낼 테면 보내 보라는 굳은 마음

10 ㉡이 가리키는 사람은 누구인가요? (　　　)

① 사라　　　　② 경찰관
③ 사라의 아버지　　④ 사라의 어머니
⑤ 키가 큰 아저씨

중요
11 사라에게 초콜릿을 갖다주거나, 경찰서로 사라를 보러 온 사람들은 어떤 생각에 찬성할까요? (　　　)

① 학교에서 법을 제대로 배워야 한다.
② 사라는 백인들의 생각을 이해해야 한다.
③ 어린아이라도 법을 어기면 감옥에 가야 한다.
④ 피부색을 이유로 차별을 받는 것은 옳지 않다.
⑤ 피부색이 다르다고 법을 어기는 것은 옳지 않다.

12 사라의 행동에 대한 사라 어머니의 생각은 어떠할지 알맞은 말에 ○표 하세요.

• 사라의 행동은 (옳다 / 옳지 않다).

그날 밤, 어머니께서는 사라의 방으로 들어와 사라를 안아 주셨습니다.

"사라야, 엄마는 너한테 화나지 않았어. 너는 세상의 어떤 백인 아이 **못지않게** 착한 아이란다. 너는 특별한
5 아이야." / 사라는 몹시 **혼란스러웠습니다.**

"그런데 왜 저는 버스 앞자리에 타면 안 되나요?"

"법이 그렇기 때문이야. 법이라고 다 좋은 것은 아니 <u>지만 말이다.</u>"
_{사람을 차별하는 법이기 때문에}

사라가 어머니의 피곤한 눈을 올려다보며 물었습니다.
10 "법은 절대 바뀌지 않나요?"

어머니께서 부드럽게 대답하셨습니다.

"언젠가는 바뀌겠지."

[중심 내용 3] 사라는 어머니와 함께 경찰서에서 집으로 돌아왔습니다.

④ 이튿날 아침, 어머니께서 ㉠사라에게 버스를 타는 대신 걸어가는 것이 어떻겠느냐고 물으셨습니다. 어머
15 니께서는 웃으려고 애를 쓰셨지만, 사라는 어머니의 눈에 고인 눈물을 보았습니다.

못지않게 일정한 정도나 수준에 떨어지지 않게.
  ㉠ 이 책도 저 책 **못지않게** 훌륭합니다.

"어쨌든 날씨가 그리 춥지는 않구나. 하느님은 우리에 게 낡은 버스가 아니라 두 다리를 주셨어. 그렇지?"

"그럼요, 어머니. 저는 걷는 것이 좋아요. 얼마든지요."

사라와 어머니는 버스 정류장을 천천히 지나갔습니다. 사람들이 고개를 돌려 **수군거렸습니다.** 사라 또래의 5 남자아이 하나가 신문과 연필을 가지고 뛰어왔습니다.

"사인 좀 해 줄래? 오랫동안 간직하고 싶어."

어머니께서는 소년한테서 신문을 받아 들고 싱긋 웃으 셨습니다. / "우리 딸이 영웅 이라도 된 것 같구나."

사라는 ㉡신문 첫 장에 난 자신의 사진을 보고 몹시 10 쑥스러웠습니다. / "어머니, 얼른 가요."

사라가 어머니를 재촉했지만 이미 늦은 뒤였습니다. 흑인이고 백인이고 할 것 없이 많은 사람이 몰려와 사라 15 에게 악수를 청했습니다. 신문 기자가 또다시 사진을 찍 으려고 왔습니다. 사람들은 사라를 뒤따라 걸었습니다.

혼란스러웠습니다 보기에 뒤죽박죽이 되어 어지러웠습니다.
수군거렸습니다 작은 소리로 가만가만 이야기하였습니다.

---

13 어머니가 사라를 특별한 아이라고 생각하시는 까닭 은 무엇일까요? (   )

① 사라가 부끄러워서
② 사라가 공부를 잘해서
③ 사라가 경찰서에 자주 다녀와서
④ 옳지 못한 법에 용기 있게 맞서서
⑤ 자신도 못 앉은 버스 앞자리에 앉아 보아서

14 사라 어머니의 성격은 어떠한지 쓰세요.

(   )

15 이튿날 아침, 사라의 어머니가 ㉠과 같이 물어보신 까닭은 무엇일지 기호를 쓰세요.

㉮ 사라와 운동을 하기로 약속해서
㉯ 버스를 타더라도 이미 늦어 버려서
㉰ 사라가 또 말썽을 겪지 않도록 하기 위해서

(   )

16 ㉡에 대한 사라와 사라 어머니의 마음은 어떠하였을 지 [보기]에서 골라 쓰세요.

[보기]
쑥스럽다   죄송하다   자랑스럽다

(1) 사라의 마음: (   ).
(2) 사라 어머니의 마음: (   ).

사라는 마음이 **뿌듯했습니다.**

어머니께서 말씀하셨습니다.

"웃어도 괜찮아. 넌 특별한 아이잖니?"

그날은 어떤 흑인도 버스를 타지 않았습니다. 그다음
5 날도 마찬가지였습니다. 버스 회사는 당황했습니다. 시
장도 어쩔 줄 몰라 했습니다. 그리하여 사람들은 마침내
법을 바꾸었습니다.

`중심 내용 4` 흑인들이 아무도 버스를 타지 않자 마침내 법이 바뀌었습니다.

5 운전사가 문을 열어 주며 말했습니다.

"타시죠, 꼬마 아가씨."

10 사라는 자리에 앉기 전에 뒤돌아서 어머니를 쳐다보았
습니다. 평소와 똑같은 외투와 똑같은 신발이었습니다.
그런데 오늘 어머니께서는 무엇인가 달라 보이셨습니
다. 자랑과 행복이 두 눈에 가득했습니다.

어머니께서 말씀하셨습니다.

"사라야, 왜 머뭇거리니? 그 자리에 앉을 자격이 있는
사람은 바로 우리 딸인데……"
_{버스의 앞자리}

운전사가 사라를 쳐다보았습니다. 버스에 있는 모든
사람이 사라를 쳐다보았습니다.

"아니에요, 어머니. 이 자리는 바로 어머니의 자리예 5
요! 앞으로 어머니께서 계속 앉으실 수 있어요."
_{버스의 앞자리}

어머니께서 활짝 웃으셨습니다. 사라와 어머니는 함
께 자리에 앉았습니다.

버스가 도시를 가로지르며 달리기 시작했습니다.

`중심 내용 5` 흑인을 버스에서 차별하는 법이 사라지고 사라와 어머니는 행
복하게 버스를 탈 수 있었습니다.

뿌듯했습니다 기쁜 마음이 가슴에 가득 차서 벅찼습니다.
⑩ 글짓기 대회에 나갈 수 있어서 정말 <u>뿌듯했습니다</u>.

자격(資 자질 **資 格** 품격 격**)** 일정한 일을 하는 데 필요한 조건이나
능력. ⑩ 열심히 일한 사람은 쉴 <u>자격</u>이 있습니다.

---

17 사람들이 법을 바꾸게 된 원인이 되는 사건은 무엇인
가요? (   )

① 많은 사람이 사라와 악수를 하였다.
② 흑인들이 법을 바꾸라고 주장하였다.
③ 백인들이 아무도 버스를 타지 않았다.
④ 흑인들이 아무도 버스를 타지 않았다.
⑤ 사라가 매일같이 버스 앞자리에 앉았다.

18 새로 바뀐 법의 내용은 무엇일지 찾아 ○표 하세요.

(1) 흑인만 탈 수 있는 버스를 만든다. (   )
(2) 흑인과 백인 모두 자리 구분 없이 버스를 탄다.
(   )
(3) 백인은 버스 뒷자리에 앉고 흑인은 앞자리에만
앉는다. (   )

19 법이 바뀌고 나서 버스에 탄 어머니의 마음은 어떠하
였는지 두 가지 고르세요. (,   )

① 답답하다. ② 불안하다. ③ 행복하다.
④ 걱정스럽다. ⑤ 자랑스럽다.

중요
20 이 이야기에서 일어난 사건을 흐름에 따라 정리하여
기호로 쓰세요.

> ㉠ 사라의 어머니가 사라를 위로해 줌.
> ㉡ 마침내 법이 바뀌고 흑인이 버스에서 차별을
>   당하지 않게 됨.
> ㉢ 사라가 백인들만 앉는 버스 앞자리에 앉은 일
>   때문에 경찰서에 가게 됨.
> ㉣ 사라의 일 이후 흑인들이 버스를 타지 않음.

(   ) → (   ) → (   ) → (   )

우진이는 정말 멋져!

- 글쓴이: 강정연
- 등장인물: '나', 우진, 윤아, 창훈
- 글의 특징: '내'가 겪은 일을 아이의 입장에서 생생하게 쓴 이야기입니다.

❶ 교실에 들어서니 나 말고도 다섯 명의 친구가 있었어요. 그중에는 윤아도 있었어요. 윤아와 나는 선생님이 오기 전까지 공기놀이를 하기로 했어요.

한참을 신나게 놀고 있는데 뒷문이 드르륵 열렸어요.
5 우진이예요.

"너희 뭐 해? 또 공기놀이하는구나."

우진이가 생글생글 웃으며 우리끼리 노는 데 참견했어요. 내가 놀고 있으면 우진이가 꼭 구경하러 오더라고요. 어쩌면 우진이도 나랑 짝이 되고 싶은지도 모르겠어요.

10 "우아, 윤아 공기 되게 잘한다!"

아이참, 정말 이상해요. 조금 전까지만 해도 윤아보다 내가 훨씬 더 잘했는데, 우진이가 나타나자마자 자꾸만

실수하는 거예요. 우진이 칭찬을 듣고 헤벌쭉 웃는 윤아
<u>'나'의 성격: 샘이 많다.</u>
가 참 얄미웠어요.

"나 공기놀이 그만할래."

나는 공기 알들을 주섬주섬 챙기며 일어섰어요. 공기 5
알 주인도 나고, 공기놀이도 내가 훨씬 더 잘하는데 윤
아만 기분이 좋은 것 같아 심통이 난 거죠, 뭐.

그런데 그때 우진이가 내 옷자락을 잡으며 말렸어요.

"승연아, 우리 셋이 공기놀이
하자. 나도 공기놀이할 줄 알
거든."

"어? 그, 그래." 10

우진이가 커다란 눈을 끔뻑이며 부탁하는데 어떻게
안 들어줄 수 있겠어요?
<u>들어줄 수밖에 없어요.</u>
나는 다시 자리에 앉아 공기 알을 바닥에 내려놓았어
요. 우리는 가위바위보를 해서 순서를 정했죠. 우진이와 15
함께 공기놀이를 한다고 생각하니 가슴이 두근거렸어요.

중심 내용 ❶ '나'는 우진이와 공기놀이를 하게 되어 가슴이 두근거렸어요.

헤벌쭉 속이 들여다보일 정도로 입을 크게 벌린 모양.
예 동생이 생일 선물을 받으며 헤벌쭉 웃었습니다.

주섬주섬 여기저기 널려 있는 물건을 하나하나 줍는 모양.
말렸어요 다른 사람이 하려는 일을 하지 못하게 하였어요.

---

21 이 이야기의 공간적 배경은 어디인가요? (   )

① 공원   ② 교실
③ 놀이터   ④ 운동장
⑤ 체육관

22 아이들은 어떤 놀이를 하고 있었나요? (   )

① 공놀이   ② 소꿉놀이
③ 딱지치기   ④ 공기놀이
⑤ 술래잡기

23 '나'의 이름은 무엇인지 ○표 하세요.

우진	윤아	승연

〈서술형〉 논술형 문제

24 다음 내용으로 보아 '나'의 마음은 어떠할지 쓰세요.

- 우진이가 다른 여자아이를 칭찬하니까 질투가 난다.
- 우진이와 함께 논다고 생각하니 가슴이 두근거린다.

'나'는 _____

2 가장 먼저 윤아가 공기 알을 잡았어요. 윤아는 입을 앙다물고 무척 침착하게 공기 알을 던지고 잡기를 계속했어요. 웬일인지 다른 때보다 훨씬 잘하는 것 같았어요. 어느새 윤아는 손등에 공기 알 네 개를 올려두고 가느다

5 란 손가락을 꼼지락거리며 공기 알을 잡으려고 했지요.

'떨어져라, 떨어져라, 떨어져라······.'

나도 모르게 마음속으로 빌고 있는데 갑자기 윤아가 앞으로 폭 고꾸라지지 뭐예요. 장난꾸러기 창훈이가 다른 아이들이랑 장난치며 뛰다가 윤아와 부딪친 거죠. 그

10 바람에 윤아 손등에 있던 공기 알이 와르르 떨어져 두 개는 책상 밑으로, 한 개는 우진이 다리 밑으로, 나머지 한 개는 사물함 밑으로 굴러 들어갔어요.

㉠"김창훈! 너 때문에 죽었잖아!"

㉡"김창훈! 너 때문에 내 공기 알이 사물함 밑으로 들

15 어갔잖아!"

윤아는 공기 알을 못 잡은 게 억울해서, 나는 사물함 밑으로 굴러 들어간 내 공기 알이 걱정돼서 소리쳤어요. 우리 목소리에 놀랐는지 창훈이는 온몸을 움찔하더라고요. 그것도 잠시뿐, ㉢<u>창훈이는 미안하다는 소리 대신</u> _{잘못을 하고도 사과를 하지 않음.} <u>혀만 쏙 내밀고는 휙 도망가 버리는 거 있죠.</u>

5

윤아와 나는 교실 바닥에 엎드려 사물함 밑을 들여다 봤지만, 사물함 밑은 너무 깜깜해서 아무것도 보이지 않았어요.

"손을 넣어 볼까?"

"싫어. 그러다가 벌레라도 손에 닿으면 어떡해?"

10

나는 윤아 입에서 '벌레'라는 말이 나오자마자 사물함 밑으로 반쯤 넣었던 손을 얼른 뺐어요.

윤아와 나는 서로 울상이 되어 마주 보았어요.

중심 내용 2 갑자기 나타난 장난꾸러기 창훈이 때문에 공기 알이 사물함 밑으로 들어가 버렸어요.

웬일 (뜻밖이라는 마음으로 놀라며) 어찌 된 일. [주의] 왠일(×)
📖 누나가 웬일로 치킨을 먹지 않겠다고 하였습니다.

고꾸라지지 몸을 앞쪽으로 구부리며 넘어지지.
📖 차를 타면 고꾸라지지 않도록 안전띠를 매야 합니다.

---

25 윤아가 공기놀이를 하다가 앞으로 넘어진 까닭은 무엇인가요? (　　　)

① 장난치며 뛰던 창훈이와 부딪쳐서
② '내'가 마음속으로 넘어지라고 해서
③ 우진이가 윤아를 깜짝 놀라게 해서
④ 공기 알을 잡으려다가 균형을 잃어서
⑤ 선생님께서 갑자기 교실로 들어오셔서

26 ㉠과 ㉡은 각각 누가 한 말인지 선으로 이으세요.

(1) ㉠ ·　　　　　· ① '나'

　　　　　　　　· ② 윤아

(2) ㉡ ·　　　　　· ③ 우진

27 ㉢으로 보아, 창훈이의 성격은 어떠한지 두 가지 고르세요. (　　,　　)

① 차분하다.　　　② 조용하다.
③ 장난스럽다.　　④ 배려심이 많다.
⑤ 배려심이 없다.

28 윤아의 성격을 알맞게 짐작한 친구는 누구인가요?

하준: 손을 넣어 보자고 한 것으로 보아 적극적입니다.
재인: 벌레라도 손에 닿으면 어떡하냐고 말하는 것으로 보아 조심성이 많습니다.
성민: 장난을 친 창훈이에게 아무 말도 하지 않은 것을 보면, 이해심이 많습니다.

(　　　　　　　　　)

❸ "이걸로 꺼내 보자."

우진이는 어디서 가져왔는지 기다란 자를 들고 나타났어요. 그러고는 바닥에 납작 엎드려 자로 사물함 밑을 더듬거렸어요. 사물함 밑에서 자가 빠져나올 때마다 먼
5 지 뭉치가 잔뜩 붙은 10원짜리 동전, 연필, 지우개 들이 따라 나왔어요. 자가 다섯 번째쯤 사물함 밑을 더듬거리다가 나왔을 때에야 윤아와 내가 손뼉 치며 소리쳤어요.

"어! 나왔다!"

자 끝에는 분홍색 꽃 모양의 작은 공기 알이 살짝 걸
10 려 있었어요. 작은 물방울무늬가 있는 빨간색 나비 핀도요. 우진이는 공기 알과 나비 핀을 손에 들고 먼지를 **톨톨** 털어 냈어요. 그러고는 우리에게 공기 알과 나비 핀을 쑥 내밀었어요.

㉠ "여기 공기 알. 그리고 이 핀 가질래?"

15 나는 선뜻 손을 내밀지 못했어요. 어떻게 하면 좋을지 몰랐거든요.

그때 윤아가 얼굴을 찡그리며 말했어요.

"아유, 더러워! 그 핀을 어떻게 쓰냐?" → 깔끔한 성격

그러자 우진이는 공기 알만 나에게 건네주고 나비 핀은 쓰레기통에 넣어 버렸어요.

"그래, 더러울 거야."
5 우진이의 목소리에는 부끄러운 마음이 묻어 있었어요. 마음 같아서는 윤아를 한 대 콩 쥐어박고 싶었지만 참았어요. 그런데 그때, 창훈이가 다시 나타나 윤아와 나를 또 밀치고 지나가는 10 거예요. 윤아와 나는 하마터면 같이 넘어질 뻔했지요. 그런데 우진이가 갑자기 창훈이 팔을 팍 잡아채더니 윤아와 내 앞으로 창훈이를 돌려세웠어요.
우진이의 성격이 드러나는 행동

㉡ "너 왜 자꾸 여자애들 괴롭혀? 아까 일도, 지금 일도 얼른 사과해."
15

중심 내용 ❸ 우진이가 공기 알을 꺼내 줬는데, 창훈이가 또 밀치고 갔어요.

톨톨 옷이나 어떤 물건을 힘 있게 터는 모양.
예 형이 넘어졌지만 금방 톨톨 털며 일어났습니다.

쥐어박고 주먹을 아무렇게나 내밀어 때리고.
돌려세웠어요 몸의 방향을 바꾸게 하였어요.

---

29 공기 알을 꺼내기 위해 우진이가 한 행동을 두 가지 고르세요. (　,　)

① 기다란 자를 가져왔다.
② 막대 걸레를 가져왔다.
③ 사물함 위로 올라가 사물함 뒤를 더듬거렸다.
④ 바닥에 엎드려 자로 사물함 밑을 더듬거렸다.
⑤ 사물함을 한쪽으로 옮기고 공기 알을 찾았다.

30 문제 29에서 우진이가 꺼낸 물건이 <u>아닌</u> 것은 어느 것인가요? (　)

① 연필　　　② 지우개
③ 나비 핀　　④ 10원짜리 동전
⑤ 500원짜리 동전

교과서 문제

31 '내'가 윤아를 한 대 콩 쥐어박고 싶었던 까닭을 정리하였습니다. (　) 안의 알맞은 말에 ○표 하세요.

우진이의 성의를 (1) (무시하고 / 고마워하고) 우진이가 건넨 핀을 (2) (예쁘다며 / 더럽다며) 면박을 준 윤아가 얄미웠기 때문입니다.

중요
32 ㉠과 ㉡을 통해 알 수 있는 우진이의 성격을 찾아 선으로 이으세요.

(1) ㉠ •　　　　• ① 의롭다.

　　　　　　　• ② 다정다감하다.

(2) ㉡ •　　　　• ③ 비겁하다.

❹ 우진이는 작정한 듯이 굳은 얼굴로 창훈이를 다그쳤
고, 창훈이는 싱글싱글 웃으며 우진이 손을 억지로 떼어
내려 했어요. 하지만 키가 한 뼘이나 더 큰 우진이를 창
훈이가 어떻게 이겨 낼 수 있겠어요?

5 "너 지금 사과 안 하면 선생님한테 다 이를 거야."

일이 이쯤 되자 창훈이는 슬슬 웃기기 작전을 쓰기 시
작했어요. 「보일 듯 말 듯한 작은 새우 눈으로 눈웃음을
살살 지으며, 콧구멍을 벌름거리고 입을 펭귄처럼 쭉 내
밀고는, "우진아, 한 번만 **봐줘잉**. 난 선생님이 제일 무
10 서웡." 하고 콧소리를 내며 말하는 거지요. 아무리 화난
「 」창훈이의 성격을 알 수 있는 부분
사람도 창훈이의 이런 **우스꽝스러운** 얼굴을 보면 웃지
않고는 못 견딜 거예요. 나와 윤아도 웃지 않으려고 억
지로 참았지만 쿡쿡 웃음이 새어 나오고 말았어요.
창훈이의 웃기기 작전 때문에 심각한 분위기가 금방 누그러짐.

결국 우진이도 웃는 바람에 손에 힘이 풀려 창훈이를
놓아주었어요. 창훈이는 기다렸다는 듯이 엉덩춤을 **실룩
실룩** 추더니 휭 하고 자리를 떴어요. 그러고는 또다시 친
구들이랑 어울려 장난치며 놀기 시작했지요.

우진이는 우리를 돌아보고 씩 웃고는 자리로 가 앉았 5
어요. 윤아와 나도 자리로 돌아와 앉았고요.

나는 아까 우진이가 주려고 했던 머리핀이 자꾸만 생
각났어요.

'우진이는 나한테 주고 싶었을까, 윤아한테 주고 싶었
을까? 윤아만 아니면 내가 그냥 가졌을 텐데…….' 10

우진이는 생각하면 할수록 참 멋진 아이예요. 이런 우
진이를 어떻게 안 좋아할 수 있겠어요? 이런 우진이와
우진이를 좋아할 수밖에 없어.
어떻게 짝이 되고 싶지 않을 수 있겠어요?

중심 내용 ❹ 창훈이를 다그치던 우진이는 창훈이의 애교에 그만 웃고 말았
어요.

봐줘 남의 사정을 이해해 주거나 잘못을 덮어 줘.
우스꽝스러운 말이나 행동, 모습이 특이하여 우스운.
 ㉎ 텔레비전에 우스꽝스러운 춤이 나오고 있습니다.

실룩실룩 몸의 한 부분이 자꾸 한쪽으로 기울어지거나 비뚤어지며
움직이는 모양.
 ㉎ 화가 난 놀부는 입술을 실룩실룩 움직였습니다.

---

33 다음으로 보아, 창훈이에 대한 우진이의 마음은 어떠
하였을까요? (   )

> • 굳은 얼굴로 창훈이를 다그침.
> • 지금 사과를 하지 않으면 선생님께 이르겠다고
>   말함.

① 고맙다.   ② 부럽다.
③ 미안하다.   ④ 화가 난다.
⑤ 자랑스럽다.

34 창훈이의 말이나 행동이 아닌 것은 무엇인가요?

(   )

① 눈웃음을 살살 지었다.
② 콧소리를 내며 말했다.
③ 엉덩춤을 실룩실룩 추었다.
④ 우진이에게 봐달라고 하였다.
⑤ 씩 웃고는 자리에 돌아가 앉았다.

중요
35 이 글에서 짐작할 수 있는 창훈이의 성격은 어떠한가
요? (   )

① 부끄러움을 잘 탄다.
② 언제나 진지하고 믿음직스럽다.
③ 잘못된 행동을 보면 참지 못한다.
④ 다른 친구에 대한 배려심이 많다.
⑤ 애교를 잘 부리고 장난을 좋아한다.

서술형 논술형 문제
36 창훈이의 성격이 다음과 같았다면 이야기가 어떻게
달라졌을지 쓰세요.

> 창훈이가 화를 잘 내는 성격이었다면?

우진이가 사과하라고 다그쳤을 때, _____

젓가락 달인

- 글쓴이: 유타루
- 생각할 점: 우봉이의 성격을 생각하며 우봉이의 행동 때문에 사건이 어떻게 이어질지 짐작해 봅니다.

❶ 우봉이는 가방에서 책을 꺼내 책상에 탁 올려놓았어요.

이때 드르륵 문 열리는 소리가 났어요. 선생님이 웬 여자아이를 데리고 교실로 들어왔어요. 우봉이는 여자
5 아이에게서 눈을 떼지 못했어요. 약간 가무잡잡한 피부색 때문이 아니었어요. 크고 맑은 눈! 우봉이는 여자아이 눈이 참 예쁘다고 생각했어요.

<u>우봉이가 눈을 떼지 못한 까닭</u>

"우리 반에 새로 전학 온 친구가 있어요. 자기 이름을 직접 소개해 보겠어요?"
10 선생님이 여자아이의 어깨를 한 손으로 가볍게 감싸 주었어요.

"안녕? 나는, 아니 아니, 내 성은 김해 김씨이고 이름은 주은이야. 김해 김씨, 김주은. 잘 부탁해."

주은이가 또랑또랑 말했어요. '김해 김씨'를 말할 때는

<u>아무진 성격이 드러남.</u>

목에 힘까지 주었어요. 아이들이 "김해 김씨?" 하며 고개를 갸웃했어요. 그러다 누군가가 "아아, 김해 김치!"라고 하자 깔깔거렸어요.

"조용! 여러분, 주은이 친구하고 사이좋게 지내도록 5 해요. 가만있자, 주은이가 어디 앉으면 좋을까? 아, 저기, 우봉이 옆에 가 앉을래?"

중심 내용 ❶ 우봉이네 반에 새로 전학 온 주은이가 우봉이 짝이 되었어요.

❷ 할아버지가 방바닥에 접시 두 개를 놓았어요. 하나는 빈 접시, 다른 하나는 바둑알들이 담긴 접시였어요.

"그러니까 초급은 나무젓가락으로 삼십 초 안에 바둑 10 알을 다섯 개 옮기면 합격이다, 그 말인겨?"

"네. 그리고 중급은 삼십 초 안에 일곱 개고요."

우봉이는 손에 쥔 나무젓가락 끝을 오므렸다 폈다 하며 대답했어요.

할아버지가 손목시계를 보며 준비하라는 눈짓을 했어 15
요. 우봉이는 알았다고 고개를 끄덕였어요.

가무잡잡한 약간 짙게 빛깔이 검은 듯한.
예 바닷가에 다녀와서 가무잡잡한 피부가 되었습니다.

또랑또랑 조금도 흐리지 않고 아주 밝고 똑똑한 모양.
예 강아지의 눈이 또랑또랑 빛났습니다.

---

37 이 이야기의 공간적 배경은 어디인지 각각 쓰세요.
(1) 글 ❶: 우봉이네 반 (   )
(2) 글 ❷: 우봉이네 집 (   )

38 선생님이 교실로 데려오신 아이에 대한 설명으로 알맞은 것에 ○표, 틀린 것에 ×표 하세요.
(1) 새로 전학을 온 친구이다. (   )
(2) 우봉이의 뒷자리에 앉게 되었다. (   )
(3) 김해 김씨이고 이름은 '주은'이다. (   )
(4) 가무잡잡한 피부의 여자아이이다. (   )

39 우봉이와 할아버지는 무엇을 하고 있나요?
- (1) (   )(으)로 (2) (   )을 옮기는 연습을 하고 있다.

40 다음 중 젓가락 대회에서 '합격'에 해당하는 경우를 두 가지 고르세요. (,   )
① 초급: 삼십 초 안에 바둑알 네 개 옮기기
② 초급: 삼십 초 안에 바둑알 다섯 개 옮기기
③ 중급: 삼십 초 안에 바둑알 여섯 개 옮기기
④ 중급: 삼십 초 안에 바둑알 일곱 개 옮기기
⑤ 고급: 삼십 초 안에 바둑알 여덟 개 옮기기

"준비, 시작!"

우봉이는 나무젓가락으로 바둑알을 집어 옆 접시로 옮기기 시작했어요. 하나, 둘, 셋, 넷, 그리고 다섯 개째 옮기려고 할 때 할아버지 목소리가 들렸어요. / "땡!"

5 "벌써 삼십 초가 지났어요? 하나만 더 옮겼으면 초급 합격인데."

우봉이가 몹시 아쉬워했어요.

할아버지가 우봉이 등을 다독이며 말씀하셨어요.

"우리 우봉이 아주 잘하는구먼. 젓가락을 바르게 사용
10 할 줄 아니까, 조금만 더 연습하면 거뜬하겠구먼."

우봉이는 할아버지 말씀에 용기가 났어요. 할아버지는 접시 한쪽에 바둑알을 수북이 놓았어요. 우봉이는 나무젓가락으로 바둑알을 집어 빈 접시로 옮기는 연습을 계속했어요. 그러면서 문득 생각했어요.

15 '더 잘하려면 나도 권법이나 수법 같은 게 있어야 해. 뭐로 하면 좋을까?'

[중심 내용 2] 우봉이는 할아버지와 함께 젓가락으로 바둑알 옮기는 연습을 하였어요.

③ "엄마 심부름 좀 해 줄래? 두부 사는 걸 깜빡했어."

엄마가 시장바구니에서 물건들을 꺼내다 말고 말씀하셨어요. 할아버지랑 바둑알로 알 까기를 하던 우봉이가 "네." 하고 자리에서 일어났어요.

"나도 바람 좀 쐬고 싶구먼." / 우봉이는 할아버지랑 5 집을 나섰어요. 우봉이는 집 가까운 마트로 가려고 했어요. 그런데 할아버지가 시장에 가자고 했어요.

우봉이는 시장 골목으로 들어갔어요. 할아버지는 구
<u>공간적 배경</u>
경하느라 느릿느릿 걸으며 가다 서다를 반복했어요. 우봉이는 할아버지보다 앞서가며 눈을 굴렸어요. 두부 가 10 게가 어디 있나 하고요.

'어, 주은이잖아!'

주은이가 채소 가게 안에서 젓가락질 연습을 하고 있었어요. 나무젓가락으로 강낭콩을 들었다 놓았다 하고 있었어요. 주은이 옆에는 한 아줌마가 있었는데 생김새가 좀 15 남달랐어요. 얼굴도 가무잡잡했어요. 아줌마가 대나무로
<u>주은이처럼 가무잡잡함.</u>
만든 작은 그릇에서 뭔가를 꺼내 **조몰락조몰락**했어요.

수법(手 손 수 法 방법 법) 수단과 방법을 함께 이르는 말.
굴렸어요 이리저리 돌리면서 움직였어요.

조몰락조몰락 작은 동작으로 물건을 자꾸 주무르는 모양.
예) 반죽을 떼어 <u>조몰락조몰락</u> 만두를 빚었습니다.

---

41 삼십 초가 지나며 "땡!" 소리를 들었을 때 우봉이의 마음은 어떠하였나요? (   )

① 즐거웠다.   ② 뿌듯했다.   ③ 죄송했다.
④ 감사했다.   ⑤ 몹시 아쉬웠다.

42 할아버지의 칭찬을 듣고 우봉이의 마음은 어떻게 바뀌었는지 쓰세요.

(   )가 났다.

43 할아버지의 성격은 어느 쪽에 가까운지 ○표 하세요.

(1) 엄하다.	(2) 다정하다.

44 '채소'와 뜻이 비슷한 낱말은 무엇인가요? (   )

① 된장   ② 야채   ③ 고추장
④ 콩나물   ⑤ 양배추

45 우봉이는 시장에서 어떤 모습을 보았는지 두 가지를 고르세요. (,   )

① 주은이가 젓가락질 연습을 하는 모습
② 주은이가 가게에서 채소를 팔고 있는 모습
③ 주은이 옆의 한 아줌마가 젓가락질을 하는 모습
④ 우봉이 할아버지께서 급하게 뛰어가시는 모습
⑤ 주은이 옆의 한 아줌마가 뭔가를 조몰락조몰락 하는 모습

"그렇게 먹지 마. 정말 싫어."

주은이가 아줌마에게 화를 내듯 크게 말했어요.

"카오리아오는 이렇게 쏜으로 먹는 꺼야. 우리 꼬향에 선 다 끄래." → 아줌마가 외국에서 온 것을 알 수 있음.

5 　아줌마는 목소리도 컸어요. 그렇다고 주은이처럼 화 난 건 아니었어요. 웃고 있었으니까요.

그런데 말투가 이상했어요. 사투리도 아닌데 아주 어색하게 들렸어요.

아줌마가 ㉠조몰락

10 조몰락하던 것을 입 에 쏙 넣었어요. 밥 덩어리 비슷했어요.

'왝! 저걸 먹다니!'

우봉이는 속이 메스꺼웠어요. / "아유, 정말 창피해."

15 주은이가 콩 집던 나무젓가락을 아줌마한테 얼른 내밀 었어요. 그러고는 주위를 두리번거렸어요.

지켜보던 우봉이는 다른 사람 뒤로 얼른 몸을 숨겼어요.

중심 내용 3 우봉이는 시장에 심부름을 갔다가 주은이의 모습을 보았어요.

---

❹ 저녁때 우봉이는 반찬으로 ㉡콩장과 메추리알과 묵 만 먹었어요.

"우봉아, 김치랑 콩나물도 좀 먹어 봐."

엄마가 우봉이에게 말씀하셨어요.

5 "그래, 젓가락 달인도 좋지만 골고루 먹어야지."

아빠도 우봉이에게 한마디 하셨어요. 그래도 우봉이 는 젓가락 연습이 되는 것만 골라서 반찬으로 먹었어요. 엄마, 아빠가 "정말 못 말려." 하는 표정을 지었어요.

메추리알을 집으려던 우봉이는 문득 생각난 게 있어 10 젓가락질을 멈췄어요.

"궁금한 게 있는데요, 손으로 밥을 조몰락조몰락해서 먹 는 건 나쁜 거죠? 그런 사람 **야만인**이죠? **원시인**이죠?"

우봉이가 묻자 아빠가 말씀하셨어요.

"왜? 아는 사람 중에 그런 사람이라도 있어?"

15 "아, 아니요. 그냥 어디서 봤는데, 우리나라 사람은 아 니에요." 시장에서 본 주은이 옆의 아줌마

"손으로 밥 먹는 사람들도 있긴 있지. 인도라는 나라 알 지? 그 나라에도 그냥 맨손으로 밥을 먹는 사람들이 있어."

메스꺼웠어요 먹은 것이 다시 넘어올 것처럼 속이 몹시 좋지 않은 느 낌이 있었어요. ⓔ 차에만 타면 멀미 때문에 속이 늘 <u>메스꺼웠어요.</u>

야만인(野 들 야 蠻 오랑캐 만 人 사람 인) 문화 수준이 낮은 사람. **원시인**(原 근원 원 始 시작할 시 人 사람 인) 원시 시대에 살던 사람.

4 단원

---

46 ㉠이 가리키는 것은 무엇인지 다섯 글자의 낱말을 찾 아 쓰세요.

(　　　　　　　)

47 주은이의 마음은 어떠하였을지 (　) 안의 알맞은 말 에 ○표 하세요.

(1) 아줌마가 음식을 손으로 먹는 모습을 보는 게 (싫다 / 좋다).

(2) 아줌마가 젓가락을 쓰지 않아서 다른 사람들 보 기에 (자랑스럽다 / 부끄럽다).

48 우봉이가 반찬으로 ㉡만 먹은 까닭은 무엇인가요?

(　　　)

① 다른 반찬은 맛이 없어서

② 가장 좋아하는 반찬이어서

③ 모두 몸에 좋은 음식들이어서

④ 젓가락 연습이 되는 반찬이어서

⑤ 숟가락으로 편하게 먹을 수 있어서

49 문제 48로 보아, 우봉이의 성격은 어떠한가요?

• 젓가락 달인 대회를 위해 밥 먹을 때도 연습하는 것으로 보아 (　　　　　　　).

"정말요? 인도는 내가 좋아하는 카레의 나라인데. 그런 나라에 야만인이 많다니."

뜻밖이어서 우봉이는 고개를 갸우뚱했어요. 그걸 보고 할아버지가 말씀하셨어요.

5 "손으로 먹는 걸 두고 나쁘다고, 또 야만인이라고 해서는 안 되는겨. 그게 그 나라 **풍습**이고 문화인겨. 할아버지가 된장찌개 좋아하는데, 외국 사람이 냄새나는 된장 먹는다고 나를 야만인이라고 부르면 기분 나쁠겨. 할아버지 말 알아듣겠능겨?"

10 ㉠"그래도 맨손으로 밥을 조몰락거리는 건 더러워요. 병 걸릴 것 같아요."

중심 내용 4 우봉이네 가족은 손으로 음식 먹는 것에 대해 대화했어요.

5 우봉이는 물을 마시고 화장실로 가서 오줌을 누었어요. 긴장이 돼서 오줌이 쫄쫄 나왔어요.

교실로 돌아왔을 때, 책상이 칠판 앞으로 옮겨져 있었
공간적 배경
15 어요. 주은이 책상도 마찬가지였어요. 그 두 책상 사이에는 교탁이 있었고, 교탁 위에는 스티커가 가득 든 유리병과 상품권이 든 파란 봉투가 놓여 있었어요.

"젓가락왕을 가리는 거니까 아이들이 잘 봐야겠지? 그래서 옮겼어."

선생님 말씀을 듣고 우봉이는 앞으로 나가 앉았어요. 주은이도 자기 책상을 찾아가 앉았어요.

"박우봉, 너 무슨 권법이냐? 내 악어 입 탁탁을 대체 5 뭐로 이긴 거야?"

성규가 뒤통수를 긁적이며 우봉이에게 물었어요.

"구리구리 딱따구리 권법."

우봉이는 좀 큰 소리로 대답했어요.

"그럼 주은이 너는? 너는 도대체 무슨 수법이니?" 10

이번에는 민지가 주은이에게 억울하다는 듯 물었어요. 우봉이도 궁금해서 주은이 쪽으로 고개를 돌렸어요.

"쏙쏙 족집게 수법."

주은이가 비밀을 말하듯이 대꾸했어요.

우봉이는 속으로 생각했어요. 15

'그랬구나. 쏙쏙 족집게 수법. 하지만 어쩔 수 없어. 상품권은 딱 하나고, 나는 왕딱지를 사고 싶어. 구리구리 딱따구리 권법을 쓸 수밖에 없어.'

풍습(風 바람 풍 習 익힐 습) 옛날부터 그 사회에 전해 오는 생활 전반에 걸친 습관을 이르는 말.

족집게 잔털이나 가시를 뽑는 데 쓰는, 쇠로 만든 기구. 또는 어떤 사실을 정확하게 지적하거나 잘 알아맞히는 사람.

---

50 '손으로 음식을 먹는 것'에 대한 인물의 생각을 기호로 쓰세요.

> ㉮ 야만인들이나 하는 행동이다.
> ㉯ 손으로 먹으나 도구로 먹으나 상관없다.
> ㉰ 그 나라의 풍습이므로 나쁘다고 하면 안 된다.

(1) 할아버지: (   )   (2) 우봉이: (   )

서술형 논술형 문제
51 ㉠에서 알 수 있는 우봉이의 성격을 쓰세요.

_____

_____

52 글 5에서 아이들은 무엇을 하였나요? (   )
① 학급 회장 뽑기
② 공부왕을 가리는 대회
③ 권법왕을 가리는 대회
④ 젓가락왕을 가리는 대회
⑤ 체육 대회 학급 대표 뽑기

53 아이들이 쓴 수법을 찾아 선으로 이으세요.

(1) 성규 •   •① 악어 입 탁탁

(2) 우봉 •   •② 쏙쏙 족집게

(3) 주은 •   •③ 구리구리 딱따구리

우봉이와 주은이는 서로 눈이 마주쳤어요. 우봉이는 당황해서 눈을 깜박거렸어요. 주은이는 긴장한 채 살짝 웃음을 지었어요.

"자, 그럼 똑같이 콩 열두 개씩 옮긴 주은이와 우봉이
5 가 한 번 더 젓가락질 솜씨를 뽐내 보세요. 그런데 이번에는 삼십 초가 아니라 일 분으로 하겠어요."

선생님이 우봉이와 주은이 접시에 콩을 각각 한 주먹씩 더 올려놓았어요.

이때 성규가 "구리구리 딱따구리 권법 파이팅!" 하고
10 소리쳤어요. 그러자 이에 질세라 민지가 "김해 김씨 김주은, 쏙쏙 족집게 수법 짱!" 하고 맞받아쳤어요. 두 패로 갈린 아이들은 '딱따구리'와 '족집게'를 각각 목 터져라 응원했어요. 교실은 금세 후끈 달아올랐어요.

"자, 이제 그만."

15 선생님이 손을 들자 응원 소리가 잠잠해졌어요.

"준비…… 시작."

주은이와 우봉이는 동시에 쇠젓가락을 집어 들었어요.

우봉이가 콩을 세 개 옮겼을 때, 귓바퀴에 저번처럼 감기는 말이 있었어요.

'더 좋은 것은 따로 있는데. 그냥 달인만 되는 거. 동무들 이길 생각일랑 말고.'

우봉이는 무시하듯 콩을 더 빨리 집어 옮겼어요. 그러 5 자 할아버지 말씀이 귓바퀴에 더 칭칭 감겼어요. 그뿐만이 아니었어요. 주은이 일기도 눈앞에서 아른거리기 시작했어요. 상품권을 타서 젓가락과 머리핀을 사고 싶다던.

'아, 싫은데. 져 주기 싫은데…….' → 이기고 싶지만 져 주어야 할지 고민함.

우봉이는 젓가락질을 하면서 다른 손으로 옆통수를 벅 10 벅 긁었어요.

중심 내용 5 우봉이는 결승전에서 주은이와 대결하게 되어 고민하였어요.

달아올랐어요 흥분되는 분위기로 바뀌었어요.

감기는 달라 붙어서 떠나지 않는.

---

54 젓가락 대회 결승전에서 대결하게 된 두 사람은 누구와 누구인가요? (,   )

① 민지   ② 성규   ③ 우봉
④ 주은   ⑤ 선생님

📖 교과서 문제

55 우봉이가 결승전에서 머뭇거린 까닭을 알맞게 설명하지 <u>못한</u> 친구는 누구인지 쓰세요.

민수: 할아버지의 말씀이 떠올라서입니다.
세은: 주은이를 꼭 이기고 싶은 마음에 너무 많이 긴장했기 때문입니다.
하준: 상품권을 타서 젓가락과 머리핀을 사고 싶다던 주은이의 일기가 생각났기 때문입니다.

(   )

56 결승전에서 우봉이의 태도로 보아 우봉이의 성격은 어떠한지 ○표 하세요.

(1) 게으르고 소극적이다.   (   )
(2) 사려 깊고 인정이 많다.   (   )
(3) 승부욕이 강하고 욕심이 많다.   (   )

✏️ 서술형 논술형 문제

57 만약 우봉이의 성격이 다음과 같았다면 글 **5**의 끝부분은 어떻게 바뀔지 꾸며 쓰세요.

인정이 없고 배려심도 없다.

국어 활동

인물, 사건, 배경을 생각하며 이야기를 읽을 수 있는지 확인해 봅시다.

주인 잃은 옷

· 글쓴이: 원유순

❶ 나는 아주 고운 세모시 옷감입니다. 은은한 비색을 띤 나는 누구에게나 곱다고 칭찬을 듣습니다.

처음 내가 옷감으로 곱게 짜였을 때 퍽 가슴이 설레었지요.

'나는 누구의 옷이 될까?'

❷ "아주머니, 세상에서 제일 곱게 지어 주시라요. 태어나서 처음으로 오마니한테 드리는 선물이야요."

한복 짓는 아주머니는 금방 할아버지의 말씀을 알아듣는 눈치였습니다.

"그러지요. 얼마나 기쁘시겠어요? 오십 년 만에 꿈에 그리던 어머니를 뵙게 되었으니. 이렇게 길이 열릴 줄 누가 알았겠어요?"

_{이산가족이 만날 수 있게 될 줄}

❸ 그동안 나의 마음속에는 작은 물결이 일었습니다.

'도대체 무슨 일로 아들이 어머니를 저토록 그리워하고 있는가?'

하는 물음과 함께 바로 내 주인이 될, 백 살이 넘었다는 할머니에 대한 궁금증이었지요.

❹ "뭐라고요? 우리 어머님이? 어이구!" / 할아버지는 그만 전화기를 마룻바닥에 내동댕이치더니 급기야 울음을 터뜨리고 말았습니다.

"아버님, 왜 그러세요?"

"얘야, 북에 계신 우리 오마니가 돌아가셨단다, 돌아가셨어. 그렇게 목메어 그리던 큰아들이 한 달만 있으면 달려갈 텐데……."

_{할아버지의 어머니께서는 북한에 계심.}

할아버지는 기가 막혀 눈물도 나오지 않는 것 같았습니다.

❺ 이튿날, 할아버지는 북녘땅이 보이는 곳으로 나를 데리고 갔습니다. 할아버지는 들판에 작은 모닥불을 지폈습니다.

"어머니, 저세상에 가실 때 못난 불효자가 드리는 이 옷을 입고 가세요."

❻ 드디어 나는 모닥불에 던져졌습니다. 곱디고운 세모시 한복으로 태어나서 사람의 몸에 한 번 걸쳐지지도 못하고 후르르 단번에 타고야 말았습니다.

> **뒷 이야기**
>
> 불에 탄 '나'는 바람에 몸을 싣고 날아가 북쪽에 계신 어머니의 장례식장으로 갈 수 있었습니다. '나'는 할머니의 몸 위에 내려앉아 세상에서 가장 값진 옷이 되었습니다.

1 이 이야기의 등장인물 '나'는 무엇인가요?

· 아주 고운 (   )

2 할아버지가 받은 전화는 어떤 내용이었나요? (   )

① 북에 계신 형이 돌아가셨다.

② 북에 계신 아버지가 돌아가셨다.

③ 북에 계신 어머니가 돌아가셨다.

④ 남에 계신 아버지가 집으로 오신다.

⑤ 남에 계신 어머니가 북으로 가신다.

3 문제 **2**의 전화를 받은 할아버지의 마음을 두 가지 고르세요.

(,   )

① 귀찮다.   ② 슬프다.

③ 반갑다.   ④ 궁금하다.

⑤ 기가 막힌다.

4 이 이야기의 배경은 어떤 나라일지 ○표 하세요.

(1) 일본 사람들만 살고 있는 나라

(   )

(2) 남한과 북한으로 나뉜 분단국가

(   )

(3) 한국 사람들이 모여 사는 서양의 어느 지역 (   )

사건의 흐름을 생각하며 이야기를 읽을 수 있는지 확인해 봅시다.

비 오는 날

•글쓴이: 김자연   •등장인물: 영란이, 아버지, 어머니

1 찌푸린 하늘이 3교시가 끝나자 드디어 비를 쏟아 냈다. 영란이는 집에 갈 일이 은근히 걱정되었다. 아버지가 오기로 되어 있지만 비 오는 날은 자전거도 별 도움이 되지 않는다. 영란이는 아버지가 이런 날에도 빗속을 뚫고 어김없이 학교 앞으로 영란이를 데리러 올 것이라는 것을 알고 있다.

2 멀리서도 비에 젖은 채 서 있는 아버지 모습이 여느 부모들과 비교할 수 없을 만큼 늙어 보였다. 영란이는 현관문 뒤에 매미처럼 착 달라붙어 한동안 꼼짝하지 않았다. 오늘같이 아이들이 많은 곳에서 아버지와 함께 고물 자전거를 타고 집으로 가긴 정말 싫었다. 영란이는 아버지가 서 있는 정문이 아닌 뒷문으로 얼른 발길을 옮겼다.

3 아버지는 온몸에 비를 몽땅 맞았다. 마치 방금 목욕을 한 것처럼.

"우리 영란이는 집에 잘 왔제."

대문을 들어서자마자 아버지는 영란이가 잘 왔는지 물었다.

"영란이는 아까 왔으니 걱정 마요. 길이 어긋났나 보네. 당신을 못 봤다고 하드만. 그런데 어디서 이렇게 술을 **진탕** 먹었다요. 무슨 안 좋은 일이라도 있었나 보네." → 어머니의 말

4 그 소리에 영란이는 마음이 **켕겼다**. 아버지가 술을 마신 것이 다 자기 탓 같았다. 입이 바싹 탔다. 목 뒷덜미도 **홧홧**거렸다. 술까지 잔뜩 먹은 아버지 모습을 보자 뒷문으로 몰래 돌아 나온 게 영 마음에 걸렸다. 그래도 오늘 영란이는 반 아이들이 다 보는 앞에서 아버지를 알은체하기가 싫었다.

5 아버지는 장화를 훌러덩 벗고 마루에 올라섰다. 마루로 올라서는 아버지 다리가 휘청거렸다. 영란이는 얼른 달려가 아버지 옆구리를 부축하며 슬쩍 수건을 내밀었다.

"우리 막내딸, 요놈의 자식!"

영란이는 그런 아버지를 보자 저도 모르게 눈시울이 붉어졌다.

진탕 싫증이 날 만큼 아주 많이.
켕겼다 마음속으로 겁이 나고 어떤 일이 잘못될까 봐 불안했다.
　　㉙ 진수는 친구에게 거짓말한 것이 몹시 켕겼다.
홧홧 달아오르듯이 뜨거운 느낌이 생기는 모양.

---

5 글 **1**의 공간적 배경은 어디일까요? (　　　)
① 집　　　　② 공원
③ 학교　　　④ 시장
⑤ 놀이터

6 글 **2**에서 느껴지는 영란이의 마음으로 알맞은 것의 기호를 두 가지 쓰세요.

> ㉠ 늙으신 아버지가 부끄럽다.
> ㉡ 아버지와 함께 집에 가기 싫다.
> ㉢ 비 오는 날에도 와 주시는 아버지가 정말 고맙다.

(　　　, 　　　)

7 아버지가 영란이를 학교에서 만나지 못한 까닭은 무엇인가요? (　　　)
① 자전거가 망가져 버려서
② 영란이가 너무 일찍 끝나서
③ 영란이가 너무 늦게 끝나서
④ 영란이가 뒷문으로 돌아 나와서
⑤ 영란이가 다른 친구와 우산을 쓰고 가서

8 사건의 흐름을 생각하며 ㉠~㉣을 순서대로 늘어놓으세요.

> ㉠ 학교에서 영란이가 걱정함.
> ㉡ 영란이가 아버지를 부축함.
> ㉢ 아버지께서 술에 취해 집에 오심.
> ㉣ 영란이가 아버지보다 먼저 집에 돌아옴.

(　　)→(　　)→(　　)→(　　)

01 이야기를 구성하는 요소 세 가지를 고르시오.

(　 , 　 , 　)

① 인물　　　　② 제목
③ 사건　　　　④ 주제
⑤ 배경

02~03 사라, 버스를 타다

아침마다 사라는 어머니와 함께 버스를 탔습니다. 언제나 백인들이 앉는 자리와 구분된 뒷자리에 앉았습니다. 고개를 돌려 자기를 쳐다보는 백인 아이들에게 사라는 얼굴을 찡그렸습니다. 백인 아이들도 얼굴을 찡그리며 웃어 댔습니다. 그러다가 어머니들에게 잔소리를 들은 뒤에야 바로 앉았습니다.

㉠"지금까지 언제나 이래 왔단다. 자리에 앉을 수 있는 것만으로도 만족해야지."

어머니께서는 두 손을 깍지 낀 채 이렇게 말씀하시고는 했습니다.

02 이 이야기의 배경에 대한 설명으로 알맞은 것은 무엇입니까? (　)

① 왕이 백성을 다스리는 시대이다.
② 자동차가 아직 발명되지 않은 시대이다.
③ 피부색에 따라 차별을 하지 않는 시대이다.
④ 백인이 아닌 사람들은 차별을 받는 시대이다.
⑤ 흑인이 아닌 사람들은 괴롭힘을 받는 시대이다.

03 ㉠에서 알 수 있는 어머니의 생각에 ○표 하시오.

(1) 이렇게 차별을 당하면서 살 수는 없다.

(　)

(2) 자리에 앉는 것만으로 만족해서는 안 된다.

(　)

(3) 앉는 자리에 차별이 있긴 하지만 어쩔 수 없다.

(　)

04~05 사라, 버스를 타다

어느 날 아침, 사라는 버스 앞쪽 자리가 얼마나 좋은 곳인지 알아보기로 마음먹었습니다. 사라는 자리에서 일어나 좁은 통로로 걸어 나갔습니다.

별다른 것도 없어 보였습니다. 창문은 똑같이 지저분했고, 버스의 시끄러운 소리도 똑같았습니다. 앞쪽 자리가 뭐가 그리 대단하다는 것일까요?

한 백인 아주머니께서 물으셨습니다.

"왜 그리 두리번거리니, 꼬마야?"

"뭐 특별한 게 있는지 알아보고 싶어서요."

아주머니께서 말씀하셨습니다.

"네 자리로 돌아가는 게 좋겠구나."

모두가 사라를 쳐다보았습니다.

사라는 계속 나아갔습니다. 앞쪽 끝까지 가서 운전사 옆자리에 앉았습니다. 사라는 운전사가 기어를 바꾸고 두 손으로 거대한 핸들을 돌리는 것을 지켜보았습니다. 운전사가 성난 얼굴로 사라를 쏘아보았습니다.

"꼬마 아가씨, 뒤로 가서 앉아라. 너도 알다시피 늘 그래 왔잖니?"

04 이 이야기의 시간적 배경을 나타내는 표현을 찾아 쓰시오.

(　 　)

05 버스 운전사가 성난 얼굴로 사라를 쏘아본 까닭은 무엇입니까? (　)

① 사라가 운전을 방해해서
② 사라가 앞쪽 자리로 와서 앉아서
③ 사라가 버스 요금을 내지 않아서
④ 사라가 버스 안에서 소리를 질러서
⑤ 사라가 백인 아주머니에게 인사를 하지 않아서

앞 이야기: 흑인들은 버스의 뒷자리에만 앉아야 했습니다. 그런데 사라가 백인들만 앉을 수 있는 버스 앞자리에 앉았다가 경찰서에 다녀온 일이 신문에 났습니다.

가 사라와 어머니는 버스 정류장을 천천히 지나갔습니다. 사람들이 고개를 돌려 수군거렸습니다. 사라 또래의 남자아이 하나가 신문과 연필을 가지고 뛰어왔습니다.

"사인 좀 해 줄래? 오랫동안 간직하고 싶어."

어머니께서는 소년한테서 신문을 받아 들고 싱긋 웃으셨습니다.

나 사라는 마음이 뿌듯했습니다.

어머니께서 말씀하셨습니다.

"웃어도 괜찮아. 넌 특별한 아이잖니?"

그날은 어떤 흑인도 버스를 타지 않았습니다. 그 다음 날도 마찬가지였습니다. 버스 회사는 당황했습니다. 시장도 어쩔 줄 몰라 했습니다. 그리하여 사람들은 마침내 법을 바꾸었습니다.

06 글 **가**의 공간적 배경은 어디인지 쓰시오.

(   ) 근처

07 글 **나**에서 모든 흑인들이 버스를 타지 않은 까닭은 무엇이겠습니까? (   )

① 버스 회사와 시장이 모두 당황해서
② 사라처럼 신문 기사에 나오고 싶어서
③ 백인들만 버스에 탈 수 있도록 법이 바뀌어서
④ 사라의 행동에 용기를 얻어 옳지 않은 차별에 맞서기 위해서
⑤ 흑인들만 버스에 탈 수 있도록 법을 새롭게 바꾸기 위해서

㉠"나 공기놀이 그만할래."

나는 공기 알들을 주섬주섬 챙기며 일어섰어요. 공기 알 주인도 나고, 공기놀이도 내가 훨씬 더 잘하는데 윤아만 기분이 좋은 것 같아 심통이 난 거죠, 뭐.

그런데 그때 우진이가 내 옷자락을 잡으며 말렸어요.

"승연아, 우리 셋이 공기놀이하자. 나도 공기놀이 할 줄 알거든."

"어? 그, 그래."

우진이가 커다란 눈을 끔뻑이며 부탁하는데 어떻게 안 들어줄 수 있겠어요?

나는 다시 자리에 앉아 공기 알을 바닥에 내려놓았어요. 우리는 가위바위보를 해서 순서를 정했죠. 우진이와 함께 공기놀이를 한다고 생각하니 가슴이 두근거렸어요.

08 ㉠에서 알 수 있는 '나'의 마음은 어떠합니까?

(   )

① 자랑스럽다.　　② 기분이 좋다.
③ 눈물이 난다.　　④ 심통이 난다.
⑤ 장난을 치고 싶다.

09 이 이야기에 나오는 인물을 모두 고르시오.

(,   ,   )

① 승연　　② 윤아　　③ 진호
④ 우진　　⑤ 선생님

◇ 서술형 논술형 문제

10 '나'는 우진이에게 어떤 마음을 갖고 있는지 까닭과 함께 쓰시오.

_____

_____

11~13 우진이는 정말 멋져!

가 창훈이가 다시 나타나 윤아와 나를 또 밀치고 지나가는 거예요. 윤아와 나는 하마터면 같이 넘어질 뻔했지요. 그런데 우진이가 갑자기 창훈이 팔을 팍 잡아채더니 윤아와 내 앞으로 창훈이를 돌려세웠어요.

㉠"너 왜 자꾸 여자애들 괴롭혀? 아까 일도, 지금 일도 얼른 사과해."

나 ㉡"너 지금 사과 안 하면 선생님한테 다 이를 거야."

일이 이쯤 되자 창훈이는 슬슬 웃기기 작전을 쓰기 시작했어요. 보일 듯 말 듯한 작은 새우 눈으로 눈웃음을 살살 지으며, 콧구멍을 벌름거리고 입을 펭귄처럼 쭉 내밀고는, "우진아, 한 번만 봐줘잉. ㉢난 선생님이 제일 무서웡." 하고 콧소리를 내며 말하는 거지요.

11 윤아가 넘어질 뻔한 까닭은 무엇입니까? ( )

① '내'가 공기 알을 잡으려다 밀어서
② 창훈이가 나타나 밀치고 지나가서
③ 공기 알을 주우려다 중심을 잃어서
④ 교실에 갑자기 선생님이 들어오셔서
⑤ 우진이가 손을 잡고 갑자기 끌어당겨서

12 ㉠~㉢ 중, 다음과 같은 인물의 성격이 드러나는 말이 <u>아닌</u> 것은 어느 것입니까?

> 인물의 성격: 잘못된 일을 보면 참지 못한다.

( )

13 창훈이의 성격은 어떠합니까? ( )

① 용감하다.　　　② 당당하다.
③ 어른스럽다.　　④ 장난을 좋아한다.
⑤ 남을 먼저 생각한다.

14~15 젓가락 달인

우봉이는 가방에서 책을 꺼내 책상에 탁 올려놓았어요.

이때 드르륵 문 열리는 소리가 났어요. 선생님이 웬 여자아이를 데리고 교실로 들어왔어요. 우봉이는 여자아이에게서 눈을 떼지 못했어요. 약간 가무잡잡한 피부색 때문이 아니었어요. 크고 맑은 눈! 우봉이는 여자아이 눈이 참 예쁘다고 생각했어요.

"우리 반에 새로 전학 온 친구가 있어요. 자기 이름을 직접 소개해 보겠어요?"

선생님이 여자아이의 어깨를 한 손으로 가볍게 감싸 주었어요.

"안녕? 나는, 아니 아니, 내 성은 김해 김씨이고 이름은 주은이야. 김해 김씨, 김주은. 잘 부탁해."

주은이가 또랑또랑 말했어요. '김해 김씨'를 말할 때는 목에 힘까지 주었어요. 아이들이 "김해 김씨?" 하며 고개를 갸웃했어요. 그러다 누군가가 "아아, 김해 김치!"라고 하자 깔깔거렸어요.

"조용! 여러분, 주은이 친구하고 사이좋게 지내도록 해요. 가만 있자, 주은이가 어디 앉으면 좋을까? 아, 저기, 우봉이 옆에 가 앉을래?"

14 우봉이가 주은이에게서 눈을 떼지 못한 까닭은 무엇입니까?

• ( )이 참 예쁘다고 생각했기 때문이다.

15 주은이의 성격에 대하여 알맞게 설명한 친구는 누구입니까?

> 승기: 눈이 참 예쁘기 때문에 착할 것이다.
> 주연: 자기소개를 또랑또랑 잘하는 것으로 보아, 야무진 성격을 알 수 있다.
> 상진: 우봉이의 옆에 앉기 싫어하는 것으로 보아, 부끄러움이 많은 성격이다.

( )

16~19 젓가락 달인

가 우봉이는 할아버지보다 앞서가며 눈을 굴렸어요. 두부 가게가 어디 있나 하고요.

'어, 주은이잖아!'

주은이가 채소 가게 안에서 젓가락질 연습을 하고 있었어요. 나무젓가락으로 강낭콩을 들었다 놓았다 하고 있었어요. ㉠주은이 옆에는 한 아줌마가 있었는데 생김새가 좀 남달랐어요. 얼굴도 가무잡잡했어요. 아줌마가 대나무로 만든 작은 그릇에서 뭔가를 꺼내 조몰락조몰락했어요.

나 "궁금한 게 있는데요, 손으로 밥을 조몰락조몰락해서 먹는 건 나쁜 거죠? 그런 사람 야만인이죠? 원시인이죠?"

우봉이가 묻자 아빠가 말씀하셨어요.

"왜? 아는 사람 중에 그런 사람이라도 있어?"

"아, 아니요. 그냥 어디서 봤는데, 우리나라 사람은 아니에요."

"손으로 밥 먹는 사람들도 있긴 있지. 인도라는 나라 알지? 그 나라에도 그냥 맨손으로 밥을 먹는 사람들이 있어."

"정말요? 인도는 내가 좋아하는 카레의 나라인데. 그런 나라에 야만인이 많다니."

다 우봉이와 주은이는 서로 눈이 마주쳤어요. 우봉이는 당황해서 눈을 깜박거렸어요. 주은이는 긴장한 채 살짝 웃음을 지었어요.

"자, 그럼 똑같이 콩 열두 개씩 옮긴 주은이와 우봉이가 한 번 더 젓가락질 솜씨를 뽐내 보세요. 그런데 이번에는 삼십 초가 아니라 일 분으로 하겠어요."

선생님이 우봉이와 주은이 접시에 콩을 각각 한 주먹씩 더 올려놓았어요.

이때 성규가 "구리구리 딱따구리 권법 파이팅!" 하고 소리쳤어요. 그러자 이에 질세라 민지가 "김해 김씨 김주은, 쏙쏙 족집게 수법 짱!" 하고 맞받아쳤어요.

16 '가게'와 뜻이 비슷한 낱말에 ○표 하시오.

(점포 / 장터)

17 ㉠에 대한 설명으로 알맞은 것을 두 가지 고르시오.

(,)

① 젓가락질 연습을 하고 있었다.
② 돼지고기를 아주 싸게 팔고 있었다.
③ 어떤 아줌마한테 꾸중을 듣고 있었다.
④ 채소 가게에서 뭔가를 조몰락거리고 있었다.
⑤ 생김새가 좀 남달랐고 얼굴도 가무잡잡하였다.

⬡서술형 논술형 문제

18 글 **나** 를 읽고 우봉이의 성격을 다음과 같이 정리하였다면, 그 까닭은 무엇일지 쓰시오.

우봉이의 성격: 융통성이 없다.

_____

_____

19 우봉이에게 일어난 일의 차례대로 기호를 쓰시오.

㉠ 젓가락 대회에서 주은이와 시합을 하게 됨.
㉡ 시장에서 주은이가 가무잡잡한 아줌마와 함께 있는 것을 봄.
㉢ 식사를 하며 손으로 음식을 먹는 사람들에 대하여 대화를 나눔.
㉣ 할아버지와 함께 두부를 사러 시장에 감.

( ) → ( ) → ( ) → ( )

20 ( ) 안의 알맞은 말에 ○표 하시오.

이야기를 새롭게 꾸며 쓸 때에는 인물, 사건, (배경 / 그림)이 서로 어울리도록 해야 합니다.

4 단원

서술형 · 논술형 평가

1 사라가 살던 시대적 배경은 어떠하였는지 쓰시오.

> **가** 아침마다 사라는 어머니와 함께 버스를 탔습니다. 언제나 백인들이 앉는 자리와 구분된 뒷자리에 앉았습니다. 고개를 돌려 자기를 쳐다보는 백인 아이들에게 사라는 얼굴을 찡그렸습니다. 백인 아이들도 얼굴을 찡그리며 웃어 댔습니다. 그러다가 어머니들에게 잔소리를 들은 뒤에야 바로 앉았습니다.
>
> "지금까지 언제나 이래 왔단다. 자리에 앉을 수 있는 것만으로도 만족해야지."
>
> 어머니께서는 두 손을 깍지 낀 채 이렇게 말씀하시고는 했습니다.
>
> **나** "그런데 왜 저는 버스 앞자리에 타면 안 되나요?"
>
> "법이 그렇기 때문이야. 법이라고 다 좋은 것은 아니지만 말이다."
>
> 사라가 어머니의 피곤한 눈을 올려다보며 물었습니다.

_____

_____

2 다음 이야기에서 알 수 있는 윤아와 '나'의 공통된 성격을 쓰시오.

> 윤아와 나는 교실 바닥에 엎드려 사물함 밑을 들여다봤지만, 사물함 밑은 너무 깜깜해서 아무것도 보이지 않았어요.
>
> "손을 넣어 볼까?"
>
> "싫어. 그러다가 벌레라도 손에 닿으면 어떡해?"
>
> 나는 윤아 입에서 '벌레'라는 말이 나오자마자 사물함 밑으로 반쯤 넣었던 손을 얼른 뺐어요.
>
> 윤아와 나는 서로 울상이 되어 마주 보았어요.

_____

_____

3 다음 이야기를 읽고, 우봉이가 겪은 일을 사건의 흐름에 따라 정리하여 쓰시오.

> **가** 우봉이는 나무젓가락으로 바둑알을 집어 옆 접시로 옮기기 시작했어요. 하나, 둘, 셋, 넷, 그리고 다섯 개째 옮기려고 할 때 할아버지 목소리가 들렸어요.
>
> "땡!" / "벌써 삼십 초가 지났어요? 하나만 더 옮겼으면 초급 합격인데."
>
> 우봉이가 몹시 아쉬워했어요.
>
> **나** 저녁때 우봉이는 반찬으로 콩장과 메추리알과 묵만 먹었어요.
>
> "우봉아, 김치랑 콩나물도 좀 먹어 봐."
>
> 엄마가 우봉이에게 말씀하셨어요.
>
> "그래, 젓가락 달인도 좋지만 골고루 먹어야지."
>
> 아빠도 우봉이에게 한마디 하셨어요. 그래도 우봉이는 젓가락 연습이 되는 것만 골라서 반찬으로 먹었어요. 엄마, 아빠가 "정말 못 말려." 하는 표정을 지었어요.
>
> **다** 우봉이와 주은이는 서로 눈이 마주쳤어요. 우봉이는 당황해서 눈을 깜박거렸어요. 주은이는 긴장한 채 살짝 웃음을 지었어요.
>
> "자, 그럼 똑같이 콩 열두 개씩 옮긴 주은이와 우봉이가 한 번 더 젓가락질 솜씨를 뽐내 보세요. 그런데 이번에는 삼십 초가 아니라 일 분으로 하겠어요."
>
> 선생님이 우봉이와 주은이 접시에 콩을 각각 한 주먹씩 더 올려놓았어요.

> 우봉이가 할아버지와 함께 젓가락으로 바둑알 옮기기 연습을 함.

↓

> (1)

↓

> (2)

리더가 되기 위한 공부 비법

국어
리더

4-2 나

5 의견이 드러나게 글을 써요

의견 동생과 약속한 시간까지만 게임을 하고 동생에게 컴퓨터를 하게 해 주세요.

까닭 서로 약속하였으니 게임을 조금 더 하고 싶더라도 참아야 해요. 약속은 소중한 것이기 때문이지요.

약속을 그렇게 잘 지키는 애가 왜 지난번에 간식 사 준다는 말은 안 지켜?

말해 봐~ 응?

미안해!

이러고 있을 때가 아니야. 빨리 고민들을 해결해 주자!

말해 보라니까?

됐다. 이제 인간들이 자신들의 고민에 대한 우리들의 의견을 읽어 보게 될 거야.

척

오호!

크크크 이러면 인간들은 신들이 답장을 안 했다고 생각하고 신들을 미워하겠지?

아, 맞다! 망치를 두고 갔네.

헉!

하데스 여기서 뭘 하는 거야?

그, 그건……

찌릿

설마 이 편지를 다 버리려고 한 건 아니겠지?

아니야! 내가 왜?

휙!

아마도 이 편지를 모두 인간들에게 직접 배달해 주려고 그랬겠지.

정말? 너무 고마운데?

순진한 녀석들!

🔍 퀴즈

정답 21쪽

1. 토르가 의견에 대한 까닭으로 제시한 내용에 ○표 하시오.

(1) 동생이 어리기 때문에 (　　　　)

(2) 게임은 나쁘기 때문에 (　　　　)

(3) 약속은 소중한 것이기 때문에

(　　　　)

교과서 개념

|배울 내용| •문장의 짜임에 맞게 문장 쓰기
•자신의 의견을 제시하는 글 쓰기

개념 **1** 문장의 짜임에 맞게 말하기

① 문장을 '누가/무엇이 + 무엇이다.'로 말합니다.
  ㉠ 예지는 초등학생입니다.
② '누가/무엇이 + 어찌하다.'로 움직임을 나타냅니다.
  ㉠ 예지가 학교에 갑니다.
③ '누가/무엇이 + 어떠하다.'로 성질이나 상태를 나타냅니다. ㉠ 예지는 친절합니다.

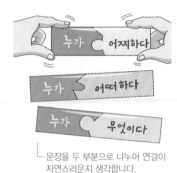

└ 문장을 두 부분으로 나누어 연결이 자연스러운지 생각합니다.

개념 **2** 문장의 짜임에 맞게 문장 쓰기

① 문장을 살펴보고 '누가/무엇이' 부분까지 나눕니다.
② 문장에서 '무엇이다/어찌하다/어떠하다'인 뒷부분을 찾습니다.
③ '누가/무엇이' 부분과 '무엇이다/어찌하다/어떠하다' 부분이 잘 어울리는지 살펴봅니다.

㉠ 「목홧값을 누가 물어야 하나?」를 읽으며 문장 나누기

목화 장수들은 고양이 때문에 큰 손해를 입어 투덜거렸다.

↓

목화 장수들은	고양이 때문에 큰 손해를 입어 투덜거렸다.
누가	어찌하다

확인 문제

1 다음 문장에서 '누가' 부분에 밑줄을 그으시오.

> 재민이가 뛰어갑니다.

2 밑줄 친 부분은 무엇에 해당하는지 기호를 쓰시오. (   )

> 고양이가 귀엽습니다.

㉠ 무엇이다
㉡ 어찌하다
㉢ 어떠하다

3 (   ) 안의 알맞은 말에 ○표 하시오.

> 문장에 '어찌하다'가 들어가면 (성질 / 움직임)을 나타냅니다.

4 '누가 + 어찌하다' 짜임의 문장을 하나만 쓰시오.

> (   )

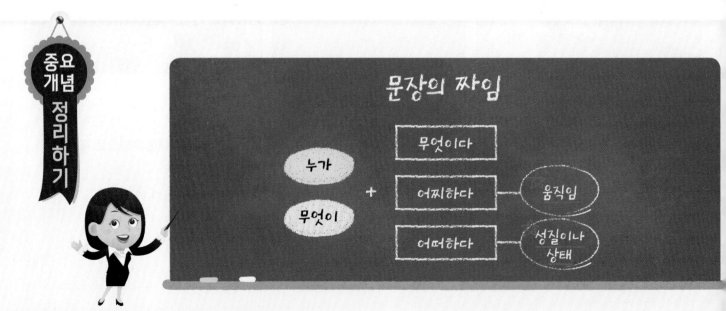

중요 개념 정리하기

개념 ③ 자신의 의견을 제시하는 글 쓰기

① 왜 이런 의견을 전하고 싶은지 문제 상황을 제시합니다.
② 자신의 의견과 의견을 뒷받침할 까닭을 분명하게 씁니다.
③ 읽는 사람을 생각하며 예의 바르게 글을 씁니다.
④ 문장의 짜임에 맞는 자연스러운 문장을 씁니다.

┌ 문제 상황을 해결할 수 있는
  의견을 제시해야 합니다.

예 댐 건설에 대한 효은이의 의견

문제 상황	상수리에 댐을 만들려고 조사하고 있음.	효은이의 의견	상수리에 댐을 건설하는 것을 반대합니다.
		그렇게 생각한 까닭	• 숲에 사는 동물들이 살 곳을 잃기 때문입니다. • 만강의 물고기들을 볼 수 없게 되기 때문입니다. • 마을 어른들께서 평생 살아온 고향을 떠나면 안 되기 때문입니다.

개념 ④ 학급 신문에 의견을 제시하는 글을 쓰고 의견 나누기

① 학급 신문의 주제와 이름을 정합니다.
② 자신의 의견을 뒷받침할 자료를 찾습니다.
③ 자신의 의견과 뒷받침할 까닭을 종이에 적습니다.
④ 모둠별로 학급 신문에 자신의 의견과 까닭을 적은 종이를 붙여서 학급 신문을 완성합니다.

예 학급 신문 만들기

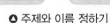

● 주제와 이름 정하기   ● 자료 찾기

확인 문제

5 자신의 의견을 제시하는 글을 쓸 때에는 먼저 왜 그런 의견을 전하고 싶은지 (   )을 제시합니다.

6 자신의 의견을 제시하는 글을 쓸 때에는 무엇을 분명하게 써야 합니까?

➡ 자신의 (   )과 의견을 뒷받침하는 까닭

7 자신의 의견을 제시하는 글을 쓸 때 생각하지 <u>않아도</u> 되는 것은 무엇입니까? (   )

① 문제 상황
② 문장의 짜임
③ 알맞은 표정과 몸짓
④ 문제 상황에 대한 의견
⑤ 의견을 뒷받침하는 까닭

5 단원

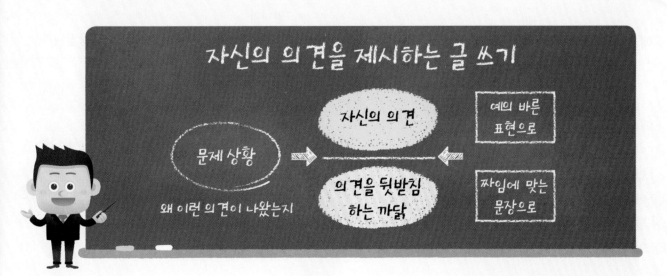

자신의 의견을 제시하는 글 쓰기

문제 상황 ➡ 자신의 의견 ⟸ 예의 바른 표현으로
왜 이런 의견이 나왔는지   의견을 뒷받침 하는 까닭   짜임에 맞는 문장으로

보기

늙은 농부의 세 아들은 게을렀습니다.

늙은 농부의 세 아들은	게을렀습니다.
누가	어떠하다

늙은 농부는 세 아들에게 밭에 보물이 있다고 말해 주었습니다.

㉠	세 아들에게 밭에 보물이 있다고 말해 주었습니다.
누가	어찌하다

↓

세 아들은 밭으로 달려갔습니다.

세 아들은	㉡
누가	어찌하다

↓

아버지께서 밭에 묻어 두신 보물은 주렁주렁 열린 포도송이였습니다.

㉢	주렁주렁 열린 포도송이였습니다.
무엇이	무엇이다

◇ 문장의 짜임

① 누가/무엇이 + 무엇이다
   ㉐ 이것은 책입니다.
② 누가/무엇이 + 어찌하다
   ㉐ 책이 떨어집니다.

'어찌하다'는 움직임을 나타내는 말이에요.

③ 누가/무엇이 + 어떠하다
   ㉐ 책이 재미있습니다.

'어떠하다'는 성질이나 상태를 나타내는 말이에요.

---

01 ㉠에 들어갈 알맞은 말에 ○표 하세요.

(1) 늙은　　　　　　　　　　　(　　)
(2) 농부는　　　　　　　　　　(　　)
(3) 늙은 농부는　　　　　　　　(　　)

02 ㉡에 들어갈 말을 쓰세요.

(　　　　　　　　　　　　　　)

03 ㉢에 들어갈 알맞은 말은 무엇인가요? (　　)

① 아버지께서
② 밭에 묻어 두신
③ 아버지께서 밭에
④ 밭에 묻어 두신 보물
⑤ 아버지께서 밭에 묻어 두신 보물은

04 중요 '예지는 초등학생입니다.'는 어떤 짜임의 문장인지 바르게 설명한 친구는 누구인가요?

재원: '누가+어떠하다' 짜임으로 쓴 문장입니다.
민우: '누가'만 나타나 있고 뒷부분이 없는 문장입니다.
준혁: '누가+무엇이다' 짜임으로 쓴 문장입니다.

(　　　　　　　　　　　　　　)

05 다음 문장을 보기 와 같이 나눌 때 어디서 나눌 수 있는지 기호를 쓰세요.

공부를㉮하는 예지는㉯과학자를㉰꿈꿉니다.

(　　　　　　　　　　　　　　)

목홧값을 누가 물어야 하나?

❶ 옛날 어느 마을에 목화 장수 네 사람이 살았다. 그들은 싼 목화가 있으면 함께 사서 큰 광 속에 보관해 두었다가 값이 오르면 팔았다. 그런데 그 광에는 쥐가 많아 목화를 어지럽히기도 하고 오줌을 싸기도 했다. 목화 장수들은 궁리 끝에 광에 고양이를 기르기로 하고 똑같이 돈을 내어 고양이를 샀다. 그러고는 공동 책임을 지려고 고양이의 다리 하나씩을 각자 몫으로 정하고 보살피기로 했다.

살림살이에 필요한 여러 가지 물건을 넣어 두는 곳.
생각

[중심 내용 ❶] 쥐 때문에 손해를 보던 목화 장수들은 고양이를 기르기로 했다.

❷ 어느 날, 고양이가 다리 하나를 다쳤다. 그 다리를 맡은 목화 장수는 고양이 다리에 산초기름을 발라 주었다. 그런데 마침 추운 겨울철이라, 아궁이 곁에서 불을 쬐던 고양이의 다리에 불이 붙고 말았다. 고양이는 얼른 시원한 광 속으로 도망을 쳐서 목화 더미 위에서 굴렀다. 순식간에 목화 더미에 불이 번져 광 속의 목화가 몽땅 타 버리고 말았다.

산초나무의 열매로 짠 기름.

목화 장수 네 명은 뜻하지 않게 큰 손해를 보게 되었다. 그러자 ㉠고양이의 성한 다리를 맡았던 목화 장수 세 명이 투덜투덜 불평을 늘어놓았다.

"이번 불은 순전히 고양이의 아픈 다리를 맡았던 저 사람 때문이야. 하필이면 불이 잘 붙는 산초기름을 발라 줄 게 뭐야?"

"맞아, 그러니 목홧값을 그 사람에게 물어 달라고 하자."

갚아야 할 것을 냄.

세 사람은 고양이의 아픈 다리를 맡았던 사람에게 목홧값을 물어내라고 했다. 억울한 그 목화 장수는 절대 목홧값을 물어 줄 수 없다며 큰 싸움을 벌였다.

"불이 붙은 고양이가 광으로 도망칠 때는 성한 세 다리로 도망쳤잖아? 그러니까 광에 불이 난 것은 순전히 너희가 맡은 세 다리 때문이야."

→ 성한 다리를 맡은 사람들이 목홧값을 물어야 한다.

아무리 싸워도 해결이 나지 않자, ㉡네 사람은 고을 사또를 찾아가 판결을 해 달라고 부탁했다.

[중심 내용 ❷] 고양이 때문에 타 버린 목홧값을 누가 물어야 할지 다투던 목화 장수들은 사또를 찾아갔다.

---

06 이 이야기의 내용으로 알맞지 <u>않은</u> 것은 어느 것인가요? (   )

① 목화 장수들은 고양이를 기르기로 했다.
② 목화 장수 네 사람은 목화를 광에 보관했다.
③ 고양이 때문에 광 속의 목화가 모두 타 버렸다.
④ 고양이가 꼬리를 다쳐서 산초기름을 발라 주었다.
⑤ 목화 장수들은 고양이의 다리 하나씩을 맡았다.

[교과서 문제]

07 다음 문장에서 '누가' 부분에 밑줄을 그으세요.

> 목화 장수들이 고양이를 샀다.

[서술형][논술형 문제]

08 ㉠의 의견과 까닭을 쓰세요.

(1) 의견: _____
   목홧값을 물어야 한다.

(2) 까닭: _____

_____

09 ㉡을 문장의 짜임에 따라 나누어 쓰세요.

(1) 누가	(2) 어찌하다

편지

댐 건설 기관 담당자님께

안녕하세요? / 저는 산 깊고 물 맑은 상수리에 사는 김효은입니다. 우리 마을은 앞으로 만강이 흐르고, 뒤로는 우뚝 솟은 산봉우리들이 병풍처럼 둘러싸여 한 폭의 그림처럼 아름답습니다.

숲에는 천연기념물인 황조롱이, 까막딱따구리 같은 새들과 하늘다람쥐가 삽니다. 그리고 만강에는 쉬리나 배가사리, 금강모치 같은 우리나라의 토종 물고기가 많이 삽니다. → 잘 지켜야 할 숲과 강의 동물들

그런데 어제 만강에 댐을 건설할 수 있는지 알아보려고 담당자들께서 우리 마을을 방문하셨습니다. 담당자들께서는 작년에 비가 많이 와서 만강 하류에 있는 도시에 물난리가 났다고 말씀하셨습니다. 그래서 홍수를 막으려면 우리 마을에 댐을 건설해야 한다고 하셨습니다.

하지만 저는 댐을 건설하는 것에 반대합니다. 우리 상수리에 댐을 건설하면 숲에 사는 동물들이 살 곳을 잃고, 우리는 만강의 물고기들을 다시는 볼 수 없게 될 것입니다. 그리고 마을 어른들께서는 평생 살아온 고향을 떠나야 한다고 말씀하십니다. 우리 마을에 댐을 건설하기로 한 계획을 취소해 주시기를 부탁합니다.

20○○년 10월 ○○일 / 김효은 올림

김효은 학생에게

안녕하세요? / 김효은 학생의 편지를 잘 읽었습니다.

아름다운 상수리가 댐 건설로 겪게 될 어려움을 잘 압니다. 하지만 상수리 주변에 사는 주민들이 홍수로 겪는 정신적·물질적 피해는 해마다 늘어나고 있습니다.

만강에 댐을 건설하면 여름철에 폭우로 생기는 문제를 막을 수 있습니다. <u>비가 내리는 대로 내버려 두면, 강 하류에서는 강물이 넘쳐서 논밭이 빗물에 잠기기도 합니다.</u> 댐을 건설하지 않으면 생기는 문제점

그리고 집과 길이 부서지고 심지어 사람이 목숨까지 잃을 만큼 위험합니다. 하지만 댐을 건설하면 홍수로 인한 이런 피해를 막을 수 있습니다.

상수리에 댐을 건설해야 합니다. 우리는 상수리 마을 주민들에게 피해가 가지 않도록 주민들이 이사하는 데 모든 지원을 아끼지 않을 것입니다. 댐 건설에는 상수리 마을 주민들의 협조가 필요합니다. 김효은 학생도 이러한 점을 잘 이해해 주시기를 바랍니다.

20○○년 10월 ○○일 / 댐 건설 기관 담당자 드림

10 효은이가 편지를 쓴 까닭은 무엇인가요?

· ☐☐ 건설 계획 취소를 부탁하기 위해서이다.

교과서 문제

11 효은이가 댐 건설에 반대하는 까닭을 모두 고르세요.
(, ,)

① 댐 건설에 돈이 많이 들어서
② 공사하기에 위험한 곳이어서
③ 숲의 동물들이 살 곳을 잃어서
④ 만강의 물고기들을 다시는 볼 수 없게 되어서
⑤ 마을 어른들께서 평생 살아온 고향을 떠나야 하셔서

서술형 논술형 문제

12 댐 건설 기관 담당자의 의견과 까닭을 쓰세요.

(1) 의견: _____

_____

(2) 까닭: _____

_____

중요

13 이와 같은 의견을 제시하는 글을 쓰는 방법으로 알맞지 <u>않은</u> 것에 ×표 하세요.

(1) 의견과 까닭을 분명히 쓴다.
( )

(2) 문제 상황이 무엇인지 쓸 필요는 없다. ( )

(3) 읽는 사람의 기분을 생각하여 예의 바르게 쓴다. ( )

주변에서 의견 제시가 필요한 문제 상황

◦그림의 문제 상황

가	화단에 쓰레기가 함부로 버려져 있습니다.
나	인터넷을 보고 숙제를 그대로 베끼고 있습니다.
다	휴대 전화만 보면서 길을 건너고 있습니다.

5
단원

이와 같은 문제 상황에서 자신은 어떤 의견을 가지고 있는지 생각해 보아요.

---

14 그림 **가**의 상황에 낼 수 있는 의견은 무엇인가요?
( )

① 나무를 많이 심읍시다.
② 꽃을 함부로 꺾지 맙시다.
③ 일회용품 사용을 줄입시다.
④ 쓰레기를 함부로 버리지 맙시다.
⑤ 식사를 할 때 음식을 남기지 맙시다.

15 그림 **나**의 상황에 다음과 같은 의견을 냈습니다. 까닭으로 알맞은 것의 기호를 두 가지 쓰세요.

> 인터넷을 보고 숙제를 그대로 베끼지 맙시다.

> ㉠ 건강에 좋지 않기 때문입니다.
> ㉡ 숙제를 하기 편하기 때문입니다.
> ㉢ 숙제를 하는 의미가 사라지기 때문입니다.
> ㉣ 스스로 생각하여 문제를 해결하는 힘을 길러야 하기 때문입니다.

(,)

16 그림 **다**와 같은 상황이 문제가 되는 까닭은 무엇인가요? ( )

① 길이 더러워질 수 있기 때문입니다.
② 친구의 기분이 나쁠 수 있기 때문입니다.
③ 휴대 전화가 금방 고장 나기 때문입니다.
④ 공부할 시간을 너무 많이 빼앗기기 때문입니다.
⑤ 갑자기 달려오는 차 때문에 위험하기 때문입니다.

서술형 논술형 문제

17 **라**에 들어갈 문제 상황을 떠올려 보고, 그에 대한 의견과 까닭을 정리하여 쓰세요.

(1) 문제 상황	
(2) 의견	
(3) 그 까닭	

환경을 주제로 정할까?

건강을 주제로 정하는 것은 어떠니?

대희   은정

① 학급 신문의 주제를 정한다.

학급 신문의 이름을 뭐라고 정하지?

주제와 어울리게 정해야겠지?

성민

② 학급 신문의 이름을 정한다.

③ 자신의 의견을 뒷받침할 자료를 찾는다.

④ 자신의 의견과 의견을 뒷받침하는 ⓐ 을 종이에 적는다.

⑤ 각자가 적은 종이를 모둠별로 학급 신문에 붙인다.

⑥ 모둠별 학급 신문을 완성한다.

◦ 의견을 제시하는 글을 읽고 생각할 점

> 문제 상황이 잘 드러나게 썼는가?
>
> ↓
>
> 의견과 그렇게 생각한 까닭이 잘 드러나게 썼는가?
>
> ↓
>
> 문장을 짜임에 맞게 썼는가?
>
> ↓
>
> 읽는 사람을 고려해 예의 바르게 썼는가?

그림 ③에서 찾은 자료를 쓸 때에는 출처를 밝혀야 해요.

---

18 그림 ①에서 아이들은 무엇을 주제로 학급 신문을 만들자고 하였나요?

(1) 대희: (   )

(2) 은정: (   )

19 그림 ②에서 성민이는 학급 신문의 이름을 어떻게 정해야 한다고 하였는지 ○표 하세요.

(1) 주제와 어울리게 정해야 할 것이다. (   )

(2) 외국어로 멋진 느낌이 나게 해야 한다.

(   )

(3) 모둠의 이름이 모두 들어가도록 해야 한다.

(   )

20 그림 ③에서 아이들이 자료를 찾은 방법 두 가지를 고르세요. (,   )

① 인터넷 검색

② 전문가 면담 하기

③ 부모님께 여쭈어보기

④ 선생님께 여쭈어보기

⑤ 도서관에서 관련된 책 찾기

21 ⓐ 에 들어갈 알맞은 말은 무엇인가요?

(   )

① 상상   ② 행동   ③ 배경

④ 까닭   ⑤ 주제

국어 활동

문장의 짜임에 맞게 문장을 쓸 수 있는지 확인해 봅시다.

> **보기**
> ㉠ 바늘 도둑이 소도둑 된다.
> ㉡ 발 없는 말이 천 리 간다.
> ㉢ 빈 수레가 요란하다.

㉮ 바늘을 훔치던 사람이 계속 반복하다 보면 결국은 소까지도 훔친다는 뜻으로, 작은 나쁜 짓도 자꾸 하게 되면 큰 죄를 저지르게 됨을 비유적으로 이루는 말이다.

㉯ 실속 없는 사람이 겉으로 더 떠들어 댐을 비유적으로 이르는 말이다.

㉰ 말은 비록 발이 없지만 천 리 밖까지도 순식간에 퍼진다는 뜻으로, 말을 삼가야 함을 비유적으로 이루는 말이다.

1 ㉮~㉰ 중, 속담 ㉠의 뜻은 어느 것인가요?

(   )

2 속담 ㉡의 '어찌하다' 부분에 ○표 하세요.

> 발 없는 말이 천 리 간다.

3 속담 ㉢을 문장의 짜임에 맞게 나누어 쓰세요.

(1) 무엇이

(2) 어떠하다

5 단원

자신의 의견을 제시하는 글을 쓸 수 있는지 확인해 봅시다.

함께 사는 다문화, 왜 중요할까요?

· 글쓴이: 홍명진

❶ 이민자의 수가 그렇게 많다니 놀랍다고요? 남의 얘기만은 아닙니다. 현재 우리나라 전체 국민의 2퍼센트가 외국인입니다.(2011년 기준) 외국인 비율은 5퍼센트를 넘어 10퍼센트, 어쩌면 그 이상까지 늘어날지 몰라요. 지금과 같은 속도라면 머지않아 <u>우리나라도 미국이나 캐나다, 프랑스 같은 다문화 사회가 될 거예요.</u> 그렇게 되면 지금 유럽이 겪고 있는 다문 _{문제 상황}화로 인한 갈등은 남이 아닌 우리 이야기가 되겠지요.

❷ 우리는 지금부터 다문화 사회를 준비하는 마음가짐을 가져야 해요. 노르웨이가 그랬듯이 관용의 자세로 다른 문화와 민족을 받아들이고 화합 _{남의 잘못을 너그럽게 받아들이거나 용서함.}하는 법을 배워야겠지요. 그렇다면 어떻게 관용의 마음을 보여 줄 수 있을까요?

4 글 ❶의 주요 내용은 무엇인가요?

· 우리나라의 (1) (   )나 혼혈 아기의 수가 점차 늘어나고 있으므로 (2) (   )가 될 것이다.

5 글쓴이의 의견은 무엇일지 기호를 쓰세요.

> ㉮ 매우 낮은 출산율을 점점 높여야 한다.
> ㉯ 우리나라는 노르웨이가 한 일을 모두 따라 해야 한다.
> ㉰ 우리는 다문화 사회를 준비하는 마음가짐을 가져야 한다.

(   )

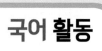

다문화를 받아들이는 방법은 나와 다른 사람을 특별 대우 하는 것이 아니에요. 그들을 관심, 교육, 온정의 대상이 아니라 길거리에서 만나도 신기하지 않은 평범한 이웃이나 친구로 대하는 것이지요. 지하철 옆자리에 앉아도, 식당에서 마주쳐도 아무도 흘긋흘긋 훔쳐보지 않는 편안한 세상, '그들'이 아닌 '우리 중 하나'가 되게 하는 것이죠. 그리고 시간이 얼마쯤 더 지나면, 우리 동네에서 나와 피부색이 다른 경찰관, 소방관, 주민 센터 직원을 만날 수 있게 될지 모릅니다.

❸ 어느 사회나 도움을 필요로 하거나 어려움에 처한 사람들이 있어요. 가난한 사람들, 노인, 몸이 불편한 사람들, 외국인 노동자가 그들이죠. 그런 사람들을 배려하고 따뜻하게 품어 주지 못하는 사회를 진정으로 잘 사는 사회라고 말할 수 없습니다.

그중에서도 특히 외국인 노동자들은 낯선 땅에 살며 자신들의 권리조차 당당히 주장하기 힘들어요. 대한민국이 ㉠이들을 피부색으로 차별하거나 혹은 가난한 나라 출신이라고 무시하는 나라라는 말을 듣는다면 정말 부끄러운 일이겠지요.

하지만 사회의 발전을 함께 이끄는 구성원으로 이들을 받아들인다면 한국은 주변 국가로부터 본받을 만한 나라로 인정받을 겁니다.

"우리는 한 공동체의 구성원이야." / 라고 손을 내밀 수 있는 국가야말로 열려 있는 사회이며 우리가 만들어 가야 할 선진 국가의 모습이랍니다.

6 다문화를 받아들이는 방법으로 알맞은 것은 무엇인가요? (   )

① 늘 특별 대우 한다.
② 관심을 갖고 교육한다.
③ 온정의 대상으로 삼는다.
④ 피부색을 우리와 같게 만든다.
⑤ '우리 중 하나'인 평범한 이웃이나 친구처럼 여긴다.

7 ㉠'이들'은 누구를 가리키는지 찾아 쓰세요.

(   )

8 글쓴이의 생각은 무엇인지 빈칸에 알맞은 말을 써넣으세요.

• 외국인 노동자들을 [   ] 하거나 무시하지 말고 공동체의 구성원으로 받아들여야 한다.

기초 다지기   표준어와 방언

1. 간판에 쓰여 있는 낱말의 뜻을 생각하며 그림을 살펴봅시다.

2. '올갱이'는 '다슬기'의 방언입니다. 우리말에는 같은 뜻을 가진 여러 가지 방언이 있습니다.

9 다음 방언의 표준어를 쓰세요.
(1) 할매: (   )
(2) 오마니: (   )

10 같은 뜻을 가진 방언과 표준어를 선으로 이으세요.

(1) 올갱이 •   • ① 콩나물

(2) 콩주름 •   • ② 다슬기

01 다음 문장은 어떤 짜임에 해당하는지 ○표 하시오.

> 늙은 농부의 세 아들은 게을렀습니다.

(1) 누가 + 무엇이다 (　　　)
(2) 누가 + 어찌하다 (　　　)
(3) 누가 + 어떠하다 (　　　)

02 보기와 같이 문장을 나누어 쓰시오.

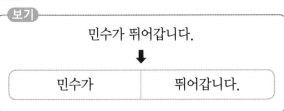

보기

민수가 뛰어갑니다.	
민수가	뛰어갑니다.

> 예쁜 꽃이 활짝 피었습니다.

↓

(1)	(2)

03 보기와 같은 짜임의 문장이 <u>아닌</u> 것을 두 가지 고르시오. (　　,　　)

보기

> 나는 서지은입니다.

① 삼촌은 군인입니다.
② 형이 축구를 합니다.
③ 내 동생은 귀엽습니다.
④ 어머니는 선생님입니다.
⑤ 아버지는 회사원입니다.

04~05 목홧값을 누가 물어야 하나?

옛날 어느 마을에 목화 장수 네 사람이 살았다. 그들은 싼 목화가 있으면 함께 사서 큰 광 속에 보관해 두었다가 값이 오르면 팔았다. 그런데 그 광에는 쥐가 많아 목화를 어지럽히기도 하고 오줌을 싸기도 했다. 목화 장수들은 궁리 끝에 광에 고양이를 기르기로 하고 똑같이 돈을 내어 고양이를 샀다. 그러고는 공동 책임을 지려고 고양이의 다리 하나씩을 각자 몫으로 정하고 고양이를 보살피기로 했다.

어느 날, ㉠고양이가 다리 하나를 다쳤다. 그 다리를 맡은 목화 장수는 고양이 다리에 산초기름을 발라 주었다. 그런데 마침 추운 겨울철이라, 아궁이 곁에서 불을 쬐던 고양이의 다리에 불이 붙고 말았다. 고양이는 얼른 시원한 광 속으로 도망을 쳐서 목화 더미 위에서 굴렀다. 순식간에 목화 더미에 불이 번져 광 속의 목화가 몽땅 타 버리고 말았다.

04 목화 장수들은 광에 쥐가 많은 문제를 해결하기 위해 어떻게 하였습니까? (　　　)

① 광에 불을 질렀다.
② 쥐덫을 여러 개 놓았다.
③ 쥐 잡는 사람을 불렀다.
④ 쥐약을 구석구석 뿌렸다.
⑤ 고양이를 기르기로 하였다.

05 ㉠에서 '어찌하다' 부분을 쓰시오.

(　　　　　　　　　　　　　　)

06 ~ 08　목홧값을 누가 물어야 하나?

목화 장수 네 명은 뜻하지 않게 큰 손해를 보게 되었다. 그러자 고양이의 성한 다리를 맡았던 목화 장수 세 명이 투덜투덜 불평을 늘어놓았다.

"이번 불은 순전히 고양이의 아픈 다리를 맡았던 저 사람 때문이야. 하필이면 불이 잘 붙는 산초기름을 발라 줄 게 뭐야?"

"맞아, 그러니 목홧값을 ㉠그 사람에게 물어 달라고 하자."

㉡세 사람은 고양이의 아픈 다리를 맡았던 사람에게 목홧값을 물어내라고 했다. 억울한 그 목화 장수는 절대 목홧값을 물어 줄 수 없다며 큰 싸움을 벌였다.

"불이 붙은 고양이가 광으로 도망칠 때는 성한 세 다리로 도망쳤잖아? 그러니까 광에 불이 난 것은 순전히 너희가 맡은 세 다리 때문이야."

아무리 싸워도 해결이 나지 않자, 네 사람은 고을 사또를 찾아가 판결을 해 달라고 부탁했다.

06 ㉠'그 사람'은 누구인지 찾아 쓰시오.

　• 고양이의 (　　　　　　　　　)를 맡았던 사람

07 ㉡'세 사람'의 의견을 찾아 기호를 쓰시오.

> ㉮ 사또가 목홧값을 물어 주어야 한다.
> ㉯ 우리 세 명이 목홧값을 물어내야 한다.
> ㉰ 고양이에게 산초기름을 바른 사람이 목홧값을 물어내야 한다.

　　　　　　　(　　　　　　　　　)

08 다음 문장에서 '어찌하다' 부분에 밑줄을 그으시오.

> 목화 장수들은 사또에게 판결을 부탁했다.

09 ~ 10　효은이의 편지

어제 만강에 댐을 건설할 수 있는지 알아보려고 담당자들께서 우리 마을을 방문하셨습니다. 담당자들께서는 작년에 비가 많이 와서 만강 하류에 있는 도시에 물난리가 났다고 말씀하셨습니다. 그래서 홍수를 막으려면 우리 마을에 댐을 건설해야 한다고 하셨습니다.

하지만 저는 댐을 건설하는 것에 반대합니다. 우리 상수리에 댐을 건설하면 숲에 사는 동물들이 살 곳을 잃고, 우리는 만강의 물고기들을 다시는 볼 수 없게 될 것입니다. 그리고 마을 어른들께서는 평생 살아온 고향을 떠나야 한다고 말씀하십니다. 우리 마을에 댐을 건설하기로 한 계획을 취소해 주시기를 부탁합니다.

　　　　　　　　20○○년 10월 ○○일
　　　　　　　　　　　　김효은 올림

09 효은이의 의견은 무엇입니까? (　　　　　)

① 만강에 댐을 건설해야 한다.
② 우리 마을에 댐을 건설하면 안 된다.
③ 만강 하류에 물난리가 나서 불편하다.
④ 마을 어른들께서 고향을 떠나야 한다.
⑤ 홍수를 막으려면 나무를 많이 심어야 한다.

📝서술형 논술형 문제

10 효은이가 의견에 대한 까닭으로 든 내용을 두 가지 이상 쓰시오.

_____

_____

_____

김효은 학생의 편지를 잘 읽었습니다.

아름다운 상수리가 댐 건설로 겪게 될 어려움을 잘 압니다. 하지만 상수리 주변에 사는 주민들이 홍수로 겪는 정신적·물질적 피해는 해마다 늘어나고 있습니다.

만강에 댐을 건설하면 여름철에 폭우로 생기는 문제를 막을 수 있습니다. 비가 내리는 대로 내버려 두면, 강 하류에서는 강물이 넘쳐서 논밭이 빗물에 잠기기도 합니다.

그리고 집과 길이 부서지고 심지어 사람이 목숨까지 잃을 만큼 위험합니다. 하지만 댐을 건설하면 홍수로 인한 이런 피해를 막을 수 있습니다.

상수리에 댐을 건설해야 합니다. 우리는 상수리 마을 주민들에게 피해가 가지 않도록 주민들이 이사하는 데 모든 지원을 아끼지 않을 것입니다. 댐 건설에는 상수리 마을 주민들의 협조가 필요합니다. 김효은 학생도 이러한 점을 잘 이해해 주시기를 바랍니다.

20○○년 10월 ○○일
댐 건설 기관 담당자 드림

11 댐 건설 기관 담당자가 효은이에게 편지를 쓴 까닭은 무엇입니까? (   )

① 댐 건설의 필요성을 설득하기 위해서
② 홍수로 인한 피해 내용을 조사하기 위해서
③ 효은이의 편지에 고마움을 표시하기 위해서
④ 주민들이 이사할 곳의 정보를 알리기 위해서
⑤ 댐 건설이 취소되었다는 내용을 알리기 위해서

12 글쓴이가 의견에 대한 까닭으로 말하지 <u>않은</u> 내용에 ×표 하시오.

(1) 홍수 피해를 막을 수 있다. (   )

(2) 여름철 폭우로 인한 문제를 막을 수 있다. (   )

(3) 상수리 주민들이 살아가기에 더 편리해진다. (   )

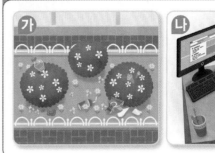 

13 그림 **가**와 **나**는 어떤 문제 상황을 나타낸 것인지 선으로 이으시오.

(1) **가** ·

· ① 텔레비전을 너무 많이 본다.

· ② 인터넷 자료를 그대로 베껴서 숙제를 한다.

(2) **나** ·

· ③ 쓰레기가 아무렇게나 버려져 있다.

14 그림 **나**의 상황에 제시할 의견으로 알맞은 것은 무엇입니까? (   )

① 운동을 열심히 하자.
② 공부를 열심히 하자.
③ 숙제를 미루지 말자.
④ 숙제는 자기 스스로 하자.
⑤ 바른 자세로 앉는 습관을 갖자.

◈ 서술형 논술형 문제

15 그림 **가**의 상황에 제시할 의견과 그렇게 생각하는 까닭을 쓰시오.

_____

_____

16~18 함께 사는 다문화 왜 중요할까요?

가 우리는 지금부터 다문화 사회를 준비하는 마음가짐을 가져야 해요. 노르웨이가 그랬듯이 관용의 자세로 다른 문화와 민족을 받아들이고 화합하는 법을 배워야겠지요. 그렇다면 어떻게 관용의 마음을 보여 줄 수 있을까요?

　다문화를 받아들이는 방법은 나와 다른 사람을 특별 대우 하는 것이 아니에요. 그들을 관심, 교육, 온정의 대상이 아니라 길거리에서 만나도 신기하지 않은 평범한 이웃이나 친구로 대하는 것이지요.

나 외국인 노동자들은 낯선 땅에 살며 자신들의 권리조차 당당히 주장하기 힘들어요. 대한민국이 이들을 피부색으로 차별하거나 혹은 가난한 나라 출신이라고 무시하는 나라라는 말을 듣는다면 정말 부끄러운 일이겠지요.

　하지만 사회의 발전을 함께 이끄는 구성원으로 이들을 받아들인다면 한국은 주변 국가로부터 본받을 만한 나라로 인정받을 겁니다.

16 글쓴이의 의견은 무엇입니까?

　• 우리는 지금부터 (　　　　　　　　)를
　　준비하는 마음가짐을 가져야 한다.

17 다문화를 받아들이는 태도로 알맞지 <u>않은</u> 것을 두 가지 고르시오. (　　,　　)

① 관용의 자세 갖기
② 화합하는 방법 배우기
③ 신기한 사람으로 받아들이기
④ 나와 다른 사람을 특별 대우 하기
⑤ 평범한 이웃이나 친구로 받아들이기

18 '외국인 노동자'에 대한 글쓴이의 생각으로 알맞은 것에 ○표, 틀린 것에 ×표 하시오.

(1) 가난한 나라 출신이면 무시해도 된다.
　　　　　　　　　　　　　　　　　(　　　)

(2) 낯선 땅에서 자신들의 권리조차 당당히 주장하기 힘든 처지에 놓여 있다.　(　　　)

(3) 외국인 노동자들을 사회의 발전을 함께 이끄는 구성원으로 받아들여야 한다.　(　　　)

19~20

19 그림의 방언을 표준어로 잘못 바꾸어 쓴 것은 무엇입니까? (　　　)

① 올갱이 → 다슬기　　② 오마니 → 어머니
③ 콩주름 → 콩나물　　④ 부치기 → 붙이기
⑤ 강생이 → 강아지

20 (　　　) 안의 알맞은 말을 써넣으시오.

> '할매 김치' 간판의 '할매'를 표준어로 고치면
> '(　　　　　　　)'가 됩니다.

서술형 · 논술형 평가

1 문장을 살펴보고 보기 와 같이 나누어 쓰시오.

보기

늙은 농부의 세 아들은 게을렀습니다.

늙은 농부의 세 아들은	게을렀습니다.
누가	어떠하다

(1) 늙은 농부는 세 아들에게 밭에 보물이 있다고 말해 주었습니다.

①	②

(2) 세 아들은 밭으로 달려갔습니다.

①	②

2 다음 글을 읽고 문제 상황과 그에 대한 글쓴이의 의견을 쓰시오.

담당자들께서는 작년에 비가 많이 와서 만강 하류에 있는 도시에 물난리가 났다고 말씀하셨습니다. 그래서 홍수를 막으려면 우리 마을에 댐을 건설해야 한다고 하셨습니다.

하지만 저는 댐을 건설하는 것에 반대합니다. 우리 상수리에 댐을 건설하면 숲에 사는 동물들이 살 곳을 잃고, 우리는 만강의 물고기들을 다시는 볼 수 없게 될 것입니다. 그리고 마을 어른들께서는 평생 살아온 고향을 떠나야 한다고 말씀하십니다. 우리 마을에 댐을 건설하기로 한 계획을 취소해 주시기를 부탁합니다.

(1) 문제 상황	
(2) 의견	

3 다음 그림을 보고 문제 상황이 무엇인지, 그에 대한 의견과 까닭을 정리하여 쓰시오.

(1) 문제 상황	
(2) 의견	
(3) 그 까닭	

4 다음 글을 읽고 글쓴이의 의견은 무엇인지 쓰시오.

얼마나 많은 시간이 걸릴지 알 수 없지만 지금과 같은 속도라면 머지않아 우리나라도 미국이나 캐나다, 프랑스 같은 다문화 사회가 될 거예요. 그렇게 되면 지금 유럽이 겪고 있는 다문화로 인한 갈등은 남이 아닌 우리 이야기가 되겠지요.

우리는 지금부터 다문화 사회를 준비하는 마음가짐을 가져야 해요. 노르웨이가 그랬듯이 관용의 자세로 다른 문화와 민족을 받아들이고 화합하는 법을 배워야겠지요. 그렇다면 어떻게 관용의 마음을 보여 줄 수 있을까요?

_____

_____

6 본받고 싶은 인물을 찾아봐요

인간들의 고민을 들어주다 보니 인간들에 대해 좀 더 알게 됐어.

너는 거울만 보고 있었잖아!

아무튼 우리들 모두 인간들을 더 알게 돼서 기분이 좋아.

인간을 더 깊이 알아볼 수 없을까?

인간들이 존경하고 본받고 싶어 하는 위인들에 대해 알아보는 것은 어때?

들리는 말에 의하면 인간도 위대하고 훌륭한 사람이 많다는데……

설마!

차악

오직 신만이 훌륭하고 위대하지!

흑흑, 아테나가 나만큼 아름답지 못해 불쌍해.

뭐라고?

아프로디테! 전쟁이다, 전쟁!

후유!

꼭 신이 위대한 것만은 아닌 것 같아.

인간이 본받고 싶어 하는 위인들을 찾아보러 도서관에 가자.

도서관

인간 위인전 코너

각자 읽고 싶은 위인전을 한 권씩 꺼내서 읽어.

다 읽었으면 어떤 내용인지 말해 보자.

『이순신 위인전』을 읽었어.

목숨을 바쳐 일본군과 싸워 이겼지. 죽음을 두려워하지 않고 나라를 위해 싸운 점을 본받고 싶어.

난 『세종 대왕 위인전』을 읽었어. 세종 대왕이 백성을 위해 훈민정음을 만든 점을 본받고 싶어.

나는 『유관순 위인전』을 읽었어.

나라를 되찾기 위해 만세를 외치다 감옥에서 돌아가신 유관순은 꼭 본받아야 할 위인이야.

저런······.

응?

아프로디테, 무슨 책을 읽는 거야?

내가 너무 아름다워 다른 사람들에게 미안해서 눈물이 나.

어이구!

🔍 퀴즈

정답 24쪽

1. '한 일'이 다음과 같은 인물에 ○표 하세요.

> 백성을 위해 훈민정음을 만들었다.

(유관순 / 세종 대왕)

교과서 개념

| 배울 내용 | • 전기문의 특성을 알고, 특성을 생각하며 읽기
• 인물의 본받을 점을 생각하며 전기문 읽기

개념 1 본받고 싶은 인물 소개하기

① 자신이 알고 있는 인물 중 어떤 인물을 소개하면 좋을지 생각합니다.

② 인물을 소개할 때 어떤 내용을 말하면 좋을지 생각합니다.

③ 본받고 싶은 인물을 소개할 때에는 본받고 싶은 까닭, 인물이 살았던 시대 상황, 인물이 한 일을 중심으로 말합니다.

주시경

인물이 살았던 시대 상황

우리글이 있었지만 글을 읽지 못하는 사람들이 대부분이었습니다.

인물이 한 일

우리나라 최초로 국어 문법의 틀을 세웠습니다.

개념 2 전기문의 특성
└ 인물의 삶을 사실대로 기록한 글

① 전기문은 인물의 삶을 사실에 근거해 쓴 글입니다.

② 전기문에는 인물이 살았던 시대 상황이 나타나 있습니다.

③ 전기문에는 인물이 한 일과 인물의 가치관이 나타나 있습니다.
└ 사람이 어떤 일을 선택하고 실천하는 데 바탕이 되는 생각.

확인 문제

1 본받고 싶은 인물을 소개할 때 주로 소개할 내용이 <u>아닌</u> 것을 찾아 번호를 쓰시오.

① 인물이 한 일
② 인물이 싫어한 음식
③ 인물이 살았던 시대 상황

(   )

2 다음은 「김만덕」을 읽고 무엇에 대해 쓴 글입니까? (   )

김만덕이 장사를 하면서 지킨 세 가지 원칙에서 김만덕이 정직한 상거래를 중요하게 생각했다는 것을 알 수 있다.

① 김만덕이 한 일
② 김만덕의 가치관
③ 김만덕이 살았던 시대 상황
④ 김만덕의 고향에 대한 설명
⑤ 김만덕이 앞으로 하고 싶은 일

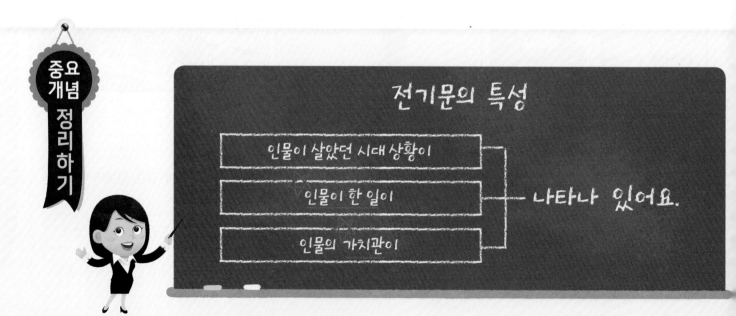

중요
개념
정리하기

전기문의 특성

| 인물이 살았던 시대 상황이 |
| 인물이 한 일이 |
| 인물의 가치관이 |

나타나 있어요.

개념 3 전기문의 특성을 생각하며 읽는 방법

① 인물이 살았던 시대 상황을 생각하며 읽습니다.
② 인물이 한 일을 생각하며 읽습니다.
③ 인물의 <u>가치관</u>을 짐작하며 읽습니다.
  └ 인물의 생각, 인물이 한 일에서 인물의 가치관 짐작하기

예 전기문의 특성을 살려 「정약용」의 내용 요약하기

인물이 살았던 시대의 상황	• 정약용이 살았던 시대의 백성은 이른 아침부터 해가 떨어질 때까지 한시도 쉬지 않고 일했지만 늘 배불리 먹지 못했음.
인물이 한 일	• 거중기를 발명했음. • 암행어사가 되었음. • 『목민심서』를 펴냈음.
짐작할 수 있는 인물의 가치관	• 백성의 어려운 삶을 지켜보면서 백성들에게 도움이 되려고 맡은 일을 열심히 했음.

개념 4 인물의 본받을 점을 생각하며 전기문 읽기

① 인물이 한 일을 생각하며 전기문을 읽습니다.
② 전기문을 읽고 인물의 생각을 짐작해 봅니다.
③ 인물의 말이나 행동에서 본받을 점을 찾습니다.
④ 인물이 앞으로 어떤 일을 할지 짐작해 봅니다.

확인 문제

3 다음 ( ) 안에 알맞은 말에 ○표 하시오.

> 전기문을 읽을 때 인물이 살았던 (땅 모양 / 시대 상황)을 알면 내용을 더 이해하기 쉽다.

4 정약용이 한 일은 무엇인지 기호를 쓰시오.

> ㉠ 거중기를 발명했다.
> ㉡ 『조선왕조실록』을 펴냈다.

(   )

5 다음 설명이 알맞으면 ○표, 틀리면 ×표 하시오.

> 인물의 가치관을 파악하면 인물에게서 본받을 점을 잘 찾을 수 있다.

(   )

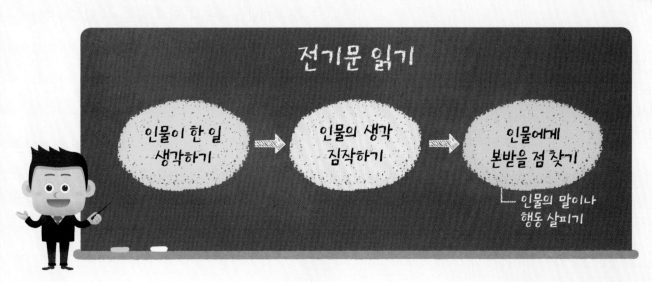

전기문 읽기

인물이 한 일 생각하기 → 인물의 생각 짐작하기 → 인물에게 본받을 점 찾기
  └ 인물의 말이나 행동 살피기

[01~03] 다음 대화를 읽고 물음에 답하세요.

정원아, 여기서 뭐 해?

책에서 본 인물이 남달리 한 일을 알고 싶어서 그 인물의 전기문을 찾고 있어.

마침 나도 전기문에 나오는 인물이 살았던 시대는 지금과 어떻게 달랐는지 궁금했는데, 같이 전기문이 있는 '역사' 책꽂이로 가 보자.

정원

01 정원이는 도서관에서 무엇을 하고 있는지 쓰세요.

• (   )을 찾고 있다.

02 정원이가 01번의 답과 같은 것을 찾는 까닭은 무엇인가요? (   )

① 인물이 남달리 한 일을 알고 싶어서
② 인물이 그 일을 한 까닭이 알고 싶어서
③ 인물이 어디에서 태어났는지 알고 싶어서
④ 인물이 누구의 영향을 받았는지 알고 싶어서
⑤ 인물이 어떤 옷을 입고 살았는지 알고 싶어서

03 정원이가 찾으려는 책은 어느 책꽂이에서 찾을 수 있는지 쓰세요.

(   ) 책꽂이

📖 교과서 문제

04 어떤 인물에 대한 설명인지 보기 에서 찾아 이름을 쓰세요.

보기

유관순   이순신   세종 대왕   주시경

• (   )은 한자가 너무 어려워 많은 백성이 글로 자신의 생각을 표현하지 못하는 것을 안타깝게 여겨 여러 학자와 함께 훈민정음을 만들었다.

[05~07] 다음 대화를 읽고 물음에 답하세요.

정우: 주시경 선생님은 어떤 일을 하셨기에 본받고 싶다는 거니?
└ 예원이가 본받고 싶은 사람

예원: 백 년 전만 해도 글을 읽지 못하는 사람들이 대부분이었는데, 주시경 선생님의 노력 덕분에 지금은 우리글을 쉽게 배울 수 있는 거래.

정우: 주시경 선생님은 왜 그런 노력을 하셨을까?

예원: 우리나라가 외세의 침략을 받지 않고 잘 살려면 우리글을 모두가 알아야 한다고 생각하셨고, 그래서 누구나 쉽게 배울 수 있도록 문법을 연구하셨대.

05 백 년 전에는 지금과 어떻게 달랐는지 알맞은 것을 찾아 기호를 쓰세요.

㉮ 우리글이 없었다.
㉯ 모든 사람이 우리글을 잘 읽었다.
㉰ 우리글을 읽지 못하는 사람이 대부분이었다.

(   )

06 주시경 선생님이 한 일은 무엇인가요? (   )

① 힘으로 외세의 침략을 막으셨다.
② 돈을 많이 벌어 백성을 도와주셨다.
③ 외국에 나가 우리나라의 어려움을 알리셨다.
④ 중국에 가서 우리나라의 독립을 위해 싸우셨다.
⑤ 우리말을 누구나 쉽게 배울 수 있도록 문법을 연구하셨다.

✎ 서술형 논술형 문제

07 주시경 선생님이 06번의 답과 같은 일을 한 까닭은 무엇인지 쓰세요.

_____

_____

김만덕

- 글의 종류: 전기문
- 글쓴이: 신현배
- 글의 특징: 평생 번 재산을 내놓아 제주도 사람들을 살린 김만덕의 삶과 가치관을 알 수 있습니다.

❶ "사또, 부탁드릴 일이 있어 왔습니다. 저는 본디 양민의 딸이었습니다. 그런데 어린 나이에 부모를 여의
신분제 사회에서 지배 계급이 아닌 일반인을 뜻하는 말.
고 친척 집에 맡겨졌다가 어쩔 수 없이 기생이 되었습니다. 사또께서는 제 억울한 사정을 헤아리시어 저를
5 양민의 신분으로 되돌려 주시기 바랍니다."

김만덕은 눈물을 흘리며 제주 목사에게 간절히 말하였
조선 시대에 지방에 파견했던 행정 관리.
다. 제주 목사는 김만덕의 말이 사실인지 관리를 불러
조사하게 하였다. 그리고 김만덕의 억울한 사정이 밝혀
지자 명을 내렸다.

10 "만덕의 이름을 기안에서
관아에서 기생의 이름을 기록해 두던 책.
지우고 양민의 신분으로
되돌려 주어라."

김만덕은 뛸 듯이 기뻤
다. 이제 자유의 몸이 되어
15 새로운 인생을 살게 된 것
이다.

김만덕 초상 ▶

김만덕은 1739년에 제주도의 가난한 선비 집안에서
태어났다. 비록 가난하였으나 사랑과 정이 깊은 부모님
밑에서 자랐다. 그러나 열두 살이 되던 해에 심한 흉년
과 전염병 때문에 부모님을 차례로 여의고 말았다. 친척
집을 이리저리 옮겨 다니며 살던 김만덕은 기생의 수양 5
딸이 되었다가 스물세 살이 되던 해에 드디어 기생의 신
분에서 벗어났다.

중심 내용 1 김만덕은 어려서 부모님을 여의고 기생의 수양딸이 되었다가
스물세 살에 기생의 신분에서 벗어났습니다.

❷ 자유의 몸이 된 김만덕은 제주도의 포구에 객줏집을
배가 드나드는 강이나 내에 바닷물이 드나드는 곳의 어귀.
열었다. 객줏집은 상인의 물건을 맡아 팔기도 하고 물건
을 사고파는 데 흥정을 붙이기도 하며, 상인들을 먹여 10
주고 재워 주기도 하는 집을 말하였다. 육지에서 온 상
인들은 김만덕의 객줏집에서 묵어갈 뿐만 아니라 김만
덕에게 육지의 물건을 맡기기도 하였다.

"쌀, 무명이오. 좋은 값에 팔아 주시오."

김만덕은 육지의 물건을 제주도 사람들에게 팔아 이익 15
을 남길 수 있었다. 또 김만덕은 녹용, 약초, 귤, 미역,
전복 같은 제주도의 특산물에 눈길을 돌렸다. 이러한 물
제주도의 특산물
건들을 제주도 사람들에게 사들여 육지 상인들에게 팔
았다. 육지 상인들은 제주도의 특산물을 적당한 가격에
사들일 수 있어 김만덕의 객줏집으로 몰려들었다. 20

08 김만덕은 사또에게 무엇을 부탁했나요? (   )

① 돈을 벌게 해 주십시오.
② 고기를 잡을 수 있게 해 주십시오.
③ 양민의 신분으로 되돌려 주십시오.
④ 제주도를 떠날 수 있게 해 주십시오.
⑤ 부모님을 만날 수 있게 해 주십시오.

09 김만덕에 대해 잘못 말한 것의 기호를 쓰세요.

㉮ 제주도에서 태어났다.
㉯ 전쟁 때문에 부모님을 잃게 되었다.

(   )

10 자유의 몸이 된 김만덕이 한 일은 무엇인지 쓰세요.

• 제주도의 포구에 (   )을 열었다.

중요
11 이 글을 읽고 알 수 있는 시대 상황은 무엇인가요?

(   )

① 신분 제도가 있었다.
② 제주도에는 관청이 없었다.
③ 여자도 과거를 볼 수 있었다.
④ 개인이 물건을 사고팔 수 없었다.
⑤ 신분은 개인이 마음대로 바꿀 수 있었다.

김만덕은 장사를 하면서 세 가지 원칙을 지켰다. 첫째는 이익을 적게 남기고 많이 판다. 둘째는 적당한 가격에 물건을 사고판다. 그리고 셋째는 반드시 신용을 지키고 정직한 거래를 한다. 이러한 세 가지 원칙을 철저히
5 지켰기 때문에 김만덕의 사업은 나날이 번창하였다.

중심 내용 2 김만덕은 객줏집을 열어 장사를 하면서 세 가지 원칙을 지켜 사업이 번창했습니다.

3 몇십 년이 흘렀다. 김만덕은 제주도에서 손꼽히는 큰 상인이 되었다. 많은 돈을 벌어들여 '제주도 부자 김만덕' 하면 모르는 사람이 없을 정도였다. 그러나 김만덕은 돈이 많다고 하여 함부로 돈을 낭비하지 않았다. 오
10 히려 더 절약하고 검소한 생활을 하였다.

「"풍년에는 흉년을 생각하여 더욱 절약해야 돼. 그리고 편안히 사는 사람은 어렵게 사는 사람을 생각하여 하늘의 은혜에 감사하며 검소하게 살아야 하고……"」 김만덕의 남다른 가치관

김만덕은 주위 사람들에게 늘 이렇게 말하였다.

중심 내용 3 김만덕은 부자가 되었지만 항상 절약하고 검소하게 살았습니다.

15 4 1790년부터 4년 동안 제주도에는 흉년이 계속되었다. 그 바람에 양식이 없어 굶주리는 사람들이 늘어났다. 제주도 사람들은 모두 굶어 죽게 되었다며 근심에 잠겼다. 그러나 다행스럽게도 이듬해에는 농사가 잘되

었다. 때맞추어 비가 내려 들판에는 곡식이 익어 갔다. 이대로라면 그해 농사는 대풍년이었다. 그런데 수확을 앞두고 제주도에 태풍이 몰려왔다. 그동안 애써 가꾸어 <u>놓은 농산물이 모두 심한 피해를 입어</u> 제주도 사람들은 제주도에 태풍이 몰려와서
이제 꼼짝없이 굶어 죽을 지경에 이르렀다. 제주 목사는 5 그해 9월에 이러한 사정을 편지로 써서 조정에 알렸다.

> 태풍으로 올해 농사를 망쳐 제주도 사람 모두가 굶어 죽을 위기에 처했습니다. 곡식 이만 석을 급히 보내 주십시오. ← 제주 목사가 조정에 쓴 편지 내용

정조 임금은 이 편지를 받고 신하들과 회의를 하였다. 10 그리고 곡식 이만 석을 보내 제주도 사람들을 살리기로 결정하였다. 임금의 명으로 신하들은 곡식을 여러 배에 곡식을 세는 단위.
나누어 실어 제주도로 보냈다. 하지만 그 배들은 제주도에 닿지 못하였다. <u>갑자기 태풍이 불어닥쳐 배가 모두</u> 곡식을 실은 배가 제주도에 닿지 못한 까닭
<u>바닷속으로 가라앉아 버린 것이다.</u> 배가 침몰하였다는 15 소식을 들은 제주도 사람들은 이제는 굶어 죽을 수밖에 없다며 절망에 빠졌다. 이것을 보고 김만덕은 생각하였다.

---

12 김만덕이 장사를 하면서 지킨 원칙이 아닌 것을 두 가지 고르세요. (,   )

① 감사할 줄 알아야 한다.
② 손님에게 친절하게 대한다.
③ 이익을 적게 남기고 많이 판다.
④ 적당한 가격에 물건을 사고판다.
⑤ 반드시 신용을 지키고 정직한 거래를 한다.

중요
13 글 3에서 알 수 있는 김만덕의 가치관에 ○표 하세요.
(1) 어린이는 어른을 공경해야 한다. (   )
(2) 절약하며 검소하게 살아야 한다. (   )
(3) 어려운 사람은 희망을 가져야 한다. (   )

14 1790년부터 4년 동안 제주도의 상황은 어떠했는지 찾아 기호를 쓰세요.

> ㉮ 태풍이 계속 불어 고기를 잡을 수 없었다.
> ㉯ 풍년이 계속되어 육지로 곡식을 팔러 갔다.
> ㉰ 흉년이 계속되어 굶주리는 사람들이 늘었다.

(   )

15 태풍이 불어 곡식을 실은 배가 침몰했다는 소식을 들었을 때 제주도 사람들의 마음은 어떠했는지 쓰세요.

(   )

'제주도 사람들을 굶어 죽게 내버려 둘 수는 없다. 내가 나서서 그들을 살려야겠다.'

김만덕은 전 재산을 들여 육지에서 곡식을 사 오게 하였다. 그 곡식은 총 오백여 석이었다.
_{굶주린 제주도 사람들에게 나누어 주려고}

5 "제가 전 재산을 들여 육지에서 사들인 곡식입니다. 굶주린 사람들에게 나누어 주십시오."

제주 목사는 김만덕의 말을 듣고 깜짝 놀랐다.

'양반도 아닌 상인이 피땀 흘려 모은 재산을 제주도 사람들을 구하겠다고 모두 내놓다니 정말 어진 사람이구나.'

10 관청 마당에는 곡식이 산더미같이 쌓여 있었다. 제주
_{국가의 사무를 집행하는 기관. 또는 그 건물.}
목사는 곡식을 풀어 굶주린 사람들에게 나누어 주었다. 그리하여 제주도 사람들은 목숨을 건질 수 있었다.

중심 내용 4 제주도 사람들이 굶주리자 김만덕은 전 재산을 들여 곡식을 사 와 사람들에게 나누어 주게 했습니다.

5 "㉠그분이 없었다면 우리는 어떻게 되었을까?"

"모두 굶어 죽었겠지. ㉡그분은 제주도 사람들의 은인
_{자신에게 은혜를 베풀어 준 사람.}
15 이야."

제주도 사람들은 모이기만 하면 김만덕의 업적과 어진 덕을 칭찬하였다. 제주 목사는 임금에게 김만덕의 행동을 칭찬하는 글을 올렸다. 임금은 제주 목사의 편지를 받고 눈이 화등잔만 해졌다.
_{제주도의 여인이 전 재산을 내놓아 백성을 살려서 놀람.}

"제주도에 사는 여인이 전 재산을 내놓아 굶주린 사람들을 살렸다고? 참으로 고마운 일이로구나. 김만덕의 소원을 들어주도록 하여라."

제주 목사가 김만덕에게 소원을 묻자, 김만덕은 임금의 용안을 뵙는 것과 금강산 구경을 말하였다. 임금은 5
_{김만덕의 소원}
김만덕에게 벼슬을 내려 임금을 만날 수 있게 해 주었다. 양민의 신분으로는 임금을 만날 수 없었기 때문이다. 그리고 제주도 여자는 제주도를 떠날 수 없었던 그 당시의 규범을 깨고 김만덕에게 금강산을 구경하도록 해 주었다.

김만덕은 일 년여 동안 서울에서 지낸 뒤에 다시 고향 제주도로 돌아왔다. 그리고 예전과 다름없이 장사를 하며 어려운 사람들을 도왔다. 김만덕은 자신만 풍요롭게 살기보다는 자신이 가진 것을 사람들과 나누며 함께 살았다. 김만덕의 삶은
이웃과 더불어 살며
_{김만덕의 삶에서 배울 점}
나누고 베푸는 따뜻한
마음이 무엇인지 우리
에게 잘 보여 준다.

중심 내용 5 김만덕은 소원대로 임금을 만나고 금강산을 구경한 뒤에 제주도로 돌아와 예전과 같이 생활했습니다.

---

16 제주도 사람들이 굶주리자 김만덕이 한 일은 무엇인가요? (   )

① 더 열심히 돈을 벌었다.
② 육지로 옮겨 가서 살았다.
③ 관청의 곡식을 풀도록 제주 목사를 설득했다.
④ 임금에게 곡식을 보내 달라는 편지를 보냈다.
⑤ 전 재산을 들여 곡식을 사서 제주도 사람들에게 나누어 주게 했다.

17 ㉠, ㉡의 '그분'은 누구인지 쓰세요.

(   )

18 이 글에 나타난 시대 상황을 찾아 기호를 쓰세요.

> ㉮ 여자는 스스로 돈을 벌 수 없었다.
> ㉯ 제주도 여자는 제주도를 떠날 수 없었다.

(   )

중요
19 김만덕의 가치관은 무엇인가요? (   )

① 돈이 가장 중요하다.
② 건강이 가장 중요하다.
③ 우리나라의 독립이 중요하다.
④ 은혜를 입으면 꼭 갚아야 한다.
⑤ 자신이 가진 것을 나누고 베풀어야 한다.

정약용

• 글의 종류: 전기문   • 글쓴이: 김은미
• 글의 특징: 정약용이 백성을 위해 한 일과 생각을 알 수 있습니다.

❶ 정약용은 <u>1762년 지금의 경기도 남양주에 있는 마재</u>
정약용이 태어난 때와 태어난 곳
에서 태어났어요. 지방 관리였던 아버지 덕분에 정약용은
어릴 때부터 백성의 삶을 가까이서 지켜볼 수 있었어요.

백성은 이른 아침부터 해가 떨어질 때까지 한시도 쉬
5 지 않고 일했지요. 그런데도 백성은 늘 배불리 먹지 못
했어요. 세금을 내지 못해 남의 집 머슴살이를 하는 사
람도 많았어요. 어린 정약용의 눈에 그것은 참 이상한
일이었어요.

[중심 내용 1] 정약용은 백성이 항상 열심히 일하지만 어렵게 생활하는 것을
이해할 수 없었습니다.

❷ <u>열다섯 살 때</u>, 아버지를 따라 한양으로 간 정약용은
정약용이 한양으로 간 때
10 많은 사람을 만나 학문을 배우고 익혔어요. 훗날 정약용
에게 큰 영향을 준 <u>이익</u>의 책을 처음 본 것도 이즈음이었
정약용에게 큰 영향을 끼친 인물
지요. 그때까지 정약용은 <u>사람이 바르게 사는 도리를 따</u>
지는 성리학을 주로 공부했어요. 그런데 이익이 사물에

폭넓게 관심을 두고 해박한 지식을 쌓은 것을 보면서 정
약용의 생각도 조금씩 달라졌어요. 백성이 잘 사는 데
도움이 되는 <u>실학</u>에 관심을 갖게 된 거예요.

[중심 내용 2] 정약용은 열다섯 살 때 한양으로 가서 학문을 익혔습니다.

❸ <u>1792년</u> 진주 목사로 있던 정약용의 아버지가 돌아가
정약용의 아버지가 돌아가신 때
셨어요. 정약용은 벼슬을 그만두고 아버지의 무덤을 지 5
키는 '시묘살이'를 했어요. 조선 시대에는 부모님이 돌아
가시면 삼 년간 그 무덤 앞에 움막을 짓고 살면서 부모
님의 명복을 빌었거든요.

하지만 정조는 시묘를 살던 정약용을 가만히 내버려
두지 않았어요. 그즈음 정조는 수원에 성을 크게 쌓을 10
계획을 세우고 있었어요. 정조는 정약용에게 책을 보내
며 좋은 방법을 생각해 보라고 했어요.

"수원에 새로이 성을 지으려 하네. 성을 짓는 데 드는
돈을 줄이면서 백성의 수고도 덜 수 있는 방법을 찾아
보게."   15

[중심 내용 3] 1792년 아버지가 돌아가셔서 시묘살이를 하던 정약용은 정조
의 명으로 성을 쌓는 일을 맡게 되었습니다.

이익 조선 영조 때의 학자. 실학의 대가로 천문, 지리, 의학 등에 업
적을 남김.

실학 조선 시대에 실생활에 이롭거나 도움이 되는 것을 목표로 한
새로운 학문 연구 경향.

---

20 정약용이 어릴 때부터 지켜본 백성의 삶은 어떠했나
요? (   )

① 항상 부족함 없이 살았다.
② 일을 하지 않아도 편안히 살 수 있었다.
③ 일을 열심히 하면 배불리 먹을 수 있었다.
④ 나라에서 편안하게 살도록 보살펴 주었다.
⑤ 하루 종일 열심히 일해도 배불리 먹지 못했다.

21 글 ❷의 정약용에 대해 알맞은 내용에 ○표 하세요.
(1) 처음부터 한양에서 생활했다.   (   )
(2) 성리학에 새롭게 관심을 가졌다.   (   )
(3) 이익의 책을 읽고 실학에 관심을 갖게 되었다.
(   )

22 정조가 정약용에게 성을 쌓는 일을 맡길 때 정약용은
무엇을 하고 있었는지 쓰세요.
• (   )를 하고 있었다.

[중요] 23 이 글을 읽고 알 수 있는 시대 상황은 무엇인가요?
(   )

① 관리가 되려면 학교에 갔다.
② 벼슬은 누구나 할 수 있었다.
③ 양반보다 백성이 더 편안하게 살았다.
④ 부모님이 돌아가시면 시묘살이를 했다.
⑤ 성리학보다 실학을 더 중요하게 여겼다.

4 정약용은 정조가 보내 준 책들을 꼼꼼히 읽으며 고민에 빠졌어요. 정약용이 생각하기에 성을 쌓을 때 가장 큰 문제는 돌을 옮기는 일이었어요. 힘을 덜 들이고 크고 무거운 돌을 옮길 방법을 찾던 정약용은 서른한 살
5 되던 해, 마침내 거중기를 만들었어요. <u>도르래의 원리를 이용해 작은 힘으로도 무거운 물건을 들 수 있도록 만든</u>
거중기에 대한 설명
기계였지요.

「거중기 덕분에 백성은 성을 짓는 일에 자주 나오지 않아도 되어 마음 편히 농사를 지을 수 있었어요. 나라에
10 서도 성을 짓는 데 드는 비용을 크게 줄일 수 있었어요. 정약용 덕분에 나라 살림도 아끼고 백성의 수고도 덜게 된 거예요.」「 」: 정약용이 거중기를 발명한 결과

중심 내용 **4** 서른한 살이 되던 해에 정약용은 거중기를 만들어 성을 쌓는 데 활용했습니다.

5 서른세 살 때, 정약용은 정조의 비밀 명령을 받고 암행어사가 되었어요. 암행어사는 임금을 대신해 지방 관리들
15 이 백성을 잘 다스리는지 알아보는 중요한 벼슬이었어요.
암행어사가 하는 일

어느 날 연천 지역을 돌던 정약용은 주막에서 들려오는 이야기 소리에 귀가 번쩍 뜨였어요.

"아이고, 못 살겠다. 흉년이 들어 나라에서는 세금을 면제해 주었다는데, 왜 우리 사또는 세금을 걷는 거야? 그걸로 자기 재산 불리려는 속셈을 누가 모를 줄 알고? 흉년이 들어 먹을 것도 없는데 욕심 많은 사또 때문에 아주 죽겠네그려." → 연천 백성의 불평
5
정약용은 서둘러 사실을 알아보았어요. 그리고는 백성의 재물을 빼앗아 자기 배를 불린 연천 현감 김양직을 크게 벌했어요.

중심 내용 **5** 서른세 살 때 정약용은 암행어사가 되어 백성에게 잘못을 한 관리를 벌했습니다.

6 정약용은 암행어사로 일하는 동안 지방 관리가 어떤 마음을 가져야 하는지에 대해 깊이 생각했어요. 임금이
10 아무리 나라를 잘 다스려도 지방 관리가 나쁜 짓을 일삼으면 백성은 어렵게 살 수밖에 없다는 것을 알게 되었거든요. 어릴 때 아버지 옆에서 보았던 백성의 어려운 삶도 머릿속을 떠나지 않았어요. 정약용은 쉰일곱 살이 되던 1818년, 이런 생각들을 자세히 담은 『목민심서』라는
15 책을 펴냈어요.

중심 내용 **6** 정약용은 쉰일곱 살이 되던 해에 『목민심서』를 펴냈습니다.

교과서 문제

24 정약용은 암행어사로 일하는 동안 어떤 생각을 했나요? (   )

① 편하게 사는 방법은 무엇인가
② 어떻게 해야 임금이 좋아하는가
③ 지방에 어떤 관리를 보내야 하는가
④ 임금에게 어떤 것을 알려야 하는가
⑤ 지방 관리가 어떤 마음을 가져야 하는가

25 정약용의 가치관은 무엇일지 기호를 쓰세요.

> ㉮ 자식이 잘되게 가르치고 싶어 하는 삶
> ㉯ 공부를 열심히 해서 관리가 되고 싶은 삶
> ㉰ 백성에게 도움이 되려고 맡은 일을 열심히 하는 삶

(   )

서술형 논술형 문제

26 정약용이 살아온 과정을 차례대로 정리하세요.

> 1762년에 태어났으며, 열다섯 살에는 아버지를 따라 한양으로 가서 학문을 익힘.

↓

> 서른한 살 때, 임금의 명으로 ((1)   )를 만들었음.

↓

> 서른세 살 때, (2) _____
> _____

↓

> 쉰일곱 살, (3) _____

헬렌 켈러

- 글의 종류: 전기문
- 글쓴이: 신여명
- 글의 내용: 장애를 가진 헬렌이 열심히 노력하여 다른 사람에게 생각을 전달하고, 남을 도울 수도 있게 되었습니다.

1 <u>1882년 2월, 태어난 지 열아홉 달밖에</u>
_{일이 일어난 때}
되지 않은 헬렌의 열병이 좀처럼 낫지 않
았습니다. 엄마는 헬렌을 가슴에 안고 며
칠 동안 밤낮을 가리지 않고 돌보며 달랬
5 지만 소용이 없었습니다. 헬렌은 거의 잠
도 자지 않고 온몸을 뒤척이며 괴로워했
습니다. 며칠이 지난 뒤 헬렌의 열병은 마침내 가라앉았습니다. 헬렌은 겉으로
보기에는 아무런 이상이 없었으며, 깊은 잠에 빠져 있는 것 같았습니다. 엄마는
딸을 끌어안고 살아남은 것을 거듭 [㉠]. 그러나 엄마도, 의사들도 이 열병
10 때문에 헬렌에게 무슨 일이 일어났는지 그때는 알지 못했습니다.

　엄마는 딸이 누워 있는 침대로 갔습니다. 햇빛이 유리창을 뚫고 헬렌의 얼굴을
밝게 비춰 주고 있었습니다. 헬렌은 눈을 뜨고 있으면서도 빛을 피하지 않은 채
그대로 있었습니다. 이전 같았으면 눈이 부셔 얼굴을 돌렸을 겁니다. 이상하게 생
각한 엄마는 헬렌의 눈 가까이에 손을 흔들어 보았지만 눈을 전혀 깜박이지 않았
15 습니다. 식탁에서 램프를 가져와 얼굴 가까이 비춰 보았지만 아무런 반응이 없었
습니다. 헬렌은 열병 때문에 시력을 잃고 만 것입니다.

○ 헬렌이 태어난 지 열아홉 달 때
일어난 일

열병이 생겼다가 가라앉음.

↓

헬렌이 듣지도 보지도 못하게 됨.

부셔　빛이 강해서 마주 보기가 어려워.
시력(視 볼 시 力 힘 력)　볼 수 있는 힘.

---

27 헬렌이 열병에 걸렸을 때 헬렌의 엄마는 어떻게 하였
나요? (　　　)

① 약초를 구해서 치료하였다.
② 헬렌을 살려 달라고 기도하였다.
③ 도시의 큰 병원으로 헬렌을 데려갔다.
④ 헬렌의 할머니에게 도와 달라고 하였다.
⑤ 며칠 동안 밤낮을 가리지 않고 돌보았다.

28 [㉠]에 들어갈 말로 알맞은 것은 무엇인가요?
(　　　)

① 고마워했습니다　② 미안해했습니다
③ 부러워했습니다　④ 서운해했습니다
⑤ 두려워했습니다

29 글에 나타난 헬렌의 이상한 행동으로 알맞은 것을 세
가지 고르세요. (　　,　　,　　)

① 밤에도 모든 것을 잘 본다.
② 햇빛을 피하지 않고 그대로 있는다.
③ 공이 눈앞으로 날아와도 피하지 않는다.
④ 램프를 얼굴 가까이 비춰도 아무런 반응이 없다.
⑤ 눈 가까이에서 손을 흔들어도 눈을 전혀 깜박이
지 않는다.

30 헬렌이 열병을 앓고 난 후에 생긴 일은 무엇인가요?
(　　　)

① 시력을 잃었다.
② 맛을 느끼지 못하게 되었다.
③ 냄새를 맡을 수 없게 되었다.
④ 손으로 만지는 느낌을 알 수 없게 되었다.
⑤ 움직이는 물체를 정확하고 빠르게 볼 수 있었다.

며칠 뒤였습니다. 저녁 식사를 알리는 종이 울렸을 때 엄마는 헬렌과 함께 있었습니다. 헬렌은 먹는 것을 좋아해서 언제나 종소리가 울리기가 무섭게 식탁으로 다가오고는 했습니다. 그런데 어쩐 일인지 이번에는 아무것도 알아듣지 못한 것 같았습니다. 엄마는 깡통에 돌을 넣은 딸랑이를 헬렌의 귀에 대고 흔들었습니다. 그런데 헬렌의 엄마는 또 한 번 큰 충격을 받았습니다. 헬렌이 아무런 반응도 보이지 않았기 때문입니다. 더 크게 흔들어도 마찬가지였습니다. 열병은 헬렌의 ⓐ 까지 빼앗아 간 것입니다.

중심 내용 1 헬렌은 열병을 앓고 난 후에 시력과 듣는 능력을 잃었습니다.

2 헬렌의 부모는 헬렌을 치료하려고 먼 곳까지 여행하면서 의사들을 찾아다녔지만 어떤 의사도 도움이 되지 못했습니다. 헬렌은 어둠과 침묵의 세계 속에 갇힌 채 몸부림쳤습니다. 오랜 시간이 지난 뒤 헬렌은 그 시절을 되돌아보며 이렇게 말했습니다.

ⓒ "나는 너무 어려서 무슨 일이 일어났는지 알지 못했다. 잠에서 깨어나 보니 모든 것이 깜깜하고 조용했다. 나는 밤이 되었다고 생각했다."

다른 사람들과 의사소통을 할 수 없게 되자 헬렌은 슬퍼하는 날이 많아졌습니다. 그리고 화를 잘 내고 소리를 지르며 걷어차고 물어뜯고 때렸습니다. 헬렌은 제멋대로였고 성격이 난폭해져서 집안 식구들을 괴롭혔습니다. 그러나 자신이 다른 사람을 얼마나 괴롭히는지 알지 못했습니다.

중심 내용 2 헬렌은 의사소통을 할 수 없게 되자 난폭해져서 다른 사람을 괴롭혔습니다.

◇ 전기문을 읽을 때 살펴보아야 할 것

인물이 한 일
↓
인물의 생각이나 행동
↓
인물의 가치관을 짐작할 수 있는 내용

6
단원

충격 슬픈 일이나 뜻밖의 일로 마음에 받은 심한 느낌.
침묵 아무 말도 없이 잠잠히 있음.
의사소통 가지고 있는 생각이나 뜻이 서로 통함.
난폭 행동이 몹시 거칠고 사나움.

31 ⓐ 에 들어갈 말로 알맞은 것은 무엇인가요?
( )

① 듣는 능력 ② 먹는 즐거움
③ 엄마와의 정 ④ 놀이의 즐거움
⑤ 친구 사이의 우정

32 ⓒ으로 알 수 있는 것은 무엇인가요? ( )

① 헬렌은 밤을 좋아했다.
② 헬렌은 낮보다 밤이 긴 마을에 살았다.
③ 헬렌은 다른 사람보다 잠을 많이 잤다.
④ 헬렌이 잠을 자는 동안에 전쟁이 일어났다.
⑤ 헬렌은 자신에게 장애가 생긴 것을 알지 못하였다.

33 다른 사람들과 의사소통을 할 수 없게 된 헬렌의 행동으로 알맞지 않은 것은 무엇인가요? ( )

① 제멋대로 행동하였다.
② 슬퍼하는 날이 많아졌다.
③ 집안 식구들을 괴롭혔다.
④ 화를 잘 내고 소리를 질렀다.
⑤ 혼자서 생각하는 시간을 많이 가졌다.

34 글 2 에 나타난 헬렌의 행동을 보고 생각이나 느낌을 알맞게 말한 사람을 쓰세요.

명아: 헬렌의 슬픔이 시를 짓는 힘이 되었어.
이준: 헬렌은 장애 때문에 불편하고 짜증도 나서 다른 사람을 괴롭혔을 것 같아.

( )

3 1887년 3월 3일은 ㉠헬렌 켈러의 생애에서 가장 중요한 날입니다. 헬렌의 운명을 바꾸어 놓은 앤 설리번 선생님을 만난 날이기 때문입니다. 헬렌은 여덟 살 때 설리번 선생님을 만난 것입니다. 앤은 마차에서 내려서 헬렌의 아버지와 인사를 나누자마자 물었습니다.

5 "헬렌은요?"

현관문 앞에 헬렌이 서 있었습니다. 앤은 작은 소녀를 안았습니다. 그러나 헬렌은 안기려 하지 않고 몸을 빼려고 했습니다. 헬렌의 엄마는 헬렌이 볼 수도 들을 수도 없게 된 10 뒤부터 엄마한테만 안길 뿐 다른 사람이 안는 것을 싫어한다고 말해 주었습니다. 그러나 잠시 후 헬렌이 앤에게 다가왔습니다. 그러더니 손으로 이 낯선 사람을 만지기 시작했습니다. 얼굴을 만지고 코와 입과 먼지 묻은 옷을 차례로 만지는 것이었습니다. 앤은 헬렌의 손이 곧 눈이라는 것을 바로 알아차렸습니다. 이 손을 통해 헬렌에게 새로운 세계를 열어 주어 15 야 할 일이 앤에게 맡겨진 것입니다. ㉡이 손이 어둠 속에 갇힌 헬렌을 빛의 세계로 끌어내 줄 것입니다.

<u>장애를 극복한 세계</u>

중심 내용 3 헬렌은 여덟 살 때 앤 설리번 선생님을 만났고, 앤 설리번 선생님은 헬렌의 손이 눈이라는 것을 알아차렸습니다.

◆ 헬렌이 여덟 살 때 일어난 중요한 일

헬렌이 앤 설리번 선생님을 만남.

↓

앤 설리번 선생님이 헬렌의 손이 눈이라는 것을 알아차림.

↓

앤 설리번 선생님이 헬렌의 손을 통해 교육을 할 것임을 짐작할 수 있음.

생애 살아 있는 한평생의 기간.
낯선 전에 본 기억이 없어서 익숙하지 않은.

---

35 ㉠이 뜻하는 것은 무엇인가요? (   )

① 헬렌의 동생이 태어난 날
② 헬렌의 장애가 없어진 날
③ 헬렌이 학교에 들어간 날
④ 헬렌이 함께 지낼 친구를 만난 날
⑤ 헬렌이 앤 설리번 선생님을 만난 날

36 헬렌은 앤 설리번 선생님을 만난 후에 어떻게 행동했나요? (   )

① 앤 설리번 선생님을 물어뜯고 때렸다.
② 앤 설리번 선생님을 반가워하며 안았다.
③ 앤 설리번 선생님께 같이 놀자고 졸랐다.
④ 앤 설리번 선생님의 얼굴과 옷을 만졌다.
⑤ 앤 설리번 선생님을 자신의 방으로 데려갔다.

37 36번 문제의 답과 같은 헬렌의 행동을 통해 앤 설리번 선생님이 알아차린 것은 무엇인가요? (   )

① 헬렌은 친구가 많다.
② 헬렌의 손이 곧 눈이다.
③ 헬렌은 낯선 사람을 좋아한다.
④ 헬렌은 배우는 것을 좋아한다.
⑤ 헬렌은 혼자 있는 것을 좋아한다.

38 ㉡이 뜻하는 것으로 알맞은 것은 무엇인지 기호를 쓰세요.

㉮ 헬렌이 스스로 불을 켜고 끌 수 있게 될 것이다.
㉯ 헬렌의 손을 통해 교육을 해서 장애를 극복할 수 있을 것이다.

(   )

❹ 헬렌은 선생님에게 날마다 새로운 낱말들을 배웠지만 낱말과 사물의 관계가 어떤 것인지 이해하지 못하고 있었습니다.

그러던 1887년 4월 5일, 마침내 ㉠기적 같은 일이 일어났습니다. 아름다운 봄날 아침이었습니다. 앤 선생님에게 새로운 생각이 번쩍 떠올랐습니다. 헬렌은 펌 5 프 주변의 마당에서 노는 것을 좋아했는데, 펌프를 이용해 '물'이라는 낱말의 관계를 실감 나게 알게 해 줄 수 있지 않을까 하는 생각이 들었습니다. 선생님은 헬렌의 손을 잡고 펌프가로 데리고 갔습니다. ㉡펌프로 물을 퍼 올리자 헬렌의 손바닥으로 시원한 물이 쏟아져 내렸습니다. 선생님은 헬렌의 손바닥에 처음에는 천천히, 나중에는 빨리 'w-a-t-e-r'라고 거듭 써 주었습니다. 그러자 헬렌의 10 얼굴이 환히 빛났습니다. 그러더니 선생님에게 'w-a-t-e-r'라고 여러 번 써 보여 주는 것이었습니다. 그 순간 헬렌은 자기 손에 쏟아지는 물을 나타내는 낱말이 'water'이고, 세상의 모든 것은 각각 이름을 가지고 있다는 것을 비로소 깨닫게 된 것입니다. 마침내 헬렌의 앞에 빛의 세계가 열렸습니다. 헬렌은 배우고 싶다는 뜨거운 마음이 생겼습니다. 헬렌은 아침에 일찍 일어나자마자 글자를 쓰기 15 시작해 하루 종일 글을 쓰고는 했습니다. 결국 헬렌은 글자를 통해 다른 사람에게 자기 생각을 전할 수 있게 되었습니다.

중심 내용 ❹ 앤 설리번 선생님의 교육을 통해 헬렌은 글자를 알게 되었습니다.

◆앤 설리번 선생님이 헬렌을 가르친 방법

> 앤 설리번 선생님이 헬렌의 손으로 물을 만져 보게 함.

↓

> 헬렌의 손에 'water'라고 써 줌.

→ 헬렌에게 직접 사물을 만져 보게 한 다음 이름을 손바닥에 써 주어 사물의 이름을 알려 줌.

기적 보통 알고 있는 것으로는 생각할 수 없는 이상한 일.
펌프 압력을 이용해 액체나 기체를 빨아올리거나 이동시키는 기계.
water '물'이라는 뜻의 외국어. '워터'라고 읽음.

---

39 ㉠이 뜻하는 것으로 알맞은 것은 무엇인가요? (   )

① 헬렌이 말을 하게 된 일
② 헬렌이 수영을 할 수 있게 된 일
③ 헬렌이 집안일을 할 수 있게 된 일
④ 헬렌이 낱말과 사물의 관계를 처음 알게 된 일
⑤ 헬렌이 앤 설리번 선생님을 진심으로 믿게 된 일

40 앤 설리번 선생님이 ㉡과 같이 한 까닭은 무엇일까요? (   )

① 물이라는 낱말을 알려 주기 위해서
② 물소리가 어떤지 알려 주기 위해서
③ 펌프의 구조가 어떤지 알려 주기 위해서
④ 물소리와 다른 소리를 비교해 주기 위해서
⑤ 헬렌이 밖에서도 활발하게 돌아다니는 것을 바라서

41 헬렌의 얼굴이 환히 빛난 까닭의 기호를 쓰세요.

> ㉮ 물의 시원함을 느껴서.
> ㉯ 세상의 모든 것이 각각 이름을 가지고 있다는 것을 깨닫게 되어서.

(   )

✎ 서술형 논술형 문제

42 헬렌은 어떻게 자신의 어려움을 줄일 수 있었는지 알맞은 내용을 쓰세요.

> 헬렌은 아침에 일찍 일어나자마자 _____

↓

> 다른 사람에게 자기 생각을 전할 수 있게 되었다.

5 1889년 가을, 헬렌은 퍼킨스학교에 다니게 되었습니다. 앤 선생님은 변함없이 헬렌을 가르쳤고, 다른 선생님들도 헬렌을 도와주었습니다. 퍼킨스학교에 머무는 동안 헬렌은 시각·청각·언어 장애를 지닌 노르웨이의 한 소녀가 입으로 말하는 법을 배웠다는 소식을 들었습니다. 이 소식을 듣자 헬렌은 너무나 기뻤으

5 며, 자신도 이것을 배우게 해 달라고 선생님을 졸랐습니다. 말하기를 배우는 것이 너무 힘들었지만 헬렌은 포기하지 않았습니다. 뜻대로 말이 되지 않아 어려움을 많이 겪었지만 자신도 마침내 말을 할 수 있을 것이라는 희망을 버리지 않고
끊임없이 노력했습니다. 새에게도 말을 걸고 장난감과 개에게도 말을 했습니다.

말을 하기 위한 헬렌의 노력

[중심 내용 5] 헬렌은 퍼킨스학교에 다니면서 말을 하기 위하여 노력하였습니다.

6 열 살이 된 헬렌은 퍼킨스학교에 있는 동안 자신처럼 장애를 지닌 어린이를
10 돕는 일에 나섰습니다. 펜실베이니아주에 살고 있는 토미를 퍼킨스학교에 데려와 교육받을 수 있도록 모금을 하기로 한 것입니다. 다섯 살의 토미는 헬렌처럼 보지도 듣지도 말하지도 못하는 아이였습니다. 토미는 부모님도 안 계시고 가난한 아이여서 학교에 갈 수 없었습니다. 헬렌은 토미가 퍼킨스학교에 다닐 수 있도록 도와 달라는 글을 여러 사람과 신문사에 보냈습니다. 헬렌도 이 모금에 참
15 여하기 위해 사치스러운 물건을 사지 않고 돈을 보냈습니다. 다행히 많은 성금이 모여 토미는 아무 걱정 없이 학교에 다닐 수 있게 되었습니다. 헬렌은 매우 기뻤습니다. 남을 도우면 이렇게 큰 기쁨을 누릴 수 있다는 깨달음을 얻었습니다.

[중심 내용 6] 헬렌은 자신처럼 장애를 지닌 어린이를 도왔습니다.

◆ 헬렌에게 일어난 중요한 일

나이	있었던 일
태어난 지 열아홉 달 때	열병을 앓아 시력과 청력을 잃음.
여덟 살	앤 설리번 선생님을 만나서 교육을 받게 됨.
열 살	퍼킨스학교에 다니면서 말을 하기 위한 노력을 하고, 장애를 지닌 어린이를 돕는 데 앞장섬.

모금 다른 사람을 돕기 위하여 돈을 모음.
사치스러운 필요 이상의 돈이나 물건을 쓰는.
성금 정성으로 내는 돈. 모은 돈.

---

43 다음에서 헬렌이 결심한 것은 무엇일지 ○표 하세요.

시각·청각·언어 장애를 지닌 노르웨이의 한 소녀가 입으로 말하는 법을 배웠다는 소식을 들었다.

↓

(1) 노르웨이에 있는 학교에 다니고 싶다.
( )
(2) 노르웨이에 가서 소녀를 만나 보고 싶다.
( )
(3) 자신도 끊임없이 노력해서 말을 하고 싶다.
( )

44 헬렌이 토미를 돕기 위해 한 일로 알맞은 것을 두 가지 고르세요. (,)
① 토미를 자신의 집으로 데려왔다.
② 토미의 부모님에게 일자리를 주었다.
③ 사치스러운 물건을 사지 않고 돈을 보냈다.
④ 앤 설리번 선생님을 토미에게 보내 주었다.
⑤ 토미를 도와 달라는 글을 신문사에 보냈다.

45 헬렌에게 본받을 점을 말한 사람의 이름을 쓰세요.

주연: 책을 좋아한 점을 본받고 싶어.
정민: 자신의 장애를 극복하기 위해 힘들어도 포기하지 않고 노력한 점을 본받고 싶어.

( )

[46~49] 그림을 보며 유관순의 삶을 생각해 보고 물음에 답하세요.

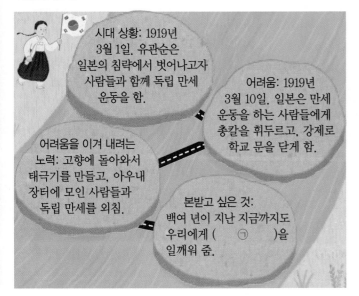

시대 상황: 1919년 3월 1일. 유관순은 일본의 침략에서 벗어나고자 사람들과 함께 독립 만세 운동을 함.

어려움: 1919년 3월 10일. 일본은 만세 운동을 하는 사람들에게 총칼을 휘두르고, 강제로 학교 문을 닫게 함.

어려움을 이겨 내려는 노력: 고향에 돌아와서 태극기를 만들고, 아우내 장터에 모인 사람들과 독립 만세를 외침.

본받고 싶은 것: 백여 년이 지난 지금까지도 우리에게 (㉠)을 일깨워 줌.

46 유관순이 살았던 시대 상황은 어떠했나요? ( )

① 우리나라는 중국과 싸우고 있었다.

② 우리나라가 나날이 발전하고 있었다.

③ 우리나라는 일본으로부터 독립을 했다.

④ 우리나라는 일본과 사이좋게 지내고 있었다.

⑤ 우리나라는 일본의 침략에서 벗어나려고 독립 만세 운동을 하고 있었다.

47 유관순이 딛고 나아가야 했던 어려움은 무엇인지 두 가지 고르세요. (,)

① 일본이 강제로 학교 문을 닫게 했다.

② 일본이 학생들을 강제로 전학시켰다.

③ 우리나라 사람은 독립에 관심이 없었다.

④ 일본이 만세 운동을 하는 사람들을 격려했다.

⑤ 일본이 만세 운동을 하는 사람들에게 총칼을 휘둘렀다.

48 유관순은 어려움을 이겨 내려고 어떤 노력을 했는지 쓰세요.

• 고향에 돌아와 ((1))를 만들고, 아우내 장터에 모인 사람들과 ((2))를 외쳤다.

49 ㉠에 알맞은 내용은 어느 것인가요? ( )

① 학교를 사랑하는 마음

② 나라를 사랑하는 마음

③ 외국 문물에 대한 관심

④ 경제 발전을 위한 노력

⑤ 역사에 대한 새로운 인식

50 다음은 호준이가 미래의 자기 모습에 대해 쓴 글입니다. 빈칸에 알맞은 것은 무엇인가요? ( )

나는 ( )를 할 것입니다.
왜냐하면 미래에는 지구의 환경 오염으로 오존층이 파괴되어 기후가 변하고 사람들의 건강이 나빠질 것입니다. 그래서 ( )가 되어 새로운 대체 에너지를 개발해 환경 오염을 줄이고 지구 환경을 살리고 싶습니다.

① 의사   ② 간호사

③ 과학자   ④ 난민 구호가

⑤ 사회 운동가

서술형 논술형 문제

51 다음을 보고 '미래의 시대 상황'은 어떠할지 쓰세요.

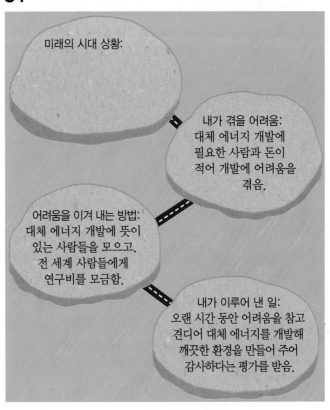

미래의 시대 상황:

내가 겪을 어려움: 대체 에너지 개발에 필요한 사람과 돈이 적어 개발에 어려움을 겪음.

어려움을 이겨 내는 방법: 대체 에너지 개발에 뜻이 있는 사람들을 모으고, 전 세계 사람들에게 연구비를 모금함.

내가 이루어 낸 일: 오랜 시간 동안 어려움을 참고 견디어 대체 에너지를 개발해 깨끗한 환경을 만들어 주어 감사하다는 평가를 받음.

전기문의 특성을 아는지 확인해 봅시다.

임금님을 공부시킨 책벌레

① 1567년, 선조가 조선의 14대 임금이 되었습니다. 궁궐에서는 성대한 즉위식이 열렸습니다. 보좌에 앉은 선조가 고개를 조아린 신하들 앞에서
<u>보좌</u>에 앉은 선조가 고개를 <u>조아린</u> 신하들 앞에서
임금이 앉는 자리.   머리를 자꾸 숙인.
말했습니다.

"<u>과인</u>이 책을 잡고 어엿한 왕이 되려고 마음먹은 데는 유희춘의 공로가
임금이 자기를 가리키는 말.
크다. 어서 유배 가 있는 유희춘을 불러오너라!"

"명을 받들겠나이다."

신하들이 한목소리로 대답했습니다. 어린 시절, 선조는 <u>책이라면 몸서
리를 치던 개구쟁이</u>였습니다. 그러나 책벌레 스승 유희춘을 만난 뒤 <u>선조
는 180도 달라졌습니다.</u>
세자 시절 선조의 모습
책을 좋아하는 사람으로 바뀜.

"스승님, 어제 들려주신 『<u>사기</u>』를 더 읽어 주십시오."
중국의 역사책
"항우와 유방 이야기 말씀이시지요? 어디까지 했더라……."

유희춘은 수많은 책 속에서 읽은 <u>광활한</u> 역사와 훌륭한 임금들의 이야
아주 넓은.
기를 들려주었습니다.

선조는 그때부터 책의 재미를 깨닫고 스승을 따라 어딜 가나 책을 쥐고
다니게 되었습니다.

중심 내용 ① 임금이 된 선조는 유배 가 있는 자신의 스승인 유희춘을 불러오라고 명령했습니다.

가운데 이야기
정적들의 모함으로 유배 가 있는 유희춘을 선조가 불러들여 관직을 주고 그동안 고
생하지 않았는지 묻자 유희춘은 책을 읽느라 세월 가는 줄 몰랐다고 대답했습니다.

② 선조는 유희춘에게 하고 싶은 일이 있는지 물었습니다. 긴 유배 생활
로 <u>퀭한</u> 유희춘의 얼굴에 한 줄기 빛이 들었습니다.

"그동안 많은 책 속에서 여러 <u>오류</u>를 발견하였습니다. 소신에게 시간을
잘못이나 실수.
주신다면 그 책을 바로잡아 새로 편찬하고 싶습니다."

이후 유희춘은 선조의 전폭적인 지원 아래 이미 편찬된 책들의 오류를
바로잡고 새로이 찍어 냈습니다.

중심 내용 ② 유희춘은 선조의 배려로 책의 오류를 바로잡고 새로이 찍어 내는 일을 했습니다.

즉위식(卽 곧 즉 **位** 자리 위 **式** 법 식) 임금 자리에 오르는 것을 백성과 조상에게 알리기
위하여 치르는 의식. 예 궁궐에서 즉위식이 열렸습니다.

---

1 임금이 된 선조가 유희춘을 불러오라고 한 까닭을 찾아 기호를 쓰세요.

> ㉮ 자신이 세자 시절 엄하게 공부
> 를 시켜서
> ㉯ 자신이 책을 읽고 왕이 되는
> 데는 유희춘의 공로가 커서

(   )

2 유희춘이 처한 상황은 어떠한가요?
(   )
① 유배를 가 있었다.
② 집에서 쉬고 있었다.
③ 멀리 요양을 가 있었다.
④ 집에서 연구를 하고 있었다.
⑤ 집에서 농사를 짓고 있었다.

3 글 ②에서 유희춘이 하고 싶어 한 일은 무엇인지 쓰세요.
• 책 속의 (   )를 바
로잡아 새로 편찬하고 싶어 했다.

교과서 문제
4 유희춘이 한 일을 잘못 말한 사람의 이름을 쓰세요.

> 상구: 제주도만의 독특한 풍습을
> 기록했어.
> 우리: 선조에게 책의 재미를 깨
> 닫게 했어.
> 지연: 이미 편찬된 책들의 오류를
> 바로잡고 새로이 찍어 냈어.

(   )

전기문의 특성을 생각하며 읽을 수 있는지 확인해 봅시다.

시인 허난설헌

· 글쓴이: 장성자

앞 이야기

초희는 둘째 오빠가 부른다는 말에 사랑채에 갔다가 자신이 그렇게 찾아 헤매던 이달 선비가 있는 것을 보고 소스라치게 놀랐습니다.

❶ "영특하다고 오라비의 칭찬이 대단했다. 글을 읽고 쓸 줄 안다고 들었
보통 사람과 다르게 매우 뛰어나고 훌륭하다고.
는데, 왜 꼭 스승을 두고 배우려 하느냐?"

초희는 얼굴이 붉어졌다. 스승님께 듣는 첫 번째 질문이었다. 초희는 마른
허난설헌의 본명, '난설헌'은 호임.   이달
침을 삼켰다. 이달 선비도 여자는 배울 필요가 없다고 말할까 봐 겁이 났다.

"저는 성현들의 넓고 깊은 학문과 지혜를 배우고 싶고, 시도 짓고 싶습니다."

초희는 떨리는 음성으로 또박또박 말하려고 애썼다.

"시를 짓고 싶다고?"

"제 마음엔 항상 어지러운 눈발들이 있습니다. 흔들리는 배도 있습니다. 그것들이 붓을 따라 종이에 담기는 게 좋습니다. 시를 쓰면서 살고 싶습니다. 감히 제가 이런 꿈을 꾼다는 게 말이 안 된다 하시겠지만요."

중심 내용 1 초희는 스승을 두고 글을 배우고 시를 짓고 싶다고 말했습니다.

가운데 이야기

초희는 오빠로부터 이 선비를 스승으로 모시고 글공부를 하라는 말과 함께 책 두 권과 붓, 벼루, 먹을 선물로 받았습니다.

❷ "이제 우리는 글방 동무가 되는 거다." / "글방 동무요?"

"함께 책을 읽고 글도 지으며 학문의 깊이를 더해 가는 동무 말이다."
오빠가 말한 '글방 동무'의 뜻
스승님과 오라버니와 동무가 되다니, 그것도 마음껏 책을 읽고 시를 짓는 동무가 되다니, 초희는 꿈인지 생시인지 분간이 되지 않았다. 그때 방문이 벌컥 열렸다. / "저도 글방 동무 할 거예요."

균이가 씩씩거리며 방문 앞에서 떼를 썼다.
허균.
"당연히 너도 글방 동무니라. 허허." / 균이는 헤벌쭉 웃으며 초희 옆에 앉았다. / "어머니께서 누이는 여자라 글공부하면 안 된다 하였습니다."

균이의 말에 초희가 얼굴을 찌푸렸다. 균이는 초희에게 혀를 쏙 내밀었다.

"초희는 여자이기 이전에 사람이다. 사람은 누구나 글공부를 하여 사람다운 사람이 되어야 한다."

중심 내용 2 초희는 오빠가 자신과 글방 동무가 되었다는 말에 감격했습니다.

---

5 초희의 꿈은 무엇인가요? (   )

① 시를 쓰는 것
② 그림을 그리는 것
③ 바느질을 잘하는 것
④ 자유롭게 외출하는 것
⑤ 형제들과 행복하게 사는 것

6 이 글을 읽고 알 수 있는 시대 상황은 무엇인가요? (   )

① 여자도 외출이 자유로웠다.
② 여자도 글을 배우기 쉬웠다.
③ 여자는 글공부를 하기 어려웠다.
④ 여자는 부모님을 만날 수 없었다.
⑤ 여자는 형제들과 어울릴 수 없었다.

7 초희에게서 본받을 점은 무엇인가요? (   )

① 동생과 함께 공부한 점
② 동생에게 시를 배운 점
③ 동생을 엄하게 가르친 점
④ 동생과 사이좋게 지낸 점
⑤ 상황에 굴복하지 않고 꿈을 이루기 위해 노력한 점

✎ 서술형 논술형 문제

8 인물이 살았던 시대 상황과 인물이 한 일을 중심으로 내용을 간추려 쓰세요.

_____

_____

_____

_____

01 인물이 살아온 과정을 역사적인 사실에 근거해 쓴 글을 무엇이라고 합니까?

(　　　　　　　　　　)

05 다음은 어떤 인물에 대한 설명입니까? (　　　　)

> 우리글이 있었지만 글을 읽지 못하는 사람이 대부분이었던 시대에 우리나라 최초로 국어 문법의 틀을 세웠다.

① 유관순　　② 주시경　　③ 헬렌 켈러
④ 마리 퀴리　　⑤ 세종 대왕

02~04

정원아, 여기서 뭐 해?

책에서 본 인물이 남달리 한 일을 알고 싶어서 그 인물의 전기문을 찾고 있어.

마침 나도 전기문에 나오는 인물이 살았던 시대는 지금과 어떻게 달랐는지 궁금했는데, 같이 전기문이 있는 '역사' 책꽂이로 가 보자.

① 수아　정원　②

02 정원이와 수아가 도서관에 온 까닭은 무엇입니까?

(　　　)

① 친구와 놀려고　　② 친구를 만나려고
③ 선생님을 만나려고　　④ 전기문을 찾아보려고
⑤ 동화책을 찾아보려고

03 정원이가 찾는 책에서 알아보려고 하는 것은 무엇입니까? (　　　)

① 인물이 한 일　　② 인물이 좋아한 것
③ 인물이 태어난 곳　　④ 인물이 겪은 어려움
⑤ 인물이 어려움을 이겨 낸 방법

06~07 김만덕

> 김만덕은 1739년에 제주도의 가난한 선비 집안에서 태어났다. 비록 가난하였으나 사랑과 정이 깊은 부모님 밑에서 자랐다. 그러나 열두 살이 되던 해에 심한 흉년과 전염병 때문에 부모님을 차례로 여의고 말았다. 친척 집을 이리저리 옮겨 다니며 살던 김만덕은 기생의 수양딸이 되었다가 스물세 살이 되던 해에 드디어 기생의 신분에서 벗어났다.
> 자유의 몸이 된 김만덕은 제주도의 포구에 객줏집을 열었다. 객줏집은 상인의 물건을 맡아 팔기도 하고 물건을 사고파는 데 흥정을 붙이기도 하며, 상인들을 먹여 주고 재워 주기도 하는 집을 말하였다.

06 김만덕이 기생의 수양딸이 된 까닭을 쓰시오.

• (　　　　　　　　　)이 모두 돌아가셔서.

04 이 만화의 내용으로 보아 정원이와 수아는 어디로 가서 읽을 책을 찾아야 합니까? (　　　)

① 역사 책꽂이　　② 예술 책꽂이
③ 문학 책꽂이　　④ 과학 책꽂이
⑤ 외국어 책꽂이

07 이 글에서 알 수 있는, 김만덕이 살았던 시대 상황으로 알맞은 것을 찾아 기호를 쓰시오.

> ㉮ 신분 제도가 있었다.
> ㉯ 여자는 장사를 할 수 없었다.
> ㉰ 전염병을 간단하게 치료할 수 있었다.
> ㉱ 부모를 잃은 아이들을 나라에서 돌보아 주었다.

(　　　　　　　　　　)

가 김만덕은 장사를 하면서 세 가지 원칙을 지켰다. 첫째는 이익을 적게 남기고 많이 판다. 둘째는 적당한 가격에 물건을 사고판다. 그리고 셋째는 반드시 신용을 지키고 정직한 거래를 한다. 이러한 세 가지 원칙을 철저히 지켰기 때문에 김만덕의 사업은 나날이 번창하였다.

나 김만덕은 돈이 많다고 하여 함부로 돈을 낭비하지 않았다. 오히려 더 절약하고 검소한 생활을 하였다.

"풍년에는 흉년을 생각하여 더욱 절약해야 돼. 그리고 편안히 사는 사람은 어렵게 사는 사람을 생각하여 하늘의 은혜에 감사하며 검소하게 살아야 하고……."

김만덕은 주위 사람들에게 늘 이렇게 말하였다.

08 김만덕의 사업이 나날이 번창한 까닭을 두 가지 고르시오. (,   )

① 신용을 지켜서
② 정직한 거래를 해서
③ 비싼 가격에 물건을 팔아서
④ 비싼 물건들만 골라 팔아서
⑤ 이익을 많이 남기고 물건을 팔아서

09 글 **가** 에서 알 수 있는 김만덕의 가치관은 무엇입니까? (   )

① 돈을 중요시하는 마음
② 정직을 중요시하는 마음
③ 인재를 중요시하는 마음
④ 독서를 중요시하는 마음
⑤ 먹는 것을 중요시하는 마음

서술형 논술형 문제

10 글 **나** 를 읽고 짐작할 수 있는 김만덕의 가치관은 무엇인지 쓰시오.

_____

_____

11 전기문에서 인물의 가치관을 파악할 때 알아볼 것은 무엇입니까? (   )

① 인물의 신분
② 인물이 산 곳
③ 인물이 한 일
④ 인물의 생김새
⑤ 인물의 친구 이름

정약용은 정조가 보내 준 책들을 꼼꼼히 읽으며 고민에 빠졌어요. 정약용이 생각하기에 성을 쌓을 때 가장 큰 문제는 돌을 옮기는 일이었어요. 힘을 덜 들이고 크고 무거운 돌을 옮길 방법을 찾던 정약용은 서른한 살 되던 해, 마침내 거중기를 만들었어요. 도르래의 원리를 이용해 작은 힘으로도 무거운 물건을 들 수 있도록 만든 기계였지요.

거중기 덕분에 백성은 성을 짓는 일에 자주 나오지 않아도 되어 마음 편히 농사를 지을 수 있었어요. 나라에서도 성을 짓는 데 드는 비용을 크게 줄일 수 있었어요. 정약용 덕분에 나라 살림도 아끼고 백성의 수고도 덜게 된 거예요.

12 이 글에서 정약용이 한 일을 쓰시오.

• 서른한 살 때 (   )를 만들었다.

13 정약용이 12번 문제의 답과 같은 것을 만들어서 얻은 효과를 두 가지 고르시오. (,   )

① 백성의 수고를 덜게 되었다.
② 나라의 살림을 아낄 수 있었다.
③ 관청을 더 짓지 않아도 되었다.
④ 신하들의 재산을 지킬 수 있었다.
⑤ 성을 쌓는 데 드는 돌을 줄일 수 있었다.

14 정약용의 가치관은 무엇인지 쓰시오.

• (   )을 편안하게 해 주고 싶은 마음

15~19 헬렌 켈러

가 1887년 3월 3일은 헬렌 켈러의 생애에서 가장 중요한 날입니다. 헬렌의 운명을 바꾸어 놓은 앤 설리번 선생님을 만난 날이기 때문입니다. 헬렌은 여덟 살 때 설리번 선생님을 만난 것입니다.

나 잠시 후 헬렌이 앤에게 다가왔습니다. 그러더니 손으로 이 낯선 사람을 만지기 시작했습니다. 얼굴을 만지고 코와 입과 먼지 묻은 옷을 차례로 만지는 것이었습니다. 앤은 ㉠헬렌의 손이 곧 눈이라는 것을 바로 알아차렸습니다. 이 손을 통해 헬렌에게 새로운 세계를 열어 주어야 할 일이 앤에게 맡겨진 것입니다. 이 손이 어둠 속에 갇힌 헬렌을 빛의 세계로 끌어내 줄 것입니다.

다 앤 선생님에게 ㉡새로운 생각이 번쩍 떠올랐습니다. 헬렌은 펌프 주변의 마당에서 노는 것을 좋아했는데, 펌프를 이용해 '물'이라는 낱말의 관계를 실감 나게 알게 해 줄 수 있지 않을까 하는 생각이 들었습니다. 선생님은 헬렌의 손을 잡고 펌프가로 데리고 갔습니다. 펌프로 물을 퍼 올리자 헬렌의 손바닥으로 시원한 물이 쏟아져 내렸습니다. 선생님은 헬렌의 손바닥에 처음에는 천천히, 나중에는 빨리 'w-a-t-e-r'라고 거듭 써 주었습니다. 그러자 헬렌의 얼굴이 환히 빛났습니다. 그러더니 선생님에게 'w-a-t-e-r'라고 여러 번 써 보여 주는 것이었습니다. 그 순간 헬렌은 자기 손에 쏟아지는 물을 나타내는 낱말이 'water'이고, 세상의 모든 것은 각각 이름을 가지고 있다는 것을 비로소 깨닫게 된 것입니다. 마침내 헬렌의 앞에 빛의 세계가 열렸습니다. 헬렌은 배우고 싶다는 뜨거운 마음이 생겼습니다. 헬렌은 아침에 일찍 일어나자마자 글자를 쓰기 시작해 하루 종일 글을 쓰고는 했습니다. 결국 헬렌은 글자를 통해 다른 사람에게 자기 생각을 전할 수 있게 되었습니다.

15 1887년 3월 3일에 헬렌에게 일어난 일에 ○표 하시오.
(1) 퍼킨스학교에 들어갔다. ( )
(2) 앤 설리번 선생님을 만났다. ( )
(3) 장애를 가진 다른 어린이를 도왔다. ( )

16 ㉠이 뜻하는 것으로 알맞은 것의 번호를 쓰시오.

① 헬렌의 손은 힘이 부족하고 둔하다.
② 헬렌은 손으로 만져 보면서 그것이 무엇인지 알게 된다.

( )

17 ㉡이 뜻하는 것으로 알맞은 것은 무엇입니까?

( )

① 헬렌에게 바느질을 가르칠 생각
② 헬렌에게 물 긷는 방법을 알려 줄 생각
③ 헬렌이 어둠을 무서워하지 않을 방법에 대한 생각
④ 헬렌이 낯선 사람에게 다정하게 다가가는 방법에 대한 생각
⑤ 헬렌에게 펌프를 이용해 '물'이라는 낱말의 관계를 알게 해 줄 생각

18 글 **다**에서 헬렌이 처음으로 낱말과 사물의 관계를 알았을 때 어떤 마음이 들었는지 쓰시오.
• 배우고 싶다는 ( )이 생겼다.

◆서술형 논술형 문제

19 이 글을 읽고 헬렌에게서 본받을 점은 무엇인지 쓰시오.

_____

_____

20 다음은 아영이가 미래의 자기 모습을 상상한 것입니다. ( ) 안에 알맞은 말에 ○표 하시오.

나는 (발명가 / 난민 구호가)를 할 것입니다.
왜냐하면 김만덕 이야기를 읽고 감동을 받았고, 아프리카의 어린이들이 고통받는 모습을 텔레비전을 통해 보면서 안타까운 마음이 들었기 때문입니다. 나의 노력으로 난민을 한 명이라도 줄일 수 있다면 큰 보람을 느낄 수 있을 것입니다.

1~2

'제주도 사람들을 굶어 죽게 내버려 둘 수는 없다. 내가 나서서 그들을 살려야겠다.'

김만덕은 전 재산을 들여 육지에서 곡식을 사 오게 하였다. 그 곡식은 총 오백여 석이었다.

"제가 전 재산을 들여 육지에서 사들인 곡식입니다. 굶주린 사람들에게 나누어 주십시오."

제주 목사는 김만덕의 말을 듣고 깜짝 놀랐다.

'양반도 아닌 상인이 피땀 흘려 모은 재산을 제주도 사람들을 구하겠다고 모두 내놓다니 정말 어진 사람이구나.'

관청 마당에는 곡식이 산더미같이 쌓여 있었다. 제주 목사는 곡식을 풀어 굶주린 사람들에게 나누어 주었다. 그리하여 제주도 사람들은 목숨을 건질 수 있었다.

"그분이 없었다면 우리는 어떻게 되었을까?"

"모두 굶어 죽었겠지. 그분은 제주도 사람들의 은인이야."

제주도 사람들은 모이기만 하면 김만덕의 업적과 어진 덕을 칭찬하였다.

1 제주도 사람들이 김만덕을 칭찬한 까닭을 쓰시오.

· [ ] 을 살리기 위해 자신의 재산을 모두 내놓았기 때문이다.

2 다음 글을 읽고 김만덕이 한 일과 그 일에서 알 수 있는 김만덕의 가치관을 쓰시오.

(1) 인물이 한 일	제주도에 흉년이 들어 사람들이 굶어 죽을 위기에 처했을 때 _____
(2) 인물의 가치관	

3~4

가 퍼킨스학교에 머무는 동안 헬렌은 시각·청각·언어 장애를 지닌 노르웨이의 한 소녀가 입으로 말하는 법을 배웠다는 소식을 들었습니다. 이 소식을 듣자 헬렌은 너무나 기뻤으며, 자신도 이것을 배우게 해 달라고 선생님을 졸랐습니다. 말하기를 배우는 것이 너무 힘들었지만 헬렌은 포기하지 않았습니다. 뜻대로 말이 되지 않아 어려움을 많이 겪었지만 자신도 마침내 말을 할 수 있을 것이라는 희망을 버리지 않고 끊임없이 노력했습니다. 새에게도 말을 걸고 장난감과 개에게도 말을 했습니다.

나 다섯 살의 토미는 헬렌처럼 보지도 듣지도 말하지도 못하는 아이였습니다. 토미는 부모님도 안 계시고 가난한 아이여서 학교에 갈 수 없었습니다. 헬렌은 토미가 퍼킨스학교에 다닐 수 있도록 도와 달라는 글을 여러 사람과 신문사에 보냈습니다. 헬렌도 이 모금에 참여하기 위해 사치스러운 물건을 사지 않고 돈을 보냈습니다. 다행히 많은 성금이 모여 토미는 아무 걱정 없이 학교에 다닐 수 있게 되었습니다. 헬렌은 매우 기뻤습니다. 남을 도우면 이렇게 큰 기쁨을 누릴 수 있다는 깨달음을 얻었습니다.

3 헬렌이 퍼킨스학교에 다니면서 자신의 어려움을 줄이기 위해 어떤 노력을 했는지 쓰시오.

_____

_____

4 글 **나**에서 헬렌은 어떤 깨달음을 얻었는지 쓰시오.

_____

_____

7 독서 감상문을 써요

무슨 책이야?

나한테 줄 시를 쓰려고 한다면 사양하겠어.

그럴 생각이 전혀 없거든.

북유럽 신화야. 내 조상들의 이야기가 담긴 책이지.

정말 감동 깊게 읽어서 독서 감상문을 쓰려고 해.

독서 감상문은 어떻게 쓰는 거야?

책을 읽은 동기와 책 내용, 책을 읽고 생각하거나 느낀 점을 쓰는 거지.

내가 독서 감상문 쓰는 것을 보고만 있을 것 같아?

다음 날

흐흐흐.

Z Z Z Z Z

첫 번째 계획!

글을 읽고 감동받은 부분을 찾을 수 없게 감동을 느낄 수 있는 부분을 모두 검정색 펜으로 칠해야지.

두 번째 계획! 독서 감상문을 못 쓰게 펜을 모두 써 버려야지.

흐흐흐, 작전 성공! 일어나서 절망하는 모습이 기대되는걸.

잠시 후

앗! 누가 책을 이렇게 만들어 놨지? 펜도 나오지 않네.

누군가 네가 독서 감상문 쓰는 것을 방해하려고 한 것 같아.

아, 누가 이랬는지 잡을 방법이 생각났어.

만세! 다 썼다!

으잉?

우아, 잘 썼는데!

그렇지?

독서 감상문을 다 썼다고? 그럴 리 없어!

펜도 다 쓰고, 책도 검은색으로 다 칠해져 있을 텐데……

네가 그렇게 했으니까 알고 있는 것이겠지?

뭐라고?

네가 이 책에 장난을 쳤구나!

척!

윽, 걸렸다! 도망가자!

어디로 도망가!

정답 27쪽

🔍 퀴즈

1. 감동받은 부분을 찾을 수 있는 부분이면 ○표, 아니면 ×표 하세요.

> 인물의 행동이나 말에서 교훈을 얻을 수 있는 부분

(   )

교과서 개념

| 배울 내용 | •독서 감상문을 쓰는 방법을 알고, 독서 감상문 쓰기
•글을 읽고 감동받은 부분에 대한 생각이나 느낌 쓰기

개념 ❶ 독서 감상문을 쓰면 좋은 점

└─책을 읽은 동기, 책 내용, 책을 읽고 생각하거나 느낀 점 등을 쓴 글

① 읽은 책 내용을 다시 한번 생각할 수 있습니다.

② 책을 읽은 동기와 책 내용, 읽고 난 뒤의 생각이나 느낌 등을 정리할 수 있습니다.

③ 감명 깊게 읽은 부분이나 인상 깊은 장면을 기억할 수 있습니다.

④ 글을 읽고 느낀 재미나 감동을 다른 사람과 함께 나눌 수 있습니다.

○ 확인 문제

1 독서 감상문을 쓰면 좋은 점이 **아닌** 것의 기호를 쓰시오.

> ㉮ 내가 읽은 책 내용을 모두 기억할 수 있다.
> ㉯ 읽은 책 내용을 다시 한번 생각할 수 있다.
> ㉰ 글을 읽고 느낀 감동을 다른 사람과 나눌 수 있다.

( )

개념 ❷ 독서 감상문을 쓰는 방법

| 독서 감상문을 쓸 책을 정할 때 | • 읽으면서 여러 가지 생각을 한 책 고르기
• 새롭게 안 내용이 많은 책 고르기 |
| --- | --- |
| 책 내용을 정리할 때 | • 인상 깊은 부분을 한두 개 떠올리기
• 생각이나 느낌을 나타낼 수 있는 부분을 간략하게 쓰기 |
| 생각이나 느낌을 쓸 때 | • 새롭게 알거나 생각한 점, 책을 읽고 느낀 점을 쓰기
• 생각이나 느낌에 대한 까닭을 함께 쓰기 |
| 독서 감상문을 고쳐 쓸 때 | • 제목이 잘 어울리는지 확인하기
• 책 내용과 생각이나 느낌이 잘 어울리는지 확인하기 |

2 독서 감상문을 쓸 때 생각이나 느낌을 쓰는 방법으로 알맞은 것에 ○표 하시오.

(1) 까닭은 쓰지 않는다.
( )
(2) 친구와 같은 생각을 쓴다.
( )
(3) 새롭게 알게 된 점을 쓴다.
( )

중요 개념 정리 하기

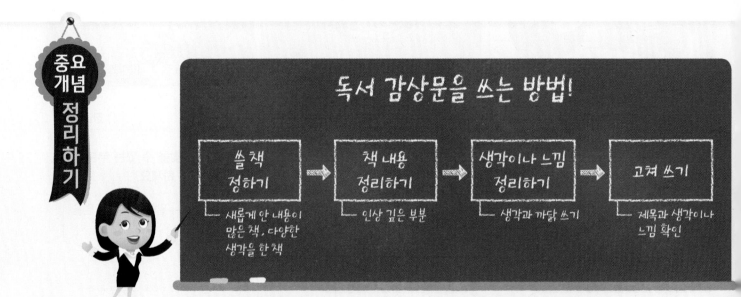

독서 감상문을 쓰는 방법!

쓸 책 정하기	➡	책 내용 정리하기	➡	생각이나 느낌 정리하기	➡	고쳐 쓰기
새롭게 안 내용이 많은 책, 다양한 생각을 한 책		인상 깊은 부분		생각과 까닭 쓰기		제목과 생각이나 느낌 확인

개념 ③ 감동받은 부분을 찾는 방법

① 인물의 행동이나 말에서 교훈을 얻을 수 있는 부분에서 감동을 느낄 수 있습니다.

② 자신의 경험이나 생각이 글 내용과 비슷해 공감할 수 있는 부분에서 감동을 느낄 수 있습니다.

③ 질문이나 생각이 많이 생기는 내용을 읽을 때 감동을 느낄 수 있습니다.

④ 기쁨, 슬픔, 화남, 즐거움 같은 감정을 강하게 느낀 부분에서 감동을 느낄 수 있습니다.

> 이 부분이 정말 감동적이야.

> 사람마다 경험이나 생각이 다르므로 감동받은 부분은 같아도 감동받은 까닭은 다를 수 있어요.

개념 ④ 감동받은 부분에 대한 생각이나 느낌을 정리할 때 주의할 점

① 감동을 느낀 까닭을 자세히 씁니다.

② 자신의 경험과 연관 지어 씁니다.

③ 다양한 표현을 사용합니다.

예 「어머니의 이슬 털이」에서 감동받은 부분 찾아 쓰기

감동받은 부분	그 까닭
어머니께서 아들을 위해 이슬을 털어 주다가 옷을 흠뻑 적신 모습에서 감동을 느꼈다.	아들이 학교 가기 싫어하는 마음을 되돌리려고 노력하는 어머니의 마음이 느껴졌기 때문이다.

확인 문제

3 다음 ( ) 안에 알맞은 말에 ○표 하시오.

> 글을 읽고 감동받은 부분에 대한 생각이나 느낌을 쓸 때에는 자신의 (경험 / 능력)과 연관 지어 쓴다.

4 다음 설명이 알맞으면 ○표, 틀리면 ×표 하시오.

> 읽은 글에 대한 감동받은 부분이 같더라도 감동을 받은 까닭은 서로 다를 수 있다.

(   )

5 다음에서 설명하는 독서 감상문의 형식에 ○표 하시오.

> 책을 읽고 느낀 감동을 생각이나 느낌이 잘 드러나게 짧은 말로 표현한다.

(시 / 편지 / 일기)

7
단원

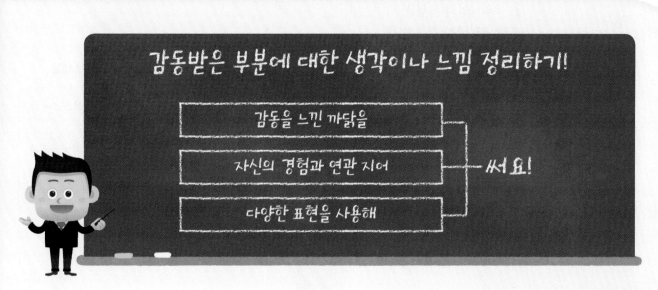

[01~02] 자신이 재미있게 읽은 책에 대한 다음 대화를 읽고 물음에 답하세요.

> 남희: 『백두산 이야기』는 배경 그림과 내용이 조화를 이루어 인상 깊었어.
>
> 명조: 내가 읽은 책은 주인공이 자신의 일을 슬기롭게 해결하는 과정이 흥미진진했어.
>
> 지아: 『아낌없이 주는 나무』를 읽고 아이에게 모든 것을 주는 나무의 행동에 감동받았어.
>
> 민재: 『심청전』…….

01 이와 같은 대화를 할 때 떠올려 볼 내용이 <u>아닌</u> 것은 어느 것인가요? (　　　)

① 책 제목　　　　② 인상 깊은 점
③ 사건이나 내용　④ 책을 읽은 시간
⑤ 주인공이 한 일

02 민재가 이야기할 내용이 <u>아닌</u> 것은 어느 것인가요?
(　　　)

① 주인공은 여자아이야.
② 눈이 보이지 않는 아버지를 모시고 살았어.
③ 새엄마가 주인공을 괴롭힐 때는 화가 났어.
④ 이 책을 읽고 부모님께 효도해야겠다고 생각했어.
⑤ 주인공이 공양미 삼백 석에 팔려 갈 때 눈물이 났어.

03 책 제목과 책 내용을 알맞게 줄로 이으세요.

(1) 『김구 위인전』 · · ① 우리나라의 독립을 위해 평생을 바친 김구 선생의 이야기

(2) 『견우와 직녀』 · · ② 옥황상제 때문에 은하수를 사이에 두고 만나지 못하는 견우와 직녀 이야기

(3) 『레 미 제라블』 · · ③ 빵 한 조각을 훔친 죄로 오랫동안 감옥살이를 한 장 발장이 신부의 도움으로 새로운 삶을 사는 내용

04 다음은 책을 읽고 생각이나 느낌을 쓴 것입니다. 책 제목은 무엇인지 쓰세요.

> 연못에서 산신령이 나타나는 부분에서 큰 재미를 느꼈습니다. 산신령이 정직한 나무꾼에게 상으로 도끼 세 개를 모두 주는 장면이 인상 깊었기 때문입니다. 나도 앞으로 정직한 사람이 되어야겠다고 생각했습니다.

(　　　　　　)

[05~06] 다음 그림을 보고 물음에 답하세요.

05 은지는 자신이 읽은 『갈매기의 꿈』의 무엇에 대해 이야기했나요? (　　　)

① 인물의 생각　　　② 인상 깊은 장면
③ 인물이 겪은 어려움　④ 인물이 좋아하는 것
⑤ 인물들이 만난 장소

06 창민이가 말할 내용이 <u>아닌</u> 것의 기호를 쓰세요.

> ㉠ 이순신 장군은 고려 시대 때의 장군으로 나라를 구했어.
> ㉡ 이순신 장군이 거북 모양의 배를 어떻게 해서 만들게 되었는지 궁금해.
> ㉢ 이순신 장군이 적은 수의 군사로 많은 적을 물리친 것이 놀랍다고 생각해.

(　　　　　　)

- 글의 종류: 독서 감상문
- 글의 특징: 학교 도서관에서 찾은 『세시 풍속』을 읽고 책을 읽은 동기, 책 내용, 책을 읽고 생각하거나 느낀 점을 쓴 글입니다.

1 ㉠학교 도서관에서 책을 고르다가 『세시 풍속』이라는 책을 읽었습니다. 이 책은 우리 조상이 농사일로 고된 일상 속에서 빼먹지 않고 지켜 오던 일 년의 세시 풍속을 담은 책입니다. 세시 풍속은 옛날에만 있었던 것인 줄

5 알았는데 오늘날 우리 삶에도 많이 남아 있어서 신기했
　　　　　글쓴이의 생각이나 느낌
습니다.

[중심 내용 1] 학교 도서관에서 책을 고르다가 『세시 풍속』이라는 책을 읽었습니다.

2 책은 계절의 차례대로 봄, 여름, 가을, 겨울의 세시 풍속을 소개했습니다. 지금 계절이 겨울이므로 겨울 부분부터 읽어 보았습니다. 겨울의 세시 풍속 가운데에서

10 인상 깊었던 것은 동지의 풍속입니다.

동지는 음력 십일월인데 세시 풍속으로 팥죽을 끓여
　　　동지가 있는 달
먹습니다. 얼마 전에 학교에서 팥죽이 나온 것이 떠올라

반가워서 읽었습니다. 동짓날이 그냥 팥죽을 먹는 날인
　　　　　　　　　　　　『세시 풍속』을 읽기 전의 생각
줄만 알았는데 생각보다 재미있는 이야기가 얽혀 있었
습니다. ㉡옛날 사람들은 병을 옮기는 나쁜 귀신이 팥을
싫어한다고 믿었답니다. 그래서 동지에 팥으로 죽을 만
들어 귀신이 못 오게 집 앞에 뿌렸답니다. 이 일에서 동 5
지에 팥죽 먹는 풍습이 생겼답니다.

이런 재미있는 이야기를 지닌 동지는 낮이 길어지기
시작하는 날로, 사람들은 이날부터 태양의 기운이 다시
살아난다고 생각했다고 합니다. 동지가 밤이 가장 길고
낮이 가장 짧은 날이라고만 생각했는데, 우리 조상은 태 10
양의 기운이 다시 살아나면서 낮이 길어지는 것이라고
생각한 점이 인상 깊었습니다. 그래서 한 가지를 볼 때
여러 가지 시각으로 봐야겠다고 생각했습니다.

[중심 내용 2] 동지는 음력 십일월의 세시 풍속입니다.

3 『세시 풍속』을 읽고 나니 조상의 지혜를 더 잘 알 수
있었습니다. 계절의 변화 하나하나에 의미를 부여하고 15
삶을 즐겁게 보내려는 마음을 듬뿍 느꼈습니다.

[중심 내용 3] 『세시 풍속』을 읽고 조상의 지혜를 더 잘 알 수 있었습니다.

세시 풍속(歲 해 세 時 때 시 風 바람 풍 俗 풍속 속) 해마다 절기나 달, 계절에 맞추어 하는 여러 가지 놀이나 일.
고된 육체적, 정신적으로 하는 일이 괴롭고 힘든.

음력(陰 그늘 음 曆 책력 력) 달이 지구를 한 바퀴 도는 데 걸리는 시간을 기준으로 하여 날짜를 세는 달력.
부여하고 가치, 권리, 의미, 임무 등을 지니게 하거나 그렇다고 여기고.

---

07 글쓴이가 『세시 풍속』을 겨울 부분부터 읽은 까닭은 무엇인가요? (　　　)

① 이 책을 읽은 계절이 겨울이어서
② 겨울에는 행사가 여러 가지 있어서
③ 자신이 좋아하는 계절이 겨울이어서
④ 겨울 부분을 읽고 숙제로 글을 써야 해서
⑤ 이 책의 내용이 겨울 부분부터 시작되어서

08 동지와 관련이 없는 내용에 ×표 하세요.

(1) 팥죽을 먹는다. 　　　　　　　　　(　　　)
(2) 이웃과 송편을 나누어 먹는다. 　　(　　　)
(3) 음력 십일월의 세시 풍속이다. 　　(　　　)

09 ㉠, ㉡을 내용에 알맞게 줄로 이으세요.

(1) ㉠ ・　　　　　・㉮ 책 내용

(2) ㉡ ・　　　　　・㉯ 책을 읽은 동기

서술형·논술형 문제

10 ☐에 알맞은 이 독서 감상문의 제목을 쓰세요.

(　　　　　　　　　　　　　　　　　　　)

어머니의 이슬 털이

- 글의 종류: 이야기글
- 글쓴이: 이순원
- 글의 특징: 어머니가 학교에 가기 싫어하는 아들을 학교에 보내려고 앞장서서 이슬을 털며 산길을 가는 감동적인 내용의 이야기입니다.

1 어릴 때 나는 학교 다니기가 싫었다. 학교로 가는 길 중간에 산에 올라가 아무 산소가에나 가방을 놓고 앉아 멀리 대관령을 바라보다가 점심때가 되면 그곳에서 혼자 청승맞게 도시락을 까먹기도 했다. 그러다 점점 대담
5 해져서 아예 집에서부터 학교에 가지 않는 날도 있었다. 배가 아프다, 머리가 아프다, 어제는 비가 와서, 어제는 눈이 와서, 오늘은 무서운 선생님 시간에 준비물을 제대로 갖추지 못해서, 하는 식으로 갖은 핑계를 댔다.

'내'가 학교에 가지 않고 한 행동들

중심 내용 **1** 어릴 때 '나'는 학교에 가기 싫어서 갖은 핑계를 대고 학교에 가지 않았습니다.

2 오월 어느 날이었다. 그날도 학교에 가기 싫다고 말
10 했다. 어머니가 왜 안 가느냐고 물어 공부도 재미가 없고, 학교 가는 것도 재미가 없다고 말했다.

"그래도 얼른 교복으로 갈아입어라."

"학교 안 간다니까." / "안 가면?"

"그냥 이렇게 자라다가 이다음 농사지을 거라고."

"농사는 뭐 아무나 짓는다더냐?"

"그러니 내가 짓는다고."

"에미가 신작로까지 데려다줄 테니까 얼른 교복 갈아입어."

몇 번 옥신각신하다가 나는 마지못해 교복으로 갈아입 5
었다. 어머니가 먼저 마당에 나와 내가 나오길 기다리고 있었다.

하고 싶지 않지만 하지 않을 수 없어서.

가방을 들고 밖으로 나오자 어머니가 지겟작대기를 들고 서 있었다. 나는 어머니가 그걸로 말 안 듣는 나를 때리려고 그러는 줄 알았다. 이제까지 어머니는 한 번도 10
나를 때린 적이 없었다. 그런 어머니의 모습이 조금은 낯설기도 하고 무섭기도 해 나는 신발을 신고도 봉당에서 한참 동안 멈칫거리다가 마당으로 내려섰다.

안방과 건너방 사이에 마루를 놓지 않고 흙바닥 그대로 둔 곳.

"얼른 가자." / 어머니가 재촉했다.

"누구든 재미로 학교 다니는 사람은 없다." 15

"그래도 나는 싫어."

어머니는 한 손엔 내 가방을 들고 또 한 손엔 지겟작대기를 들고 나보다 앞서 마당을 나섰다. 나는 말없이 어머니의 뒤를 따랐다. 그러다 신작로로 가는 산길에 이르러 어머니가 다시 내게 가방을 내주었다. 20

어머니가 '나'를 신작로까지 데려다주려고

📖 교과서 문제

11 '내'가 학교에 가기 싫어하는 까닭은 무엇인가요?

( )

① 학교 다니는 것이 재미없어서
② 학교에 도시락을 싸 갈 수 없어서
③ 학교까지 가려면 시간이 많이 걸려서
④ 학교 가는 길에 지나는 산이 무서워서
⑤ 농사를 짓는 어머니를 도와 드려야 해서

12 학교에 가지 않겠다고 하는 '나'를 어머니는 어디까지 데려다주겠다고 했는지 쓰세요.

( )

13 지겟작대기를 들고 마당에 서 있는 어머니를 보고 '내'가 한 생각을 찾아 기호를 쓰세요.

> ㉮ 논으로 일을 나가려고 한다.
> ㉯ 말을 안 듣는 '나'를 때리려고 한다.
> ㉰ 학교에 가기 싫어하는 '내'게 일을 시키려고 한다.

( )

14 학교 가는 것에 대한 어머니의 생각은 어떠할지 알맞은 것에 ○표 하세요.

- 학교에는 가기
  (싫어도 가야 한다 / 싫으면 가지 않아도 된다).

"자, 여기서부터는 네가 가방을 들어라."

나는 어머니가 내가 학교에 가기 싫어하니 중간에 학교로 가지 않고 다른 길로 샐까 봐 신작로까지 데려다주는 것으로 생각했다.

5 "너는 뒤따라오너라."

거기에서부터는 이슬받이였다. 사람 하나 겨우 다닐
_{양쪽에 이슬 맺힌 풀이 우거진 좁은 길.}
좁은 산길 양옆으로 풀잎이 우거져 길 한가운데로 늘어져 있었다. 아침이면 풀잎마다 이슬방울이 조롱조롱 매달려 있었다. 어머니는 내게 가방을 넘겨준 다음 내가 가
10 야 할 산길의 이슬을 털어 내기 시작했다. 어머니의 일바지 자락이 이내 아침 이슬에 흥건히 젖었다. 어머니는
_{많이.}
발로 이슬을 털고, 지겟작대기로 이슬을 털었다.

그런다고 뒤따라가는 아들 교복 바지가 안 젖는 것도 아니었다. 신작로까지 십오 분이면 넘을 산길을 삼십 분
15 도 더 걸려 넘었다. 어머니의 옷도, 그 뒤를 따라간 내 옷도 흠뻑 젖었다. 어머니는 고무신을 신고 나는 검은색 운동화를 신었다. 걸음을 옮길 때마다 물에 빠졌다가 나온 것처럼 시커먼 땟국물이 찔꺽찔꺽 발목으로 올라왔다. 그렇게 어머니와 아들이 무릎에서 발끝까지 옷을 흠
20 뻑 적신 다음에야 신작로에 닿았다.

"자, 이제 이걸 신어라."

거기서 어머니는 품속에 넣어 온 새 양말과 새 신발을 내게 갈아 신겼다. 학교 가기 싫어하는 아들을 위해 아주 마음먹고 준비해 온 것 같았다.

"앞으로는 매일 털어 주마. 그러니 이 길로 곧장 학교 5 로 가. 중간에 다른 데로 새지 말고."

그 자리에서 울지는 않았지만, 왠지 눈물이 날 것 같았다.

"아니, 내일부터 나오지 마. 나 혼자 갈 테니까."

_{**중심 내용 2** 이슬을 털며 산길을 걸어 신작로까지 왔을 때 어머니는 품속에 넣어 온 새 양말과 새 신발을 '내'게 갈아 신겼습니다.}

3 다음 날도 그다음 날도 어머니가 매일 이슬을 털어 10 준 것은 아니었다. 그러나 어떤 날 가끔 어머니는 그렇게 아들 학굣길에 이슬을 털어 주었다. 또 새벽처럼 일어나 그 길의 이슬을 털어놓고 올 때도 있었다.

어른이 된 지금도 나는 그렇게 생각한다. 그때 어머니가 이슬을 털어 주신 길을 걸어 지금 내가 여기까지 왔다고.

15

_{**중심 내용 3** 어른이 된 '나'는 어머니가 이슬을 털어 주신 길을 걸어 여기까지 왔다고 생각합니다.}

---

15 어머니가 다음과 같은 일을 한 까닭을 쓰세요.

> 아들의 옷에 이슬이 묻지 않도록 이슬을 털며 아들 앞에 서서 산길을 걸었다.

• (　　　　　　　　) 아들을 학교에 보내기 위해서이다.

16 어머니와 '내'가 신작로까지 가는 모습을 잘못 말한 것에 ×표 하세요.

(1) '나'의 신발은 젖지 않았다. (　　　)

(2) 어머니가 앞에서 이슬을 털며 걸었다. (　　　)

(3) 어머니는 무릎까지 옷이 흠뻑 젖었다. (　　　)

📕 교과서 문제
17 어머니의 품속에 있었던 것은 무엇무엇이었나요?

(　　 , 　　)

① 용돈　　② 도시락　　③ 교과서
④ 새 양말　　⑤ 새 신발

✏️ 서술형 논술형 문제
18 다음 감동받은 부분에 알맞게 그 까닭을 쓰세요.

감동받은 부분	어머니가 아들을 위해 이슬을 털어 주다가 옷을 흠뻑 적신 모습
그 까닭	

[19~21] 친구들이 독서 감상문을 쓸 책을 어떻게 정했는지 그림을 보고 물음에 답하세요.

19 미진이가 ㉠'이 책'을 고른 까닭은 무엇인가요?

( )

① 재미있는 내용이 많아서
② 새롭게 안 내용이 많아서
③ 책에 다양한 인물이 나와서
④ 친구들과 이야기할 내용이 많아서
⑤ 여러 가지 생각을 할 수 있는 내용이 있어서

20 자기가 관심 있는 내용이 담겨 있어서 '이 책'을 고른 사람은 누구인지 이름을 쓰세요.

( )

21 ㉠~㉣의 '이 책'의 종류가 같을 때 대화에 대한 설명으로 알맞은 어느 것인가요? ( )

① 책이 같으면 생각도 같다.
② 책이 같으면 읽는 시간도 같다.
③ 책이 같으면 읽고 나서 생각한 점도 같다.
④ 책이 같더라도 책을 고른 까닭은 다를 수 있다.
⑤ 책이 같더라도 책의 가격은 완전히 다를 수 있다.

22 독서 감상문을 쓸 책을 고르는 방법으로 알맞지 <u>않은</u> 것을 찾아 기호를 쓰세요.

> ㉮ 기억에 남는 내용이 있는 책을 고른다.
> ㉯ 나 혼자만 알고 싶은 내용이 있는 책을 고른다.
> ㉰ 남에게 알리고 싶은 생각이 들었던 책을 고른다.

( )

[23~24] 다음 그림을 보고 물음에 답하세요.

23 ㉠에 들어가지 <u>않는</u> 내용은 무엇인가요? ( )

① 달의 크기　　　② 달의 온도
③ 달의 모양 변화　　④ 태양을 도는 행성들
⑤ 달과 지구의 크기 비교

24 수지가 고른 책 내용이 다음과 같다면 책 제목은 무엇일까요? ( )

> 옛날에 어머니를 잡아먹은 호랑이가 오누이까지 잡아먹으려고 할 때 호랑이를 피해 동아줄을 타고 하늘로 올라간 오누이가 해와 달이 되었어.

① 『피노키오』　　　② 『콩쥐 팥쥐』
③ 『흥부 놀부』　　　④ 『혹부리 영감』
⑤ 『해와 달이 된 오누이』

가 『아름다운 꼴찌』를 읽고 쓴 ⑦

그러면 되는 줄 알았는데

김가은

꼴찌만 아니면 될 줄 알았는데
『아름다운 꼴찌』를 읽기 전 글쓴이의 생각 ①
5 꼴찌를 해도 좋았다.

등수만 중요한 줄 알았는데
『아름다운 꼴찌』를 읽기 전 글쓴이의 생각 ②
더 큰 것이 있었다.

이기기만 하면 될 줄 알았는데
『아름다운 꼴찌』를 읽기 전 글쓴이의 생각 ③
더 큰 마음이 있었다.

10 **나** 『나무 그늘을 산 총각』에서 욕심쟁이 영감이 되어 쓴
책의 주인공
ⓒ

20○○년 11월 ○○일 날씨: 맑음

제목: 함께일 때 더 시원한 나무 그늘

나는 내 것이면 뭐든지 나 혼자 써도 된다고 생각했다.
욕심쟁이 영감
15 그래서 나무 그늘도 혼자 쓰는 것이 당연하다고 여겼다.
내 것인데 다른 사람에게 왜 빌려주어야 한단 말인가?
하지만 지금 나는 그렇게 생각하지 않는다. 다른 사람들
과 더불어 행복을 느끼는 일이 훨씬 더 가치 있고 소중한

것임을 알았다. 총각이 어리석은 나를 일깨워 주었기 때
문이다. 총각에게 고마운 마음을 꼭 전하고 싶다.
총각에게 전하고 싶은 마음
나는 새로 이사 온 집의 나무 그늘에 이웃을 초대했
고, 지금은 이웃들과 사이좋게 지낸다. 혼자 많은 것을
차지할 때보다 다른 사람들과 함께하는 내가 더 행복하 5
다. 이제 나는 욕심쟁이가 아니라 가진 것을 이웃들과
나눌 줄 아는 사람이 되었다.

다 『초록 고양이』를 읽고 꽃담이에게 쓴 ⓒ

엄마를 냄새로 찾아낸 꽃담이에게 ← 책의 주인공에게 쓴 편지임.

꽃담아, 안녕? 나는 얼마 전에 도서관에서 『초록 고양 10
이』를 읽었어. 초록 고양이가 데려간 엄마를 네가 냄새
로 찾아 다시 엄마와 만난다는 내용에서 감동을 받았어.

나는 엄마를 사랑하기는 하지만 엄마에 대한 것을 기
억하려고 애쓰지는 않았던 것 같아. 네가 엄마를 냄새로
찾은 것은 늘 엄마에게 관심과 애정이 있었다는 거잖아. 15

이 이야기를 읽고 부모님에게 좀 더 많은 관심을 가져
야겠다고 생각했어. 가족의 소중함을 일깨워 줘서 정말
고마워. / 그럼 안녕.

20○○년 11월 ○○일 / 친구 박성준

---

25 ⑦ ~ ⓒ 에 알맞은 독서 감상문의 형식을
쓰세요.

(1) ⑦ : ( )

(2) ⓒ : ( )

(3) ⓒ : ( )

중요
26 글 **가** 의 특징은 무엇인가요? ( )

① 책 내용에 대한 의견과 까닭을 쓴다.
② 감동적인 부분을 자세하게 설명한다.
③ 주인공에게 말을 하는 것처럼 편안하게 쓴다.
④ 책의 한 장면을 정해 특징이 드러나게 그린다.
⑤ 책을 읽고 느낀 감동을 간단한 말로 표현한다.

27 글 **나** 에서 욕심쟁이 영감이 총각 덕분에 깨달은 것
은 무엇인가요? ( )

① 나는 욕심쟁이가 아니다.
② 내 것은 나 혼자 써도 된다.
③ 이웃에게 더 많은 것을 주어야 한다.
④ 이웃에게 고마운 마음을 가져야 한다.
⑤ 다른 사람들과 더불어 행복을 느끼는 일이 훨씬
더 가치 있고 소중하다.

28 글 **다** 의 글쓴이가 책을 읽고 다짐한 것은 무엇인지
쓰세요.

• ( )에게 좀 더 관심을 가져야겠다.

투발루에게 수영을 가르칠 걸 그랬어!

- 글의 종류: 이야기글
- 글쓴이: 유다정
- 글의 특징: 나라 전체가 점점 물에 잠기게 되어 살던 곳을 떠나야 하는 투발루섬 사람들의 이야기입니다.

1 넓은 바다 한복판, 아홉 개의 작은 섬으로 이루어진
↑투발루의 환경
나라 **투발루**에 로자와 고양이 투발루가 살았어. 로자와

투발루는 밥도 같이 먹고, 잠도 같이 자고, 노래도 같이
↑로자와 고양이 투발루가 항상 함께한다는 것을 표현함.
부르며 늘 함께했지. 하지만 ㉠다른 게 딱 하나 있었어.

5 "언니 수영하고 올게!"

　로자가 투발루의 털을 쓰다듬고 바다로 가면 투발루는

긴 꼬랑지를 바짝 세우고 야자나무 숲으로 들어가지. 투

발루는 물을 너무너무 싫어하거든. 둘은 이렇게 따로따로

한참을 신나게 놀아. 하지만 돌아오는 길에는 꼭 만났어.

10 투발루가 길가에 **오도카니** 앉아 로자를 기다려 주었거든.

> 중심 내용 **1** 로자와 고양이 투발루는 항상 같이 다녔지만 투발루가 물을
> 싫어해서 수영은 같이 하지 못합니다.

2 "엄마, 물이 마당까지 들어와요."

　둥근달이 떠오르는 보름이 되자 바닷물이 마당으로 들

이닥쳤어.

> **투발루**　서남태평양 가운데 산호섬으로 이루어진 독립국.
> **오도카니**　가만히 한자리에 서 있거나 앉아 있는 모양.

"바닷물이 불어나서 큰일이구나!"

　물은 자꾸만 불어났어. 투발루는 안절부절못하더니
　　　　　　　　　　　　↑고양이 투발루가 물을 싫어해서
나무 위로 올라갔지.

"야옹 야옹 이야옹."

　그러고는 야자나무 위에서 몸을 웅크리고 마구 울었어. 5

"그러게 수영을 배우면 좋잖아."

　로자가 나무 위에서 떨고 있는 투발루를 안고 내려

왔어.

"아빠, 바닷물이 왜 자꾸 불어나요?"

　로자가 파란 바다를 보며 나직이 물었어. 10

"지구가 더워져서 **빙하**가 녹아내리고 있거든. 그래서

바닷물이 불어나는 거야."

"바다가 저렇게 넓은데 빙하가 녹는다고 물이 불어나요?"

"엄청나게 큰 빙하가 녹아내리니까 불어날 수밖

에……." 15

　로자는 아빠의 말을 들으며 손톱만 물어뜯었어. 그러

자 투발루가 까칠한 혀로 로자의 손을 싸악싸악 핥아 주

었지. 로자가 슬퍼 보였나 봐.
　↑고양이 투발루가 로자의 손을 핥은 까닭

> **빙하**(氷 얼음 빙 河 물 하)　추운 지역에서 눈이 오랫동안 쌓여 만들
> 어진, 육지를 덮고 있는 큰 얼음덩어리.

---

29 ㉠은 무엇을 말하는 것인지 쓰세요.

- 로자가 (　　　　)을 할 때에는 고양이 투발루와
　따로 논다는 것.

> 고양이 투발루는 물을
> 너무너무 싫어한다고 했어요.

30 보름에 일어난 일은 무엇인가요? (　　　　)

① 고양이 투발루가 보이지 않았다.
② 바닷물이 로자네 마당까지 들어왔다.
③ 바닷물이 야자나무 숲까지 들어왔다.
④ 고양이 투발루가 수영을 하게 되었다.
⑤ 아버지가 고양이 투발루와 수영을 했다.

(중요)
31 바닷물이 불어나는 까닭을 찾아 기호를 쓰세요.

> ㉮ 지구가 더워져 빙하가 녹아내려서
> ㉯ 지구가 추워져 바닷물이 얼게 되어서
> ㉰ 사람들이 물을 많이 사용하지 않아서

　　　　　　　　　　(　　　　　　　)

32 아빠의 설명을 들은 로자의 마음은 어떠할까요?

　　　　　　　　　　(　　　　　　　)

① 신난다.　　　　② 재미있다.
③ 상쾌하다.　　　④ 흐뭇하다.
⑤ 시무룩하다.

"우리도 이제 투발루를 떠나야 한단다."

아빠는 한숨을 푸욱 내쉬며 저녁노을로 붉어진 바다
<u>를 바라보았어.</u>
투발루섬을 떠나야 해서 걱정스럽고 안타까운 아빠의 마음을 짐작할 수 있음.

"여기를 떠나 어떻게 살지 걱정이구나."

5 엄마도 멍하니 바다만 바라보았어.

"아직 우리 집은 물에 잠기지 않았잖아요. 난 여기가
<u>좋단 말예요.</u>"
로자는 투발루섬을 떠나고 싶지 않음.

"아빠 엄마도 너처럼 여기서 살고 싶단다. 하지만 바

닷물이 자꾸 불어나서 곧 나라 전체가 물에 잠기게 될

10 거래. 어제는 마당까지 물이 들어왔잖아. 떠나기 싫지

만 어쩔 수 없구나."

로자의 가족은 아주 슬픈 밤을 보냈지.

중심 내용 2 바닷물이 불어나 투발루섬이 점점 물에 잠기자 로자네 가족도
투발루섬을 떠나기로 결정했습니다.

3 "로자야, 며칠 뒤면 떠나야 하니까 짐을 챙겨야지."

로자는 투발루와 함께 짐을 싸기 시작했어. 투발루가

15 좋아하는 담요, 밥그릇, 놀이 공, 장난감 쥐를 모두 챙겼
고양이 투발루의 물건들

지. 그리고 나서 자기 것을 챙겼어. 그런데 그 모습을 보

고 아빠가 그러는 거야.

㉠"로자야, 투발루는 할아버지한테 맡기고 가자!"

로자는 깜짝 놀랐어.

"아빠, 투발루를 두고 갈 수는 없어요. 그럼 나도 안

갈 거예요!"

"다른 나라에 가면 지금보다 훨씬 힘들게 살 거야. 그

러니까 투발루를 할아버지한테 맡기고 가자."

"싫어요. 절대로 안 돼요! 투발루는 수영을 못하니까 5

물이 불어나면 물에 빠져 죽을 거예요. 꼭 데려가야

해요. 아빠, 투발루도 데리고 가요! 네?"

로자는 아빠의 팔에 매달리며 애원했어.

"그럼 어쩔 수 없구나."← 고양이 투발루를 데려가기로 함.

떠나기 전날 로자는 투발루를 데리고 하루 종일 돌아 10

다녔어.

"여기는 우리가 어렸을 때 그네를 타던 곳이야. 저기

는 아빠랑 같이 공을 차던 곳, 엄마랑 같이 채소를 가

꾸던 곳, 난 이곳 투발루가 좋은데……."

친구들이랑 신나게 놀던 곳, 나무 위에서 바다로 풍덩 15

뛰어들던 곳, 저 야자나무에는 우리 둘이 자주 올라갔었

지. 난 죽을 때까지 잊지 않을 거야. 내가 태어나고 자란

이곳 투발루를…….

중심 내용 3 투발루섬을 떠나기 전날 로자는 고양이 투발루와 함께 추억이
깃든 곳을 돌아보았습니다.

33 로자네 가족이 투발루섬을 떠나야 하는 까닭은 무엇
인지 쓰세요.

• (   )이 불어나서 나라 전체가 물에
잠길 위기에 처했기 때문이다.

34 아빠가 ㉠과 같이 말한 까닭은 무엇인가요? (   )

① 다른 동물을 사 주고 싶어서

② 고양이를 키우고 싶지 않아서

③ 고양이 투발루가 말썽을 부려서

④ 할아버지가 고양이 투발루를 달라고 해서

⑤ 다른 나라에 가면 지금보다 훨씬 힘들게 살아야
해서

35 로자가 고양이 투발루를 꼭 데려가야 한다고 한 까닭
은 무엇인지 쓰세요.

• 고양이 투발루가 (   )을 못해서 물이
불어나면 물에 빠져 죽을 것이라고 생각했다.

36 투발루섬을 떠나기 전날 로자가 한 일은 무엇인지 기
호를 쓰세요.

> ㉮ 추억이 깃든 곳을 돌아보았다.
> ㉯ 고양이 투발루가 살 곳을 살펴보았다.

(   )

4 "엄마, 잠깐 바다에 갔다 와도 돼요?"

투발루를 떠나는 날, 로자는 마지막으로 바다가 보고 싶었어.

"조금 이따 떠나니까 빨리 와야 한다."

5　로자가 투발루의 털을 쓰다듬고 바다로 가자, 투발루는 늘 하던 대로 긴 꼬랑지를 바짝 세우고 야자나무 숲으로 들어갔어.

〈고양이 투발루는 로자가 바다에서 수영을 하는 줄 알고 야자나무 숲으로 감.〉

로자는 바닷가를 거닐다 돌아왔어.

그런데 투발루가 보이지 않았어.

10　"엄마, 투발루 어디 갔어요?"

"글쎄, 너랑 같이 나가지 않았니?"

㉠로자는 숨이 턱에 차오르도록 달렸어. 로자가 바다로 가면 투발루는 야자나무 숲으로 간다는 걸 알고 있었거든.

"투발루야, 어디 있어? 이 바보야, 이제 가야 한단 말

15　이야. 얼른 나와, 제발……."

로자의 눈에선 쉬지 않고 눈물이 흘러내렸고, 코는 새빨개졌어.

"로자야, 이제 비행기를 타러 가야 해. 투발루는 할아버지가 잘 키워 주실 거야."

20　"싫어요, 아빠! 난 투발루랑 같이 갈 거예요."

로자가 더 깊은 숲으로 들어가려 하자 아빠가 로자를 안아 올렸어.

"아빠, 조금만 더 찾아봐요, 네? 아빠!"

하지만 아빠는 로자를 안고 비행장으로 급하게 걸어갔어. 비행기 탈 시간이 다 되었거든. 비행기가 요란한 소 5 리를 내며 활주로를 달리기 시작했어.

"투발루다!"

그 순간 창밖으로 멀리 콩알만 하게 투발루가 보였어. 로자는 안전띠를 풀려고 했어. 하지만 그럴 수 없었어.
〈비행기가 이미 출발해서〉

"로자야, 안 돼! 비행기는 이미 출발했잖아. 멈출 수 10 없어!"

로자는 창밖으로 작아지는 투발루를 보며 후회하고 또 후회했지.

"투발루에게 수영을 가르칠 걸 그랬어!"
〈로자가 후회하는 것〉

"로자야, 사람들이 환경을 오염시키지 않으면 다시 투 15 발루에 돌아올 수 있을 거야."

아빠의 말을 들으며 로자는 간절히 빌었어.

"저는 투발루에서 투발루와 함께 살고 싶어요. 제발 도와주세요!"

중심 내용 4 투발루섬을 떠나는 날 바다로 갔다가 고양이 투발루와 헤어지게 된 로자는 고양이 투발루에게 수영을 가르치지 않은 것을 후회했습니다.

---

37 로자가 ㉠과 같이 달려서 가려고 하는 곳은 어디인지 쓰세요.

• 고양이 투발루가 간 (　　　　　　　　)

38 아빠가 로자를 안고 비행장으로 급하게 간 까닭은 무엇인가요? (　　　)

① 비행기 탈 시간이 다 되어서

② 고양이 투발루가 비행장에 있어서

③ 고양이 투발루를 데려가지 않으려고

④ 비행기에 고양이를 실어 주지 않아서

⑤ 로자가 없으면 비행기가 떠나지 않아서

중요

39 로자의 바람은 무엇인지 ○표 하세요.

(1) 투발루섬에 물이 많아지는 것　　　(　　　)

(2) 투발루섬에 사람이 많이 찾아오는 것(　　　)

(3) 투발루섬에서 고양이 투발루와 함께 사는 것

(　　　)

서술형 논술형 문제

40 이 글에서 인상 깊게 읽은 부분과 그 까닭을 쓰세요.

_____

_____

_____

독서 감상문을 쓰는 방법을 아는지 확인해 봅시다.

나의 꿈, 나의 미래

가 학교에서 자신의 꿈이 무엇인지 발표했다. 나연이가 『꿈의 다이어리』라는 책을 읽고, 자신도 꿈에 대해 깊이 생각해 볼 수 있었다며 이 책을 적극 추천했다.

나 이 책의 주인공인 하은이는 꿈이 많은 아이이다. 가수, 우주 비행사, 요리사와 같이 날마다 꿈이 바뀐다. 하지만 하은이는 꿈의 다이어리를 받고 난 뒤, 꿈을 이루려면 노력해야 한다는 사실을 깨닫게 된다.

『꿈의 다이어리』의 주인공

다 나는 사실 내 꿈이 무엇인지 모른다. 예전에는 과학자였지만 지금은 연예인이 되고 싶기도 하다. 하은이처럼 내 꿈은 계속 바뀌고 나는 한 번도 꿈에 대해 진지하게 생각한 적이 없다.

라 하지만 이 책을 읽고 꿈은 내가 살아가면서 목표를 두고 노력해야 하는 것이라는 사실을 깨달았다. 앞으로는 내가 좋아하고 즐길 수 있는 것을 발견해서 그것을 이루려고 더 노력해야겠다.

1 글쓴이는 『꿈의 다이어리』를 어떻게 읽게 되었는지 쓰세요.

• 친구가 적극 (　　　　)해서.

2 글 **가**~**라**를 내용에 알맞게 줄로 이으세요.

(1) **가** •　　• ① 앞으로의 다짐

(2) **나** •　　• ② 책을 읽은 동기

(3) **다** •　　• ③ 책 내용 정리

(4) **라** •　　• ④ 자신을 돌아보는 내용

글을 읽고 독서 감상문을 쓸 수 있는지 확인해 봅시다.

멋진 사냥꾼 잠자리

• 글쓴이: 안은영

1 고추잠자리가 풀잎에 앉았어. / 살금살금 다가가 잡아 볼까?

앗, 날아가 버렸네.

잠자리는 잘 안 잡혀. 눈이 아주 좋거든.

잠자리는 눈이 정말 크지?

툭 튀어나온 눈이 머리를 다 덮어.

돋보기로 보면 벌집처럼 생긴 / 아주 작은 눈들이 보여.

잠자리 눈에는 그런 작은 눈이 2만 개가 넘게 **빽빽**이 모여 있어.

그만큼 눈이 좋다는 얘기야.

잠자리는 고개를 돌리지 않고도 앞, 뒤, 옆, 위, 아래 어디든 볼 수 있어.

멀리서 움직이는 것도 금방 알아보지.

눈이 아주 좋아서

중심 내용 1 잠자리 눈은 작은 눈 2만 개가 넘게 모여 있어서 아주 좋습니다.

3 글쓴이가 말한 잠자리를 잡기 어려운 까닭은 무엇인가요? (　　　　)

① 눈이 좋아서
② 다리가 길어서
③ 몸집이 아주 작아서
④ 풀잎과 색이 같아서
⑤ 아주 긴 날개를 가지고 있어서

4 잠자리의 눈에 대해 **잘못** 말한 것은 어느 것인가요? (　　　　)

① 눈이 크다.
② 눈이 머리를 다 덮는다.
③ 눈이 툭 튀어나와 있다.
④ 눈이 머리의 아래쪽에 있다.
⑤ 작은 눈이 2만 개가 넘게 모여 있다.

2 잠자리가 먹이를 쫓을 땐 정말 빨라.

　잠자리가 좋아하는 먹이는 모기, 파리, 각다귀, 하루살이, 벌 같은 곤충이야. / 자기보다 작은 잠자리를 잡아먹기도 해.

　뾰족한 가시가 난 다리로 붙잡으면, 절대 놓치지 않지.

　붙잡은 먹이는 튼튼한 턱으로 물어뜯어 먹어 치워.

　잠자리가 하루에 잡아먹는 곤충이 500마리는 될 거야.

　잠자리들이 모기 떼를 쫓아 하늘을 나는 걸 본 적 있니?

　한곳에 멈춰서 날고, 아래로 뚝 떨어지고, 위로 솟구치고.

　갑자기 방향을 바꾸고, 뒤로도 날아.

　앞날개와 뒷날개를 따로따로 움직이는 게 보이니?

　<u>나비나 벌은 이렇게 못 해.</u>
　앞날개와 뒷날개가 같이 움직이기 때문에

　잠자리는 큰 눈으로 날아다니는 곤충을 보고, 크고 강한 날개로 쏜살같이 뒤쫓아. / 잠자리는 대단한 사냥꾼이야.

중심 내용 ② 크고 강한 날개로 곤충을 뒤쫓아 잡아먹는 잠자리는 대단한 사냥꾼입니다.

5 잠자리의 먹이가 <u>아닌</u> 것에 ×표 하세요.

(1) 곤충　　　　　(　　　　)

(2) 작은 식물　　　(　　　　)

(3) 자기보다 작은 잠자리

　　　　　　　　　(　　　　)

6 잠자리가 잡은 먹이를 절대 놓치지 않는 까닭은 무엇인지 쓰세요.

・뾰족한 가시가 난 (　　　　)로 붙잡기 때문이다.

7 이 글을 읽고 생각하거나 느낀 점을 쓰세요.

＿＿＿＿＿＿＿＿＿＿＿＿

＿＿＿＿＿＿＿＿＿＿＿＿

＿＿＿＿＿＿＿＿＿＿＿＿

기초 다지기 | 지역에 따라 '할아버지'를 부르는 말

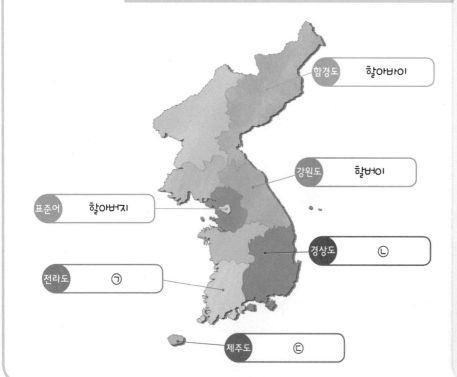

8 '할아버지'를 '할아바이'라고 말하는 지역은 어디인지 쓰세요.

(　　　　　　　　)

9 ㉠~㉢에 들어갈 말을 알맞게 이으세요.

(1) ㉠　・　　・① 하르방

(2) ㉡　・　　・② 할압시

(3) ㉢　・　　・③ 할배

01 자신이 재미있게 읽은 책을 떠올려 이야기할 때 어울리지 않는 내용의 기호를 쓰시오.

> ㉠ 주인공이 한 일
> ㉡ 책에 나온 모든 낱말
> ㉢ 책을 읽고 생각하거나 느낀 점
> ㉣ 책을 읽고 인상 깊게 생각한 점

( )

02 재미있게 읽은 책의 목록을 정리하면서 책 내용을 다음과 같이 썼다면 책 제목은 무엇입니까? ( )

> 옥황상제 때문에 은하수를 사이에 두고 다시 만나지 못한 견우와 직녀를 까치, 까마귀 들이 도와주는 내용

① 『피노키오』　　　　② 『백설 공주』
③ 『견우와 직녀』　　　④ 『금도끼 은도끼』
⑤ 『해와 달이 된 오누이』

03 책에 대해 설명한 내용을 읽고 잘못된 내용은 무엇인지 찾아 번호를 쓰시오.

내가 정한 책	『이순신 위인전』
책에 대한 설명	① 조선 시대의 장군이다. ② 나라를 구한 영웅이다. ③ 행주산성 전투가 유명하다. ④ 거북 모양의 유명한 배를 만들었다. ⑤ 적은 수의 군사로 많은 적을 물리쳤다.

( )

04 ~ 06 시후가 쓴 독서 감상문

> ㉠학교 도서관에서 책을 고르다가 『세시 풍속』이라는 책을 읽었습니다. ㉡이 책은 우리 조상이 농사일로 고된 일상 속에서 빼먹지 않고 지켜 오던 일 년의 세시 풍속을 담은 책입니다. ㉢세시 풍속은 옛날에만 있었던 것인 줄 알았는데 오늘날 우리 삶에도 많이 남아 있어서 신기했습니다.
> ㉣책은 계절의 차례대로 봄, 여름, 가을, 겨울의 세시 풍속을 소개했습니다. 지금 계절이 겨울이므로 겨울 부분부터 읽어 보았습니다. 겨울의 세시 풍속 가운데에서 인상 깊었던 것은 동지의 풍속입니다.

04 ㉠~㉣ 중 글쓴이가 책을 읽은 동기가 드러나 있는 부분의 기호를 쓰시오.

( )

05 이 독서 감상문에서 알 수 있는 책 내용을 두 가지 고르시오. (,)

① 학교 도서관에서 책을 고르다가 읽었다.
② 지금 계절이 겨울이므로 겨울 부분부터 읽었다.
③ 조상이 지켜 오던 일 년의 세시 풍속이 담겨 있다.
④ 오늘날 우리 삶에도 많이 남아 있어서 신기했다.
⑤ 계절의 차례대로 봄, 여름, 가을, 겨울의 세시 풍속을 소개했다.

06 이 독서 감상문에 제목을 붙이는 방법을 잘못 설명한 것은 어느 것입니까? ( )

① 글쓴이를 알 수 있게 붙인다.
② 인상 깊은 장면이 잘 드러나게 붙인다.
③ 책을 읽고 생각한 점이 잘 드러나게 붙인다.
④ 『세시 풍속』이라는 책의 제목이 드러나게 붙인다.
⑤ 독서 감상문의 형식이 돋보이게 제목을 붙인다.

07 독서 감상문에 들어갈 내용이 <u>아닌</u> 것은 어느 것입니까? (　　　)

① 책을 읽은 동기
② 책의 줄거리와 등장인물
③ 책을 쓴 사람이 좋아하는 것
④ 책을 읽은 뒤의 생각이나 느낌
⑤ 인상 깊었던 장면과 등장인물에 대한 생각

08 독서 감상문을 쓰는 과정에 맞게 차례대로 기호를 쓰시오.

> ㉮ 책 내용을 떠올린다.
> ㉯ 독서 감상문을 쓸 책을 고른다.
> ㉰ 독서 감상문에 알맞은 제목을 붙인다.
> ㉱ 책에 대한 생각이나 느낌을 정리한다.

(　　　) → (　　　) → (　　　) → ㉰

09 독서 감상문을 쓰는 방법에 알맞게 줄로 이으시오.

(1) 독서 감상문을 쓸 책을 정할 때　·

·① 제목, 책 내용과 생각이나 느낌이 잘 어울리는지 확인하기

(2) 책 내용을 정리할 때　·

·② 새롭게 안 내용이 많거나 여러 가지 생각을 한 책 고르기

(3) 생각이나 느낌을 쓸 때　·

·③ 새롭게 알거나 생각한 점을 쓰고, 느낌에 대한 까닭 쓰기

(4) 독서 감상문을 고쳐 쓸 때　·

·④ 인상 깊은 부분을 떠올리고 생각을 나타낼 부분 간략하게 쓰기

[10~12] 어머니의 이슬 털이

　어머니는 내게 가방을 넘겨준 다음 내가 가야 할 산길의 이슬을 털어 내기 시작했다. 어머니의 일 바지 자락이 이내 아침 이슬에 흥건히 젖었다. 어머니는 발로 이슬을 털고, 지겟작대기로 이슬을 털었다.

　그런다고 뒤따라가는 아들 교복 바지가 안 젖는 것도 아니었다. 신작로까지 십오 분이면 넘을 산길을 삼십 분도 더 걸려 넘었다. 어머니의 옷도, 그 뒤를 따라간 내 옷도 흠뻑 젖었다. 어머니는 고무신을 신고 나는 검은색 운동화를 신었다. 걸음을 옮길 때마다 물에 빠졌다가 나온 것처럼 시커먼 땟국물이 찔꺽찔꺽 발목으로 올라왔다. 그렇게 어머니와 아들이 무릎에서 발끝까지 옷을 흠뻑 적신 다음에야 신작로에 닿았다.

　"자, 이제 이걸 신어라."

　거기서 어머니는 품속에 넣어 온 새 양말과 새 신발을 내게 갈아 신겼다. 학교 가기 싫어하는 아들을 위해 아주 마음먹고 준비해 온 것 같았다.

　"앞으로는 매일 털어 주마. 그러니 이 길로 곧장 학교로 가. 중간에 다른 데로 새지 말고."

　그 자리에서 울지는 않았지만, 왠지 눈물이 날 것 같았다.

　"아니, 내일부터 나오지 마. 나 혼자 갈 테니까."

10 아들을 학교에 보내기 위해 어머니는 어떻게 했습니까? (　　　)

① 아들의 가방을 신작로까지 들어다 주었다.
② 아들의 손을 잡고 학교까지 데려다주었다.
③ 학교 앞 가게에서 맛있는 음식을 사 주었다.
④ 이슬을 털며 아들의 앞에 서서 산길을 걸었다.
⑤ 아들의 옷에 이슬이 묻지 않도록 아들을 업고 산길을 걸었다.

11 어머니의 품속에 있었던 것은 무엇이었는지 쓰시오.

· 아들의 (　　　　　　　　　　　)

12 이 글을 읽고 감동받은 부분과 그 까닭을 쓰시오.

_____

_____

_____

13 다음의 대화를 읽고 글 **가**는 어떤 친구가 썼을지 이름을 쓰시오.

> 석진: 나는 책을 읽고 느낀 감동을 간단한 말로 표현하고 싶어.
>
> 소희: 나는 이야기 속 주인공이 되어 하루를 보낸다면 어떤 생각을 했을지 궁금해졌어. 그래서 일기로 주인공의 생각이나 느낌을 표현하려고 해.

(   )

[13~16] 여러 가지 형식의 독서 감상문

가 『아름다운 꼴찌』를 읽고 쓴 시

그러면 되는 줄 알았는데

김가은

꼴찌만 아니면 될 줄 알았는데
꼴찌를 해도 좋았다.

등수만 중요한 줄 알았는데
더 큰 것이 있었다.

이기기만 하면 될 줄 알았는데
더 큰 마음이 있었다.

나 『초록 고양이』를 읽고 꽃담이에게 쓴 편지

엄마를 냄새로 찾아낸 꽃담이에게

꽃담아, 안녕? 나는 얼마 전에 도서관에서 『초록 고양이』를 읽었어. 초록 고양이가 데려간 엄마를 네가 냄새로 찾아 다시 엄마와 만난다는 내용에서 감동을 받았어.

나는 엄마를 사랑하기는 하지만 엄마에 대한 것을 기억하려고 애쓰지는 않았던 것 같아. 네가 엄마를 냄새로 찾은 것은 늘 엄마에게 관심과 애정이 있었다는 거잖아.

이 이야기를 읽고 부모님에게 좀 더 많은 관심을 가져야겠다고 생각했어. 가족의 소중함을 일깨워 줘서 정말 고마워.

그럼 안녕.

20◯◯년 11월 ◯◯일

친구 박성준

---

14 글 **가**에서 『아름다운 꼴찌』를 읽기 전의 글쓴이의 생각으로 알맞지 <u>않은</u> 것을 두 가지 고르시오.

(,   )

① 등수가 중요하다.
② 이기기만 하면 된다.
③ 꼴찌만 아니면 된다.
④ 꼴찌가 마음이 편하다.
⑤ 결과보다 과정이 중요하다.

15 **나**와 같은 글의 특징으로 알맞은 것은 무엇입니까?

(   )

① 느낀 점을 간단한 말로 표현할 수 있다.
② 느낌을 혼자 말하듯이 편하게 표현할 수 있다.
③ 느낀 점을 연을 나누어 짧은 글로 표현할 수 있다.
④ 생각한 점을 누군가에게 말하듯이 전달할 수 있다.
⑤ 인상 깊은 장면을 재미있는 그림으로 표현할 수 있다.

16 글 **나**의 글쓴이가 꽃담이에게 고맙다고 한 까닭은 무엇인지 쓰시오.

• (   )을 일깨워 주어서.

단원평가 7. 독서 감상문을 써요

17~20 투발루에게 수영을 가르칠 걸 그랬어!

가 "아빠, 바닷물이 왜 자꾸 불어나요?"

로자가 파란 바다를 보며 나직이 물었어.

"지구가 더워져서 빙하가 녹아내리고 있거든. 그래서 바닷물이 불어나는 거야."

"바다가 저렇게 넓은데 빙하가 녹는다고 물이 불어나요?"

"엄청나게 큰 빙하가 녹아내리니까 불어날 수밖에……."

나 "우리도 이제 투발루를 떠나야 한단다."

아빠는 한숨을 푹욱 내쉬며 저녁노을로 붉어진 바다를 바라보았어.

"여기를 떠나 어떻게 살지 걱정이구나."

엄마도 멍하니 바다만 바라보았어.

"아직 우리 집은 물에 잠기지 않았잖아요. 난 여기가 좋단 말예요."

"아빠 엄마도 너처럼 여기서 살고 싶단다. 하지만 바닷물이 자꾸 불어나서 곧 나라 전체가 물에 잠기게 될 거래. 어제는 마당까지 물이 들어왔잖아. 떠나기 싫지만 어쩔 수 없구나."

다 "아빠, 조금만 더 찾아봐요, 네? 아빠!"

하지만 아빠는 로자를 안고 비행장으로 급하게 걸어갔어. 비행기 탈 시간이 다 되었거든. 비행기가 요란한 소리를 내며 활주로를 달리기 시작했어.

"투발루다!"

그 순간 창밖으로 멀리 콩알만 하게 투발루가 보였어. 로자는 안전띠를 풀려고 했어. 하지만 그럴 수 없었어.

"로자야, 안 돼! 비행기는 이미 출발했잖아. 멈출 수 없어!"

로자는 창밖으로 작아지는 투발루를 보며 후회하고 또 후회했지.

"투발루에게 수영을 가르칠 걸 그랬어!"

"로자야, 사람들이 환경을 오염시키지 않으면 다시 투발루에 돌아올 수 있을 거야."

아빠의 말을 들으며 로자는 간절히 빌었어.

"저는 투발루에서 투발루와 함께 살고 싶어요. 제발 도와주세요!"

17 바닷물이 불어나는 까닭은 무엇입니까? ( )

① 큰 빙하가 녹아내려서

② 비가 아주 많이 내려서

③ 사람들이 물을 많이 버려서

④ 사람들이 물을 많이 먹어서

⑤ 지하수를 바다로 흘려보내서

18 로자네 가족이 투발루섬을 떠나야 하는 까닭에 ○표 하시오.

(1) 고양이 투발루가 수영을 하지 못하기 때문에 ( )

(2) 아빠의 직장이 다른 나라로 옮겨졌기 때문에 ( )

(3) 바닷물이 불어나서 나라 전체가 바닷물에 잠기게 될 것이기 때문에 ( )

19 로자네 가족이 투발루섬에 돌아올 수 있는 방법은 무엇입니까? ( )

① 사람들이 성금을 보내 주어야 한다.

② 비행기 표를 살 돈을 마련해야 한다.

③ 사람들이 바닷물을 많이 사용해야 한다.

④ 사람들이 환경을 오염시키지 않아야 한다.

⑤ 투발루의 국민이 부자가 될 수 있게 사람들이 노력해야 한다.

서술형 논술형 문제

20 이 글을 읽고 형식을 정해 자신의 생각이나 느낌을 표현하시오.

_____

_____

서술형·논술형 평가

1~3

가 학교 도서관에서 책을 고르다가 『세시 풍속』이라는 책을 읽었습니다. 이 책은 우리 조상이 농사일로 고된 일상 속에서 빼먹지 않고 지켜 오던 일 년의 세시 풍속을 담은 책입니다.

나 동지는 음력 십일월인데 세시 풍속으로 팥죽을 끓여 먹습니다. 얼마 전에 학교에서 팥죽이 나온 것이 떠올라 반가워서 읽었습니다. 동짓날이 그냥 팥죽을 먹는 날인 줄만 알았는데 생각보다 재미있는 이야기가 얽혀 있었습니다. 옛날 사람들은 병을 옮기는 나쁜 귀신이 팥을 싫어한다고 믿었답니다. 그래서 동지에 팥으로 죽을 만들어 귀신이 못 오게 집 앞에 뿌렸답니다. 이 일에서 동지에 팥죽 먹는 풍습이 생겼답니다.

다 『세시 풍속』을 읽고 나니 조상의 지혜를 더 잘 알 수 있었습니다. 계절의 변화 하나하나에 의미를 부여하고 삶을 즐겁게 보내려는 마음을 듬뿍 느꼈습니다.

1 글쓴이가 『세시 풍속』이라는 책을 읽은 동기는 무엇인지 쓰시오.

- ☐☐☐☐☐☐☐ 에서 책을 고르다가 읽게 되었다.

2 이 글을 읽고 책 내용을 간추려 쓰시오.

_____

_____

_____

3 글쓴이가 책을 읽고 나서 생각한 것은 무엇인지 쓰시오.

_____

_____

4~5

오월 어느 날이었다. 그날도 학교에 가기 싫다고 말했다. 어머니가 왜 안 가느냐고 물어 공부도 재미가 없고, 학교 가는 것도 재미가 없다고 말했다.

"그래도 얼른 교복으로 갈아입어라."

"학교 안 간다니까."

"안 가면?"

"그냥 이렇게 자라다가 이다음 농사지을 거라고."

"농사는 뭐 아무나 짓는다더냐?"

"그러니 내가 짓는다고."

"에미가 신작로까지 데려다줄 테니까 얼른 교복 갈아입어."

몇 번 옥신각신하다가 나는 마지못해 교복으로 갈아입었다. 어머니가 먼저 마당에 나와 내가 나오길 기다리고 있었다.

가방을 들고 밖으로 나오자 어머니가 지겟작대기를 들고 서 있었다. 나는 어머니가 그걸로 말 안 듣는 나를 때리려고 그러는 줄 알았다. 이제까지 어머니는 한 번도 나를 때린 적이 없었다. 그런 어머니의 모습이 조금은 낯설기도 하고 무섭기도 해 나는 신발을 신고도 봉당에서 한참 동안 멈칫거리다가 마당으로 내려섰다.

4 '내'가 학교에 가지 않으려고 하는 까닭을 쓰시오.

_____

_____

5 이 글을 읽고 감동받은 부분과 그 까닭을 쓰시오.

(1) 감동받은 부분	
(2) 그 까닭	

친할수록 상대방을 배려해야 되지 않을까?

음, 토르와 아테나 말도 맞는 것 같군.

이랬다저랬다 하지 말고 누구 의견이 적절한지 판단해야지.

아무튼 결론은 친구이니까 서로 골탕 먹이지 말고 친하게 지내자.

그래, 내가 용서할게.

너희들도 극장에서 나를 골탕 먹였잖아. 그러니까 이제 비긴 거다.

자, 그럼 다시 친해진 기념으로 맛있는 것 먹으러 갈까?

좋아! 내가 쏜다!

와!

00분식

어, 지갑을 안 가져왔네.

히히, 하데스만 지갑을 가져왔어.

얄미운 녀석들!

계산대

정답 30쪽

🔍 **퀴즈**

1. 친구와 사이좋게 지내기 위한 의견으로 알맞은 것에 ○표 하세요.

　(1) 서로 모른 척한다. 　（　　　）

　(2) 상대방을 배려한다. 　（　　　）

교과서 개념

| 배울 내용 | • 글을 읽고 글쓴이의 의견 평가하기
• 자신의 의견이 드러나게 글 쓰기

개념 1 의견이 적절한지 판단해야 하는 까닭

① 사람마다 생각이 다르기 때문입니다.

② 적절하지 못한 의견을 따라 결정하면 잘못된 판단을 할 수 있기 때문입니다.

③ 잘못된 의견을 따르면 문제를 해결하지 못할 수도 있기 때문입니다.

④ 뜻하지 않게 잘못된 결과가 나올 수 있기 때문입니다.

예 「당나귀를 팔러 간 아버지와 아이」에 나온 인물의 행동 판단하기

○ 다른 사람의 말을 그대로 따라 당나귀가 강에 빠짐.

> 다른 사람의 의견을 받아들이기 전에 그 의견이 적절한지 판단해 보지 않았기 때문에 적절한 행동이 아니에요.

개념 2 글쓴이의 의견이 적절한지 평가하는 방법

① 의견이 주제와 관련 있는지 살펴봅니다.

② 의견과 뒷받침 내용이 관련 있는지 살펴봅니다.

③ 뒷받침 내용이 사실이고, 믿을 만한지 확인합니다.

④ 문제 상황을 해결할 수 있는지 살펴봅니다.

> 바람직한 독서 방법은 도서관의 편의 시설을 늘리는 것입니다. 휴게실을 많이 만들면 편안히 쉴 수 있습니다. 체육관이 생기면 운동을 자주 할 수 있습니다.

> 도서관의 편의 시설을 늘리자는 의견은 바람직한 독서 방법과 관련이 적다고 생각해.

○ 확인 문제

1 의견이 적절한지 판단해야 하는 까닭이 아닌 것의 기호를 쓰시오.

> ㉠ 사람마다 생각이 다르기 때문이다.
> ㉡ 잘못된 판단을 할 수 있기 때문이다.
> ㉢ 문제를 제대로 이해할 수 있기 때문이다.

(   )

2 다음 ☐ 안에 들어갈 알맞은 말을 찾아 번호를 쓰시오.

> 글쓴이의 의견이 적절한지 평가할 때에는 먼저 의견이 ☐ 와/과 관련 있는지 살펴본다.

① 경험
② 주제
③ 행동

(   )

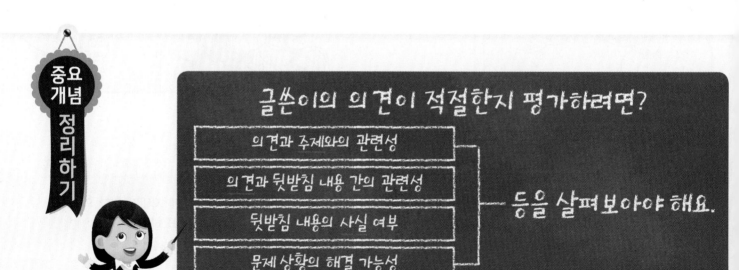

중요 개념 정리하기

글쓴이의 의견이 적절한지 평가하려면?

- 의견과 주제와의 관련성
- 의견과 뒷받침 내용 간의 관련성
- 뒷받침 내용의 사실 여부
- 문제 상황의 해결 가능성

등을 살펴보아야 해요.

개념 3 글을 읽고 글쓴이의 의견 평가하기

① 글쓴이의 의견을 파악합니다.
② 글쓴이의 의견을 뒷받침하는 내용을 확인합니다.
③ 글쓴이의 의견이 적절한지 평가합니다.

의견	문화재를 개방해야 한다.
뒷받침 내용	• 옛 조상이 살았던 때를 느낄 수 있음. • 문화재 훼손을 막을 수 있음. • 적극적으로 문화재를 보호할 수 있음.

뒷받침 내용이 모두 사실이고 믿을 만하고, 또 다른 문제 상황이 나타나지 않을 것이기 때문에 적절한 의견이라고 생각해.

개념 4 자신의 의견이 드러나게 글 쓰기

① 글쓰기 주제와 관련된 경험과 자신의 생각을 떠올려 봅니다.
② 주제에 대한 자신의 의견을 정합니다.
③ 자신의 의견을 뒷받침할 수 있는 내용을 찾아봅니다.
④ 자신의 의견과 뒷받침 내용을 정리합니다.
⑤ 자신의 의견이 드러나는 글을 써 봅니다.

〈뒷받침 내용을 찾아보는 방법〉

☝ 관련 있는 책 읽기 　　☝ 누리집 찾아보기 　　☝ 전문가에게 물어보기

확인 문제

3 글쓴이의 의견이 적절한지 평가하기 위해서는 글쓴이의 의견과 (뒷받침하는 / 재미있는) 내용을 파악합니다.

4 의견을 뒷받침할 수 있는 내용을 찾는 방법으로 알맞지 않은 것의 기호를 쓰시오.

> ㉠ 관련 있는 책 읽기
> ㉡ 친구에게 물어보기
> ㉢ 전문가에게 물어보기
> ㉣ 믿을 만한 누리집 찾기

(　　　　)

5 의견이 드러나는 글을 쓰기 전에 먼저 의견과 뒷받침 내용을 정리해야 합니다. (○ / ×)

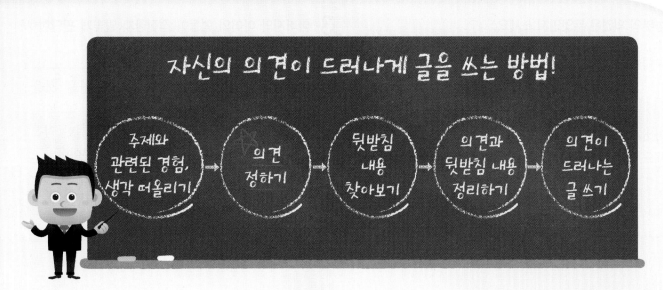

자신의 의견이 드러나게 글을 쓰는 방법!

주제와 관련된 경험, 생각 떠올리기 → 의견 정하기 → 뒷받침 내용 찾아보기 → 의견과 뒷받침 내용 정리하기 → 의견이 드러나는 글 쓰기

당나귀를 팔러 간 아버지와 아이

- 글의 종류: 이야기
- 글의 특징: 당나귀를 팔러 시장에 가던 아버지와 아이가 만나는 사람마다 하는 말을 그대로 따르다 당나귀를 잃는 이야기입니다.

❶ 햇볕이 내리쬐는 무척 더운 날이었어요. 아버지와 아이가 당나귀를 끌고 시장에 가고 있었어요. 아버지와 아이는 땀을 뻘뻘 흘렸어요. 그 모습을 본 농부가 비웃으며 말했어요.

5 "쯧쯧, 당나귀를 타고 가면 될 걸 저렇게 미련해서야……."
농부의 말을 듣고 보니 정말 그렇지 않겠어요?
'맞아, 당나귀는 원래 짐을 싣거나 사람을 태우는 동물이잖아.' / 아버지는 당장 아이를 당나귀에 태웠어요.
그렇게 한참을 가는데 한 노인이 호통을 쳤어요.
몹시 화가 나서 크게 소리 지르거나 꾸짖음.

10 "아버지는 걷게 하고 자기는 편하게 당나귀를 타고 가다니. 요즘 아이들이란 저렇게 버릇이 없단 말이지!"
노인의 말을 듣고 보니 정말 그렇지 않겠어요?
아이는 얼른 당나귀에서 내리고 아버지를 태웠어요.
또 그렇게 한참을 가는데 이번에는 한 아낙이 깜짝 놀라

15 며 혀를 찼어요.
마음이 언짢거나 유감의 뜻을 나타내는 관용 표현
"세상에! 이렇게 더운 날 어린아이는 걷게 하고 자기만 편하게 당나귀를 타고 가다니. 저런 사람이 아비라고 할 수 있나, 원! 나라면 아이도 함께 태울 텐데."

아낙의 말을 듣고 보니 정말 그런 것도 같았어요. ㉠아버지는 아이도 당나귀에 태웠어요. 아버지와 아이를 태운 당나귀는 힘에 부친 듯 비틀비틀 걸음을 옮겼어요.
힘이 없거나 어지러워서 이리저리 쓰러질 듯이 걷는 모양
시장에 거의 다다랐을 때, 그 모습을 본 청년이 말했어요.
당나귀에 아버지와 아이가 둘 다 타고 가는 모습 5

"불쌍한 당나귀! 이 더운 날 두 명이나 태우고 가느라 힘이 다 빠졌네. 나라면 당나귀를 메고 갈 텐데."
청년의 말을 듣고 보니 그런 것 같았어요.
'그래, 이대로 가다가는 시장에 가기도 전에 당나귀가 지쳐 쓰러져 버릴 거야.' 10
둘은 당나귀에서 내렸어요. 그러고 나서 아버지는 당나귀의 앞발을, 아이는 뒷발을 각각 어깨에 올렸지요.

중심 내용 ❶ 아버지와 아이는 농부, 노인, 아낙, 청년이 말하는 대로 따랐습니다.

❷ 이제 외나무다리 하나만 건너면 시장이에요.
"으히힝." / 그때 당나귀가 버둥거리는 바람에 두 사람은 그만 당나귀를 놓치고 말았답니다. 강에 빠진 당나귀 15 는 물살에 떠내려가고 말았어요.
"다른 사람의 말만 듣다가 결국 귀한 당나귀를 잃고 말았구나!" / 아버지와 아이는 뒤늦게 후회했지만 아무 소용이 없었답니다.

중심 내용 ❷ 아버지와 아이는 당나귀가 강에 빠져 물살에 떠내려가서 당나귀를 잃고 말았습니다.

---

01 농부의 의견은 무엇인지 쓰세요.

- 당나귀를 [ ] 가야 한다.

02 아버지가 ㉠과 같이 행동한 까닭을 찾아 번호를 쓰세요.

> ① 아이가 아버지에게 부탁했다.
> ② 아낙의 의견을 그대로 따랐다.

( )

03 아버지와 아이의 행동이 적절한지 알맞게 판단한 사람의 이름을 쓰세요.

> 민서: 적절해. 아버지가 아이가 원하는 것을 아무 말 없이 들어주었기 때문이야.
> 도희: 적절하지 않아. 다른 사람의 의견이 적절한지 판단해 보지도 않고 따랐기 때문이야.
> 준수: 적절해. 다른 사람이 말한 의견은 모두 옳은 의견이기 때문에 좋은지 판단하지 않고 그대로 따라야 해.

( )

혜원

바람직한 독서 방법은 도서관의 편의 시설을 늘리는 것입니다. 휴게실을 많이 만들면 편안히 쉴 수 있습니다. 체육관이 생기면 운동을 자주 할 수 있습니다. _{뒷받침 내용 ①} 컴퓨터를 많이 설치하면 인터넷을 쉽게 이용할 수 있습니다. _{뒷받침 내용 ③} 이와 같이 올바른 독서 방법은 도서관의 편의 시설을 늘리는 것입니다.

민서

바람직한 독서 방법은 여러 분야의 책을 읽는 것입니다. 여러 분야의 책을 읽으면 ㉠배경지식이 풍부해집니다. 풍부한 배경지식은 학교 공부를 하는 데 도움을 줍니다. ㉡한 분야의 책만 읽으면 시력이 나빠집니다. 제가 여러 분야의 책을 읽었을 때는 시력이 좋아졌는데 한 분야의 책만 읽었을 때는 시력이 나빠졌습니다. 따라서 여러 분야의 책을 읽는 것은 좋은 독서 방법입니다.

준우

바람직한 독서 방법은 자신이 좋아하는 책만 읽는 것입니다. 좋아하는 분야의 책을 읽으면 흥미를 느끼며 즐겁게 읽을 수 있습니다. 그 분야에 깊이 있는 지식을 쌓을 수 있습니다. 자신이 좋아하는 분야이기 때문에 책 내용을 더 쉽게 이해할 수 있습니다. 따라서 저는 이보다 더 바람직한 독서 방법은 없다고 생각합니다.

- 생각할 점: '바람직한 독서 방법'에 대한 혜원, 민서, 준우의 의견이 적절한지 생각해 봅니다.

◆ 민서의 의견과 뒷받침 내용

의견	바람직한 독서 방법은 여러 분야의 책을 읽는 것이다.
뒷받침 내용	• 배경지식이 풍부해져서 공부에 도움이 된다. • 한 분야의 책만 읽으면 시력이 나빠진다.

◆ 준우의 의견

바람직한 독서 방법은 자신이 좋아하는 책만 읽는 것이다.

8 단원

---

04 바람직한 독서 방법에 대한 혜원이의 의견을 쓰세요.

(   )

05 혜원이의 의견이 주제와 관련이 적다고 판단한 까닭으로 알맞은 것의 기호를 쓰세요.

㉮ 바람직한 독서 방법은 누구나 알고 있는 방법이어야 하기 때문이다.
㉯ 바람직한 독서 방법은 책을 읽는 방법이나 태도와 관련된 내용이어야 하기 때문이다.

(   )

06 ㉠, ㉡ 중에서 믿을 만한 뒷받침 내용은 어느 것인지 기호를 쓰세요.

(   )

07 준우의 의견에 대한 뒷받침 내용이 아닌 것의 기호를 쓰세요.

㉮ 자신이 좋아하는 분야이기 때문에 내용을 더 쉽게 이해할 수 있다.
㉯ 책을 읽을 때 집중력이 좋아져서 읽은 책의 내용을 모두 기억할 수 있다.
㉰ 흥미를 느끼며 즐겁게 읽을 수 있어 그 분야에 깊이 있는 지식을 쌓을 수 있다.

(   )

📢 교과서 문제

08 준우의 의견을 따랐을 때 생길 수 있는 문제점이 아닌 것의 번호를 쓰세요.

① 한 분야의 책만 읽게 된다.
② 글을 읽는 속도가 느려진다.

(   )

문화재를 개방해야 합니다. 문화재를 직접 관람하면 옛 조상이 살았던 때를 생생하게 느낄 수 있습니다. 저는 가족과 함께 고인돌 유적지를 보러 갔습니다. 거대한 고인돌이 생생하게 기억에 남았습니다. 누리집에서 고인돌에 대한 정보를 <u>고인돌을 직접 보고 왔기 때문에</u> 찾아보았고, 학교 도서관에서 고인돌에 대한 책을 빌려 읽기도 했습니다.

5 　또 문화재를 개방해야만 문화재 **훼손**을 막을 수 있습니다. 20○○년 7월 ○○일 신문 기사를 보니 고궁 가운데 한 곳인 ○○궁에 곰팡이가 번식했다는 내용이 있었습니다. <u>장마인데 문을 닫고만 있어서 바람이 통하지 않아 곰팡이가 궁궐 안 ○○궁에 곰팡이가 번식한 까닭</u> 으로 퍼진 것입니다. 사람들이 드나들면서 바람이 통하게 하면 이와 같은 문제는 해결될 것입니다.

10 　문화재를 개방하면 자신이 체험한 문화재를 보호하려고 노력하는 사람이 늘어날 것입니다. 어디에 있는지도 모르는 <u>유물</u>이 아니라 우리 곁에 있는 문화재가 <u>선대의 인류가 후대에 남긴 물건</u> 되어야 합니다. 우리가 함께 가꾸고 **보존해** 나간다고 생각한 뒤에 힘을 모으면 '살아 있는' 문화재가 될 것입니다.

　❏ 고인돌　　　　❏ 첨성대　　　　❏ 창덕궁

• **생각할 점**: '문화재를 개방해야 하는가'에 대한 글쓴이의 의견의 적절성을 평가 기준에 따라 평가해 봅니다.

◇ **문화재 보호 방법에 대한 의견** 예

문화재 보호의 중요성에 대한 교육을 해야 해요.

문화재 보호 홍보 활동을 자주 벌여야 해요.

훼손　헐거나 깨뜨려 못 쓰게 만듦.
보존해　잘 보호하고 간수하여 남겨.

📖 **교과서 문제**

09 '문화재를 개방해야 하는가'에 대한 글쓴이의 의견은 무엇인지 ○표 하세요.

　• 관람객에게 문화재를 (개방해야 / 개방하지 말아야) 한다.

10 글쓴이의 의견을 뒷받침하는 내용이 <u>아닌</u> 것의 기호를 쓰세요.

> ⊙ 옛 조상이 살았던 때를 생생하게 느낄 수 있다.
> ⓒ 여름 장마철에 생기는 문화재 훼손을 막을 수 있다.
> ⓒ 문화재에 대한 정보를 외국인에게 제공할 수 있다.
> ⓔ 자신이 체험한 문화재를 보호하려고 노력하는 사람이 늘어날 것이다.

　　　　　　(　　　　　　　　)

중요

11 다음과 같이 글쓴이의 의견이 적절하다고 판단한 기준에 모두 ○표 하세요.

> 　의견에 대한 뒷받침 내용이 모두 사실이며 믿을 만하기 때문이다. 또 그 의견을 선택했을 때 또 다른 문제 상황이 나타나지 않을 것이기 때문이다.

　(1) 주제와의 관련성　　　　　　(　　　)
　(2) 뒷받침 내용의 사실 여부　　(　　　)
　(3) 문제 상황의 해결 가능성　　(　　　)

✍ **서술형 논술형 문제**

12 글쓴이의 의견이 적절한지 자신의 생각을 까닭과 함께 쓰세요.

　_____

　_____

13 친구들이 편식과 관련한 경험을 말하고 있습니다. ㉠에 들어갈 말로 알맞은 것의 번호를 쓰세요.

나는 고기만 골라서 먹는 습관 때문에 부모님께서 걱정하셔.

① 아침에는 빵과 우유를 먹어.
② 당근이 들어간 음식은 맛이 없어서 못 먹겠어.
③ 요즘은 간편하게 먹을 수 있는 즉석 음식이 많아.

( )

14 편식과 관련한 의견 중에서 나머지와 다른 의견을 찾아 기호를 쓰세요.

㉠ 음식을 골고루 먹어야 건강해질 수 있다.
㉡ 먹기 싫은 음식을 억지로 먹는 것은 바람직하지 않다.
㉢ 편식을 하면 영양이 불균형해져서 성장이 늦어질 수 있다.

( )

📖 교과서 문제

15 편식과 관련한 자신의 의견을 뒷받침할 수 있는 내용을 찾는 방법을 알맞게 선으로 이으세요.

(1) ·

· ① 관련 있는 책 읽기

(2) ·

· ② 전문가에게 물어보기

(3) ·

· ③ 믿을 만한 누리집 찾아보기

16 편식과 관련한 의견을 뒷받침할 내용 중에서 믿을 만한 내용이 아닌 것은 무엇인가요? ( )

① 전문가의 면담 기사
② 내가 좋아하는 음식의 종류
③ 편식을 한 사람의 건강 상태
④ 편식의 문제를 다룬 프로그램
⑤ 편식에 따른 영양 불균형에 대한 자료

✏ 서술형 논술형 문제

17 편식을 주제로 글을 쓰기 위하여 정리한 내용입니다. 빈칸에 의견을 뒷받침하는 내용을 한 가지 쓰세요.

의견	편식해도 된다.
뒷받침 내용	

8 단원

18 편식을 주제로 쓴 친구들의 글을 읽고 평가할 때 주의할 점을 알맞게 말하지 못한 사람의 이름을 쓰세요.

미진 : 의견이 뚜렷하게 잘 드러나는지 살펴보아야 해.

상희 : 뒷받침하는 내용의 출처가 믿을 만한지 확인해야 해.

민정 : 의견을 뒷받침하는 내용이 사실인지 확인해야 해.

진수 : 뒷받침하는 내용이 글을 읽는 사람이 알고 있는 내용인지 확인해야 해.

( )

19 즐겁고 행복한 학교 만들기에 대한 의견으로 알맞지 <u>않은</u> 것은 어느 것인가요? (　　　)

① 별명 부르지 않기
② 함께 교실 청소하기
③ 하루에 한 가지씩 칭찬하기
④ 내 방 청소는 스스로 하기
⑤ 돌아가면서 모두와 짝해 보기

20 즐겁고 행복한 학교 만들기에 대한 다음 의견이 적절하다고 생각하는 까닭으로 알맞은 것의 기호를 쓰세요.

의견	비속어 쓰지 않기

⊙ 논리적으로 말을 할 수 있기 때문이다.
ⓒ 외국어를 쉽게 배울 수 있기 때문이다.
ⓒ 말싸움을 하다가 다른 큰 싸움으로 번지는 경우가 많기 때문이다.

(　　　　　　　)

21 학교 누리집 게시판에 의견이 드러나는 글을 올리기 위하여 모둠 구성원들이 역할을 나눌 때 그림에 알맞은 역할을 찾아 기호를 쓰세요.

⊙ 기록하는 사람
ⓒ 모둠을 이끄는 사람
ⓒ 누리집을 찾는 사람
ⓔ 책 자료를 찾는 사람
ⓜ 전문가를 찾고, 면담을 요청하는 사람

(1)　　　　　　　　(2)

생각을
말씀해
주세요.

(　　　　　　　) (　　　　　　　)

22 모둠 구성원이 각자 역할을 나누어 자료를 모으면 좋은 점이 <u>아닌</u> 것은 무엇인가요? (　　　)

① 빠른 시간 안에 찾을 수 있다.
② 정확하지 않은 자료를 걸러 낼 수 있다.
③ 한 명이 할 때보다 여러 종류의 정보를 얻을 수 있다.
④ 다른 구성원에게 내가 맡은 역할을 대신해 달라고 할 수 있다.
⑤ 서로의 역할을 충실하게 해야 하기 때문에 책임감과 보람을 느낄 수 있다.

23 모둠 구성원이 다음과 같은 곳에서 자료를 모으는 것이 효과적인 까닭을 찾아 기호를 쓰세요.

⊙ 검증된 내용일 가능성이 높기 때문이다.
ⓒ 생생하고 인상적으로 기억할 수 있기 때문이다.
ⓒ 관련된 지식과 전문성이 풍부해서 비전문가들이 해결할 수 없는 여러 문제를 해결할 수 있기 때문이다.

(1) 책 (　　　)
(2) 전문가 (　　　)
(3) 동영상 자료 (　　　)

24 모둠별로 의견이 드러나는 글을 학급 누리집 게시판에 올리는 순서에 따라 기호를 쓰세요.

⊙ 학급 누리집에 올리기
ⓒ 의견이 드러나는 글 쓰기
ⓒ 모둠별로 한 가지 의견 정하기
ⓔ 모둠 구성원별로 역할을 나누어 의견을 뒷받침할 내용을 찾고 정리하기

(　　　) → (　　　) → (　　　) → (　　　)

국어 활동

글을 읽고 글쓴이의 의견을 평가할 수 있는지 확인해 봅시다.

가

"여기가 맞을 텐데..?"

우리의 편한 삶을 위해 벌목되고 낭비되는 나무들로 인해
어떤 동식물들은 그들의 보금자리를 잃습니다.
이제는 우리가 그들의 자리를 지켜 줄 때입니다.

나

숲을 보호합시다

사람들은 숲에서 생활에 필요한 여러 가지 물건을 얻습니다. 이로 말미암아 숲이 파괴되고 생물들의 보금자리가 사라집니다. 우리는 이런 숲을 보호하고 생물들의 보금자리를 지켜 주어야 합니다. 그렇게 하려면 어떻게 해야 할까요?

첫째, 자원의 낭비를 막아야 합니다. 우리가 물건을 아껴 쓰고, 버리는 물건을 재활용하면 숲이 파괴되는 것을 줄일 수 있습니다.

둘째, 나무를 베어 낸 숲은 다시 가꾸어야 합니다. 한번 파괴된 숲은 저절로 복원되는 데 오랜 시간이 걸리지만, 사람들이 노력하면 조금 더 빨리 새로운 숲을 만들 수 있습니다.

셋째, 숲의 파괴를 최소화해야 합니다. 숲을 이용할 때에는 정해진 곳만 이용하고, 보호된 숲에서는 식물과 동물이 살아갈 수 있게 해야 합니다.

보금자리 알을 낳거나 깃들이는 곳.
재활용하면 버려지는 물건을 쓰이는 곳을 바꾸거나 새로운 물건으로 만들어 다시 쓰면.
  ㉔ 어머니는 우유병을 꽃병으로 재활용하면 자원의 낭비를 막을 수 있다고 말씀하셨습니다.
복원되는 원래대로 회복되는.

1 광고 **가**에 나타난 문제 상황으로 알맞은 것의 기호를 쓰세요.

> ㉠ 숲이 울창해져 생물들이 모여들고 있다.
> ㉡ 숲이 파괴되어 생물들의 보금자리가 사라지고 있다.

(   )

2 글 **나**에 나타난 의견은 무엇인가요?

• 우리는 숲을 보호하고 생물들의 [   ]를 지켜 주어야 한다.

3 글 **나**에서 글쓴이의 의견에 대한 뒷받침 내용이 <u>아닌</u> 것의 기호를 쓰세요.

> ㉠ 자원의 낭비를 막아야 한다.
> ㉡ 숲의 파괴를 최소화해야 한다.
> ㉢ 산에 사람들이 가지 못하게 막아야 한다.
> ㉣ 나무를 베어 낸 숲은 다시 가꾸어야 한다.

(   )

자신의 의견이 드러나게 글을 쓸 수 있는지 확인해 봅시다.

자유가 뭐예요?

• 글쓴이 : 오스카 브르니피에

❶ 다른 사람들이 나의 자유에 방해가 되는 건 확실해요!

언제나 명령을 하고 싶어 하는 어른들은 특히 방해가 되지요. / 그런데 부모님이 명령하는 게 거슬린다고 해도, 부모님의 사랑은 우리에게 자신감을 준답니다. / 부모님의 사랑이 우리에게 용기를 준다고 상상해 보세요!

때때로 우리는 부모님을 실망시킬까 봐 두려워서, 부모님을 따라 하고, 부모님처럼 생각하고 살아가야 한다고 마음먹지요.

❷ ㉠ 다른 사람의 자유를 위해서 우리의 자유를 제한할 때도 있습니다!

한밤중에 아파트 위층에서 아이들이 피아노를 칩니다. 쿵쾅거리며 뛰어다닙니다. 아래층의 할아버지, 할머니는 얼마나 견디기 힘들까요?

식당에서 아이들이 마구 소리치며 돌아다닙니다. 조용하게 식사를 하던 사람들은 모두 인상을 찌푸립니다. / 아이들은 "나는 자유야! 내 마음대로 할 수 있어!" 이렇게 외치는 듯합니다. 그때 엄마가 말씀을 합니다.

"얘들아, 공공장소에서는 조용히 해야 한다." / 이럴 때 아이들은 어떤
〔사회의 여러 사람 또는 여러 단체에 공동으로 속하거나 이용되는 곳〕
생각이 들까요? 자신의 자유가 침해당했다는 생각이 들겠지요. 엄마나 선생님, 경찰 들은 우리에게 하지 말아야 할 것들을 요구합니다.

❸ 우리는 여러 사람과 함께 살고 있기 때문에 다른 사람의 자유를 위해서 자신의 자유를 조금 제한하고 상대방을 존중해야 합니다. 이것을 깨닫게 된다면 우리는 자기 마음대로 하고 싶은 충동을 스스로 참고 절제할 것입니다. 이때 우리는 자율적으로 행동하는 사람이 되며 그때에야 비로소 사회 속에서 참된 자유를 누릴 수 있게 됩니다.

4 부모님의 사랑이 우리에게 주는 것에 모두 ○표 하세요.

> 용기　두려움　자신감

5 ㉠과 같은 경우가 <u>아닌</u> 것을 찾아 번호를 쓰세요.

> ① 한밤중에 피아노 치지 않기
> ② 공공장소에서 쓰레기 버리지 않기
> ③ 학교 누리집에 자신의 의견을 쓰지 않기

　　　(　　　　　)

6 우리가 사회 속에서 참된 자유를 누리려면 어떤 사람이 되어야 하나요?

> • ☐☐☐☐ 으로 행동하는 사람

기초 다지기　　표준어와 방언

| 고깔모자 | '위 끝이 뾰족하게 생긴 모자'를 가리키는 표준어입니다 |
| 꼬깔모자 | '꼬깔'은 '고깔'의 방언입니다. |

7 문장에서 표준어에 ○표 하세요.

(1) 어머니께서는 화단 (가장자리, 가생이)에 채송화를 가득 심으셨다.

(2) 목욕탕에서 형이 (등어리, 등)을/를 밀어 주니 정말 개운했다.

01~05 당나귀를 팔러 간 아버지와 아이

가 햇볕이 내리쬐는 무척 더운 날이었어요. 아버지와 아이가 당나귀를 끌고 시장에 가고 있었어요. 아버지와 아이는 땀을 뻘뻘 흘렸어요. 그 모습을 본 농부가 비웃으며 말했어요.

"쯧쯧, 당나귀를 타고 가면 될 걸 저렇게 미련해서야……."

농부의 말을 듣고 보니 정말 그렇지 않겠어요?

'맞아, 당나귀는 원래 짐을 싣거나 사람을 태우는 동물이잖아.'

아버지는 당장 아이를 당나귀에 태웠어요.

그렇게 한참을 가는데 한 노인이 호통을 쳤어요.

"아버지는 걷게 하고 자기는 편하게 당나귀를 타고 가다니. 요즘 아이들이란 저렇게 버릇이 없단 말이지!"

노인의 말을 듣고 보니 정말 그렇지 않겠어요?

아이는 얼른 당나귀에서 내리고 아버지를 태웠어요.

나 시장에 거의 다다랐을 때, 그 모습을 본 청년이 말했어요.

"불쌍한 당나귀! 이 더운 날 두 명이나 태우고 가느라 힘이 다 빠졌네. 나라면 당나귀를 메고 갈 텐데."

청년의 말을 듣고 보니 그런 것 같았어요.

'그래, 이대로 가다가는 시장에 가기도 전에 당나귀가 지쳐 쓰러져 버릴 거야.'

둘은 당나귀에서 내렸어요. 그러고 나서 ㉠아버지는 당나귀의 앞발을, 아이는 뒷발을 각각 어깨에 올렸지요.

이제 외나무다리 하나만 건너면 시장이에요.

"으히힝."

그때 당나귀가 버둥거리는 바람에 두 사람은 그만 당나귀를 놓치고 말았답니다. 강에 빠진 당나귀는 물살에 떠내려가고 말았어요.

"다른 사람의 말만 듣다가 결국 귀한 당나귀를 잃고 말았구나!"

아버지와 아이는 뒤늦게 후회했지만 아무 소용이 없었답니다.

01 이 글에 나온 인물의 의견을 선으로 이으시오.

(1) 농부 •　　•① 당나귀를 메고 가야 한다.

(2) 노인 •　　•② 당나귀를 타고 가야 한다.

(3) 청년 •　　•③ 아이 대신 아버지가 당나귀를 타고 가야한다.

02 아버지와 아이가 농부의 의견을 받아들인 까닭을 빈칸에 쓰시오.

• 당나귀는 원래 [　　　　　　] 동물이기 때문이다.

03 노인의 의견을 아버지와 아이가 받아들인 까닭으로 알맞은 것은 무엇입니까? (　　　)

① 아버지가 아이보다 잘났기 때문이다.
② 어른인 아버지가 우선이기 때문이다.
③ 아이는 아버지를 좋아하기 때문이다.
④ 아이는 아버지를 싫어하기 때문이다.
⑤ 아버지는 아이를 사랑하기 때문이다.

04 아버지와 아이는 누구의 말을 듣고 ㉠과 같이 행동했는지 쓰시오.

(　　　　　　　　)

서술형 논술형 문제

05 아버지와 아이의 행동이 적절한가에 대해 판단한 것입니다. 알맞은 까닭을 쓰시오.

• 적절하지 않다. 왜냐하면, _____

_____

8 단원

06~10 의견을 쓴 글

혜원 　바람직한 독서 방법은 도서관의 편의 시설을 늘리는 것입니다. 휴게실을 많이 만들면 편안히 쉴 수 있습니다. 체육관이 생기면 운동을 자주 할 수 있습니다. 컴퓨터를 많이 설치하면 인터넷을 쉽게 이용할 수 있습니다. 이와 같이 올바른 독서 방법은 도서관의 편의 시설을 늘리는 것입니다.

민서 　바람직한 독서 방법은 여러 분야의 책을 읽는 것입니다. 여러 분야의 책을 읽으면 ㉠배경지식이 풍부해집니다. 풍부한 배경지식은 학교 공부를 하는 데 도움을 줍니다. ㉡한 분야의 책만 읽으면 시력이 나빠집니다. 제가 여러 분야의 책을 읽었을 때는 시력이 좋아졌는데 한 분야의 책만 읽었을 때는 시력이 나빠졌습니다. 따라서 여러 분야의 책을 읽는 것은 좋은 독서 방법입니다.

준우 　바람직한 독서 방법은 자신이 좋아하는 책만 읽는 것입니다. 좋아하는 분야의 책을 읽으면 흥미를 느끼며 즐겁게 읽을 수 있습니다. 그 분야에 깊이 있는 지식을 쌓을 수 있습니다. 자신이 좋아하는 분야이기 때문에 책 내용을 더 쉽게 이해할 수 있습니다. 따라서 저는 이보다 더 바람직한 독서 방법은 없다고 생각합니다.

06 혜원이와 민서, 준우가 쓴 글의 주제는 어느 것입니까? (　　　)

① 안전한 학교 생활
② 바람직한 독서 방법
③ 합리적으로 소비하는 방법
④ 체계적이고 과학적으로 운동하는 방법
⑤ 논리적으로 생각하며 주장하는 글을 쓰는 방법

07 혜원이가 의견의 뒷받침 내용으로 제시한 것을 정리한 것입니다. 빈칸에 알맞은 내용을 쓰시오.

뒷받침 내용
• 휴게실을 많이 만들면 편안히 쉴 수 있다.
•
• 컴퓨터를 많이 설치하면 인터넷을 쉽게 이용할 수 있다.

08 민서의 의견은 무엇입니까? (　　　)

① 책을 직접 써 보는 것이다.
② 책을 직접 사서 읽는 것이다.
③ 여러 분야의 책을 읽는 것이다.
④ 도서관에서 책을 빌려 읽는 것이다.
⑤ 외국 작가의 책을 번역해 보는 것이다.

09 ㉠과 ㉡은 의견과 밀접하게 관련 있는지 판단하여 ○표 하시오.

뒷받침 내용	관련 있는가?
㉠	(1) 예 / 아니요
㉡	(2) 예 / 아니요

10 준우의 의견이 적절한지 알맞게 판단한 사람의 이름을 쓰시오.

단희: 자신이 좋아하는 책만 읽으면 건강해지기 때문에 적절하다고 생각해.
수지: 자신이 좋아하는 책만 읽으면 다른 분야의 책은 전혀 읽지 않을 것이기 때문에 적절하지 않다고 생각해.

(　　　　　　　)

11 글쓴이의 의견이 적절한지 평가하는 방법입니다. 빈 칸에 알맞은 말을 찾아 쓰시오.

> **보기**
> 의견   주제   문제 상황   사실

(1) 의견이 [   ]와 관련 있는지 살펴본다.

(2) [   ]을 해결할 수 있는지 살펴본다.

(3) 뒷받침 내용이 [   ]이고, 믿을 만한지 확인한다.

(4) [   ]과 뒷받침 내용이 관련 있는지 살펴본다.

---

12 이 글의 내용으로 보아 [㉠]에 들어갈 의견으로 알맞은 것에 ○표 하시오.

(1) 문화재를 개방해야 합니다.   (   )

(2) 문화재를 개방하지 말아야 합니다. (   )

---

13 글쓴이의 의견을 뒷받침하는 내용을 모두 고르시오.
(,   ,   )

① 문화재 훼손을 막을 수 있다.

② 문화재의 가격을 올릴 수 있다.

③ 더 많은 문화재를 발굴할 수 있다.

④ 옛 조상이 살았던 때를 생생하게 느낄 수 있다.

⑤ 자신이 체험한 문화재를 보호하려고 노력하는 사람이 늘어난다.

12~15 글쓴이의 의견이 나타난 글

[㉠   ] 문화재를 직접 관람하면 옛 조상이 살았던 때를 생생하게 느낄 수 있습니다. 저는 가족과 함께 고인돌 유적지를 보러 갔습니다. 거대한 고인돌이 생생하게 기억에 남았습니다. 누리집에서 고인돌에 대한 정보를 찾아보았고, 학교 도서관에서 고인돌에 대한 책을 빌려 읽기도 했습니다.

또 문화재를 개방해야만 문화재 훼손을 막을 수 있습니다. 20○○년 7월 ○○일 신문 기사를 보니 고궁 가운데 한 곳인 ○○궁에 곰팡이가 번식했다는 내용이 있었습니다. 장마인데 문을 닫고만 있어서 바람이 통하지 않아 곰팡이가 궁궐 안으로 퍼진 것입니다. 사람들이 드나들면서 바람이 통하게 하면 이와 같은 문제는 해결될 것입니다.

문화재를 개방하면 자신이 체험한 문화재를 보호하려고 노력하는 사람이 늘어날 것입니다. 어디에 있는지도 모르는 유물이 아니라 우리 곁에 있는 문화재가 되어야 합니다. 우리가 함께 가꾸고 보존해 나간다고 생각한 뒤에 힘을 모으면 '살아 있는' 문화재가 될 것입니다.

---

14 글쓴이의 의견이 적절한지 평가할 때 생각해야 할 점에 대해 알맞게 말하지 <u>못한</u> 사람의 이름을 쓰시오.

> 정희: 문화재의 종류에 대해 알아보아야 해.
> 지혜: 뒷받침하는 내용이 사실인지 살펴봐야 해.
> 수지: 뒷받침 내용의 출처가 믿을 만한 곳이어야 해.

(   )

---

15 글쓴이의 의견이 적절하지 않다고 평가한 까닭으로 알맞은 것은 무엇입니까? (   )

① 문화재는 우리 모두의 것이기 때문이다.

② 살아 있는 문화재가 되어야 하기 때문이다.

③ 문화재는 누구나 즐길 수 있는 것이기 때문이다.

④ 문화재는 한번 훼손되면 복원하기 어렵기 때문이다.

⑤ 문화재는 관람객이 직접 체험해야 더 가치 있기 때문이다.

8
단원

16 우리나라 문화재를 보호하는 방법에 대한 의견으로 알맞지 <u>않은</u> 것은 무엇입니까? (   )

① 문화재 지킴이 수를 늘려야 한다.

② 문화재 보호 홍보 활동을 자주 벌인다.

③ 문화재 보호의 중요성에 대한 교육을 한다.

④ 문화재를 아끼려면 관리·보수 비용이 있어야 한다.

⑤ 문화재를 모두 유리나 금속으로 막아 놓아야 한다.

[17~18]

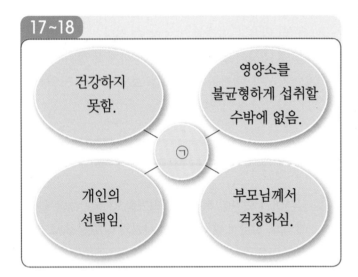

17 무엇에 대한 생각을 나타낸 것인지 ㉠에 들어갈 알맞은 주제는 무엇입니까? (   )

① 지각　　　　② 편식

③ 교통 체증　　④ 환경 오염

⑤ 도로 무단 횡단

서술형 논술형 문제

18 문제 17번에서 답한 주제에 대한 의견과 뒷받침 내용을 한 가지 쓰시오.

(1) 의견	
(2) 뒷받침 내용	

[19~20]

차례	즐겁고 행복한 학교 만들기에 대한 의견
1	함께 교실 청소하기
2	㉠
3	별명 부르지 않기
4	㉡ 하루에 한 가지씩 칭찬하기
5	돌아가면서 모두와 짝해 보기

19 다음 보기 의 내용은 ㉠에 들어갈 의견이 적절하다고 판단한 것입니다. ㉠에 알맞은 의견은 무엇입니까?

(   )

보기

말싸움을 하다가 다른 큰 싸움으로 번지는 경우가 많기 때문에 적절한 의견이다.

① 음식 남기지 않기

② 비속어 쓰지 않기

③ 복도에서 뛰지 않기

④ 화장실에서 줄 서기

⑤ 수업 시간에 장난치지 않기

20 ㉡의 의견에 대한 뒷받침 내용에 대하여 알맞게 말한 사람의 이름을 쓰시오.

 승아 ┤ 칭찬을 들은 사람은 기분이 좋아져서 즐겁게 학교 생활을 할 수 있어.

 정수 ┤ 칭찬을 하면 논리적으로 말하는 습관을 기를 수 있어.

 미진 ┤ 학교 생활과 관련된 여러 가지 책을 찾아 읽을 수 있어.

(   )

서술형·논술형 평가

정답 31쪽

1 다음 인물의 말에 나타난 의견을 쓰시오.

> "세상에! 이렇게 더운 날 어린아이는 걷게 하고 자기만 편하게 당나귀를 타고 가다니. 저런 사람이 아비라고 할 수 있나, 원! 나라면 아이도 함께 태울 텐데."

_____

_____

2 글쓴이의 의견에 대한 뒷받침 내용 중에서 믿을 만한 뒷받침 내용이 <u>아닌</u> 것을 찾고, 그 까닭을 쓰시오.

> 바람직한 독서 방법은 여러 분야의 책을 읽는 것입니다. 여러 분야의 책을 읽으면 배경지식이 풍부해집니다. 풍부한 배경지식은 학교 공부를 하는 데 도움을 줍니다. 한 분야의 책만 읽으면 시력이 나빠집니다. 제가 여러 분야의 책을 읽었을 때는 시력이 좋아졌는데 한 분야의 책만 읽었을 때는 시력이 나빠졌습니다. 따라서 여러 분야의 책을 읽는 것은 좋은 독서 방법입니다.

(1) 뒷받침 내용	
(2) 그렇게 생각한 까닭	

3~4

가 문화재를 개방해야 합니다. 문화재를 직접 관람하면 옛 조상이 살았던 때를 생생하게 느낄 수 있습니다. 저는 가족과 함께 고인돌 유적지를 보러 갔습니다. 거대한 고인돌이 생생하게 기억에 남았습니다. 누리집에서 고인돌에 대한 정보를 찾아보았고, 학교 도서관에서 고인돌에 대한 책을 빌려 읽기도 했습니다.

나 문화재를 개방하면 자신이 체험한 문화재를 보호하려고 노력하는 사람이 늘어날 것입니다. 어디에 있는지도 모르는 유물이 아니라 우리 곁에 있는 문화재가 되어야 합니다. 우리가 함께 가꾸고 보존해 나간다고 생각한 뒤에 힘을 모으면 '살아 있는' 문화재가 될 것입니다.

8
단원

3 다음은 글쓴이의 의견을 평가한 것입니다. 빈칸에 알맞은 까닭을 쓰시오.

의견에 대한 생각	적절하다고 생각한다.
그렇게 생각한 까닭	

4 다음 뒷받침 내용을 보고, 문화재 보호 방법에 대한 의견을 쓰시오.

의견	
뒷받침 내용	• 학생들에게 우리 문화재의 중요성과 보호 방법을 알려 주면 문화재 훼손을 막을 수 있을 것이다. • 문화재 관람 예절에 대한 교육을 받게 하면 문화재를 함부로 다루는 일이 줄어들 것이다.

9 감동을 나누며 읽어요

그래서 쓸 말이 없네요. 끝.

나도 한번 읽어 볼까?

하데스님, 당신은 어떠한 사람보다 못되고 나쁜 신인 것 같아요.

뭐야 이게? 칭찬이야?

하하하!

자, 모두들 좋은 시를 받은 사람도 있고 아닌 사람도 있지만 실망하지 말고 끝까지 최선을 다하자.

그래, 좋아!

모두들 힘낼까?

최선을 다해 훌륭한 신이 되자!

며칠 후...

여기 있는 학생들은 신이 되기 위한 모든 과정을 완벽히 마쳤기에 정식으로 신이 되었음을 선언합니다.

만세!

정답 32쪽

🔍 퀴즈

1. 시를 읽고 느낌을 표현하는 방법으로 알 맞은 것에 ○표 하세요.

(1) 시의 장면을 이야기로 들려준다.

(　　　)

(2) 시의 내용에 대해 설명하는 글을 쓴다.

(　　　)

교과서 개념

|배울 내용| • 시나 이야기를 읽고 느낌이나 생각을 나누어 보기
• 이야기를 읽고 다른 사람에게 들려주기

개념 1 시를 읽고 경험 말하기

① 시를 읽고 내용을 파악해 봅니다.
② 시에 나오는 장면을 떠올려 봅니다.
③ 시의 내용과 관련된 경험을 말해 봅니다.

예 「온통 비행기」와 관련된 경험 떠올리기

시의 장면 떠올리기 ➡ 비슷한 경험 떠올리기

개념 2 시를 읽고 느낌 표현하기

① 시를 읽고 느낌을 떠올려 봅니다.

> 시에 대한 느낌을 생생하게 떠올리는 방법
> • 시에 나오는 장면을 떠올려 봅니다.
> • 시에 나오는 인물이 되어 봅니다.
> • 시에 나오는 인물에게 묻고 싶은 물음을 만들어 봅니다.
> • 시에 나오는 인물과 자신의 경험을 비교해 봅니다.

② 시에 대한 느낌을 여러 가지 방법으로 표현해 봅니다.
  예 낭독하기, 노랫말 만들기, 역할극 하기, 장면을 이야기로 들려주기, 그림으로
  나타내기 등

○ 확인 문제

1 다음은 「온통 비행기」를 읽고 무엇에 대하여 떠올린 것인지 알맞은 것에 ○표 하시오.

> 동물을 좋아해 여러 동물을 그렸던 것이 떠올랐다.

(1) 장면　　　　（　　　）
(2) 경험　　　　（　　　）

2 시를 읽고 느낌을 떠올리는 방법으로 알맞지 않은 것의 번호를 쓰시오.

① 시를 쓴 사람에게 물어본다.
② 시에 나오는 인물이 되어 본다.
③ 시에 나오는 장면을 떠올려 본다.

（　　　）

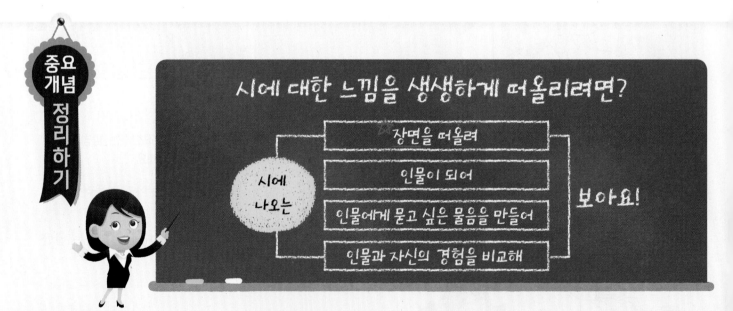

중요 개념 정리하기

시에 대한 느낌을 생생하게 떠올리려면?

시에 나오는
- 장면을 떠올려
- 인물이 되어
- 인물에게 묻고 싶은 물음을 만들어
- 인물과 자신의 경험을 비교해

보아요!

개념 ❸ 이야기를 보고 내용에 대한 생각 나누기

① 이야기를 보고 인물에게 일어난 일을 파악해 봅니다.
② 인물의 행동에 대한 자신의 생각을 말해 봅니다.
③ 이야기에 대한 생각을 글로 써 봅니다.

예 「김밥」에 나온 인물에 대한 생각 말하기

> 동숙이는 소풍 때 달걀이 들어간 김밥을 싸 달라고 엄마께 투정을 부림. →  달걀이 들어간 김밥을 먹고 싶어서 엄마께 투정을 부린 행동은 잘못된 행동이야.

개념 ❹ 이야기를 읽고 다른 사람에게 들려주기

① 이야기를 읽고 인물의 특성을 정리합니다.
② 상황과 인물의 특성에 알맞은 인물의 말을 써 봅니다.
③ 인물의 특성에 맞게 인물이 한 말을 표현해 봅니다.
④ 자신이 들려주고 싶은 사람에게 이야기를 실감 나게 표현해 봅니다.

예 「멸치 대왕의 꿈」에 나온 인물의 말 표현하기

 → 뭐라고? 너 이놈! 감히 그런 꿈풀이를 하다니, 괘씸하다!

🔺 화를 참지 못하는 성격   🔺 화가 난 표정으로 큰 목소리로 말함.

확인 문제

3 다음은 인물의 어떤 행동에 대한 생각인지 알맞은 것의 번호를 쓰시오.

> 엄마께 투정을 부린 것은 잘못이다.

① 쑥을 따옴.
② 달걀이 들어간 김밥을 먹고 싶어서 투정을 부림.

( )

4 이야기를 다른 사람에게 들려주는 방법으로 알맞은 것의 번호를 쓰시오.

① 인물의 말은 노래하듯이 표현한다.
② 인물의 특성에 맞게 인물의 말을 표현한다.

( )

5 다음 인물의 말을 표현할 때 알맞은 표정을 쓰시오.

> "뭐라고? 너 이놈! 감히 그런 꿈풀이를 하다니, 괘씸하다!"

• ( ) 표정

9
단원

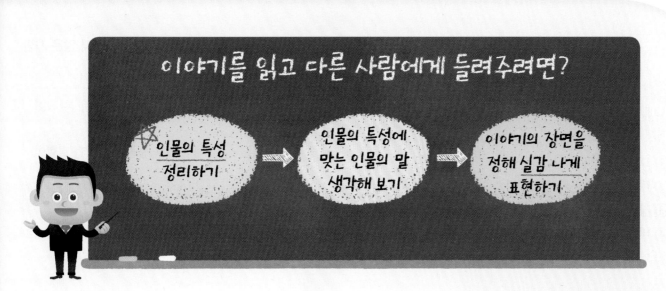

온통 비행기

내 스케치북에는 비행기가 날아.
  말하는 이가 비행기를 그림.

필통에도
지우개에도
비행기가 날아.
  비행기 그림이 그려진 물건을 좋아함.

조종석에는 언제나
내가 앉아 있어.

조수석에는 엄마도 앉고
동생도 앉고
송이도 앉아.
오늘은 우리 집 개가 앉았어.

난 비행기가 좋아.
비행기를 구경하는 것도
비행기를 그리는 것도
비행기를 생각하는 것도.

커서 뭐가 되고 싶으냐고 묻지 마.
내 마음에는 비행기가 날아.

• 글의 종류: 시
• 글쓴이: 김개미
• 글의 내용: 비행기를 좋아하는 말하는 이의 머릿속에는 온통 비행기 생각뿐입니다.

✿ 시에 나오는 장면 떠올리기 예

• 비행기를 조종하는 말하는 이의 모습
• 말하는 이의 머릿속에 비행기가 떠다니는 장면
• 구름 하나 없이 맑은 날 비행기가 떠다니는 장면

조종석(操 잡을 조 縱 세로 종 席 자리 석) 비행기를 움직이는 사람이 앉는 자리. 예 학생들은 조종석에 앉아 보는 경험을 했습니다.

---

01 시에서 말하는 이가 상상하는 것은 무엇인가요?
( )
① 과학자가 되는 상상
② 영화에 나오는 상상
③ 우주인과 만나는 상상
④ 조종석에 앉아 있는 상상
⑤ 타임머신을 타고 미래로 가는 상상

📖 교과서 문제

02 시에서 말하는 이가 하고 싶은 일로 알맞은 것을 두 가지 고르세요. (,)
① 그림을 그리는 일
② 비행기와 관련된 일
③ 강아지를 키우는 일
④ 비행기를 좋아하는 것
⑤ 가족을 기쁘게 하는 일

03 이 시를 읽고 떠오르는 장면으로 알맞지 않은 것의 기호를 쓰세요.

㉮ 비행기를 그리는 장면
㉯ 비행기를 구경하는 장면
㉰ 비행기를 가지고 노는 장면
㉱ 요리사가 되어 음식을 만드는 장면

( )

중요
04 시에서 말하는 이와 비슷한 경험을 말하지 않은 사람은 누구인지 쓰세요.

동수: 물을 무서워해서 바다에서 헤엄쳐 본 적이 없어.
지혜: 동물을 좋아해서 여러 동물을 그렸던 경험이 떠올랐어.
미진: 자동차에 관심이 있어서 자동차 박람회를 구경해 본 경험이 있어.

( )

지하 주차장

지하 주차장으로
차 가지러 내려간 아빠
한참 만에
차 몰고 나와 한다는 말이

내려가고 내려가고 또 내려갔는데 글쎄, 계속 지하로 계단이 있는 거야! 그러다 아이쿠, 발을 헛디뎠는데 아아아…… 이상한 나라의 앨리스처럼 깊은 동굴 속으로 끝없이 떨어지지 않겠니? 정신을 차려 보니까 호빗이 사는 마을이었어. 호박처럼 생긴 집들이 미로처럼 뒤엉켜 있는데 갑자기 흰머리 간달프가 나타나 말하더구나. 이 새 자동차가 네 자동차냐? 내가 말했지. 아닙니다, 제 자동차는 10년 다 된 고물 자동차입니다. 오호, 정직한 사람이구나. 이 새 자동차를…….

아빠의 차는 오래됨.

에이, 아빠!
차 어디에 세워 놨는지 몰라서 그랬죠?
차 찾느라
온 지하 주차장 헤매고 다닌 거
다 알아요.
피이!

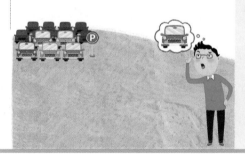

- 글의 종류: 시
- 글쓴이: 김현욱
- 글의 내용: 지하 주차장으로 차를 가지러 가신 아빠께서 차를 찾지 못해 헤매고 다닌 사실을 눈치 챈 아이의 마음이 나타납니다.

✿ 시 속의 인물과 면담하기

- 누구와 면담할지 정하기
  예 아빠

- 물음 만들기 예
  "지하 주차장에서 겪었다는 일이 정말입니까?"
  "어제 무슨 일이 있었기에 주차한 곳을 못 찾은 겁니까?"

헛디뎠는데 발을 잘못 디뎠는데.
  예 계단에서 발을 헛디뎠는데 다행히 다치지 않았습니다.
미로(迷 헤맬 미 路 길 로) 어지럽게 갈래가 져서, 한번 들어가면 다시 빠져나오기 어려운 길.
뒤엉켜 마구 엉키어.
고물 헐거나 낡은 물건.

05 시에서 아이가 한 일은 무엇인가요? ( )
① 아빠와 함께 차를 찾았다.
② 이상한 나라의 앨리스를 만났다.
③ 미로 같은 시장을 헤매고 다녔다.
④ 아버지의 낡은 자동차를 깨끗이 닦았다.
⑤ 지하 주차장에 차를 가지러 간 아빠를 기다렸다.

◇ 서술형 논술형 문제

06 아빠께서 늦게 나타나신 까닭은 무엇인지 쓰세요.

_____

_____

07 시에 나오는 아빠의 마음으로 알맞은 것을 두 가지 고르세요. (,)
① 신난다.　　　　② 즐겁다.
③ 지루하다.　　　④ 걱정된다.
⑤ 다급하다.

중요
08 시에 대한 느낌을 알맞게 말한 사람의 이름을 쓰세요.

영지: 아빠가 되어 면담 물음에 대답해 보니 아이에게 들키고 싶지 않았던 아빠의 마음이 느껴졌어.
화순: 노랫말로 지어 보니 아빠가 새 자동차를 얻게 되어 기뻐하는 마음이 느껴졌어.

( )

김밥

❂ 동숙이는 엄마께 소풍 때 달걀이 들어간 김밥을 싸 달라고 투정을 부리지만 엄마께서는 집안 사정이 어렵다고 하시면서 동숙이를 나무라신다.

❂ 동숙이는 쑥을 팔아서 달걀을 사고 싶었지만 아무도 쑥을 사지 않았다. 그런데도 선생님께 도시락을 싸 가겠다고 하고 엄마께 김밥을 싸 달라고 말씀드린다.

❂ 동숙이는 아버지의 병원비로 달걀 한 줄을 사게 되어 기뻤다. 하지만 오는 길에 넘어져서 달걀이 깨지고 만다.

❂ 소풍날 선생님께서는 김밥을 못 먹고 있는 동숙이에게 자신은 배탈이 나서 못 먹겠다고 하며 김밥을 주신다.

• **이야기의 내용:** 달걀이 귀했던 시절에 달걀이 들어간 김밥을 먹고 싶었던 한 소녀의 이야기입니다.

✿ **인물의 행동에 대한 자신의 생각 말하기** 예

동숙 엄마께 달걀이 들어간 김밥을 싸 달라고 조름.

"아무리 먹고 싶어도 엄마께 투정을 부리는 것은 잘못된 행동이야."

엄마 동숙이를 나무람.

"집안 사정을 생각하지 않고 달걀이 들어간 김밥을 싸 달라는 동숙이를 나무라지만 그 마음도 편하지는 않았을 것 같아."

📖 교과서 문제

09 동숙이가 소풍에 가져가고 싶은 것은 무엇인가요?
( )

① 팥이 들어간 빵
② 쑥으로 만든 떡
③ 설탕이 들어간 호떡
④ 고기가 들어간 만두
⑤ 달걀이 들어간 김밥

10 선생님께서 배탈이 났다고 한 까닭은 무엇인가요?
( )

① 배가 불렀기 때문이다.
② 김밥을 싫어하기 때문이다.
③ 김밥이 많이 있기 때문이다.
④ 다른 음식을 먹고 싶었기 때문이다.
⑤ 김밥을 못 먹는 동숙이가 안쓰러워 자신의 김밥을 주기 위해서이다.

11 ❸에 나타난 동숙이의 행동에 대한 생각으로 알맞은 것에 ○표 하세요.
(1) 서운할 것 같다. ( )
(2) 부러울 것 같다. ( )

✏️ 서술형 논술형 문제

12 다음 장면에 나타난 일에 대하여 자신의 생각을 써 보세요.

❂ 아무도 동숙이의 쑥을 사지 않는다.

_____

_____

멸치 대왕의 꿈

- 글쓴이: 천미진　　· 글의 종류: 이야기
- 글의 특징: 여러 바다 생물들의 생김새에 대한 유래를 꿈풀이와 관련지어 재미있게 표현한 이야기입니다.

1 옛날 동쪽 바다에 멸치 대왕이 살고 있었어. 그런데 어느 날 아주 이상한 꿈을 꾸었지. 꿈속에서 멸치 대왕이 하늘을 **오르락내리락**, 구름 속을 왔다 갔다, 그러다가 갑자기 흰 눈이 펄펄 내리더니 추웠다가 더웠다가 하는

5 거야. 멸치 대왕은 무슨 꿈인지 몹시 궁금했어. 그래서 멸치 대왕은 넓적 가자미한테 꿈풀이를 잘한다는 망둥 할멈을 데려오라고 했지.

넓적 가자미는 너무너무 졸려서 정말 가기 싫었지만 대왕님의 명령이라 어쩔 수 없었지. 넓적 가자미는 하

10 루, 이틀, 사흘, 나흘 여러 날이 걸려서 망둥 할멈이 살

고 있는 서쪽 바다에 도착했어. 넓적 가자미는 망둥 할멈

<small>망둥 할멈이 사는 곳</small>

을 데리고 또다시 하루, 이틀, 사흘, 나흘 **그렁저렁** 여러

날이 걸려 동쪽 바다로 돌아왔단다. 멸치 대왕은 먹을 것

<small>멸치 대왕이 사는 곳</small>

을 잔뜩 준비하고, 꼴뚜기, 메기, 병어 **정승** 들을 불렀지.

그리고 망둥 할멈을 반갑게 맞아들였어.　　5

중심 내용 1 멸치 대왕은 자신의 꿈의 내용이 궁금해서 넓적 가자미에게 꿈풀이를 잘한다는 망둥 할멈을 데려오라고 했습니다.

오르락내리락　올라갔다 내려갔다 하는 것을 되풀이하는 모양.
　　예 아이들은 <u>오르락내리락</u> 정신없이 계단을 뛰어다녔습니다.
펄펄　먼지나 눈, 가루 등이 바람에 세차게 날리는 모양.
　　예 거리에는 길 먼지가 <u>펄펄</u> 날립니다.

그렁저렁　그렇게 저렇게 하는 사이에 어느덧. 그럭저럭.
　　예 <u>그렁저렁</u> 무더운 여름이 지나고 선선한 가을이 왔습니다.
정승　관아에 나아가 나랏일을 맡아 다스리는 자리.
　　예 조상 중에 조선 시대에 <u>정승</u>까지 벼슬을 지낸 분이 계십니다.

---

9 단원

📢 교과서 문제

13 멸치 대왕이 궁금하게 생각한 것은 무엇인가요?
　　　　　　　　　　　　　(　　　)

① 자신의 꿈　　　② 내일의 날씨
③ 바다 밖의 세상　④ 신하들의 속마음
⑤ 서쪽 바다의 주인

중요

14 글 **1**에서 멸치 대왕이 꿈을 꾸고 난 상황에서 할 말로 알맞은 것은 무엇인가요? (　　　)

① "잠을 푹 잘 잤구나."
② "시끄러워서 잠을 못 잤네."
③ "지난밤에 꿈을 꾸지 않았네."
④ "이건 분명 보통 꿈이 아니야."
⑤ "아침에 일찍 일어났더니 피곤하네."

15 멸치 대왕의 모습으로 알맞은 것은 무엇인가요?
　　　　　　　　　　　　　(　　　)

① 다리가 짧고 굵다.
② 귀가 얼굴보다 크다.
③ 몸이 말랐고 길쭉하다.
④ 눈이 동그랗고 입이 크다.
⑤ 다리가 길고 배가 나왔다.

16 다음은 누가 할 말인지 쓰세요.

> "멸치 대왕께서 꿈풀이를 부탁하셨습니다."

(　　　　　　　)

❷ 하지만 넓적 가자미한테는 알은척도 하지 않고 먹을 것도 주지 않자 넓적 가자미는 잔뜩 화가 나서 **토라져** 버렸어. ㉠멸치 대왕이 망둥 할멈에게 꿈 이야기를 해 주자 망둥 할멈은 벌떡 일어나 절을 하면서 "대왕마마, 용이 될 꿈입니다."라고 말했어. 그러면서 하늘을 오르락내리락 구름 속을 왔다가 갔다가 하는 것은 용이 되어서 하늘을 날아다니는 것이고, 흰 눈이 내리면서 추웠다가 더웠다가 하는 것은 용이 되어 날씨를 마음대로 다스리게 되는 것이라고 풀이해 주었어. 망둥 할멈의 꿈풀이에 멸치 대왕은 기분이 좋아 **덩실덩실** 춤을 추었지.

하지만 ㉡넓적 가자미는 멸치 대왕한테 용이 되는 꿈이 아니라 큰 **변**을 당하게 될, 아주 나쁜 꿈이라고 말했어. 그러면서 하늘을 오르락내리락한다는 것은 낚싯대에 걸린 것이고, 구름은 모락모락 숯불 연기이고, 또 흰 눈은 소금이고, 추웠다가 더웠다가 한다는 것은 잘 익으라고 뒤집었다 엎었다 하는 것이라고 멸치 대왕의 꿈을 풀이했어.

중심 내용 ❷ 망둥 할멈은 멸치 대왕이 용이 될 꿈이라고 하고, 넓적 가자미는 큰 변을 당할 아주 나쁜 꿈이라고 했습니다.

토라져 마음에 들지 아니하고 뒤틀리어서 싹 돌아서서.
예 동생이 게임기를 안 사 준다고 잔뜩 **토라져** 있습니다.

---

❸ 넓적 가자미의 꿈풀이를 듣던 멸치 대왕은 화가 나 얼굴이 점점 붉어졌지. 꿈풀이를 다 듣고 난 뒤 멸치 대왕은 너무나도 화가 나 넓적 가자미의 **뺨**을 때렸는데 어찌나 세게 때렸던지 넓적 가자미의 눈이 한쪽으로 찍 몰려가 붙어 버리고 말았던 거야. 그 모양을 보고 있던 꼴뚜기는 자기도 **뺨**을 맞을까 봐 겁이 나서 자기의 눈을 떼어서 엉덩이에 찰싹 붙여 버렸고, 망둥 할멈은 너무 놀라 눈이 툭 튀어나와 버렸지. 메기는 기가 막혀 너무 크게 웃다가 입이 쫙 찢어져 버렸고, 병어는 자기도 입이 찢어질까 봐 입을 꽉 움켜쥐고 웃다가 그만 입이 뾰쪽해지고 말았어.

꼴뚜기의 눈이 엉덩이에 붙은 까닭

망둥 할멈의 생김새

중심 내용 ❸ 넓적 가자미의 꿈풀이를 들은 멸치 대왕은 화가 나서 넓적 가자미의 뺨을 아주 세게 때렸습니다.

◈ **인물의 모습**

멸치 대왕	몸이 말랐고 길쭉하다.
넓적 가자미	눈이 한쪽 뺨에 몰렸다.
망둥 할멈	등이 굽고 눈이 툭 튀어나왔다.

덩실덩실 신이 나서 팔다리와 어깨를 자꾸 흔들며 춤을 추는 모양.
변(變 재앙 변) 갑자기 생긴 나쁜 일이나 이상한 일.

---

17 다음 인물의 성격으로 알맞은 것의 번호를 쓰세요.

> ① 속이 좁다.
> ② 윗사람에게 아부를 잘한다.

(1) 망둥 할멈 (　　　　)
(2) 넓적 가자미 (　　　　)

중요
18 다음은 멸치 대왕이 ㉠과 ㉡ 중 어떤 상황에서 할 말로 알맞은지 각각 기호를 쓰세요.

(1) "뭐라고? 너 이놈! 감히 그런 꿈풀이를 하다니, 괘씸하다!" (　　　　)
(2) "오, 아주 훌륭한 꿈풀이로다. 하하하, 아주 마음에 든다." (　　　　)

19 넓적 가자미의 눈이 한쪽으로 찍 몰려가 붙은 까닭은 무엇인가요? (　　　　)
① 망둥 할멈과 싸워서
② 멸치 대왕을 째려보아서
③ 메기의 모습을 보고 너무 웃어서
④ 멸치 대왕의 말을 듣고 너무 놀라서
⑤ 멸치 대왕이 뺨을 아주 세게 때려서

서술형 논술형 문제
20 다음 넓적 가자미가 한 말을 실감 나게 표현하는 방법을 쓰세요.

"내가 고생해서 망둥 할멈을 데리고 왔는데, 나를 이런 식으로 대접해?"

(　　　　　　　　　　　　　　　　　　)

국어 활동

시를 읽고 느낌을 표현할 수 있는지 확인해 봅시다.

제기차기

· 글의 종류: 시   · 글쓴이: 김형경

제기를 찬다.
책상 앞에 묶였던
빈 마음들
훌훌
골목으로 몰려,
한 다발
하얀
바람을 차올린다.

한 발 차기
두 발 차기
신이 난 제기.

한껏 부푼
골목엔
터질 듯한 아우성.

제기가 숫숫 발을 끌어올리면
아이들 온 바람은
하늘까지 치솟는다.
높은 곳까지 제기를 차 올리는 모습

제기가 오른다.
얼어붙은 골목 가득 숫숫대며
지금도
아이들 하얀
바람이 솟구친다.

1 이 시에서 아이들이 있는 곳은 어디 인가요? (   )

① 교실   ② 골목
③ 운동장   ④ 체육관
⑤ 수영장

2 이 시를 읽고 떠오르는 아이들의 모습으로 알맞은 것의 기호를 쓰세요.

> ㉠ 공부하는 모습
> ㉡ 달리기하는 모습
> ㉢ 제기를 차는 모습

(   )

3 이 시에 대한 느낌을 알맞게 말한 사람의 이름을 쓰세요.

> 희애: 신나고 즐거운 느낌이 들어.
> 유미: 초조하고 불안한 느낌이 들어.

(   )

기초 다지기   '만큼', '대로', '뿐'의 띄어쓰기

· '만큼', '대로', '뿐'은 사람이나 사물의 이름을 나타내는 낱말이나 수를 나타내는 낱말 뒤에서는 붙여 씁니다. 형태가 바뀌는 낱말 가운데에서 '-는/-을/-던'과 같이 '-ㄴ/-ㄹ'로 끝나는 말 뒤에서는 띄어 씁니다.

· **붙여 쓸 경우**

· **띄어 쓰는 경우**

4 밑줄 그은 부분의 띄어쓰기가 맞으면 ○표, 틀리면 ✕표 하세요.
(1) 우리만큼 겨울을 사랑하는 아이들이 또 있을까? (   )
(2) 친구는 친구 대로 내 말에 속이 상했나 보다. (   )

5 둘 중 바른 띄어쓰기에 ○표 하세요.
· 반찬을 (먹을 만큼 / 먹을만큼) 덜어서 먹었다.

01~03 온통 비행기

가 필통에도
지우개에도
비행기가 날아.

조종석에는 언제나
내가 앉아 있어.

나 난 비행기가 좋아.
비행기를 구경하는 것도
비행기를 그리는 것도
비행기를 생각하는 것도.

㉠커서 뭐가 되고 싶으냐고 묻지 마.
내 마음에는 비행기가 날아.

01 말하는 이가 ㉠과 같이 말한 까닭은 무엇입니까?
( )

① 대답하고 싶지 않기 때문이다.
② 알려 주고 싶지 않기 때문이다.
③ 되고 싶은 것이 없기 때문이다.
④ 물어볼 필요 없이 정해져 있기 때문이다.
⑤ 무엇이 되고 싶은지 생각하지 않기 때문이다.

02 말하는 이가 상상하는 것은 무엇입니까?

• 비행기 [ ]에 앉아 있는 상상

03 이 시에서 말하는 이와 비슷한 경험을 말한 사람의 이름을 쓰시오.

정미: 친구들과 인기 있는 영화를 보러 간 적이 있어.
진수: 책을 읽다가 다 못 읽은 부분이 궁금해 계속 머릿속에서 생각난 적이 있어.

( )

04~05 지하 주차장

가 내려가고 내려가고 또 내려갔는데 글쎄, 계속 지하로 계단이 있는 거야! 그러다 아이쿠, 발을 헛디뎠는데 아아아…… 이상한 나라의 앨리스처럼 깊은 동굴 속으로 끝없이 떨어지지 않겠니? 정신을 차려 보니까 호빗이 사는 마을이었어. 호박처럼 생긴 집들이 미로처럼 뒤엉켜 있는데 갑자기 흰머리 간달프가 나타나 말하더구나. 이 새 자동차가 네 자동차냐? 내가 말했지. 아닙니다, 제 자동차는 10년 다 된 고물 자동차입니다. 오호, 정직한 사람이구나. 이 새 자동차를…….

나 에이, 아빠!
차 어디에 세워 놨는지 몰라서 그랬죠?
차 찾느라
온 지하 주차장 헤매고 다닌 거
다 알아요.
피이!

04 아빠가 **가**에서와 같이 말한 까닭으로 알맞은 것의 기호를 쓰시오.

㉮ 새 자동차를 샀다고 자랑하고 싶었다.
㉯ 아이에게 재미있는 이야기를 해 주고 싶었다.
㉰ 차를 어디에 두었는지 기억나지 않아 한참 찾은 것을 아이에게 들키고 싶지 않았다.

( )

◈ 서술형 논술형 문제

05 시에 대한 느낌을 떠올리기 위하여 아이에게 물어볼 물음을 쓰시오.

_____

_____

06~08 김밥

○ 동숙이는 엄마께 소풍 때 달걀이 들어간 김밥을 싸 달라고 투정을 부리지만 엄마께서는 집안 사정이 어렵다고 하시면서 동숙이를 나무라신다.

○ 동숙이는 쑥을 팔아서 달걀을 사고 싶었지만 아무도 쑥을 사지 않았다. 그런데도 선생님께 도시락을 싸 가겠다고 하고 엄마께 김밥을 싸 달라고 말씀드린다.

06 동숙이가 먹고 싶은 음식은 무엇입니까? (   )

① 빵
② 김밥
③ 사탕
④ 부침개
⑤ 비빔국수

07 동숙이가 달걀을 사기 위해 한 행동을 찾아 기호를 쓰시오.

> ㉮ 쑥을 팔려고 하였다.
> ㉯ 엄마의 일을 도우려고 하였다.
> ㉰ 친구에게 돈을 빌리려고 하였다.

(   )

08 다음은 어떤 인물의 행동에 대한 생각을 말한 것인지 쓰시오.

> 원하는 음식을 만들어 주지 못해서 속상했을 것이다.

(   )

09~11 멸치 대왕의 꿈

㉮ 멸치 대왕이 망둥 할멈에게 꿈 이야기를 해 주자 망둥 할멈은 벌떡 일어나 절을 하면서 "대왕마마, 용이 될 꿈입니다."라고 말했어.

㉯ 넓적 가자미는 멸치 대왕한테 용이 되는 꿈이 아니라 큰 변을 당하게 될, 아주 나쁜 꿈이라고 말했어.

㉰ 넓적 가자미의 꿈풀이를 듣던 멸치 대왕은 화가 나 얼굴이 점점 붉어졌지. 꿈풀이를 다 듣고 난 뒤 멸치 대왕은 너무나도 화가 나 넓적 가자미의 뺨을 때렸는데 어찌나 세게 때렸던지 넓적 가자미의 눈이 한쪽으로 찍 몰려가 붙어 버리고 말았던 거야.

09 망둥 할멈과 넓적 가자미의 꿈풀이를 알맞게 선으로 이으시오.

(1) 망둥 할멈 · · ① 멸치 대왕이 용이 될 꿈이다.

(2) 넓적 가자미 · · ② 멸치 대왕이 큰 변을 당할 아주 나쁜 꿈이다.

10 멸치 대왕의 성격은 어떠합니까? (   )

① 신중하다.
② 침착하다.
③ 참을성이 있다.
④ 인내심이 있다.
⑤ 화를 참지 못한다.

11 다음 멸치 대왕의 말을 실감 나게 들려주기 위한 방법으로 알맞은 것에 ○표 하시오.

> "뭐라고? 너 이놈! 감히 그런 꿈풀이를 하다니, 괘씸하다!"

(1) 화를 내며 큰 목소리로 말한다. (   )
(2) 다정하게 부드러운 목소리로 말한다.

(   )

서술형·논술형 평가

1~2

내 스케치북에는 비행기가 날아.

필통에도
지우개에도
비행기가 날아.

조종석에는 언제나
내가 앉아 있어.

조수석에는 엄마도 앉고
동생도 앉고
송이도 앉아.
오늘은 우리 집 개가 앉았어.

난 비행기가 좋아.
비행기를 구경하는 것도
비행기를 그리는 것도
비행기를 생각하는 것도.

커서 뭐가 되고 싶으냐고 묻지 마.
내 마음에는 비행기가 날아.

1 다음은 이 시를 읽고 떠오르는 장면입니다. 한 가지를 더 쓰시오.

- 비행기를 그리는 장면
- 비행기를 가지고 노는 장면
- _____

2 이 시를 읽고 말하는 이와 비슷한 자신의 경험을 쓰시오.

_____

3~4

가 멸치 대왕은 먹을 것을 잔뜩 준비하고, 꼴뚜기, 메기, 병어 정승 들을 불렀지. 그리고 망둥 할멈을 반갑게 맞아들였어.
  하지만 넓적 가자미한테는 알은척도 하지 않고 먹을 것도 주지 않자 넓적 가자미는 잔뜩 화가 나서 토라져 버렸어.

나 넓적 가자미는 멸치 대왕한테 용이 되는 꿈이 아니라 큰 변을 당하게 될, 아주 나쁜 꿈이라고 말했어.

다 넓적 가자미의 꿈풀이를 듣던 멸치 대왕은 화가 나 얼굴이 점점 붉어졌지. 꿈풀이를 다 듣고 난 뒤 멸치 대왕은 너무나도 화가 나 넓적 가자미의 뺨을 때렸는데 어찌나 세게 때렸던지 넓적 가자미의 눈이 한쪽으로 찍 몰려가 붙어 버리고 말았던 거야.

3 넓적 가자미의 특성을 정리하여 쓰시오.

모습	• 넓적하다. • (1) _____
행동	멸치 대왕에게 삐쳐서 멸치 대왕의 꿈을 (2) _____
성격	(3)

4 글 **가**의 상황에 맞는 넓적 가자미의 말을 쓰시오.

_____
_____

BOOK 2

다양한 유형의 단계별 문제를 모은

평가북

#차원이_다른_클라쓰
#강의전문교재
#초등교재

수학교재

● 수학리더 시리즈
- 수학리더 [연산]   예비초~6학년/A·B단계
- 수학리더 [개념]   1~6학년/학기별
- 수학리더 [기본]   1~6학년/학기별
- 수학리더 [유형]   1~6학년/학기별
- 수학리더 [기본+응용]   1~6학년/학기별
- 수학리더 [응용·심화]   1~6학년/학기별
- (신간) 수학리더 [최상위]   3~6학년/학기별

● 독해가 힘이다 시리즈 *문제해결력
- 수학도 독해가 힘이다   1~6학년/학기별
- (신간) 초등 문해력 독해가 힘이다 문장제 수학편   1~6학년/단계별

● 수학의 힘 시리즈
- (신간) 수학의 힘   1~2학년/학기별
- 수학의 힘 알파[실력]   3~6학년/학기별
- 수학의 힘 베타[유형]   3~6학년/학기별

● Go! 매쓰 시리즈
- Go! 매쓰(Start) *교과서 개념   1~6학년/학기별
- Go! 매쓰(Run A/B/C) *교과서+사고력   1~6학년/학기별
- Go! 매쓰(Jump) *유형 사고력   1~6학년/학기별

● 계산박사   1~12단계

● 수학 더 익힘   1~6학년/학기별

월간교재

● NEW 해법수학   1~6학년

● 해법수학 단원평가 마스터   1~6학년/학기별

● 월간 무등생평가   1~6학년

전과목교재

● 리더 시리즈
- 국어   1~6학년/학기별
- 사회   3~6학년/학기별
- 과학   3~6학년/학기별

BOOK 2

다양한 유형의 단계별 문제를 모은

평가북

계 개념 정리 ✦ 2단계 쪽지시험 ✦ 3단계 기출 문제 ✦ 4단계 단원평가

4-2

국어
리더

천재교육

BOOK 2

다양한 유형의 단계별 문제를 모은

평가북

Book 2 평가북

1 단계 개념 정리
교과서 개념과 지문 내용을
한눈에 익혀요.

2 단계 쪽지시험
물음에 답하면서
중요 내용을 확인해요.

4 단계 단원평가
꼭 알아야 할 문제를 풀면서
단원을 마무리하고 정리해요.

3 단계 기출 문제
학교시험에 잘 나오는
문제만 모았어요.

차례

국어 **리더** **4**-2

개념 정리

1단계

개념 ① 만화 영화나 영화를 본 경험 말하기

① 언제, 누구와 함께 보았는지 말합니다.
② 등장인물은 누구누구인지 말합니다.
③ 가장 기억에 남는 장면이 무엇인지 말합니다.
④ 소개해 주고 싶은 친구와 그 까닭은 무엇인지 말합니다.

활동 만화 영화나 영화를 본 경험 예

 얼마 전에 「니모를 찾아서」라는 만화 영화를 보았어.

 나도 보았어. 니모를 사랑하는 아빠 물고기의 모습이 기억에 남아.

개념 ② 영화를 감상하는 방법

① 제목, 광고지, 예고편 등을 보고 내용을 미리 상상합니다.
② 기억에 남는 대사나 인상 깊은 장면을 생각합니다.
③ 영화 내용을 떠올려 보고 느낀 점을 글로 써 봅니다.

활동 「우리들」 감상하기

피구를 하려고 편을 나눌 때 선의 표정이 점점 변해 가는 것이 가장 인상 깊다.

◑ 인상 깊은 장면을 떠올려 말하기

개념 ③ 만화 영화 감상하기

① 광고지와 등장인물을 보고 어떤 내용이 펼쳐질지 상상합니다.
② 각 장면을 보고 일이 일어난 차례를 생각하며 내용을 간추립니다.
③ 등장인물의 표정, 몸짓, 말투 등을 바탕으로 성격을 파악합니다.
④ 만화 영화를 감상한 느낌을 여러 가지 방법으로 표현해 봅니다.

활동 「오늘이」에서 일이 일어난 차례

1 오늘이, 야아, 여의주가 원천강에서 행복하게 산다.

2 수상한 뱃사람들이 야아 몰래 오늘이를 데려가다가 화살로 야아를 쏜 뒤에 원천강이 얼어붙는다.

3 오늘이는 원천강으로 돌아가는 길에 행복을 찾겠다며 책만 읽는 매일이를 만난다.

4 많은 꽃봉오리를 가졌지만 꽃이 한 송이밖에 피지 않는 연꽃나무를 만난다.

5 오늘이는 사막에서 비와 구름을 벗어나고 싶은 구름이를 만난다.

6 많은 여의주를 가지고도 용이 되지 못한 이무기를 만난다.

개념 ④ 만화 영화를 감상하고 사건을 생각하며 이어질 내용 쓰기

① 일이 일어난 차례를 생각하며 씁니다.
② 앞의 내용과 잘 어울리도록 씁니다.
③ 인물의 성격이나 하는 일을 생각해서 씁니다.
④ 인물이 처한 상황을 다르게 하여 이야기를 상상해서 씁니다.

01 기억에 남는 만화 영화나 영화를 떠올릴 때에 생각할 점에 ○표 하시오.

(1) 등장인물 ( )

(2) 꾸며 주는 말 ( )

[02~03] 아버지와 딸이 나눈 대화

한꺼번에 너무 많이 물으시는데요? 꼭 「니모를 찾아서」에 나오는 아빠 물고기 같아요.

사랑하기도 하지만 걱정이 많다는 뜻이에요.

그래, 알았다. 즐겁게 놀고 너무 늦지 않게 들어오면 좋겠구나. 아빠도 이제 걱정을 덜 하도록 노력하마.

지난번에 같이 본 만화 영화 「니모를 찾아서」에 나오는 아빠 물고기처럼 너를 무척 사랑한다는 말이지?

02 두 사람이 본 만화 영화의 제목은 무엇입니까?

( )

03 두 사람은 만화 영화의 등장인물 중 누구에 대하여 이야기를 하고 있습니까?

( )

[04~05] 「우리들」

❶ 지아가 시험에서 일 등을 하자, 그전까지 반에서 늘 일 등을 하던 보라가 운다.

❷ 피구를 할 때 선은 지아가 금을 밟지 않았다고 용기를 내어 친구들에게 말한다.

04 보라는 시험에서 (지아에게 일 등을 빼앗기자 / 꼴찌를 하자) 울었습니다.

05 피구를 할 때 선은 [   ] 가 금을 밟지 않았다고 용기를 내어 친구들에게 말했습니다.

06 영화를 감상할 때에는 제목, 광고지, (예고편 / 영화관) 등을 보고 내용을 미리 상상합니다.

[07~10] 「오늘이」

❶ 오늘이는 사막에서 비와 구름을 벗어나고 싶은 구름이를 만난다.

❷ 많은 여의주를 가지고도 용이 되지 못한 이무기를 만난다.

❸ 이무기는 갈라진 얼음 사이로 떨어지는 오늘이를 구해 마침내 용이 되고, 용이 불을 뿜어 원천강이 빛을 되찾는다.

❹ 구름이는 연꽃을 꺾어서 매일이에게 주고, 둘은 행복한 시간을 보낸다.

07 구름이의 고민은 무엇입니까?

• 구름과 [   ] 를 벗어나고 싶다.

08 이무기가 용이 되고 싶어서 모은 것은 무엇입니까?

( )

09 이무기가 용이 될 수 있었던 까닭은 무엇입니까?

• 갈라진 얼음 사이로 떨어지는 [   ] 를 구해서이다.

10 매일이는 누구를 만나서 행복해졌습니까?

( )

개념 영화를 감상하는 방법

> 선과 지아가 봉숭아 꽃물을 들이는 장면이 인상 깊다.

• 기억에 남는 대사나 인상 깊은 장면을 생각합니다.

개념 만화 영화를 감상하고 사건을 생각하며 이어질 내용 쓰기

• 인물, 사건, 배경 등을 생각하며 씁니다.

[01~02] 「우리들」

❶ 지아와 선은 봉숭아 꽃물을 들이며 여름 방학을 함께 보내고 순식간에 세상 누구보다 친한 사이가 된다.

❷ 개학을 하고 학교에서 선을 만난 지아는 선을 따돌리는 보라 편에 서서 선을 외면한다.

01 ❶에서 봉숭아 꽃물이 뜻하는 것에 ○표 하시오.

(1) 선과 지아의 우정 ( )
(2) 보라와 지아의 질투 ( )

02 ❷에서 선의 마음으로 알맞은 것은 무엇입니까?
( )

① 기쁘다. ② 설렌다. ③ 흐뭇하다.
④ 화가 난다. ⑤ 자랑스럽다.

03 영화를 감상하고 생각할 점으로 알맞지 <u>않은</u> 것의 번호를 쓰시오.

① 영화를 만든 비용
② 가장 인상 깊은 장면
③ 가장 기억에 남는 대사

( )

[04~05] 「오늘이」

❶ 오늘이가 행복이 무엇인지 알고 싶어서 책을 읽고 있던 매일이 머리 위로 떨어짐.

❷ 오늘이가 사막에서 비를 맞고 있던 구름이를 만남.

❸ 오늘이가 원천강으로 가기 위해 이무기 머리 위에 올라탐.

04 매일이는 무엇에 대해 알고 싶어서 매일 책을 읽었습니까? ( )

① 용 ② 행복 ③ 연꽃
④ 이무기 ⑤ 원천강

05 ❸에 이어질 내용을 알맞게 말한 사람의 이름을 쓰시오.

서준: 오늘이가 학 야아와 싸우고 원천강을 떠날 것 같아.
슬기: 이무기가 오늘이를 데려가려는 뱃사람을 물리치고 용이 될 것 같아.

( )

단원평가

1. 이어질 장면을 생각해요

점수

01~02 아버지와 딸이 나눈 대화

01 아버지는 만화 영화에 나오는 아빠 물고기를 어떻게 생각합니까? ( )

① 니모에게 관심이 없다.
② 니모를 지나치게 보호한다.
③ 니모를 내버려 두기만 한다.
④ 니모가 하는 일마다 간섭한다.
⑤ 니모를 무척 사랑한다.

02 딸은 만화 영화에 나오는 아빠 물고기를 어떻게 생각합니까? ( )

① 니모를 믿지 않는다.
② 니모에 대해서 걱정을 많이 한다.
③ 니모에 대해서 궁금한 것이 많다.
④ 니모가 적극적으로 행동하기를 바란다.
⑤ 니모가 혼자서 어려움을 헤쳐 나가기를 바란다.

◈서술형 논술형 문제

03 기억에 남는 만화 영화나 영화를 떠올려 다음 내용을 쓰시오.

(1) 제목	
(2) 등장인물	
(3) 가장 기억에 남는 장면	

04~05 우리들

❶ 피구를 하려고 편을 가르는데 계속 선의 이름이 불리지 않는다.

❷ 언제나 혼자인 외톨이 선은 여름 방학을 시작하는 날, 전학생인 지아를 만나 친구가 된다.

04 피구를 하려고 편을 가르는 장면에서 친구들의 이름이 한 명씩 불릴 때 선의 마음은 어떠하였겠는지 ○표 하시오.

(1) 반갑다. → 즐겁다. ( )
(2) 기대된다. → 실망한다. ( )

05 ❷에서 지아와 친구가 된 선의 마음으로 알맞은 것은 무엇입니까? ( )

① 즐겁다. ② 무섭다.
③ 슬프다. ④ 화가 난다.
⑤ 깜짝 놀랐다.

06~07 우리들

> ❶ 지아가 시험에서 일 등을 하자, 그전까지 반에서 늘 일 등을 하던 보라가 욺.
>
> ❷ 선이 동생 윤에게 친구 연호와 싸우면서도 계속 노는 이유를 묻자 윤이 대답함.

06 ❶에서 보라의 마음은 어떠하겠습니까? (   )
 ① 즐겁다. ② 고맙다.
 ③ 재미있다. ④ 속상하다.
 ⑤ 자랑스럽다.

07 ❷에서 선의 물음에 윤은 어떻게 대답하였겠습니까?
(   )
 ① 친구가 나보다 어리잖아.
 ② 연호 엄마가 꾸중을 하셨어.
 ③ 누나가 연호와 놀라고 했잖아.
 ④ 연호가 내 장난감을 빼앗는다고 했어.
 ⑤ 계속 때리면 언제 놀아? 나는 그냥 놀고 싶어.

08 「우리들」의 전체 내용을 보고 알맞게 말한 사람을 쓰시오.

> 현진: 영화의 마지막에서 지아가 선에게 화해하자고 말하는 대사가 기억에 남아.
> 우진: 지아가 전 학교에서 따돌림을 당했다는 이야기를 듣는 선의 표정이 인상 깊어. 자신과 같은 처지라는 것을 알게 되었잖아.

(   )

09~10 우리들

> ❶
>
> ❷ 개학을 하고 학교에서 선을 만난 지아는 선을 따돌리는 보라 편에 서서 선을 외면한다.
>
> ❸
>
> ❹ 피구를 할 때 선은 지아가 금을 밟지 않았다고 용기를 내어 친구들에게 말한다.

09 ❶과 ❸에 들어갈 내용으로 알맞은 것을 줄로 이으시오.

(1) ❶ ·

 · ① 선은 지아와 예전처럼 친해지려고 노력했지만 결국 크게 싸우고 만다.

(2) ❸ ·

 · ② 지아와 선은 봉숭아 꽃물을 들이며 여름 방학을 함께 보내고 순식간에 세상 누구보다 친한 사이가 된다.

10 ❹에서 지아의 마음은 어떠하겠습니까? (   )
 ① 무섭다. ② 뿌듯하다.
 ③ 속상하다. ④ 선에게 고맙다.
 ⑤ 선에게 샘이 난다.

❶ 오늘이, 야아, 여의주가 원천강에서 행복하게 산다.

❷ 수상한 뱃사람들이 야아 몰래 오늘이를 데려가다가 화살로 야아를 쏜 뒤에 원천강이 얼어붙는다.

❸ 오늘이는 원천강으로 돌아가는 길에 행복을 찾겠다며 책만 읽는 매일이를 만난다.

❹ 꽃봉오리를 많이 가졌지만 꽃이 한 송이밖에 피지 않는 연꽃나무를 만난다.

11 ❶~❹에 나오는 등장인물로 알맞지 않은 것은 무엇입니까? (   )

① 야아
② 자두
③ 오늘이
④ 매일이
⑤ 연꽃나무

12 다음과 같은 매일이의 말이나 행동에서 알 수 있는 성격은 어떠합니까? (   )

> 오늘이에게 원천강으로 가는 길을 알려 준다.

① 심술궂다.
② 성실하다.
③ 친절하다.
④ 욕심이 많다.
⑤ 용기가 있다.

13 ❹에서 연꽃나무의 마음은 어떠하겠습니까?

(   )

① 슬프다.
② 놀랍다.
③ 쑥스럽다.
④ 안심된다.
⑤ 만족스럽다.

❶ 오늘이는 사막에서 비와 구름을 벗어나고 싶어 하는 구름이를 만난다.

❷ 여의주를 많이 가지고도 용이 되지 못한 이무기를 만난다.

❸ 이무기는 갈라진 얼음 사이로 떨어지는 오늘이를 구해 마침내 용이 되고, 용이 불을 뿜어 원천강이 빛을 되찾는다.

❹ 구름이는 연꽃을 꺾어서 매일이에게 주고, 둘은 행복한 시간을 보낸다.

❺ 야아와 다시 만난 오늘이는 행복하게 산다.

14 ❹에서 구름이가 연꽃을 꺾자 어떤 일이 일어났겠습니까? (   )

① 연꽃이 많이 피었다.
② 비가 더 많이 내렸다.
③ 연꽃나무가 시들었다.
④ 용이 다시 이무기가 되었다.
⑤ 연꽃나무가 바람에 날아갔다.

15 인상 깊은 장면에 대하여 알맞게 말한 것의 번호를 쓰시오.

> ① 야아와 오늘이가 다시 만난 장면이 인상 깊어. 서로 싸우던 둘이 어떻게 될지 궁금해.
> ② 이무기가 오늘이를 구해 주는 장면이 인상 깊어. 자신의 욕심을 버리고 남을 위해 희생하는 것은 쉬운 일이 아닌데 그렇게 한 것이 대단하다고 생각해.

(   )

16~18 오늘이

등장인물	고민	해결
오늘이	㉠	㉮
연꽃나무	㉡	연꽃이 꺾어지자마자 송이송이 다른 꽃들이 피기 시작했다.
이무기	㉢	위험에 빠진 오늘이를 구하려고 품고 있던 여의주를 모두 버려 마침내 용이 되었다.
매일이	㉣	㉯

16 ㉠~㉣에 들어갈 등장인물의 고민을 알맞게 이으시오.

(1) ㉠ · · ① 행복이 무엇인지 알고 싶음.

(2) ㉡ · · ② 원천강으로 가야 하는데 가는 길을 모름.

(3) ㉢ · · ③ 여의주를 많이 가졌는데도 용이 되지 못한 까닭을 모름.

(4) ㉣ · · ④ 꽃봉오리를 많이 가지고 있는데, 이상하게도 하나만 꽃이 핀 까닭을 알고 싶음.

17 ㉮에 들어갈, 해결 방법에 ○표 하시오.

(1) 원천강에 대한 책을 읽음. (   )

(2) 매일이, 연꽃나무, 구름이, 이무기를 만나 원천강으로 가게 됨. (   )

◈ 서술형 논술형 문제

18 매일이의 고민은 어떻게 해결되었을지, ㉯에 알맞은 내용을 쓰시오.

_____

_____

19~20 「오늘이」의 뒷이야기

야아가 시름시름 앓다가 죽자 오늘이는 깊은 슬픔에 빠졌지. 오늘이에게 웃음을 찾아 주고자 용이 된 ㉠이무기가 오늘이를 등에 태우고 여행을 떠난다는 내용이 마음에 들어.

원천강에 갑자기 햇빛이 사라져 버리자 몇 날 며칠 어둠이 내려앉았어. 식물들은 말라 죽어 가고…… . 야아가 용을 데리고 와서 빛을 잃어버린 해에게 불을 뿜자 햇빛이 원천강을 감쌌지. ㉡ 을 역할극으로 했으면 좋겠어.

19 ㉠에서 이무기가 할 대사는 무엇이겠습니까? (   )

① 야아야, 힘껏 날아 봐.

② 오늘아, 꼭 잡아. 여행 시작이야.

③ 오늘아, 잘 지내. 나는 이제 떠나야 해.

④ 오늘아, 여의주를 줄 테니 제발 웃어 봐.

⑤ 오늘아, 매일이에게 보낼 편지 좀 써 줄래?

20 ㉡ 에 들어갈 내용으로 알맞은 것의 번호를 쓰시오.

① 원천강에서 모든 생명이 사라지는 것

② 다시 식물들이 살아나서 잔치를 벌이는 것

(   )

개념 1 마음을 드러내는 표현 찾기

① 미안한 마음, 고마운 마음, 부끄러운 마음, 즐거운 마음 등 마음을 나타내는 표현을 찾습니다.

② 마음을 나타내는 표현을 다른 표현으로 바꾸어 봅니다.

지문 「태웅이가 쓴 편지」에서 마음을 드러내는 표현

전하는 마음	부끄러운 마음, 미안한 마음, 고마운 마음
마음을 나타내는 낱말	쑥스러워서, 미안한, 고마워
마음을 나타내는 표현	• 나는 어디론가 숨고 싶었어. • 미안한 마음이 들어 • 따뜻한 마음 잊지 않을게.

개념 2 글을 읽고 글쓴이의 마음을 파악하는 방법

① 누가 누구에게 쓴 글인지 알아봅니다.

② 무슨 일에 대하여 썼는지 알아봅니다.

③ 글쓴이가 마음을 전하려고 사용한 표현은 무엇인지 찾아봅니다.

④ 글쓴이가 전하려는 마음은 무엇일지 파악합니다.

지문 「지우가 쓴 글」의 중요한 내용

누가 누구에게	지우가 선생님께
있었던 일	지우가 그릇을 잘 만들지 못했을 때 선생님께서 도와주심.
전하려는 마음	고마운 마음
마음을 전하려고 사용한 표현	고맙습니다.

개념 3 마음을 전하는 글을 쓰는 방법

① 마음을 전하고 싶은 일을 떠올립니다.

② 글에서 전하려는 마음을 생각합니다.

③ 마음을 잘 나타낼 수 있는 표현을 사용합니다.

④ 어떤 형식의 글로 전할지 생각합니다.

⑤ 읽는 사람의 마음을 고려해 씁니다.

개념 4 마음을 전하는 글 쓰기

① 일어난 일, 표현하고 싶은 마음, 그 일에 대한 생각이나 느낌을 씁니다.

② 고마운 마음, 미안한 마음, 축하하는 마음 등 마음을 드러내는 표현을 씁니다.

③ 자신이 만약 읽는 사람이라면 어떤 기분이 들지 생각하며 씁니다.

지문 「안창호 선생이 아들에게 쓴 편지」를 쓴 방법

편지를 쓸 때 고려한 점	
• 받는 사람: 아들 • 목적: 안부를 묻고 당부할 말을 전하기 위해서이다.	
전하는 마음	사용한 표현
• 다친 일을 걱정하는 마음 • 한 학년 올라간 일을 축하하는 마음 • 좋은 사람이 되기 위해 힘쓰기를 당부하는 마음	• 걱정되는구나. • 축하한다. • 힘써야 한단다.

01 다음과 같은 표현에서 알 수 있는 마음에 ○표 하시오.

> 전시 해설사 선생님 덕분에 많은 것을 알게 되었습니다.

(1) 미안한 마음   (   )

(2) 고마운 마음   (   )

[02~03]「태웅이가 쓴 편지」

> 우리 반 친구들에게
> 힘껏 달리고 싶었을 텐데 나 때문에 참았을 것 같아서 ☐ 마음이 들어.
> 　　　　　　　　　　　　　　태웅이가

02 (　　　)가 (　　　)에게 쓴 편지입니다.

03 ☐ 안에 알맞은 말에 ○표 하시오.
(1) 미안한 (　　)   (2) 기쁜 (　　)

[04~05] 마음을 드러내는 표현

> 지민: 내 글의 좋은 점도 말해 주면 좋았을 텐데.
> 도윤: 어쩌지? 많이 서운했겠구나.

04 지민이의 말에서 알 수 있는 마음은 무엇인지 쓰시오.
(　　　　　　　　　　)

05 도윤이의 말을 다른 표현으로 바꾸었을 때 알맞은 말에 ○표 하시오.
(1) 미안해. 그 생각을 못 했어.   (　　)
(2) 열심히 노력하더니 잘됐다. 축하해. (　　)

[06~07]「지우가 쓴 글」

> 그날 만든 그릇은 지금도 제 책상 위에 놓여 있습니다. 이 그릇을 보면 친절하게 가르쳐 주시던 선생님 모습이 생각납니다.
> 선생님, 제 마음에 드는 그릇을 만들도록 도와주셔서 고맙습니다.

06 어떤 일에 대하여 썼습니까?
- ☐ 을 만들 때 선생님께서 가르쳐 주신 일

07 마음을 전하려고 사용한 표현을 찾아 쓰시오.
(　　　　　　　　　　)

[08~09]「안창호 선생이 아들에게 쓴 편지」

> 사랑하는 아들 필립
> 어머니의 편지를 받아 보았다. 네가 넘어져 팔을 다쳤다는 소식이 들어 있어 매우 걱정되는구나. 팔이 낫거들랑 내게 바로 알려라. 한 학년 올라가게 된 것을 축하한다.

08 편지를 받는 사람은 누구입니까?
(　　　　　　　　　　)

09 마음을 전하려고 사용한 표현을 찾아 쓰시오.
(　　　　　 , 　　　　　)

10 마음을 전하는 글을 쓸 때에는 마음을 잘 나타내는 (표현 / 장소)을/를 사용합니다.

개념 글쓴이가 전하려는 마음 알기

• 있었던 일, 마음을 전하려고 사용한 표현 등을 살펴봅니다.

개념 마음을 전하는 글을 쓰는 방법

[01~03] 「지우가 쓴 글」

선생님, 안녕하세요? 저는 전지우입니다. 그동안 잘 지내셨습니까? 선생님께 고마운 마음을 전하려고 이렇게 글을 쓰게 되었습니다.

지난 체험학습에서 도자기를 만들 때였습니다. 저는 진흙 반죽을 물레 위에 놓고 그릇 모양을 만들려고 했습니다. 그런데 생각처럼 잘되지 않았습니다. 만들고 나니 상상했던 모양과 너무 달라서 당황스러웠습니다.

제가 속상해서 어찌할 바를 모를 때 ㉠선생님께서 오셨습니다. 그리고 어떻게 모양을 내는지 시범을 보여 주셨습니다.

[04~06] 「안창호 선생이 아들에게 쓴 편지」

내 아들 필립아. 키가 크고 몸이 커지는 만큼 스스로 좋은 사람이 되려고 ㉠힘써야 한단다. 네가 어리고 몸이 작았을 때보다 더욱더 힘써야 하지. 스스로 좋은 사람이 되려고 노력하는 네 모습을 내 눈으로 직접 보고 싶구나. 너는 워낙 ㉡남을 속이지 않는 진실한 사람이라 좋은 사람이 되기도 쉬울 거란다.

01 누가 누구에게 쓴 편지인지 쓰시오.

• (1) (   )가 (2) (   )께 쓴 편지

02 ㉠에서 알 수 있는 선생님의 마음으로 알맞은 것의 번호를 쓰시오.

① 제자를 생각하는 마음
② 그릇을 잘 만드는 것을 뽐내고 싶은 마음

(   )

03 글쓴이가 전하고 싶은 마음을 찾아 쓰시오.

(   )

04 글쓴이가 편지를 쓴 까닭은 무엇입니까? (   )

① 당부할 말을 전하려고
② 미안한 마음을 전하려고
③ 고마운 마음을 전하려고
④ 교육의 중요성을 알리려고
⑤ 우리나라 독립의 필요성을 알리려고

05 아버지는 아들이 어떤 사람이 되기를 바라는 마음인지 쓰시오.

(   )

06 ㉠과 ㉡ 중에서 글쓴이가 마음을 전하기 위해 사용한 표현의 기호를 쓰시오.

(   )

01~03 마음을 전하고 싶은 일

01 그림 ①~③에서 마음을 전하고 싶은 사람을 알맞게 이으시오.

(1) ① ・　・① 이사 간 친구

(2) ② ・　・② 언니

(3) ③ ・　・③ 전시 해설사 선생님

02 그림 ①과 관련지어 마음을 표현하는 말로 알맞은 것은 무엇입니까? (　　　)

① 시끄럽게 떠들어서 죄송합니다.
② 박물관이 너무 멀어서 힘들었습니다.
③ 많은 것을 가르쳐 주셔서 고맙습니다.
④ 제가 이미 알던 것이어서 실망했습니다.
⑤ 한꺼번에 너무 많이 들어서 기억할 수 없습니다.

03 그림 ②의 아이가 마음을 전하는 글에 쓸 내용으로 알맞은 것의 번호를 쓰시오.

① 놀려서 미안해.
② 네가 보고 싶어.

(　　　　　　　　)

04~05 태웅이가 쓴 편지

우리 반 친구들에게
친구들아, 안녕?
나 태웅이야. 오늘 운동회에서 있었던 일을 생각하면 아직도 가슴이 두근거려. 그때 그 고마운 마음을 직접 말로 전하고 싶었지만 쑥스러워서 이렇게 편지를 쓰게 되었어.
운동회 날이 되면 나는 기쁘면서도 두려웠어. 달리기 경기를 하는 게 늘 걱정이 되었거든. 달리기를 할 때면 나는 어디론가 숨고 싶었어. 잔뜩 긴장해서 달리다가 오늘도 그만 넘어지고 말았지. 그런데 그때 너희가 달리다가 돌아와서 나를 일으켜 주었지. 내 손을 꼭 잡은 너희의 따뜻한 마음이 느껴져서 눈물이 날 것 같았어. 힘껏 달리고 싶었을 텐데 나 때문에 참았을 것 같아서 미안한 마음이 들어.
고마워, 친구들아!
같이 달려 주고 응원해 준 너희의 따뜻한 마음 잊지 않을게.

20○○년 9월 12일
태웅이가

04 이 글의 특성으로 알맞지 <u>않은</u> 것은 무엇입니까?
(　　　)

① 보내는 사람과 받을 사람이 있다.
② 어떤 일이 일어났는지 알 수 있다.
③ 일어난 일에 대한 생각이나 느낌을 알 수 있다.
④ 어떤 일에 대하여 자세히 설명하기 위하여 쓴다.
⑤ '첫인사-전하는 말-끝인사-쓴 날짜-쓴 사람'의 순서대로 쓴다.

05 이 글에서 알 수 있는 글쓴이의 마음으로 알맞은 것을 세 가지 고르시오. (　　,　　,　　)

① 미안한 마음　　② 고마운 마음
③ 화나는 마음　　④ 그리운 마음
⑤ 부끄러운 마음

06 다음에서 남자아이는 여자아이에게 받은 글을 읽은 경험을 떠올리고 있습니다. 글에 들어갈 내용으로 알맞은 것에 ○표 하시오.

(1) 네 옷에 물을 엎질러서 미안해. ( )

(2) 독후감 쓰기 대회에서 상을 받은 것을 축하해. ( )

07 지우는 어떤 일 때문에 선생님을 떠올렸습니까? ( )

① 선생님의 편지를 받고
② 친구에게 그릇을 선물 받고
③ 책상 위에 놓인 그릇을 보고
④ 도자기 박물관으로 체험학습을 가서
⑤ 텔레비전에서 도자기를 만드는 모습을 보고

08 지우가 책상 위에 그릇을 두고 있는 까닭은 무엇이겠는지 두 가지 고르시오. (,)

① 동생에게 자랑하려고
② 내일 학교에 가져가려고
③ 어머니 생신 선물로 드리려고
④ 선생님께서 도와주셨던 일을 기억하려고
⑤ 자신이 직접 멋진 그릇을 만들었다는 것이 뿌듯해서

07~10 지우가 쓴 글

존경하는 김하영 선생님께

선생님, 안녕하세요? 저는 전지우입니다. 그동안 잘 지내셨습니까? 선생님께 고마운 마음을 전하려고 이렇게 글을 쓰게 되었습니다.

지난 체험학습에서 도자기를 만들 때였습니다. 저는 진흙 반죽을 물레 위에 놓고 그릇 모양을 만들려고 했습니다. 그런데 생각처럼 잘되지 않았습니다. 만들고 나니 상상했던 모양과 너무 달라서 당황스러웠습니다.

제가 속상해서 어찌할 바를 모를 때 선생님께서 오셨습니다. 그리고 어떻게 모양을 내는지 시범을 보여 주셨습니다. 저는 선생님을 따라서 다시 해 보았습니다. 그랬더니 신기하게도 그릇 모양이 잘 만들어졌습니다.

그날 만든 그릇은 지금도 제 책상 위에 놓여 있습니다. 이 그릇을 보면 친절하게 가르쳐 주시던 선생님 모습이 생각납니다.

선생님, 제 마음에 드는 그릇을 만들도록 도와주셔서 ⃞㉠⃞. 안녕히 계세요.

20○○년 9월 24일

제자 전지우 올림

09 지난 체험학습 때 지우가 당황했던 까닭은 무엇입니까? ( )

① 도자기를 만들다가 손을 다쳐서
② 선생님의 시범을 잘 이해하지 못하여서
③ 지우가 만든 도자기를 친구가 깨뜨려서
④ 도자기를 만들 때 생각처럼 잘되지 않아서
⑤ 도자기를 잘 만들지 못한다고 친구가 놀려서

10 ⃞㉠⃞ 에 지우가 전하려는 마음에 알맞은 표현을 쓰시오.

( )

11~15 안창호 선생이 아들에게 쓴 편지

　사랑하는 아들 필립

　어머니의 편지를 받아 보았다. 네가 넘어져 팔을 다쳤다는 소식이 들어 있어 매우 ⓐ ㉠ . 팔이 낫거들랑 내게 바로 알려라. 한 학년 올라가게 된 것을 ㉡ . 아버지는 무척 기쁘구나. 나는 이곳에 편안히 잘 있다. 미국 국회 의원들이 동양에 온다고 해 홍콩으로 왔다만 그들이 이곳에 들르지 않아 만나지는 못했단다. 나는 곧 상하이로 돌아갈 거란다.

　내 아들 필립아. 키가 크고 몸이 커지는 만큼 스스로 좋은 사람이 되려고 ㉢ . 네가 어리고 몸이 작았을 때보다 더욱더 힘써야 하지. 스스로 좋은 사람이 되려고 노력하는 네 모습을 내 눈으로 직접 보고 싶구나. 너는 워낙 남을 속이지 않는 진실한 사람이라 좋은 사람이 되기도 쉬울 거란다.

　좋은 사람이 되려면 진실하고 깨끗해야 해. 또 좋은 친구를 가려 사귀어야 한단다. 그게 좋은 사람이 되는 첫 번째 조건이지. 더욱 부지런해져라. 어려운 일도 열심히 견디거라. 책은 부지런히 보고 있니? 아무 책이나 읽지 말고, 좋은 책을 골라 꾸준히 읽어라. 좋은 책을 가려 보는 것이 좋은 사람이 되는 두 번째 조건이란다. 좋은 친구를 사귀고 좋은 책을 읽는 일을 멈추지 말아라. 책은 두 종류를 택하렴. 첫째는 좋은 사람들의 이야기가 담겨 있어 본받을 수 있는 책이고, 둘째는 너의 공부에 필요한 지식을 얻기 위한 책이다. 또 우리글과 책을 잘 익혀라. 즐거운 마음으로 내 말을 따라 주겠지? 너를 믿는다.

　　　　　1920년 8월 3일 홍콩에서

　　　　　　　　　아버지가

11 이 편지에 대한 설명으로 알맞지 않은 것은 무엇입니까? (　　　)

① 아버지가 있는 곳이 나타나 있다.

② 아버지의 마음을 나타내는 표현이 있다.

③ 아들에게 당부하는 마음이 나타나 있다.

④ 아들의 기분을 상하게 하는 표현이 있다.

⑤ 아버지가 아들과 관련된 일을 떠올리며 썼다.

12 글에 나타난 좋은 사람이 되기 위한 조건을 두 가지 고르시오. (　　, 　　)

① 자연을 가까이한다.

② 여행을 많이 다닌다.

③ 좋은 책을 가려 본다.

④ 좋은 친구를 가려 사귄다.

⑤ 운동을 하여 몸을 튼튼하게 한다.

13 어떤 책을 읽으라고 하였는지 쓰시오.

(1) 좋은 사람들의 이야기가 담겨 있어 　　　 수 있는 책

(2) 공부에 필요한 　　　 을 얻기 위한 책

14 ㉠ ~ ㉢ 에 알맞은, 마음을 나타내는 표현을 줄로 이으시오.

(1) ㉠ •

(2) ㉡ •

(3) ㉢ •

• ① 축하한다

• ② 걱정되는구나

• ③ 힘써야 한단다

⟨서술형⟩ 논술형 문제

15 이 편지를 받은 아들이 되어서 아버지에게 하고 싶은 말을 간단하게 쓰시오.

_____

_____

16~17 전해야 할 마음을 떠올리기

16 그림 ❶~❹에서 전해야 할 마음을 보기 에서 찾아 기호를 쓰시오.

> 보기
> ㉮ 그리운 마음
> ㉯ 미안한 마음
> ㉰ 위로하는 마음
> ㉱ 축하하는 마음

(1) 그림 ❶ ( )
(2) 그림 ❷ ( )
(3) 그림 ❸ ( )
(4) 그림 ❹ ( )

17 그림 ❶과 같은 마음을 전해야 하는 상황으로 알맞은 것은 무엇입니까? ( )

① 친구를 놀렸을 때
② 언니의 생일이 되었을 때
③ 가장 친한 친구가 전학을 갈 때
④ 어머니께서 새 신발을 사 주셨을 때
⑤ 보건 선생님께서 상처를 치료해 주셨을 때

18~20 재환이가 겪은 일

재환이는 새로운 동네로 이사를 왔습니다. 재환이는 이웃들에게 인사를 하기로 했습니다. 그래서 재환이가 사는 아파트 승강기 안에 편지를 붙였답니다.

> 안녕하세요? 저는 12층에 이사 온 열한 살 이재환입니다.
>
> 새로 만난 이웃들에게 인사를 드리고 싶어 편지를 씁니다. 저희 가족은 엄마, 아빠, 귀여운 동생 그리고 저, 이렇게 넷입니다. 저희는 아직 이사 온 지 얼마 되지 않아 다니는 길도, 사람들도 낯설기만 합니다. 그래도 저는 나무도 많고 놀이터가 있는 이곳이 마음에 듭니다. 앞으로 여러분과 좋은 이웃이 되고 싶습니다.
>
> 이재환 올림

18 새로운 동네로 이사 온 재환이는 어떤 일을 하였습니까? ( )

① 집집마다 떡을 돌렸다.
② 동네 그림지도를 만들었다.
③ 승강기 안에 편지를 붙였다.
④ 놀이터에 가서 새 친구를 사귀었다.
⑤ 아파트 입구에 서서 인사를 하였다.

✎서술형 논술형 문제

19 재환이가 이웃에게 전하고 싶은 마음은 무엇인지 쓰시오.

_____

_____

20 재환이의 편지를 읽은 이웃 사람들의 마음은 어떠하였을지 알맞은 것의 번호를 쓰시오.

> ① 슬프고 섭섭하다.
> ② 마음이 따뜻해진다.

( )

개념 1 예절을 지키며 대화를 주고받으면 좋은 점

① 상대방의 기분이 좋아집니다.
② 상대방과 사이가 더 좋아질 수 있습니다.
③ 즐겁게 대화를 나눌 수 있습니다.

지문 「박바우와 박 서방」에서 박 노인의 기분

	박 노인을 부른 말	박 노인의 기분
윗마을 양반	바우야	기분이 좋지 않습니다.
아랫마을 양반	박 서방	존중받는 기분이 듭니다.

개념 2 일상생활에서 예절을 지키며 듣고 말하는 방법

① 눈을 마주치며 바르게 인사합니다.
② 바르고 고운 말을 사용합니다.
③ 상대방이 말할 때 끼어들어 말하지 않습니다.
④ 웃어른께는 알맞은 높임말을 씁니다.

아버지, 제가 물을 가져올게요.

활동 역할극에서 예의 바르지 않은 말 고치기

내 말 아직 안 끝났는데……
내 말부터 들어 봐.

→

예의 바른 말 ⑩

미안해. 네가 끝날 때까지 기다릴게.

개념 3 회의를 하면서 지켜야 할 예절

① 다른 사람이 발표할 때 끼어들지 않습니다.
② 회의와 같은 공식적인 상황에서는 높임말을 사용합니다.
③ 의견을 말할 때에는 손을 들어 말할 기회를 얻고 발표합니다.
④ 다른 사람의 의견을 경청합니다.

지문 「우리 반 회의 시간」에서 알 수 있는 회의할 때 지켜야 할 예절

다음부터는 꼭 손을 들어 말할 기회를 얻고 나서 발표해 주시기 바랍니다.

다른 사람의 의견을 잘 들어 주시면 고맙겠습니다.

개념 4 온라인 대화를 할 때 지켜야 할 예절

① 바른 말을 사용해야 합니다.
② 상대가 보이지 않으므로 대화 전에 인사하고 끝날 때에도 인사합니다.
③ 얼굴이 보이지 않는다고 해서 함부로 말하지 않습니다.
④ 그림말을 너무 많이 사용하지 않습니다.

지문 친구들의 온라인 대화를 보고 알 수 있는 예절

@,@ → 발표 잘해.	대화명은 자신을 나타내는 것으로 합니다.
ㅇㅈ ㅋㅋㅋ	줄임 말을 지나치게 쓰지 않습니다.
😀😀😀😀😀😀😀	그림말은 적절하게 사용합니다.

01 「박바우와 박 서방」에서 고기 파는 박 노인이 들었을 때 더 기분이 좋은 말의 번호를 쓰시오.

> ① 바우야, 쇠고기 한 근만 줘라.
> ② 박 서방, 쇠고기 한 근만 주게.

( )

02 오른쪽 남자 아이의 말에서 대화 예절에 어긋난 부분을 찾아 쓰시오.

아버지, 내가 수저를 놓을게요.

( )

03 다음 상황에서 알맞게 말한 사람은 누구입니까?

> 무거운 물건을 들고 가시는 할머니를 도와드릴 때

> 은태: 할머니, 제가 도와줄게.
> 주영: 할머니, 내가 도와줄게요.
> 민영: 할머니, 제가 도와드리겠습니다.

( )

[04~05] 역할극 하기

> 거북: 알나리깔나리.
> 토끼: 너, 그만해!
> 거북: 뭐? 너, 혼나 볼래?
> 토끼: …….

04 거북은 어떤 잘못을 하였는지 쓰시오.

• 토끼에게 ( )로 말하였다.

05 토끼는 어떤 기분이 들었겠습니까?

( )

[06~08] 「우리 반 회의 시간」

오늘 회의 주제는 다수결의 원칙에 따라 "친구들과 사이좋게 지내자."로 정하겠습니다.

잠깐만. "심한 장난을 하지 말자."가 좋겠습니다.

저는 "고운 말을……."

찬우

06 학급 회의 주제는 무엇입니까?

( )

07 찬우가 잘못한 점에 ○표 하시오.

(1) 어려운 낱말을 사용하였다. ( )
(2) 친구가 말하는데 끼어들었다. ( )
(3) 다른 친구의 의견을 비난하였다. ( )

08 찬우에게 회의할 때 지켜야 할 예절을 알려 주는 말을 완성하여 쓰시오.

• 회의할 때는 손을 들어 ( )를 얻고 말해야 한다.

[09~10] 친구들의 온라인 대화

현영
지혜야, 내일 발표 자료 준비 잘해! ^^

@.@
발표 잘할 거야.

지혜
넌 누구야?

@.@
나 영철이야.

09 영철이가 쓴 대화명은 무엇입니까?

( )

10 지혜가 영철이를 못 알아본 까닭은 무엇입니까?

• ( )을 자신을 표현하지 않는 것으로 썼기 때문이다.

개념 일상생활에서 지켜야 할 예절

• 서로 기분이 좋도록 바르고 고운 말을 사용해야 합니다.

개념 회의를 하면서 지켜야 할 예절

[01~02]

01 남자아이와 여자아이 중 예절을 지켜 말한 사람은 누구인지 쓰시오.

( )

02 이 그림으로 보아 웃어른께 대화 예절을 지켜 말하는 방법으로 알맞은 말에 ○표 하시오.
• 웃어른께 (1) (수고하셨어요 / 고맙습니다)라고 말씀드리는 것은 예절에 어긋나기 때문에 (2) (수고하셨어요 / 고맙습니다)라고 말해야 한다.

[03~04] 「우리 반 회의 시간」

이희정: 제 의견은 "고운 말을 사용하자."입니다. 친구들이 나쁜 말을 주고받으면 사이가 안 좋아지는 것을 자주 봤기 때문입니다.
고경희: 쳇, 친할 때 그런 말로 장난치는 것도 모르나?
이희정: 너는 그래서 날마다 친구들과 다투냐?

03 경희가 잘못한 점을 두 가지 고르시오. (,)
① 너무 큰 목소리로 말했다.
② 높임말을 사용하지 않았다.
③ 말할 기회를 얻지 않고 말했다.
④ 주제에 알맞지 않은 의견을 말했다.
⑤ 의견에 알맞은 근거를 말하지 않았다.

04 희정이에게 회의할 때 지켜야 할 예절에 대하여 알맞게 말한 것의 기호를 쓰시오.

㉠ 거친 말을 사용하면 안 돼.
㉡ 실천할 수 있는 의견을 말해야 해.
㉢ 근거는 의견을 잘 뒷받침할 수 있어야 해.

( )

01~02 박바우와 박 서방

윗마을 양반: 바우야, 쇠고기 한 근만 줘라.

박 노인: 알겠습니다.

해설: 이번에는 아랫마을 양반이 고기를 주문했다.

아랫마을 양반: 박 서방, 쇠고기 한 근만 주게.

박 노인: 아이고, 네, 조금만 기다리시지요.

해설: 박 노인은 젊은 양반들에게 각각 고기를 주는데 둘의 크기가 한눈에 봐도 다르게 보였다. 윗마을 양반이 가만히 보니 자기가 받은 고기보다 아랫마을 양반이 받은 고기가 더 좋아 보이고 양도 훨씬 많아 보였다.

윗마을 양반: 야, 바우야! 똑같은 한 근인데, 어째서 이렇게 다르게 주느냐?

박 노인: 그러니까 ㉠손님 것은 바우 놈이 자른 것이고, ㉡이분 것은 박 서방이 자른 것이기 때문이랍니다.

01 두 양반이 하는 말을 들은 박 노인의 기분으로 알맞은 것은 어느 것입니까? (   )

① 아랫마을 양반의 말을 듣고 짜증이 났을 것이다.

② 윗마을 양반의 말을 듣고 기분이 좋았을 것이다.

③ 윗마을 양반에게 고기를 많이 주고 싶었을 것이다.

④ 아랫마을 양반의 말을 듣고 존중받는 기분이 들었을 것이다.

⑤ 아랫마을 양반의 말을 듣고 무시당하는 기분이 들었을 것이다.

02 ㉠과 ㉡은 누구를 가리키는 것인지 알맞게 이으시오.

(1) ㉠ •

(2) ㉡ •

• ① 윗마을 양반

• ② 아랫마을 양반

03~05 오늘 아침 민수네 교실에서 있었던 일

어이, 키다리! 왔냐?

민수야, 안녕?

뭐야, 아침부터 듣기 싫은 별명을 부르고……

영철

채은

03 민수가 기분이 상한 까닭은 무엇입니까?

• 영철이가 듣기 싫은 (   )을 불렀기 때문이다.

04 채은이의 인사를 들은 민수의 기분은 어떠하였겠습니까? (   )

① 기분이 좋다.   ② 짜증이 난다.

③ 기분이 나쁘다.   ④ 무시하고 싶다.

⑤ 왜 그렇게 인사하는지 궁금하다.

05 민수가 다음과 같이 말했을 때 영철이가 고운 말로 대답하였다면 어떻게 말했겠습니까? (   )

나는 그 별명 싫은데, 내 이름으로 불러 줄래?

① 왜? 좋은 별명이잖아.

② 왜 화를 내고 그러냐?

③ 그럼 너도 내 별명 불러라.

④ 키다리니까 키다리라고 하지.

⑤ 미안해, 다음부터는 네 이름으로 부를게.

06 대화 예절에 알맞게 남자아이가 했을 말을 빈칸에 써 넣으시오.

아저씨,
_____

07~08 신유의 생일잔치

원우: 신유야, 이제 네 방으로 가서 놀자.

신유: 여기야.

원우: 신유야, 여기는 책이 정말 많구나.

현영: (귓속말로) 신유는 이 많은 책을 다 봤나 봐.

지혜: (귓속말로) 정말 많다. 그래서 공부를 잘하나 봐.

원우: (귓속말로) 역시 책을 좋아하는 신유답다.

신유: 얘들아, 나만 빼고 너희끼리 귓속말로 비밀 이 야기를 하는 것 같아 기분이 나빠.

현영: 미안해, 신유야. 아무 생각 없이 우리끼리 그 냥 한 말인데, 앞으로는 귓속말하지 않을게.

신유: 그래, 앞으로는 절대 ⊙ 말아 줘.

07 신유 방에 간 친구들은 어떤 대화를 나누었습니까?

• 신유 방에 [   ] 이 많다고 했다.

08 신유는 무엇이라고 말했을지 ⊙ 에 들어갈 알맞 은 말에 ○표 하시오.

(1) 귓속말을 하지 ( )

(2) 거친 말을 사용하지 ( )

(3) 우리 집에 놀러 오지 ( )

09~10 우리 반 회의 시간

사회자: 오늘 회의 주제는 다수결의 원칙에 따라 "친 구들과 사이좋게 지내자."로 정하겠습니다. 친구 들과 사이좋게 지내려면 실천해야 할 일이 무엇인 지 발표해 주십시오. 박태영 친구가 의견을 발표 해 주십시오.

박태영: 제 의견은 "듣기 싫은 별명으로 부르지 말 자."입니다. 기분이 나빠지면 서로 사이좋게 지내 기가 어려워지기 때문입니다.

사회자: 좋은 의견입니다. 다른 의견이 더 있습니까? 이희정 친구가 의견을 발표해 주십시오.

이희정: 저는 "고운 말을……."

강찬우: 잠깐만. "심한 장난을 하지 말자."가 좋겠습 니다. 왜냐하면 장난이 심해져서 싸우는 경우가 많기 때문입니다.

09 회의 주제는 무엇입니까? ( )

① 고운 말을 사용하자.

② 깨끗한 교실을 만들자.

③ 심한 장난을 하지 말자.

④ 친구들과 사이좋게 지내자.

⑤ 듣기 싫은 별명으로 부르지 말자.

◇ 서술형 논술형 문제

10 회의 장면에서 대화 예절을 지키지 못한 사람의 이름 을 쓰고, 회의할 때 지켜야 할 대화 예절에 대하여 알 려 주는 말을 쓰시오.

(1) 대화 예절을 지키지 못한 사람: ( )

(2) 대화 예절을 알려 주는 말 쓰기

_____

_____

사회자: 이희정 친구는 계속 발표해 주십시오.

이희정: 네, 제 의견은 "고운 말을 사용하자."입니다. 친구들이 나쁜 말을 주고받으면 사이가 안 좋아지는 것을 자주 봤기 때문입니다.

고경희: 쳇, 친할 때 그런 말로 장난치는 것도 모르나?

이희정: 너는 그래서 날마다 친구들과 다투냐?

사회자: 모두 조용히 해 주십시오. 말할 기회를 얻지 않고 높임말도 사용하지 않은 고경희 친구 그리고 마찬가지로 말할 기회를 얻지 않고 거친 말을 사용한 이희정 친구에게 '주의'를 한 번씩 드립니다.

11 희정이의 의견과 의견에 대한 근거를 찾아 쓰시오.

(1) 의견	
(2) 근거	

12 희정이가 잘못한 점을 두 가지 고르시오. (,)

① 거친 말을 사용하였다.

② 경희의 별명을 불렀다.

③ 너무 큰 목소리로 말했다.

④ 너무 작은 목소리로 말했다.

⑤ 말할 기회를 얻지 않고 말했다.

13 경희에게 알맞게 말한 사람의 이름을 쓰시오.

해리: 손을 들어 말할 기회를 얻어야지.

순규: 친구들 앞에서 예사말로 말하니 친근한 느낌이 드는구나.

( )

사회자: 지금부터 주제에 대한 실천 내용을 정하도록 하겠습니다. 표결을 하기 전에 추가로 의견을 이야기할 친구는 발표해 주시기 바랍니다. 김찬민 친구가 의견을 발표해 주십시오.

김찬민: 고운 말? 뭐였지? 아무튼 그 의견보다는 '이름 부르지 않기'로 정하면 좋겠습니다. 왜냐하면 우리 반 모두가 싫어할 것 같기 때문입니다.

사회자: "고운 말을 사용하자."는 의견이 있었고, 이름이 아니라 "듣기 싫은 별명으로 부르지 말자."라는 의견이 있었습니다. 다른 사람 의견을 잘 들어 주시면 고맙겠습니다. 표결을 시작하겠습니다. 먼저 "듣기 싫은 별명으로 부르지 말자."를 실천 내용으로 정하는 것에 찬성하시는 분은 손을 들어 주십시오. 29명 가운데에서 20명이 찬성했습니다. 다음, "심한 장난을 하지 말자."를 실천 내용으로 정하는 것에 찬성하시는 분은 손을 들어 주십시오. 29명 가운데에서 6명이 찬성했으므로 실천 내용으로 정하지 않겠습니다. 마지막으로, "고운 말을 사용하자."를 실천 내용으로 정하는 것에 찬성하시는 분은 손을 들어 주십시오. 29명 가운데에서 10명이 찬성했으므로 실천 내용으로 정하지 않겠습니다.

14 실천 내용으로 정해진 의견은 무엇입니까? ( )

① 칭찬하는 말을 하자.

② 고운 말을 사용하자.

③ 이름을 부르지 말자.

④ 심한 장난을 하지 말자.

⑤ 듣기 싫은 별명으로 부르지 말자.

15 찬민이가 잘못한 점에 ○표 하시오.

• 다른 사람의 의견을 (찬성 / 경청 / 비난)하지 않았다.

16~17 친구들의 온라인 대화

현영
지혜야, 내일 발표 자료 준비 잘해! ^^

@.@
발표 잘할 거야.

지혜
넌 누구야?

@.@
나 영철이야.

지혜
영철이구나. 나 원래 발표 잘하잖아. ㅇㅈ?

@.@
ㅇㅈ? 이게 뭐야? 연주?

지혜
그것도 모르니? ㅋㅋㅋ

@.@
ㅇㅈ?

현영
어휴, 정신없네. 너희 지금 장난하니?

@.@
아주?

16 영철이와 지혜가 잘못한 점은 각각 무엇인지 보기 에서 찾아 기호를 쓰시오.

보기
㉠ 줄임 말을 사용하였다.
㉡ 높임말을 사용하지 않았다.
㉢ 자신을 표현하지 않는 대화명을 사용하였다.

(1) 영철: (   )
(2) 지혜: (   )

17 현영이가 사용한 그림말은 어떤 기분을 나타내는 것이겠습니까? (   )

① 화난 기분   ② 즐거운 기분
③ 미안한 기분   ④ 신기한 기분
⑤ 재미있는 기분

18~19 온라인 대화

18 그림 가의 친구들에게 온라인 대화를 할 때 지켜야 할 예절을 알맞게 말한 사람은 누구입니까?

해진: 유행하는 말이나 재미있어 보이는 말은 그냥 써도 돼.
민철: 뜻을 모르는 표현을 그냥 사용하는 건 알맞은 대화 예절이 아니야.
인선: 상대가 뜻을 모르는 표현을 사용했다면 나도 뜻이 없는 아무 말이나 쓰면 되지.

(   )

19 그림 나를 보고 알 수 있는 온라인 대화 예절은 무엇입니까? (   )

① 높임말 사용하기
② 알맞은 그림말 사용하기
③ 외래어나 한자어 사용하지 않기
④ 중요한 낱말은 두 번씩 반복해서 쓰기
⑤ 자신이 할 말만 하고 대화방 나가지 않기

서술형 논술형 문제
20 대화 예절과 관련된 표어를 한 가지 만들어 쓰시오.

개념 ① 인물, 사건, 배경을 생각하며 이야기 읽기

인물	이야기에 나오는 '누구'
사건	이야기에서 인물들이 '겪는 일'
배경	'언제', '어디에서'에 해당하는 것

↓

누가, 언제, 어디에서, 어떤 일을 겪었는지 살피며 이야기를 읽습니다.

지문 「사라, 버스를 타다」의 인물, 사건, 배경

인물	사라, 사라의 어머니, 버스 운전사, 경찰관
사건	사라가 백인들만 앉는 버스 앞자리에 앉았다가 경찰서에 가게 됨. ➡ 사라의 이야기가 널리 알려져, 모든 흑인들이 버스를 타지 않음. ➡ 결국 법이 바뀌어 버스에 앉는 자리를 차별하지 않게 됨.

배경	시대적 배경	인종 차별이 있던 시대
	시간적 배경	어느 날 아침 ➡ 그날 밤 ➡ 이튿날 아침
	공간적 배경	버스 안 ➡ 경찰서 ➡ 사라의 방

개념 ② 인물의 성격을 짐작하며 이야기 읽기

① 인물이 어떤 말을 하였는지 살펴봅니다.
② 인물이 어떤 행동을 하였는지 살펴봅니다.
③ 말과 행동으로 짐작한 각 인물의 성격을 비교해 봅니다.

지문 「우진이는 정말 멋져!」에 나오는 인물의 성격 ⑩

인물	말이나 행동	인물의 성격
창훈	미안하다는 소리 대신 혀만 쏙 내밀고는 휙 도망감.	장난스럽다.
윤아	"싫어. 그러다가 벌레라도 손에 닿으면 어떡해?"	조심성이 많다.

개념 ③ 사건의 흐름을 생각하며 이야기 읽기

① 사건이 일어난 차례를 살펴봅니다.
② 인물의 성격에 따라 인물의 행동이 어떻게 달라지는지 살펴봅니다.
③ 인물의 행동에 따라 이어질 이야기가 어떻게 달라질지 예측하며 읽습니다.

지문 인물의 성격을 생각하며 「젓가락 달인」 읽기

우봉이네 반에서 젓가락 달인 대회를 열게 됨.

➡ 우봉이의 성격: 성실하고 적극적이다.

➡ 아주 열심히 젓가락 연습을 함.

➡ 만약 우봉이가 게으르고 소극적인 성격이었다면?

➡ 우봉이가 젓가락 연습을 제대로 하지 않을 것임.

개념 ④ 이야기를 꾸며 책 만들기

① 기억에 남는 이야기의 내용을 떠올려 생각그물로 정리합니다.
② 이야기에서 바꿀 부분을 정해 봅니다.
③ 꾸민 이야기의 내용을 쪽수에 맞게 정리해 봅니다.

활동 이야기를 꾸며 책 만들기

책의 제목은?

이야기책을 만들 계획 세우기

책의 표지를 어떻게 꾸밀까?

책의 쪽수는?

4

단원

01 이야기를 구성하는 세 가지 요소 중, 이야기에 나오는 '누구'를 무엇이라고 합니까?

(   )

02 이야기를 구성하는 세 가지 요소 중, 인물들이 겪는 일을 무엇이라고 합니까?

(   )

03 이야기를 구성하는 세 가지 요소 중, 이야기 속 '언제'와 '어디에서'에 해당하는 것을 무엇이라고 합니까?

(   )

[04 ~ 06] 「사라, 버스를 타다」

> 어느 날 아침, 사라는 버스 앞쪽 자리가 얼마나 좋은 곳인지 알아보기로 마음먹었습니다. 사라는 자리에서 일어나 좁은 통로로 걸어 나갔습니다. 별다른 것도 없어 보였습니다. 창문은 똑같이 지저분했고, 버스의 시끄러운 소리도 똑같았습니다. 앞쪽 자리가 뭐가 그리 대단하다는 것일까요?

04 이 이야기에 나오는 인물에는 [   ] 가 있습니다.

05 이 이야기의 시간적 배경은 [   ] 입니다.

06 이 이야기에 일어난 사건을 쓰시오.

• 사라가 버스에서 (   )로 걸어 나갔다.

[07 ~ 08] 「우진이는 정말 멋져!」

> 가 창훈이가 다른 아이들이랑 장난치며 뛰다가 윤아와 부딪친 거죠. 그 바람에 윤아 손등에 있던 공기 알이 와르르 떨어져 두 개는 책상 밑으로, 한 개는 우진이 다리 밑으로, 나머지 한 개는 사물함 밑으로 굴러 들어갔어요.
>
> 나 "손을 넣어 볼까?"
> "싫어. 그러다가 벌레라도 손에 닿으면 어떡해?"
> 나는 윤아 입에서 '벌레'라는 말이 나오자마자 사물함 밑으로 반쯤 넣었던 손을 얼른 뺐어요.
> 윤아와 나는 서로 울상이 되어 마주 보았어요.

07 사물함 밑으로 들어간 것은 무엇인지 ○표 하시오.

(벌레 / 공기 알)

08 '나'와 윤아의 공통된 성격은 어떠합니까?

• (   )를 무서워한다.

[09 ~ 10] 「젓가락 달인」

> 할아버지가 방바닥에 접시 두 개를 놓았어요. 하나는 빈 접시, 다른 하나는 바둑알들이 담긴 접시였어요.
> "그러니까 초급은 나무젓가락으로 삼십 초 안에 바둑알을 다섯 개 옮기면 합격이다, 그 말인겨?"
> "네. 그리고 중급은 삼십 초 안에 일곱 개고요."
> 우봉이는 손에 쥔 나무젓가락 끝을 오므렸다 폈다 하며 대답했어요.
> 할아버지가 손목시계를 보며 준비하라는 눈짓을 했어요.

09 누구누구가 나오는 이야기입니까?

(   ), 할아버지

10 인물이 무엇을 옮기면서 젓가락 연습을 하려고 준비하고 있습니까?

(   )

정답 37쪽

개념 이야기를 구성하는 세 가지 요소

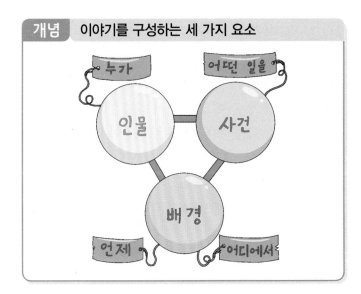

개념 인물의 성격을 파악하며 이야기 읽기

• 인물의 성격은 사건의 전개에 영향을 줍니다.

[01~02] 「사라, 버스를 타다」

그날 밤, 어머니께서는 사라의 방으로 들어와 사라를 안아 주셨습니다.

"사라야, 엄마는 너한테 화나지 않았어. 너는 세상의 어떤 백인 아이 못지않게 착한 아이란다. 너는 특별한 아이야."

사라는 몹시 혼란스러웠습니다.

"그런데 왜 저는 버스 앞자리에 타면 안 되나요?"

"법이 그렇기 때문이야. 법이라고 다 좋은 것은 아니지만 말이다."

01 이 이야기의 배경을 찾아 쓰시오.

(1) 시간적 배경: (   )

(2) 공간적 배경: (   )

02 이 이야기의 인물에 대한 설명으로 알맞은 것에 모두 ○표 하시오.

(1) 사라는 아주 착한 백인 아이이다. (   )

(2) 사라의 어머니는 사라를 사랑한다. (   )

(3) 사라는 백인이 아니라서 버스의 앞자리에 앉을 수 없다. (   )

[03~04] 「젓가락 달인」

저녁때 우봉이는 반찬으로 콩장과 메추리알과 묵만 먹었어요.

"우봉아, 김치랑 콩나물도 좀 먹어 봐."

엄마가 우봉이에게 말씀하셨어요.

"그래, 젓가락 달인도 좋지만 골고루 먹어야지."

아빠도 우봉이에게 한마디 하셨어요. 그래도 우봉이는 젓가락 연습이 되는 것만 골라서 반찬으로 먹었어요. 엄마, 아빠가 "정말 못 말려." 하는 표정을 지었어요.

03 우봉이의 성격을 알맞게 설명한 친구는 누구입니까?

민수: 편식을 하는 우봉이는 어리광이 많습니다.

재연: 어른의 말씀을 듣지 않는 것으로 보아, 우봉이는 고집이 센 것 같습니다.

수현: 젓가락 달인이 되기 위해 밥 먹는 시간에도 연습을 하는 우봉이는 승부욕이 강합니다.

(   )

04 우봉이가 소극적인 성격이었다면 이야기가 어떻게 바뀔지 (   ) 안의 알맞은 말에 ○표 하시오.

• 우봉이는 대회를 (기대하느라 / 걱정하느라) 젓가락 연습을 (열심히 할 / 제대로 못할) 것이다.

01~03 사라, 버스를 타다

아침마다 사라는 어머니와 함께 버스를 탔습니다. 언제나 백인들이 앉는 자리와 구분된 뒷자리에 앉았습니다. 고개를 돌려 자기를 쳐다보는 백인 아이들에게 사라는 얼굴을 찡그렸습니다. 백인 아이들도 얼굴을 찡그리며 웃어 댔습니다. 그러다가 어머니들에게 잔소리를 들은 뒤에야 바로 앉았습니다.

"지금까지 ㉠ 언제나 이래 왔단다. 자리에 앉을 수 있는 것만으로도 만족해야지."

어머니께서는 두 손을 깍지 낀 채 이렇게 말씀하시고는 했습니다.

01 이 이야기의 인물에 대한 설명으로 알맞은 것 두 가지를 고르시오. (,   )

① 사라는 백인이다.
② 사라는 백인이 아니다.
③ 사라의 어머니는 백인이다.
④ 사라의 어머니는 백인이 아니다.
⑤ 사라와 사라의 어머니는 아침마다 지각을 한다.

02 버스에 탄 사라의 기분은 어떠할지 (   ) 안의 알맞은 말에 ○표 하시오.

• 얼굴을 찡그리고, 잔소리를 듣고 나서야 자리에 앉는 것을 보면, 뒷자리에 (앉는 것이 못마땅한 / 앉아서 신난) 것을 알 수 있다.

03 ㉠이 뜻하는 내용으로 알맞은 것의 기호를 쓰시오.

> ㉮ 우리는 늘 버스의 앞자리에 앉았다.
> ㉯ 우리는 항상 버스의 뒷자리에 앉았다.
> ㉰ 우리는 버스에 타면 언제나 서서 가야 했다.

(   )

04~05 사라, 버스를 타다

어느 날 아침, 사라는 버스 앞쪽 자리가 얼마나 좋은 곳인지 알아보기로 마음먹었습니다. 사라는 자리에서 일어나 좁은 통로로 걸어 나갔습니다. 별다른 것도 없어 보였습니다. 창문은 똑같이 지저분했고, 버스의 시끄러운 소리도 똑같았습니다. 앞쪽 자리가 뭐가 그리 대단하다는 것일까요?

한 백인 아주머니께서 물으셨습니다.

"왜 그리 두리번거리니, 꼬마야?"

"뭐 특별한 게 있는지 알아보고 싶어서요."

아주머니께서 말씀하셨습니다.

"네 자리로 돌아가는 게 좋겠구나."

모두가 사라를 쳐다보았습니다.

사라는 계속 나아갔습니다. 앞쪽 끝까지 가서 운전사 옆자리에 앉았습니다. 사라는 운전사가 기어를 바꾸고 두 손으로 커다란 핸들을 돌리는 것을 지켜보았습니다. 운전사가 성난 얼굴로 사라를 쏘아보았습니다.

04 이 이야기의 공간적 배경은 어디입니까? (   )

① 기차역   ② 화장실
③ 버스의 안   ④ 기차의 안
⑤ 버스 정류장

05 이 이야기에서 사라가 겪은 사건은 무엇입니까?

(   )

① 다른 사람에게 자리를 양보하였다.
② 버스 운전사의 자리에 앉아 보았다.
③ 성난 얼굴로 아주머니를 쏘아보았다.
④ 두 손으로 커다란 핸들을 돌려 보았다.
⑤ 버스의 앞쪽으로 가서 운전사 옆에 앉았다.

가 "꼬마 아가씨, 뒤로 가서 앉아라. 너도 알다시피 늘 그래 왔잖니?"

사라는 그대로 앉은 채 마음속으로 말했습니다.

'뒷자리로 돌아갈 아무런 이유가 없어!'

운전사는 뭐라고 중얼거리더니 브레이크를 밟았습니다. 버스가 '끼익' 소리를 내며 갑자기 멈춰 섰습니다.

나 "그런데 왜 저는 버스 앞자리에 타면 안 되나요?"

"㉠법이 그렇기 때문이야. 법이라고 다 좋은 것은 아니지만 말이다."

사라가 어머니의 피곤한 눈을 올려다보며 물었습니다.

"법은 절대 바뀌지 않나요?"

어머니께서 부드럽게 대답하셨습니다.

"언젠가는 바뀌겠지."

다 그날은 어떤 흑인도 버스를 타지 않았습니다. 그 다음 날도 마찬가지였습니다. 버스 회사는 당황했습니다. 시장도 어쩔 줄 몰라 했습니다. 그리하여 사람들은 마침내 법을 바꾸었습니다.

◈ 서술형 논술형 문제

06 다음 내용을 참고하여 ㉠에 나타난 '법'의 내용을 짐작하여 쓰시오.

사라와 사라의 어머니는 흑인이다.

_____

_____

07 문제 06에 쓴 내용의 법이 바뀌게 된 까닭은 무엇입니까? (   )

① 그 지역의 모든 사람들이 요청해서

② 다른 지역과 같은 시로 합치게 되어서

③ 다른 지역의 버스와 경쟁을 하게 되어서

④ 그 지역의 백인들이 일을 전혀 하지 않아서

⑤ 그 지역의 흑인들이 계속 버스를 타지 않아서

교실에 들어서니 나 말고도 다섯 명의 친구가 있었어요. 그중에는 윤아도 있었어요. 윤아와 나는 선생님이 오기 전까지 공기놀이를 하기로 했어요.

한참을 신나게 놀고 있는데 뒷문이 드르륵 열렸어요. 우진이예요.

"너희 뭐 해? 또 ㉠   하는구나."

우진이가 생글생글 웃으며 우리끼리 노는 데 참견했어요. 내가 놀고 있으면 우진이가 꼭 구경하러 오더라고요. 어쩌면 우진이도 나랑 짝이 되고 싶은지도 모르겠어요.

"우아, 윤아 공기 되게 잘한다!"

아이참, 정말 이상해요. 조금 전까지만 해도 윤아보다 내가 훨씬 더 잘했는데, 우진이가 나타나자마자 자꾸만 실수하는 거예요. ㉡우진이 칭찬을 듣고 헤벌쭉 웃는 윤아가 참 얄미웠어요.

08 이 이야기의 공간적 배경을 찾아 ○표 하시오.

공원   학교   놀이터

09 ㉠ 에 들어갈 놀이는 무엇인지 찾아 쓰시오.

(   )

10 ㉡을 보고 '나'의 성격을 알맞게 짐작한 것은 무엇입니까? (   )

① 하고 싶은 말을 참는 '나'는 조용한 성격이다.

② 친구를 미워하는 것으로 보아 못된 성격이다.

③ 칭찬을 좋아하는 '나'는 뽐내기 좋아하는 성격이다.

④ 윤아를 부러워하는 '나'는 자신감이 없는 성격이다.

⑤ 우진이 칭찬을 들은 친구를 질투하는 것으로 보아 샘이 많은 것 같다.

11~13 우진이는 정말 멋져!

갑자기 윤아가 앞으로 폭 고꾸라지지 뭐예요. 장난꾸러기 창훈이가 다른 아이들이랑 장난치며 뛰다가 윤아와 부딪친 거죠. 그 바람에 윤아 손등에 있던 공기 알이 와르르 떨어져 두 개는 책상 밑으로, 한 개는 우진이 다리 밑으로, 나머지 한 개는 사물함 밑으로 굴러 들어갔어요.

"김창훈! 너 때문에 죽었잖아!"

"김창훈! 너 때문에 내 공기 알이 사물함 밑으로 들어갔잖아!"

윤아는 공기 알을 못 잡은 게 억울해서, 나는 사물함 밑으로 굴러 들어간 내 공기 알이 걱정돼서 소리쳤어요. 우리 목소리에 놀랐는지 창훈이는 온몸을 움찔하더라고요. 그것도 잠시뿐, 창훈이는 미안하다는 소리 대신 혀만 쏙 내밀고는 휙 도망가 버리는 거 있죠.

11 윤아가 공기 알을 떨어뜨린 까닭은 무엇인지 ○표 하시오.

(1) 손등을 평평하게 만들지 못해서 ( )

(2) 장난치며 뛰던 창훈이와 부딪쳐서 ( )

(3) 위로 던진 공기 알을 한꺼번에 잡으려다가 놓쳐서 ( )

12 '나'와 윤아가 창훈이에게 소리친 까닭을 쓰시오.

(1) '나'	( )이 걱정돼서.
(2) 윤아	공기 알을 못 잡은 게 ( ).

13 이 글에서 알 수 있는 창훈이의 성격은 어떠한지 두 가지 고르시오. (,)

① 장난스럽다.　　② 욕심이 많다.
③ 배려심이 많다.　④ 배려심이 없다.
⑤ 승부욕이 강하다.

14~15 우진이는 정말 멋져!

가 우진이는 어디서 가져왔는지 기다란 자를 들고 나타났어요. 그러고는 바닥에 납작 엎드려 자로 사물함 밑을 더듬거렸어요. 사물함 밑에서 자가 빠져나올 때마다 먼지 뭉치가 잔뜩 붙은 10원짜리 동전, 연필, 지우개 들이 따라 나왔어요.

나 자 끝에는 분홍색 꽃 모양의 작은 공기 알이 살짝 걸려 있었어요. 작은 물방울무늬가 있는 빨간색 나비 핀도요. 우진이는 공기 알과 나비 핀을 손에 들고 먼지를 툴툴 털어 냈어요. 그러고는 우리에게 공기 알과 나비 핀을 쑥 내밀었어요.

"여기 공기 알. 그리고 이 핀 가질래?"

나는 선뜻 손을 내밀지 못했어요. 어떻게 하면 좋을지 몰랐거든요.

그때 윤아가 얼굴을 찡그리며 말했어요.

"아유, 더러워! 그 핀을 어떻게 쓰냐?"

그러자 우진이는 공기 알만 나에게 건네주고 나비 핀은 쓰레기통에 넣어 버렸어요.

"그래, 더러울 거야."

우진이의 목소리에는 부끄러운 마음이 묻어 있었어요. ㉠마음 같아서는 윤아를 한 대 콩 쥐어박고 싶었지만 참았어요.

14 ㉠은 어떤 마음일지 쓰시오.

• 우진이의 성의를 무시한 윤아가
( )

15 다음과 같은 우진이의 성격을 알 수 있는 말이나 행동을 모두 찾아 선으로 이으시오.

다정다감하고 적극적이다. •

• ① 얼굴을 찡그리며 더럽다고 함.

• ② 자를 들고 와 사물함 밑을 더듬거림.

• ③ 공기 알의 먼지를 털어 줌.

16 이야기 속 인물의 성격을 짐작할 때 살펴보아야 할 것을 두 가지 고르시오. (　　,　　)

① 인물의 이름　　② 인물이 한 말
③ 이야기의 제목　　④ 인물이 한 행동
⑤ 이야기의 길이

17~18　젓가락 달인

"우리 반에 새로 전학 온 친구가 있어요. 자기 이름을 직접 소개해 보겠어요?"

선생님이 ㉠여자아이의 어깨를 한 손으로 가볍게 감싸 주었어요.

"안녕? 나는, 아니 아니, 내 성은 김해 김씨이고 이름은 주은이야. 김해 김씨, 김주은. 잘 부탁해."

주은이가 또랑또랑 말했어요. '김해 김씨'를 말할 때는 목에 힘까지 주었어요. 아이들이 "김해 김씨?" 하며 고개를 갸웃했어요. 그러다 누군가가 "아아, 김해 김치!"라고 하자 깔깔거렸어요.

"조용! 여러분, 주은이 친구하고 사이좋게 지내도록 해요. 가만있자, 주은이가 어디 앉으면 좋을까? 아, 저기, 우봉이 옆에 가 앉을래?"

17 ㉠ '여자아이'에 대한 설명으로 알맞은 것의 기호를 모두 쓰시오.

㉮ 우봉이네 학교에 새로 전학 왔다.
㉯ 김해에서 살다가 이사 온 아이이다.
㉰ 선생님께서 우봉이의 옆에 앉도록 시켰다.

(　　,　　)

18 주은이의 성격은 어떠합니까? (　　)

① 내성적이다.　　② 적극적이다.
③ 말수가 적다.　　④ 조심성이 많다.
⑤ 부끄러움이 많다.

19~20　젓가락 달인

"궁금한 게 있는데요, 손으로 밥을 조몰락조몰락해서 먹는 건 나쁜 거죠? 그런 사람 야만인이죠? 원시인이죠?"

우봉이가 묻자 아빠가 말씀하셨어요.

"왜? 아는 사람 중에 그런 사람이라도 있어?"

"아, 아니요. 그냥 어디서 봤는데, 우리나라 사람은 아니에요."

"손으로 밥 먹는 사람들도 있긴 있지. 인도라는 나라 알지? 그 나라에도 그냥 맨손으로 밥을 먹는 사람들이 있어."

"정말요? 인도는 내가 좋아하는 카레의 나라인데. 그런 나라에 야만인이 많다니."

뜻밖이어서 우봉이는 고개를 갸우뚱했어요. 그걸 보고 할아버지가 말씀하셨어요.

"손으로 먹는 걸 두고 나쁘다고, 또 야만인이라고 해서는 안 되는겨. 그게 그 나라 풍습이고 문화인겨. 할아버지가 된장찌개 좋아하는데, 외국 사람이 냄새나는 된장 먹는다고 나를 야만인이라고 부르면 기분 나쁠겨. 할아버지 말 알아듣겠능겨?"

㉠"그래도 맨손으로 밥을 조몰락거리는 건 더러워요. 병 걸릴 것 같아요."

19 우봉이의 성격으로 알맞은 것의 기호를 쓰시오.

㉮ 음식에 대한 욕심이 많다.
㉯ 웃어른을 공경하는 마음이 깊다.
㉰ 다른 문화를 이해하는 융통성이 없다.

(　　　　)

〈 서술형 〉 논술형 문제

20 우봉이가 이해심이 많은 성격이었다면 ㉠ 대신에 어떤 말을 할지 쓰시오.

_____

개념 정리

개념 1 문장의 짜임에 맞게 말하기

① '누가/무엇이 + 무엇이다.'로 말합니다.
　예 예지는 초등학생입니다.
② '누가/무엇이 + 어찌하다.'로 움직임을 나타냅니다. 예 예지가 학교에 갑니다.
③ '누가/무엇이 + 어떠하다.'로 성질이나 상태를 나타냅니다. 예 예지는 친절합니다.

활동 문장의 짜임을 생각하며 문장 나누기

늘은 농부의 세 아들은 게을렀습니다.

늙은 농부의 세 아들은	게을렀습니다.
누가	어떠하다

개념 2 문장의 짜임에 맞게 문장 쓰기

① 문장을 살펴보고 '누가/무엇이' 부분까지 나눕니다.
② 문장에서 '무엇이다/어찌하다/어떠하다'인 뒷부분을 찾습니다.
③ '누가/무엇이' 부분과 '무엇이다/어찌하다/어떠하다' 부분이 잘 어울리는지 살펴봅니다.

활동 「목홧값을 누가 물어야 하나?」를 읽으며 문장 나누기 예

목화 장수들은 고양이 때문에 큰 손해를 입어 투덜거렸다.

↓

목화 장수들은	고양이 때문에 큰 손해를 입어 투덜거렸다.
누가	어찌하다

개념 3 자신의 의견을 제시하는 글 쓰기

① 왜 이런 의견을 전하고 싶은지 문제 상황을 제시합니다.
② 자신의 의견과 의견을 뒷받침할 까닭을 분명하게 씁니다.
③ 읽는 사람을 생각하며 예의 바르게 글을 씁니다.
④ 문장의 짜임에 맞는 자연스러운 문장을 씁니다.

지문 댐 건설에 대한 효은이의 의견

문제 상황	상수리에 댐을 건설하기 위해 조사하고 있음.	효은이의 의견	상수리에 댐을 건설하면 안 된다.
		그렇게 생각한 까닭	• 숲에 사는 동물들이 살 곳을 잃기 때문이다. • 만강의 물고기들을 볼 수 없게 되기 때문이다. • 마을 어른들께서 평생 살아온 고향을 떠나면 안 되기 때문이다.

개념 4 학급 신문에 의견을 제시하는 글을 쓰고 의견 나누기

① 학급 신문의 주제와 이름을 정합니다.
② 자신의 의견을 뒷받침할 자료를 찾습니다.
③ 자신의 의견과 뒷받침할 까닭을 종이에 적습니다.
④ 모둠별로 학급 신문에 자신의 의견과 까닭을 적은 종이를 붙여서 학급 신문을 완성합니다.

활동 학급 신문 만들기

환경을 주제로 정할까?

건강을 주제로 정하는 것은 어떠니?

① 학급 신문의 주제를 정한다.

학급 신문의 이름을 뭐라고 정하지?

주제와 어울리게 정해야겠지?

② 학급 신문의 이름을 정한다.

③ 자신의 의견을 뒷받침할 자료를 찾는다.

④ 자신의 의견과 의견을 뒷받침할 까닭을 종이에 적는다.

⑤ 각자가 적은 종이를 모둠별로 학급 신문에 붙인다.

⑥ 모둠별 학급 신문을 완성한다.

01 다음 문장은 어떤 짜임에 해당하는지 ○표 하시오.

> 이 물건은 휴대 전화입니다.

(1) 누가+무엇이다 ( )
(2) 무엇이+무엇이다 ( )
(3) 무엇이+어찌하다 ( )

02 다음 문장은 어떤 짜임에 해당하는지 ○표 하시오.

> 이 휴대 전화는 아주 비쌉니다.

(1) 무엇이+무엇이다 ( )
(2) 무엇이+어떠하다 ( )
(3) 무엇이+어찌하다 ( )

03 '무엇이+어떠하다' 짜임의 문장에서 '어떠하다' 부분의 낱말은 (성질이나 상태 / 움직임)을/를 나타냅니다.

04 '누가+어찌하다' 짜임의 문장에서 '어찌하다' 부분의 낱말은 (색깔 / 움직임)을 나타냅니다.

05 다음 문장에서 '무엇이다' 부분에 밑줄을 그으시오.

> 과학자를 꿈꾸는 예지가 바로 제 친구입니다.

06 다음 문장에서 밑줄 그은 부분이 나타내는 것은 무엇인지 ○표 하시오.

> 무지개가 아름답습니다.

(상태 / 움직임)

[07~08]

> 저는 댐을 건설하는 것에 반대합니다. 우리 상수리에 댐을 건설하면 숲에 사는 동물들이 살 곳을 잃고, 우리는 만강의 물고기들을 다시는 볼 수 없게 될 것입니다. 그리고 마을 어른들께서는 평생 살아온 고향을 떠나야 한다고 말씀하십니다. 우리 마을에 댐을 건설하기로 한 계획을 ⓐ 해 주시기를 부탁합니다.

07 글쓴이는 상수리에 무엇을 건설하면 안 된다고 하였는지 쓰시오.

( )

08 글쓴이의 의견으로 보아 ⓐ 에 들어갈 알맞은 말은 무엇일지 ○표 하시오.

(실천 / 취소)

[09~10]

> 만강에 댐을 건설하면 여름철에 폭우로 생기는 문제를 막을 수 있습니다. 비가 내리는 대로 내버려 두면, 강 하류에서는 강물이 넘쳐서 논밭이 빗물에 잠기기도 합니다.
> 그리고 집과 길이 부서지고 심지어 사람이 목숨까지 잃을 만큼 위험합니다. 하지만 댐을 건설하면 홍수로 인한 이런 피해를 막을 수 있습니다.

09 이 편지의 글쓴이는 댐 건설에 대하여 어떤 입장을 갖고 있는지 ○표 하시오.

(찬성 / 반대)

10 댐을 건설하면 어떤 문제를 막을 수 있다고 하였는지 쓰시오.

• 폭우로 생기는 문제, ( )로 인한 피해

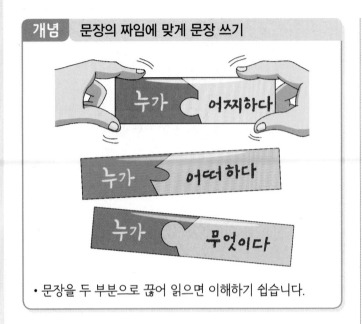

• 문장을 두 부분으로 끊어 읽으면 이해하기 쉽습니다.

[01 ~ 02] 「목홧값을 누가 물어야 하나?」

어느 날, 고양이가 다리 하나를 다쳤다. ㉠그 다리를 맡은 목화 장수는 고양이 다리에 산초기름을 발라 주었다. 그런데 마침 추운 겨울철이라, 아궁이 곁에서 불을 쬐던 고양이의 다리에 불이 붙고 말았다. 고양이는 얼른 시원한 광 속으로 도망을 쳐서 목화 더미 위에서 굴렀다. 순식간에 목화 더미에 불이 번져 광 속의 ㉡목화가 몽땅 타 버리고 말았다.

목화 장수 네 명은 뜻하지 않게 큰 손해를 보게 되었다. 그러자 고양이의 성한 다리를 맡았던 목화 장수 세 명이 투덜투덜 불평을 늘어놓았다.

01 ㉠은 어떤 짜임으로 이루어진 문장입니까? (   )

① 누가+무엇이다
② 누가+어떠하다
③ 누가+어찌하다
④ 무엇이+어떠하다
⑤ 무엇이+어찌하다

02 문장 ㉡을 짜임에 맞게 나누어 쓰시오.

(1) 무엇이	(2) 어찌하다

• 문제 상황을 해결할 수 있는 의견과 의견을 뒷받침하는 까닭을 분명하게 써야 합니다.

[03 ~ 04]

㉠ 상수리가 댐 건설로 겪게 될 어려움을 잘 압니다. 하지만 상수리 주변에 사는 주민들이 홍수로 겪는 정신적·물질적 피해는 해마다 늘어나고 있습니다.

㉡ 만강에 댐을 건설하면 여름철에 폭우로 생기는 문제를 막을 수 있습니다. 비가 내리는 대로 내버려 두면, 강 하류에서는 강물이 넘쳐서 논밭이 빗물에 잠기기도 합니다.

㉢ 그리고 집과 길이 부서지고 심지어 사람이 목숨까지 잃을 만큼 위험합니다. 하지만 댐을 건설하면 홍수로 인한 이런 피해를 막을 수 있습니다.

03 ㉠~㉢ 중, 문제 상황을 자세히 쓴 부분은 어디입니까?

(   )

04 글쓴이가 댐을 건설해야 한다는 의견을 뒷받침하기 위해 제시한 까닭을 쓰시오.

(1) 여름철 (   )로 생기는 문제를 막을 수 있다.

(2) (   )로 인한 피해를 막을 수 있다.

01~03

늙은 농부는 세 아들에게 밭에 보물이 있다고 말해 주었습니다.

늙은 농부는	세 아들에게 밭에 보물이 있다고 말해 주었습니다.
누가	㉠

↓

세 아들은 밭으로 달려갔습니다.

세 아들은	㉡
누가	어찌하다

↓

아버지께서 밭에 묻어 두신 보물은 주렁주렁 열린 포도송이였습니다.

㉢	㉣
무엇이	무엇이다

01 ㉠에 들어갈 말로 알맞은 것은 무엇입니까? (   )

① 무엇이다   ② 무엇하다
③ 어찌하다   ④ 어떠하다
⑤ 어디이다

02 ㉡에 들어갈 내용으로 알맞은 것에 ○표 하시오.

(1) 밭으로 (   )
(2) 달려갔습니다. (   )
(3) 밭으로 달려갔습니다. (   )

03 ㉢과 ㉣에 들어갈 알맞은 내용을 쓰시오.

(1) ㉢

(2) ㉣

04 문장의 짜임을 알면 좋은 점에 대하여 <u>잘못</u> 설명한 친구의 이름을 쓰시오.

문장을 항상 끊어 읽게 되어서 뜻을 짐작하기 어렵습니다.
제훈

문장을 두 부분으로 나누어서 연결이 자연스러운지 생각하며 글을 쓸 수 있습니다.
세연

문장의 뒷부분을 살피면서 앞부분을 보면 어색한 문장을 자연스럽게 고칠 수 있습니다.
정민

(   )

05 나머지 넷과 문장의 짜임이 <u>다른</u> 하나는 어느 것입니까? (   )

① 나는 목화 장수입니다.
② 예지는 초등학생입니다.
③ 동생이 아주 귀엽습니다.
④ 삼촌은 늠름한 군인입니다.
⑤ 아버지는 멋진 소방관입니다.

◇ 서술형 논술형 문제

06 다음과 같은 짜임의 문장을 만들어 쓰시오.

예지가 열심히 공부를 합니다.

_____

_____

07~08 목홧값을 누가 물어야 하나?

옛날 어느 마을에 목화 장수 네 사람이 살았다. 그들은 싼 목화가 있으면 함께 사서 큰 광 속에 보관해 두었다가 값이 오르면 팔았다. 그런데 그 광에는 쥐가 많아 목화를 어지럽히기도 하고 오줌을 싸기도 했다. ㉠목화 장수들은 궁리 끝에 광에 고양이를 기르기로 하고 똑같이 돈을 내어 고양이를 샀다. 그러고는 공동 책임을 지려고 고양이의 다리 하나씩을 각자 몫으로 정하고 고양이를 보살피기로 했다.

어느 날, 고양이가 다리 하나를 다쳤다. 그 다리를 맡은 ㉡목화 장수는 고양이 다리에 산초기름을 발라 주었다. 그런데 마침 추운 겨울철이라, 아궁이 곁에서 불을 쬐던 고양이의 다리에 불이 붙고 말았다. 고양이는 얼른 시원한 광 속으로 도망을 쳐서 목화 더미 위에서 굴렀다. 순식간에 목화 더미에 불이 번져 광 속의 ㉢목화가 몽땅 타 버리고 말았다.

07 목화 장수들이 광에 고양이를 기르기로 한 까닭은 무엇입니까? (   )

① 광에 목화 도둑이 많이 들어서
② 광에 사는 쥐가 목화를 어지럽혀서
③ 광에서 기르던 강아지가 도망을 쳐서
④ 길에서 사는 고양이를 불쌍하게 여겨서
⑤ 목화 장수 네 사람이 모두 고양이를 좋아해서

08 ㉠~㉢ 중, 다음과 같은 짜임으로 쓴 문장은 어느 것입니까?

무엇이 + 어찌하다

(   )

09~10 목홧값을 누가 물어야 하나?

목화 장수 네 명은 뜻하지 않게 큰 손해를 보게 되었다. 그러자 고양이의 성한 다리를 맡았던 목화 장수 세 명이 투덜투덜 불평을 늘어놓았다.

"이번 불은 순전히 고양이의 아픈 다리를 맡았던 저 사람 때문이야. 하필이면 불이 잘 붙는 산초기름을 발라 줄 게 뭐야?"

"맞아, 그러니 목홧값을 그 사람에게 물어 달라고 하자."

㉠세 사람은 ㉡고양이의 아픈 다리를 맡았던 사람에게 목홧값을 물어내라고 했다. 억울한 그 목화 장수는 절대 목홧값을 물어 줄 수 없다며 큰 싸움을 벌였다.

"불이 붙은 고양이가 광으로 도망칠 때는 성한 세 다리로 도망쳤잖아? 그러니까 광에 불이 난 것은 순전히 너희가 맡은 세 다리 때문이야."

아무리 씨워도 해결이 나지 않자, ㉢네 사람은 고을 사또를 찾아가 판결을 해 달라고 부탁했다.

09 목화 장수들의 의견을 구별하여 선으로 이으시오.

(1)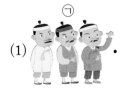

• ① 성한 다리를 맡았던 사람들이 목홧값을 내야 한다.

• ② 아픈 다리를 맡았던 사람이 목홧값을 내야 한다.

(2)
㉡

• ③ 사또가 목홧값을 물어 주어야 한다.

10 ㉢에서 '어찌하다'를 이루는 부분이 아닌 것은 어느 것입니까?

㉮ 네 사람은   ㉯ 고을 사또를
㉰ 찾아가 판결을   ㉱ 해 달라고 부탁했다.

(   )

댐 건설 기관 담당자님께

안녕하세요?

ㄱ
저는 산 깊고 물 맑은 상수리에 사는 김효은입니다. 우리 마을은 앞으로 만강이 흐르고, 뒤로는 우뚝 솟은 산봉우리들이 병풍처럼 둘러싸여 한 폭의 그림처럼 아름답습니다.

ㄴ
숲에는 천연기념물인 황조롱이, 까막딱따구리 같은 새들과 하늘다람쥐가 삽니다. 그리고 만강에는 쉬리나 배가사리, 금강모치 같은 우리나라의 토종 물고기가 많이 삽니다.

ㄷ
그런데 어제 만강에 댐을 건설할 수 있는지 알아보려고 담당자들께서 우리 마을을 방문하셨습니다. 담당자들께서는 작년에 비가 많이 와서 만강 하류에 있는 도시에 물난리가 났다고 말씀하셨습니다. 그래서 홍수를 막으려면 우리 마을에 댐을 건설해야 한다고 하셨습니다.

하지만 저는 댐을 건설하는 것에 반대합니다. 우리 상수리에 댐을 건설하면 숲에 사는 동물들이 살 곳을 잃고, 우리는 만강의 물고기들을 다시는 볼 수 없게 될 것입니다. 그리고 마을 어른들께서는 평생 살아온 고향을 떠나야 한다고 말씀하십니다. 우리 마을에 댐을 건설하기로 한 계획을 취소해 주시기를 부탁합니다.

20○○년 10월 ○○일

김효은 올림

11 누가 누구에게 쓴 편지입니까?

(1) 보낸 사람	
(2) 받는 사람	

12 편지를 보낸 사람의 의견을 쓰시오.

_____

_____

13 글쓴이가 의견에 대한 까닭으로 제시한 내용을 정리하였습니다. 빈칸에 알맞은 내용을 써넣으시오.

- 숲에 사는 (1) [　　　]이 살 곳을 잃기 때문입니다.
- 만강의 (2) [　　　]을 다시는 볼 수 없을 것이기 때문입니다.
- 마을 어른들께서는 평생 살아온 (3) [　　　]을 떠나게 되시기 때문입니다.

14 ㄱ~ㄷ 중, 문제 상황을 제시한 부분은 어디인지 기호를 쓰시오.

(　　　　)

15 이 글에 대한 평가로 알맞지 않은 것에 ×표 하시오.

(1) 의견을 뒷받침하는 까닭을 잘 들어서 의견에 공감이 간다. (　　　)

(2) 높임말을 제대로 쓰지 않아 읽는 사람의 기분이 상할 수 있다. (　　　)

(3) 문제 상황을 자세히 제시해서 왜 그런 의견을 말하게 되었는지 알기 쉽다. (　　　)

16 의견을 제시하는 글을 쓰는 방법에 대하여 <u>잘못</u> 설명한 친구는 누구입니까?

> 세영: 문제 상황이 무엇인지 밝혀 써야 합니다.
> 도균: 자신의 의견만 분명히 쓰면 까닭은 쓰지 않아도 됩니다.
> 민희: 읽는 사람이 들어줄 수 있는 의견인지도 생각하며 써야 합니다.

(   )

17~20

> 김효은 학생에게
>
> 안녕하세요? / 김효은 학생의 편지를 잘 읽었습니다. 아름다운 상수리가 댐 건설로 겪게 될 어려움을 잘 압니다. ⊙ 상수리 주변에 사는 주민들이 홍수로 겪는 정신적·물질적 피해는 해마다 늘어나고 있습니다.
>
> 만강에 댐을 건설하면 여름철에 폭우로 생기는 문제를 막을 수 있습니다. 비가 내리는 대로 내버려 두면, 강 하류에서는 강물이 넘쳐서 논밭이 빗물에 잠기기도 합니다.
>
> 그리고 집과 길이 부서지고 심지어 사람이 목숨까지 잃을 만큼 위험합니다. 하지만 댐을 건설하면 홍수로 인한 이런 피해를 막을 수 있습니다.
>
> 상수리에 댐을 건설해야 합니다. 우리는 상수리 마을 주민들에게 피해가 가지 않도록 주민들이 이사하는 데 모든 지원을 아끼지 않을 것입니다. 댐 건설에는 상수리 마을 주민들의 협조가 필요합니다. 김효은 학생도 이러한 점을 잘 이해해 주시기를 바랍니다.
>
> 20○○년 10월 ○○일
> 댐 건설 기관 담당자 드림

17 댐 건설 기관 담당자가 편지를 쓴 까닭은 무엇이겠습니까?

• 상수리 댐 건설에 (1) (찬성 / 반대)하는 김효은 학생의 생각을 바꿔, (2) (설득 / 칭찬)하기 위해서이다.

18 ⊙ 에 들어갈 이어 주는 말로 가장 알맞은 것은 무엇입니까? (   )

① 그리고   ② 그래서
③ 하지만   ④ 왜냐하면
⑤ 그러므로

19 글쓴이는 무엇을 더 중요하게 생각하는지 기호를 쓰시오.

> ㉮ 아름다운 상수리와 주민들이 댐 건설로 겪게 될 어려움
> ㉯ 상수리 주변에 사는 사람들이 홍수로 겪는 정신적·물질적 피해

(   )

20 댐 건설을 하면 어떤 점이 좋다고 하였는지 두 가지 고르시오. (,   )

① 산불을 막는 데에 도움이 된다.
② 홍수로 인한 피해를 막을 수 있다.
③ 상수리 마을에 관광객이 늘어난다.
④ 여름철 폭우로 생기는 문제를 막을 수 있다.
⑤ 겨울철 폭설로 생기는 문제를 막을 수 있다.

개념 정리

개념 1 전기문의 특성

① 전기문은 인물의 삶을 사실에 근거해 쓴 글입니다.

② 전기문에는 인물이 살았던 시대 상황이 나타나 있습니다.

③ 전기문에는 인물이 한 일과 인물의 가치관이 나타나 있습니다.

지문 「김만덕」에서 전기문의 특성 알아보기

전기문의 특성	내용
인물이 살았던 시대 상황	• 조선 시대에는 양반과 양민에 대한 신분 차별이 있었다. • 1790년부터 제주도에 4년 동안 흉년이 들었고, 이듬해 태풍으로 큰 피해를 입었다.
인물이 한 일	• 제주도에 흉년이 들어 사람들이 굶어 죽을 위기에 처했을 때 전 재산을 들여 곡식을 사 오게 했고, 그것을 제주도 사람들에게 나누어 주었다.
인물의 가치관	• 자신이 가진 것을 나누고 베푸는 삶

개념 2 전기문의 특성을 생각하며 읽는 방법

① 인물이 살았던 시대 상황을 생각하며 읽습니다.

② 인물이 한 일을 생각하며 읽습니다.

③ 인물의 가치관을 짐작하며 읽습니다.

지문 「정약용」에서 전기문의 특성을 살려 내용 요약하기

인물이 살았던 시대 상황	• 정약용이 살았던 시대의 백성은 이른 아침부터 해가 떨어질 때까지 한시도 쉬지 않고 일했지만 늘 배불리 먹지 못했다.
인물이 한 일	• 거중기를 발명했다. • 암행어사가 되었다. • 『목민심서』를 펴냈다.
짐작할 수 있는 인물의 가치관	• 백성의 어려운 삶을 지켜보면서 백성에게 도움이 되려고 맡은 일을 열심히 했다.

개념 3 인물에게 본받을 점을 생각하며 전기문 읽기

① 인물이 한 일을 생각하며 전기문을 읽습니다.

② 전기문을 읽고 인물의 생각을 짐작해 봅니다.

③ 인물의 말이나 행동에서 본받을 점을 찾습니다.

④ 인물이 앞으로 어떤 일을 할지 짐작해 봅니다.

활동 「헬렌 켈러」를 읽고 헬렌 켈러가 한 일을 통해 본받을 점 말하기

헬렌 켈러가 한 일 ❶	헬렌 켈러가 한 일 ❷
퍼킨스학교에서 배우는 동안, 말하기를 배우는 것이 너무 힘들었지만 포기하지 않고 끊임없이 노력했다.	열 살이 된 헬렌은 자신처럼 장애를 가진 소년 토미가 퍼킨스학교에 다닐 수 있도록 모금 활동을 벌였다.

 자신의 장애를 극복하기 위해 열심히 노력한 점을 본받고 싶습니다.

 어린 소녀임에도 자신처럼 장애를 지닌 어린이를 돕기로 나선 점이 훌륭합니다.

01 전기문에 대한 설명으로 알맞은 것에 ○표 하시오.

(1) 인물의 삶을 사실대로 기록한 글이다.(   )

(2) 인물의 삶을 재미있게 꾸며서 쓴 글이다.

(   )

02 본받고 싶은 인물을 소개할 때에는 본받고 싶은 까닭, 인물이 살았던 시대 [   ], 인물이 한 일을 중심으로 말합니다.

[03~05] 「김만덕」

> 김만덕은 1739년에 제주도의 가난한 선비 집안에서 태어났다. 비록 가난하였으나 사랑과 정이 깊은 부모님 밑에서 자랐다. 그러나 열두 살이 되던 해에 심한 흉년과 전염병 때문에 부모님을 차례로 여의고 말았다. 친척 집을 이리저리 옮겨 다니며 살던 김만덕은 기생의 수양딸이 되었다가 스물세 살이 되던 해에 드디어 기생의 신분에서 벗어났다.

03 김만덕이 태어난 집안은 어떠했습니까?

• 제주도의 가난한 (   ) 집안

04 김만덕은 몇 살 때에 기생의 신분에서 벗어났습니까?

(   ) 살

05 이 글에서 알 수 있는 시대 상황을 찾아 기호를 쓰시오.

> ㉠ 신분 제도가 있었다.
> ㉡ 자신의 신분을 바꾸기 쉬웠다.
> ㉢ 부모님이 돌아가시면 모두 기생이 되었다.

(   )

[06~07] 「정약용」

> 열다섯 살 때, 아버지를 따라 한양으로 간 정약용은 많은 사람을 만나 학문을 배우고 익혔어요. 훗날 정약용에게 큰 영향을 준 이익의 책을 처음 본 것도 이즈음이었지요. 그때까지 정약용은 사람이 바르게 사는 도리를 따지는 성리학을 주로 공부했어요. 그런데 이익이 사물에 폭넓게 관심을 두고 해박한 지식을 쌓은 것을 보면서 정약용의 생각도 조금씩 달라졌어요. 백성이 잘 사는 데 도움이 되는 실학에 관심을 갖게 된 거예요.

06 정약용이 열다섯 살 때 아버지를 따라 간 곳은 어디입니까?

(   )

07 정약용은 이익의 책을 읽고 백성이 잘 사는 데 도움이 되는 (성리학 / 실학)에 관심을 갖게 되었습니다.

[08~09] 「헬렌 켈러」

> 1887년 3월 3일은 헬렌 켈러의 생애에서 가장 중요한 날입니다. 헬렌의 운명을 바꾸어 놓은 앤 설리번 선생님을 만난 날이기 때문입니다. 헬렌은 여덟 살 때 설리번 선생님을 만난 것입니다. 앤은 마차에서 내려서 헬렌의 아버지와 인사를 나누자마자 물었습니다.
> "헬렌은요?"

08 헬렌 켈러의 운명을 바꾸어 놓은 사람은 누구인지 쓰시오.

(   ) 선생님

09 문제 08에서 답한 사람을 만난 때는 헬렌이 몇 살이었는지 ○표 하시오.

(여섯 / 일곱 / 여덟) 살

단계

개념   전기문의 특성

• 전기문에는 인물이 살았던 시대 상황, 인물이 한 일과 인물의 가치관이 나타나 있습니다.

개념   인물의 본받을 점을 생각하며 전기문 읽기

• 전기문을 읽으며 인물의 가치관을 파악하고, 그 인물에게서 본받을 점을 찾습니다.

[01~02] 「김만덕」

가 1790년부터 4년 동안 제주도에는 흉년이 계속되었다. 그 바람에 양식이 없어 굶주리는 사람들이 늘어났다. 제주도 사람들은 모두 굶어 죽게 되었다며 근심에 잠겼다.

나 '제주도 사람들을 굶어 죽게 내버려 둘 수는 없다. 내가 나서서 그들을 살려야겠다.'

김만덕은 전 재산을 들여 육지에서 곡식을 사 오게 하였다. 그 곡식은 총 오백여 석이었다.

"제가 전 재산을 들여 육지에서 사들인 곡식입니다. 굶주린 사람들에게 나누어 주십시오."

제주 목사는 김만덕의 말을 듣고 깜짝 놀랐다.

01 이 글을 읽고 알 수 있는 시대 상황을 쓰시오.

• 1790년부터 4년 동안 제주도에 (   )이 계속되어 사람들이 굶어 죽을 위기에 처했다.

02 김만덕이 한 일은 무엇입니까? (   )

① 제주 목사에게 곡식을 팔았다.

② 육지에서 사 온 곡식으로 장사를 했다.

③ 제주 목사에게 곡식을 사 오라고 말했다.

④ 제주도 사람들을 찾아다니며 치료해 주었다.

⑤ 전 재산을 들여 육지에서 곡식을 사 와 제주도 사람들에게 나누어 주게 했다.

[03~04] 「헬렌 켈러」

1889년 가을, 헬렌은 퍼킨스학교에 다니게 되었습니다. 앤 선생님은 변함없이 헬렌을 가르쳤고, 다른 선생님들도 헬렌을 도와주었습니다. 퍼킨스학교에 머무는 동안 헬렌은 시각·청각·언어 장애를 지닌 노르웨이의 한 소녀가 입으로 말하는 법을 배웠다는 소식을 들었습니다. 이 소식을 듣자 헬렌은 너무나 기뻤으며, 자신도 이것을 배우게 해 달라고 선생님을 졸랐습니다. 말하기를 배우는 것이 너무 힘들었지만 헬렌은 포기하지 않았습니다. 뜻대로 말이 되지 않아 어려움을 많이 겪었지만 자신도 마침내 말을 할 수 있을 것이라는 희망을 버리지 않고 끊임없이 노력했습니다. 새에게도 말을 걸고 장난감과 개에게도 말을 했습니다.

03 헬렌에 대한 설명으로 알맞지 <u>않은</u> 것에 ×표 하시오.

(1) 변함없이 앤 설리번 선생님의 가르침을 받았다. (   )

(2) 장애를 지닌 노르웨이의 한 소녀와 친구가 되었다. (   )

(3) 말하기를 배우는 것이 너무 힘들었지만 포기하지 않았다. (   )

04 헬렌에게서 본받을 점을 쓰시오.

(   )

01 □ 안에 알맞은 인물에 ○표 하시오.

> "장애는 불편하다. 하지만 불행하지는 않다."
> 라는 말을 남긴 □□□은/는 장애에 대한 편견을
> 없애는 데 큰 역할을 했다.

(안중근 / 헬렌 켈러 / 마리 퀴리)

02~03 본받고 싶은 인물 소개하기

> 정우: 주시경 선생님은 어떤 일을 하셨기에 본받고
> 　　싶다는 거니?
> 예원: 백 년 전만 해도 글을 읽지 못하는 사람들이
> 　　대부분이었는데, 주시경 선생님의 노력 덕분에 지
> 　　금은 우리글을 쉽게 배울 수 있는 거래.
> 정우: 주시경 선생님은 왜 그런 노력을 하셨을까?
> 예원: 우리나라가 외세의 침략을 받지 않고 잘 살려
> 　　면 우리글을 모두가 알아야 한다고 생각하셨고,
> 　　그래서 ⊙누구나 쉽게 배울 수 있도록 문법을 연
> 　　구하셨대.

02 백 년 전의 시대 상황으로 알맞은 것은 무엇입니까?

(　　　)

① 누구나 쉽게 우리글을 배웠다.
② 누구나 쉽게 한자를 읽고 썼다.
③ 모든 사람이 우리글을 잘 읽을 수 있었다.
④ 나라에서 우리글을 열심히 가르치고 있었다.
⑤ 우리글을 읽지 못하는 사람들이 대부분이었다.

03 주시경 선생님이 ⊙과 같은 일을 한 까닭은 무엇인지 쓰시오.

• 우리나라가 외세의 침략을 받지 않고 잘 살려면
　(　　　　　　　)을 모두가 알아야 한다고 생각
　하셨기 때문이다.

04 자신이 본받고 싶은 인물을 소개할 때에 말하지 않아도 될 내용을 두 가지 고르시오. (　　,　　)

① 인물이 한 일
② 본받고 싶은 까닭
③ 인물이 좋아한 친구
④ 인물이 살았던 시대 상황
⑤ 인물에게 영향을 받은 사람

05~06 김만덕

> "사또, 부탁드릴 일이 있어 왔습니다. 저는 본디
> 양민의 딸이었습니다. 그런데 어린 나이에 부모를
> 여의고 친척 집에 맡겨졌다가 어쩔 수 없이 기생
> 이 되었습니다. 사또께서는 제 억울한 사정을 헤
> 아리시어 저를 양민의 신분으로 되돌려 주시기 바
> 랍니다."
> 　김만덕은 눈물을 흘리며 제주 목사에게 간절히 말
> 하였다. 제주 목사는 김만덕의 말이 사실인지 관리
> 를 불러 조사하게 하였다. 그리고 김만덕의 억울한
> 사정이 밝혀지자 명을 내렸다.
> 　"만덕의 이름을 기안에서 지우고 양민의 신분으로
> 되돌려 주어라."

05 김만덕이 사또를 찾아간 까닭은 무엇이겠습니까?

(　　　)

① 사또를 한 번 만나고 싶어서
② 부모님과 헤어진 까닭을 말하고 싶어서
③ 제주 목사가 잘못한 일을 말하고 싶어서
④ 자신을 기생이 되게 해 달라고 부탁하려고
⑤ 양민의 신분으로 되돌려 달라고 부탁하려고

◈서술형 논술형 문제

06 이 글에서 알 수 있는 시대 상황은 무엇인지 쓰시오.

_____

_____

관청 마당에는 곡식이 산더미같이 쌓여 있었다. 제주 목사는 곡식을 풀어 굶주린 사람들에게 나누어 주었다. 그리하여 제주도 사람들은 목숨을 건질 수 있었다.

"그분이 없었다면 우리는 어떻게 되었을까?"

"모두 굶어 죽었겠지. 그분은 제주도 사람들의 은인이야."

제주도 사람들은 모이기만 하면 김만덕의 업적과 어진 덕을 칭찬하였다. 제주 목사는 임금에게 김만덕의 행동을 칭찬하는 글을 올렸다. 임금은 제주 목사의 편지를 받고 눈이 화등잔만 해졌다.

"제주도에 사는 여인이 전 재산을 내놓아 굶주린 사람들을 살렸다고? 참으로 고마운 일이로구나. 김만덕의 소원을 들어주도록 하여라."

제주 목사가 김만덕에게 소원을 묻자, 김만덕은 임금의 용안을 뵙는 것과 금강산 구경을 말하였다. 임금은 김만덕에게 벼슬을 내려 임금을 만날 수 있게 해 주었다. 양민의 신분으로는 임금을 만날 수 없었기 때문이다. 그리고 제주도 여자는 제주도를 떠날 수 없었던 그 당시의 규범을 깨고 김만덕에게 금강산을 구경하도록 해 주었다.

김만덕은 일 년여 동안 서울에서 지낸 뒤에 다시 고향 제주도로 돌아왔다. 그리고 예전과 다름없이 장사를 하며 어려운 사람들을 도왔다. 김만덕은 자신만 풍요롭게 살기보다는 자신이 가진 것을 사람들과 나누며 함께 살았다. 김만덕의 삶은 이웃과 더불어 살며 나누고 베푸는 따뜻한 마음이 무엇인지 우리에게 잘 보여 준다.

07 이 글의 내용으로 보아 김만덕이 한 일은 무엇이겠습니까? (   )

① 제주도를 떠나 장사를 했다.
② 임금을 만나고 싶어서 전 재산을 내놓았다.
③ 관청 마당에 곡식을 쌓아 놓고 장사를 했다.
④ 금강산을 구경하게 해 달라고 임금을 졸랐다.
⑤ 전 재산을 내놓아 굶주린 제주도 사람들을 살렸다.

08 임금이 김만덕에게 벼슬을 내린 까닭은 무엇입니까? (   )

① 금강산을 여행하려면 벼슬을 해야 해서
② 양민의 신분으로는 임금을 만날 수 없어서
③ 여자가 제주도를 떠나려면 벼슬을 해야 해서
④ 제주 목사가 김만덕에게 벼슬을 내려 달라고 간청해서
⑤ 김만덕이 전 재산을 내놓으며 벼슬을 하고 싶다고 말해서

09 이 글을 읽고 김만덕에 대하여 잘못 말한 것은 어느 것입니까? (   )

① 김만덕은 서울에서 일 년 정도 지냈다.
② 김만덕의 소원은 임금을 만나는 것과 금강산을 구경하는 것이었다.
③ 서울을 다녀온 김만덕은 제주도로 돌아와 예전과 다른 생활을 했다.
④ 김만덕이 한 일에서 가진 것을 나누고 베푸는 삶을 살았다는 것을 알 수 있다.
⑤ 김만덕이 여자는 제주도를 떠날 수 없다는 당시의 규범을 깬 것으로 보아 도전하는 가치관을 지녔다는 것을 알 수 있다.

10 우리가 김만덕의 삶에서 배울 점을 알맞게 말한 사람의 이름을 쓰시오.

규리: 이웃과 더불어 살며 베푸는 따뜻한 마음을 배워야 한다.
민철: 금강산을 구경하기 위해 전 재산을 내놓은 대범함을 배워야 한다.
소희: 이웃에게 모범이 되기 위해 항상 부지런하게 살았던 점을 배워야 한다.

(   )

11~15 정약용

가 정약용은 1762년 지금의 경기도 남양주에 있는 마재에서 태어났어요. 지방 관리였던 아버지 덕분에 정약용은 어릴 때부터 백성의 삶을 가까이서 지켜볼 수 있었어요.

백성은 이른 아침부터 해가 떨어질 때까지 한시도 쉬지 않고 일했지요. 그런데도 백성은 늘 배불리 먹지 못했어요. 세금을 내지 못해 남의 집 머슴살이를 하는 사람도 많았어요. 어린 정약용의 눈에 그것은 참 이상한 일이었어요.

나 정약용은 정조가 보내 준 책들을 꼼꼼히 읽으며 고민에 빠졌어요. 정약용이 생각하기에 성을 쌓을 때 가장 큰 문제는 돌을 옮기는 일이었어요. 힘을 덜 들이고 크고 무거운 돌을 옮길 방법을 찾던 정약용은 서른한 살 되던 해, 마침내 거중기를 만들었어요. 도르래의 원리를 이용해 작은 힘으로도 무거운 물건을 들 수 있도록 만든 기계였지요.

거중기 덕분에 백성은 성을 짓는 일에 자주 나오지 않아도 되어 마음 편히 농사를 지을 수 있었어요. 나라에서도 성을 짓는 데 드는 비용을 크게 줄일 수 있었어요. 정약용 덕분에 나라 살림도 아끼고 백성의 수고도 덜게 된 거예요.

다 서른세 살 때, 정약용은 정조의 비밀 명령을 받고 암행어사가 되었어요. 암행어사는 임금을 대신해 지방 관리들이 백성을 잘 다스리는지 알아보는 중요한 벼슬이었어요.

라 정약용은 암행어사로 일하는 동안 지방 관리가 어떤 마음을 가져야 하는지에 대해 깊이 생각했어요. 임금이 아무리 나라를 잘 다스려도 지방 관리가 나쁜 짓을 일삼으면 백성은 어렵게 살 수밖에 없다는 것을 알게 되었거든요. 어릴 때 아버지 옆에서 보았던 백성의 어려운 삶도 머릿속을 떠나지 않았어요. 정약용은 쉰일곱 살이 되던 1818년, 이런 생각들을 자세히 담은 『목민심서』라는 책을 펴냈어요.

11 글 **가~라** 중 정약용이 살았던 시대 상황이 잘 드러난 부분의 기호를 쓰시오.

글 (   )

12 정약용이 어릴 때부터 백성의 삶을 가까이서 지켜볼 수 있었던 까닭은 무엇입니까? (   )
① 아버지가 지방 관리여서
② 백성의 삶을 쓴 책을 읽어서
③ 친한 친구가 가난한 백성이어서
④ 아버지가 어릴 때부터 일을 시켜서
⑤ 자신이 살림이 어려운 집안에 태어나 백성과 함께 일을 많이 해 보아서

✎ 서술형 논술형 문제

13 정약용이 만든 거중기는 백성에게 어떤 도움을 주었는지 쓰시오.

_____

_____

14 정약용이 살아온 과정에 맞게 빈칸에 알맞은 말을 쓰시오.

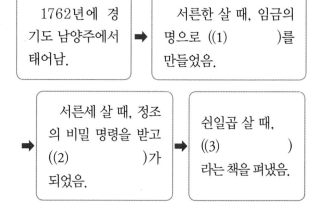

1762년에 경기도 남양주에서 태어남. ➡ 서른한 살 때, 임금의 명으로 ((1)   )를 만들었음.

➡ 서른세 살 때, 정조의 비밀 명령을 받고 ((2)   )가 되었음. ➡ 쉰일곱 살 때, ((3)   )라는 책을 펴냈음.

15 정약용의 가치관은 무엇입니까? (   )
① 백성에게 인정을 받아야 한다.
② 임금에게 인정을 받아야 한다.
③ 가족을 위해서 열심히 일해야 한다.
④ 백성에게 도움이 되는 일을 해야 한다.
⑤ 열심히 일해서 높은 관직에 올라야 한다.

16~18 헬렌 켈러

가 앤 선생님에게 새로운 생각이 번쩍 떠올랐습니다. 헬렌은 펌프 주변의 마당에서 노는 것을 좋아했는데, 펌프를 이용해 '물'이라는 낱말의 관계를 실감 나게 알게 해 줄 수 있지 않을까 하는 생각이 들었습니다. 선생님은 헬렌의 손을 잡고 펌프가로 데리고 갔습니다. 펌프로 물을 퍼 올리자 헬렌의 손바닥으로 시원한 물이 쏟아져 내렸습니다. 선생님은 헬렌의 손바닥에 처음에는 천천히, 나중에는 빨리 'w-a-t-e-r'라고 거듭 써 주었습니다. 그러자 헬렌의 얼굴이 환히 빛났습니다. 그러더니 선생님에게 'w-a-t-e-r'라고 여러 번 써 보여 주는 것이었습니다. 그 순간 헬렌은 자기 손에 쏟아지는 물을 나타내는 낱말이 'water'이고, 세상의 모든 것은 각각 이름을 가지고 있다는 것을 비로소 깨닫게 된 것입니다. 마침내 헬렌의 앞에 빛의 세계가 열렸습니다. 헬렌은 배우고 싶다는 뜨거운 마음이 생겼습니다. 헬렌은 아침에 일찍 일어나자마자 글자를 쓰기 시작해 하루 종일 글을 쓰고는 했습니다. 결국 헬렌은 글자를 통해 다른 사람에게 자기 생각을 전할 수 있게 되었습니다.

나 열 살이 된 헬렌은 퍼킨스학교에 있는 동안 자신처럼 장애를 지닌 어린이를 돕는 일에 나섰습니다. 펜실베이니아주에 살고 있는 토미를 퍼킨스학교에 데려와 교육받을 수 있도록 모금을 하기로 한 것입니다. 다섯 살의 토미는 헬렌처럼 보지도 듣지도 말하지도 못하는 아이였습니다. 토미는 부모님도 안 계시고 가난한 아이여서 학교에 갈 수 없었습니다. 헬렌은 토미가 퍼킨스학교에 다닐 수 있도록 도와 달라는 글을 여러 사람과 신문사에 보냈습니다.

16 헬렌이 보지도, 듣지도, 말하지도 못하는 어려움을 줄인 방법으로 알맞은 것에 ○표 하시오.

(1) 지팡이에 다치지 않게 조심했다. ( )

(2) 그 누구보다 열심히 수화를 배웠다. ( )

(3) 앤 설리번 선생님에게 글자를 배운 뒤에 열심히 노력하여 자기 생각을 글자로 전할 수 있었다. ( )

17 헬렌이 퍼킨스학교에 있는 동안 누구를 돕기 위해 모금 활동을 하였는지 쓰시오.

( )

18 이 글을 읽고 헬렌에게서 본받을 점을 두 가지 고르시오. (,)

① 다른 사람을 도우려는 마음을 본받는다.
② 장애를 극복하기 위해 노력하는 모습을 본받는다.
③ 남녀 차별을 없애기 위해 맞서는 모습을 본받는다.
④ 자신을 위해 다른 사람을 희생하는 점을 본받는다.
⑤ 다른 사람에게 항상 친절을 베푸는 점을 본받는다.

19~20 유관순의 삶 생각해 보기

• 시대 상황: 1919년 3월 1일. 유관순은 일본의 침략에서 벗어나고자 사람들과 함께 독립 만세 운동을 함.

• 어려움: 1919년 3월 10일. 일본은 만세 운동을 하는 사람들에게 총칼을 휘두르고, 강제로 학교 문을 닫게 함.

• 어려움을 이겨 내려는 노력: 고향에 돌아와서 태극기를 만들고, 아우내 장터에 모인 사람들과 독립 만세를 외침.

• 본받고 싶은 것: 백여 년이 지난 지금까지도 우리에게 (㉠)을 일깨워 줌.

19 유관순이 어려움을 이겨 내려고 한 노력은 무엇입니까? ( )

① 고향에 돌아와 태극기를 만들었다.
② 장터에서 장사를 해서 돈을 모았다.
③ 일본을 알기 위해 열심히 공부를 했다.
④ 새로운 태극기를 만들기 위해 고민했다.
⑤ 아우내 장터에 모인 사람들에게 총칼을 들고 일본에 맞서 싸우자고 말했다.

20 ㉠에 알맞은 내용은 무엇일지 쓰시오.

( )

개념 정리

개념 1 독서 감상문을 쓰는 방법

쓸 책을 정할 때	읽으면서 여러 가지 생각을 한 책이나 새로 알게 된 내용이 많은 책 고르기
책 내용을 정리할 때	인상 깊은 부분을 떠올리고, 생각이나 느낌을 나타낼 수 있는 부분 간략하게 쓰기
생각이나 느낌을 쓸 때	새롭게 알거나 생각한 점, 책을 읽고 느낀 점을 쓰고, 그 까닭도 함께 쓰기
고쳐 쓸 때	제목, 책 내용과 생각이나 느낌이 잘 어울리는지 확인하기

지문 『세시 풍속』을 읽고 쓴 독서 감상문

책을 읽은 동기	• 학교 도서관에서 책을 고르다가 『세시 풍속』이라는 책을 읽었습니다.
책 내용	• 책은 계절의 차례대로 봄, 여름, 가을, 겨울의 세시 풍속을 소개했습니다. • 옛날 사람들은 병을 옮기는 나쁜 귀신이 팥을 싫어한다고 믿었답니다. 그래서 동지에 팥으로 죽을 만들어 귀신이 못 오게 집 앞에 뿌렸답니다. 이 일에서 동지에 팥죽 먹는 풍습이 생겼답니다.
책을 읽고 생각하거나 느낀 점	• 한 가지를 볼 때 여러 가지 시각으로 봐야겠다고 생각했습니다. • 계절의 변화 하나하나에 의미를 부여하고 삶을 즐겁게 보내려는 마음을 듬뿍 느꼈습니다.

개념 2 글에서 감동받은 부분을 찾는 방법

① 인물의 행동이나 말에서 교훈을 얻을 수 있는 부분에서 감동을 느낄 수 있습니다.
② 자신의 경험이나 생각이 글 내용과 비슷해 공감할 수 있는 부분에서 감동을 느낄 수 있습니다.
③ 질문이나 생각이 많이 생기는 내용을 읽을 때 감동을 느낄 수 있습니다.
④ 기쁨, 슬픔, 화남, 즐거움 등의 감정을 강하게 느낀 부분에서 감동을 느낄 수 있습니다.

지문 『어머니의 이슬 털이』에서 감동받은 부분 찾기 예

감동받은 부분	그 까닭
어머니께서 품속에 넣어 온 새 양말과 새 신발을 아들에게 갈아 신겨 주는 장면	아들에게 좋은 것만 주고 싶은 어머니의 마음이 느껴졌기 때문이다.

개념 3 글에 대한 생각이나 느낌을 여러 가지 형식으로 표현하기

형식	특징
편지	생각이나 느낌을 누군가에게 말하듯이 씁니다.
일기	자신의 경험과 관련지어 생각이나 느낌을 씁니다.
시	자신의 생각이나 느낌을 재미있는 표현을 사용해 씁니다.

지문 『투발루에게 수영을 가르칠 걸 그랬어!』를 읽고 형식을 정해 생각이나 느낌 표현하기

형식	내용
편지	투발루섬을 떠나는 로자의 마음이 안타깝게 느껴져 로자를 위로하는 편지를 써서 내 마음을 전하고 싶다.

 표현하고 싶은 생각이나 느낌을 떠올려 형식을 정합니다.

01 『세시 풍속』을 읽고 쓴 독서 감상문에서 책 내용에 ○표 하시오.

(1) 책은 계절의 차례대로 봄, 여름, 가을, 겨울의 세시 풍속을 소개했습니다. ( )

(2) 계절의 변화 하나하나에 의미를 부여하고 삶을 즐겁게 보내려는 마음을 듬뿍 느꼈습니다. ( )

02 독서 감상문을 쓰면 좋은 점이 아닌 것을 찾아 기호를 쓰시오.

㉮ 책에 나온 낱말을 모두 말할 수 있다.
㉯ 읽은 책 내용을 다시 한번 생각할 수 있다.
㉰ 글을 읽고 느낀 재미나 감동을 다른 사람과 함께 나눌 수 있다.

( )

[03~05] 「어머니의 이슬 털이」

어머니와 아들이 무릎에서 발끝까지 옷을 흠뻑 적신 다음에야 신작로에 닿았다.
"자, 이제 이걸 신어라."
거기서 어머니는 품속에 넣어 온 새 양말과 새 신발을 내게 갈아 신겼다. 학교 가기 싫어하는 아들을 위해 아주 마음먹고 준비해 온 것 같았다.

03 신작로에 닿았을 때 어머니와 아들의 모습은 어떠했습니까?

• ( )에서 발끝까지 옷이 흠뻑 젖었다.

04 어머니가 품속에 넣어 온 것은 무엇무엇인지 쓰시오.

• 아들의 ( )

05 이 글을 읽고 느낀 것은 무엇인지 ○표 하시오.

(1) 어머니의 사랑 ( )
(2) 어머니의 답답함. ( )

[06~07] 『초록 고양이』를 읽고 쓴 독서 감상문

㉠ 엄마를 냄새로 찾아낸 꽃담이에게
㉡ 꽃담아, 안녕? 나는 얼마 전에 도서관에서 『초록 고양이』를 읽었어. 초록 고양이가 데려간 엄마를 네가 냄새로 찾아 다시 엄마와 만난다는 내용에서 감동을 받았어.
㉢ 나는 엄마를 사랑하기는 하지만 엄마에 대한 것을 기억하려고 애쓰지는 않았던 것 같아.

06 이 독서 감상문의 형식은 무엇인지 쓰시오.

( ) 형식

07 ㉠~㉢ 중 책을 읽고 생각하거나 느낀 점이 드러난 부분은 어느 것인지 기호를 쓰시오.

( )

[08~09] 「투발루에게 수영을 가르칠 걸 그랬어!」

"아빠, 바닷물이 왜 자꾸 불어나요?"
로자가 파란 바다를 보며 나직이 물었어.
"지구가 더워져서 빙하가 녹아내리고 있거든. 그래서 바닷물이 불어나는 거야."
"바다가 저렇게 넓은데 빙하가 녹는다고 물이 불어나요?"
"엄청나게 큰 빙하가 녹아내리니까 불어날 수밖에……."

08 로자가 궁금한 것은 무엇입니까?

• ( )이 자꾸 불어나는 까닭

09 바닷물이 불어나는 까닭은 무엇입니까?

• 지구가 더워져 ( )가 녹아내리고 있어서.

개념 **독서 감상문을 쓰면 좋은 점**

• 읽은 책 내용을 다시 한번 생각할 수 있고, 글을 읽고 느낀 재미나 감동을 다른 사람과 함께 나눌 수 있습니다.

개념 **감동받은 부분을 찾는 방법**

이 부분이 정말 감동적이야.

• 교훈을 얻을 수 있는 부분, 공감할 수 있는 부분, 감정을 강하게 느낀 부분 등에서 감동을 느낄 수 있습니다.

[01~03] 시후가 쓴 독서 감상문

> ㉠학교 도서관에서 책을 고르다가 『세시 풍속』이라는 책을 읽었습니다. ㉡이 책은 우리 조상이 농사일로 고된 일상 속에서 빼먹지 않고 지켜 오던 일 년의 세시 풍속을 담은 책입니다. ㉢세시 풍속은 옛날에만 있었던 것인 줄 알았는데 오늘날 우리 삶에도 많이 남아 있어서 신기했습니다.
> ㉣책은 계절의 차례대로 봄, 여름, 가을, 겨울의 세시 풍속을 소개했습니다. 지금 계절이 겨울이므로 겨울 부분부터 읽어 보았습니다.

01 ㉠~㉣ 중 책을 읽은 동기를 알 수 있는 부분의 기호를 쓰시오.

( )

02 ㉠~㉣ 중 책을 읽고 생각하거나 느낀 점이 드러난 부분은 어느 것인지 기호를 쓰시오.

( )

03 이와 같은 독서 감상문을 쓰면 좋은 점에 ○표 하시오.
(1) 책을 읽은 동기는 정리할 수 없다. ( )
(2) 감명 깊게 읽은 부분을 기억할 수 있다.

( )

[04~05] 「어머니의 이슬 털이」

> 어머니의 일 바지 자락이 이내 아침 이슬에 흥건히 젖었다. 어머니는 발로 이슬을 털고, 지겟작대기로 이슬을 털었다.
> 그런다고 뒤따라가는 아들 교복 바지가 안 젖는 것도 아니었다. 신작로까지 십오 분이면 넘을 산길을 삼십 분도 더 걸려 넘었다. 어머니의 옷도, 그 뒤를 따라간 내 옷도 흠뻑 젖었다. 어머니는 고무신을 신고 나는 검은색 운동화를 신었다. 걸음을 옮길 때마다 물에 빠졌다가 나온 것처럼 시커먼 땟국물이 찔꺽찔꺽 발목으로 올라왔다. 그렇게 어머니와 아들이 무릎에서 발끝까지 옷을 흠뻑 적신 다음에야 신작로에 닿았다.

04 신작로까지 십오 분이면 넘을 산길을 삼십 분도 더 넘게 걸린 까닭을 쓰시오.

( )

05 다음 감동받은 부분을 보고 그 까닭을 쓰시오.

감동받은 부분	그 까닭
어머니가 아들을 위해 앞장서서 걸으며 산길의 이슬을 털어 준 부분	

01 다음 책에 대한 설명을 읽고 '내가 정한 책'이 무엇인지 ○표 하시오.

내가 정한 책	『금도끼 은도끼』 / 『이순신 위인전』
책에 대한 설명	• 나라를 구한 영웅의 이야기이다. • 적은 수의 군사로 많은 적을 물리쳤다. • 거북 모양의 유명한 배를 만들었다.

02~04 시후가 쓴 독서 감상문

학교 도서관에서 책을 고르다가 『세시 풍속』이라는 책을 읽었습니다. 이 책은 우리 조상이 농사일로 고된 일상 속에서 빼먹지 않고 지켜 오던 일 년의 세시 풍속을 담은 책입니다. 세시 풍속은 옛날에만 있었던 것인 줄 알았는데 오늘날 우리 삶에도 많이 남아 있어서 신기했습니다.

책은 계절의 차례대로 봄, 여름, 가을, 겨울의 세시 풍속을 소개했습니다. 지금 계절이 겨울이므로 겨울 부분부터 읽어 보았습니다. 겨울의 세시 풍속 가운데에서 인상 깊었던 것은 동지의 풍속입니다.

동지는 음력 십일월인데 세시 풍속으로 팥죽을 끓여 먹습니다. 얼마 전에 학교에서 팥죽이 나온 것이 떠올라 반가워서 읽었습니다. 동짓날이 그냥 팥죽을 먹는 날인 줄만 알았는데 생각보다 재미있는 이야기가 얽혀 있었습니다. 옛날 사람들은 병을 옮기는 나쁜 귀신이 팥을 싫어한다고 믿었답니다. 그래서 동지에 팥으로 죽을 만들어 귀신이 못 오게 집 앞에 뿌렸답니다. 이 일에서 동지에 팥죽 먹는 풍습이 생겼답니다.

이런 재미있는 이야기를 지닌 동지는 낮이 길어지기 시작하는 날로, 사람들은 이날부터 태양의 기운이 다시 살아난다고 생각했다고 합니다. 동지가 밤이 가장 길고 낮이 가장 짧은 날이라고만 생각했는데, 우리 조상은 태양의 기운이 다시 살아나면서 낮이 길어지는 것이라고 생각한 점이 인상 깊었습니다.

02 이 독서 감상문에 알맞은 제목을 쓰시오.

( )

03 다음 문장에 알맞은 내용을 보기 에서 찾아 기호를 쓰시오.

> **보기**
> ㉮ 책 내용
> ㉯ 책을 읽은 동기
> ㉰ 책을 읽고 생각하거나 느낀 점

(1) 학교 도서관에서 책을 고르다가 『세시 풍속』이라는 책을 읽었습니다. ( )

(2) 세시 풍속은 옛날에만 있었던 것인 줄 알았는데 오늘날 우리 삶에도 많이 남아 있어서 신기했습니다. ( )

(3) 옛날 사람들은 병을 옮기는 나쁜 귀신이 팥을 싫어한다고 믿었답니다. 그래서 동지에 팥으로 죽을 만들어 귀신이 못 오게 집 앞에 뿌렸답니다. 이 일에서 동지에 팥죽 먹는 풍습이 생겼답니다. ( )

04 글쓴이가 책에서 세시 풍속인 동지 부분을 읽었을 때 반가운 마음이 든 까닭은 무엇입니까? ( )

① 동지가 겨울이어서
② 글쓴이가 팥죽을 좋아해서
③ 가족이 유난히 팥죽을 좋아해서
④ 동지에 대한 어린 시절의 추억이 있어서
⑤ 얼마 전에 학교에서 팥죽이 나온 것이 떠올라서

05 다음은 독서 감상문을 쓰는 과정입니다. 빈칸에 알맞은 내용을 쓰시오.

> 독서 감상문을 쓸 책을 고른다. → 인상 깊은 부분을 떠올려 ((1))을 정리한다. → 책에 대한 ((2))을 까닭과 함께 쓴다 → 독서 감상문을 고쳐 쓴다.

7
단원

06~10 어머니의 이슬 털이

가 오월 어느 날이었다. 그날도 학교에 가기 싫다고 말했다. 어머니가 왜 안 가느냐고 물어 공부도 재미가 없고, 학교 가는 것도 재미가 없다고 말했다.

"그래도 얼른 교복으로 갈아입어라."

"학교 안 간다니까."

"안 가면?"

"그냥 이렇게 자라다가 이다음 농사지을 거라고."

"농사는 뭐 아무나 짓는다더냐?"

"그러니 내가 짓는다고."

"에미가 신작로까지 데려다줄 테니까 얼른 교복 갈아입어."

몇 번 옥신각신하다가 나는 마지못해 교복으로 갈아입었다. 어머니가 먼저 마당에 나와 내가 나오길 기다리고 있었다.

가방을 들고 밖으로 나오자 어머니가 지겟작대기를 들고 서 있었다.

나 어머니는 내게 가방을 넘겨준 다음 내가 가야 할 산길의 이슬을 털어 내기 시작했다. 어머니의 일 바지 자락이 이내 아침 이슬에 흥건히 젖었다. 어머니는 발로 이슬을 털고, 지겟작대기로 이슬을 털었다.

그런다고 뒤따라가는 아들 교복 바지가 안 젖는 것도 아니었다. 신작로까지 십오 분이면 넘을 산길을 삼십 분도 더 걸려 넘었다. 어머니의 옷도, 그 뒤를 따라간 내 옷도 흠뻑 젖었다. 어머니는 고무신을 신고 나는 검은색 운동화를 신었다. 걸음을 옮길 때마다 물에 빠졌다가 나온 것처럼 시커먼 땟국물이 찔꺽찔꺽 발목으로 올라왔다. 그렇게 어머니와 아들이 무릎에서 발끝까지 옷을 흠뻑 적신 다음에야 신작로에 닿았다.

"자, 이제 이걸 신어라."

거기서 어머니는 품속에 넣어 온 새 양말과 새 신발을 내게 갈아 신겼다. 학교 가기 싫어하는 아들을 위해 아주 마음먹고 준비해 온 것 같았다.

"앞으로는 매일 털어 주마. 그러니 이 길로 곧장 학교로 가. 중간에 다른 데로 새지 말고."

㉠그 자리에서 울지는 않았지만, 왠지 눈물이 날 것 같았다.

06 '내'가 학교에 가기 싫어하는 까닭은 무엇인지 쓰시오.

• (   )와 (   ) 다니는 것이 재미없기 때문이다.

07 글 **가**에서 어머니의 마음은 어떠하겠습니까?

(   )

① 아들과 함께 쉬고 싶은 마음
② 아들을 꼭 학교에 보내고 싶은 마음
③ 아들과 함께 농사를 짓고 싶은 마음
④ 아들이 다른 취미를 찾기를 바라는 마음
⑤ 아들이 하고 싶은 대로 내버려 두고 싶은 마음

08 학교에 가기 싫어하는 '나'를 위해 어머니는 어떻게 했습니까? (   )

① 매를 때려서 학교에 가게 했다.
② '나'에게 억지로 교복을 입혀 주었다.
③ 친구를 사귀어 보라고 충고해 주었다.
④ 학교에 다니면 좋은 점을 알려 주었다.
⑤ '나'의 옷에 이슬이 묻지 않도록 이슬을 털며 '내' 앞에 서서 산길을 걸었다.

09 ㉠과 같이 '내'가 왠지 눈물이 날 것 같았던 까닭은 무엇일지 기호를 쓰시오.

> ㉮ 어머니의 사랑을 느낄 수 있어서
> ㉯ 어머니가 자신에게 부담을 주어서
> ㉰ 어머니가 하는 말들이 너무 답답해서

(   )

서술형 논술형 **문제**

10 이 글을 읽고 감동받은 부분과 그 까닭을 쓰시오.

(1) 감동받은 부분	(2) 그 까닭

가 『아름다운 꼴찌』를 읽고 쓴 [㉠]

그러면 되는 줄 알았는데

김가은

꼴찌만 아니면 될 줄 알았는데
꼴찌를 해도 좋았다.

등수만 중요한 줄 알았는데
더 큰 것이 있었다.

이기기만 하면 될 줄 알았는데
더 큰 마음이 있었다.

나 『나무 그늘을 산 총각』에서 욕심쟁이 영감이 되어 쓴
[㉡]

20○○년 11월 ○○일 날씨: 맑음

제목: 함께일 때 더 시원한 나무 그늘

나는 내 것이면 뭐든지 나 혼자 써도 된다고 생각했다. 그래서 나무 그늘도 혼자 쓰는 것이 당연하다고 여겼다. 내 것인데 다른 사람에게 왜 빌려주어야 한단 말인가? 하지만 지금 나는 그렇게 생각하지 않는다. 다른 사람들과 더불어 행복을 느끼는 일이 훨씬 더 가치 있고 소중한 것임을 알았다. 총각이 어리석은 나를 일깨워 주었기 때문이다. 총각에게 고마운 마음을 꼭 전하고 싶다.

다 『초록 고양이』를 읽고 꽃담이에게 쓴 [㉢]

엄마를 냄새로 찾아낸 꽃담이에게

꽃담아, 안녕? 나는 얼마 전에 도서관에서 『초록 고양이』를 읽었어. 초록 고양이가 데려간 엄마를 네가 냄새로 찾아 다시 엄마와 만난다는 내용에서 감동을 받았어.

나는 엄마를 사랑하기는 하지만 엄마에 대한 것을 기억하려고 애쓰지는 않았던 것 같아. 네가 엄마를 냄새로 찾은 것은 늘 엄마에게 관심과 애정이 있었다는 거잖아.

이 이야기를 읽고 부모님에게 좀 더 많은 관심을 가져야겠다고 생각했어. 가족의 소중함을 일깨워 줘서 정말 고마워.

---

11 [㉠] ~ [㉢] 에 알맞은 형식을 줄로 이으시오.

(1) [㉠] •   • ① [시]

(2) [㉡] •   • ② [편지]

(3) [㉢] •   • ③ [일기]

12 글 **가**의 글쓴이는 『아름다운 꼴찌』를 읽고 난 뒤에 생각이 어떻게 바뀌었습니까? (   )

① 꼴찌를 해도 좋다.   ② 무조건 이겨야 한다.
③ 이기기만 하면 된다.   ④ 꼴찌만 아니면 된다.
⑤ 등수가 가장 중요하다.

⟨서술형⟩ ⟨논술형⟩ 문제

13 글 **나**에서 욕심쟁이 영감이 총각을 통해서 깨달은 것은 무엇인지 쓰시오.

_____

_____

14 글 **다**의 글쓴이가 『초록 고양이』를 읽고 다짐한 것은 무엇입니까? (   )

① 가족이 소중하다.
② 책을 많이 읽어야겠다.
③ 고양이를 다시 보아야겠다.
④ 어머니의 사랑이 소중하다.
⑤ 부모님에게 좀 더 많은 관심을 가져야겠다.

15 이와 같은 글을 쓸 때 같은 내용을 여러 가지 형식으로 바꾸어 쓰면 좋은 점이 <u>아닌</u> 것의 기호를 쓰시오.

> ㉮ 읽는 사람이 지겹지 않다.
> ㉯ 한번에 많은 내용을 쓸 수 있다.
> ㉰ 생각이나 느낌을 다양하게 표현할 수 있다.

(   )

16~20 투발루에게 수영을 가르칠 걸 그랬어!

가 "엄마, 물이 마당까지 들어와요."

둥근달이 떠오르는 보름이 되자 바닷물이 마당으로 들이닥쳤어.

"바닷물이 불어나서 큰일이구나!"

물은 자꾸만 불어났어.

나 "아빠, 바닷물이 왜 자꾸 불어나요?"

로자가 파란 바다를 보며 나직이 물었어.

"지구가 더워져서 빙하가 녹아내리고 있거든. 그래서 바닷물이 불어나는 거야."

"바다가 저렇게 넓은데 빙하가 녹는다고 물이 불어나요?"

"엄청나게 큰 빙하가 녹아내리니까 불어날 수밖에……."

다 "로자야, 투발루는 할아버지한테 맡기고 가자!"

로자는 깜짝 놀랐어.

"아빠, 투발루를 두고 갈 수는 없어요. 그럼 나도 안 갈 거예요!"

"다른 나라에 가면 지금보다 훨씬 힘들게 살 거야. 그러니까 투발루를 할아버지한테 맡기고 가자."

"싫어요. 절대로 안 돼요! 투발루는 수영을 못하니까 물이 불어나면 물에 빠져 죽을 거예요. 꼭 데려가야 해요. 아빠, 투발루도 데리고 가요! 네?"

로자는 아빠의 팔에 매달리며 애원했어.

"그럼 어쩔 수 없구나."

라 그 순간 창밖으로 멀리 콩알만 하게 투발루가 보였어. 로자는 안전띠를 풀려고 했어. 하지만 그럴 수 없었어.

"로자야, 안 돼! 비행기는 이미 출발했잖아. 멈출 수 없어!"

로자는 창밖으로 작아지는 투발루를 보며 후회하고 또 후회했지.

"투발루에게 수영을 가르칠 걸 그랬어!"

"로자야, 사람들이 환경을 오염시키지 않으면 다시 투발루에 돌아올 수 있을 거야."

아빠의 말을 들으며 로자는 간절히 빌었어.

"저는 투발루에서 투발루와 함께 살고 싶어요. 제발 도와주세요!"

16 글 **가**에서 일어난 일에 ○표 하시오.

(1) 고양이 투발루가 수영을 했다. ( )

(2) 바닷물이 로자네 집 마당까지 들어왔다.
( )

(3) 고양이 투발루를 할아버지에게 맡겼다.
( )

17 글 **나**에서 로자가 이해할 수 없는 것은 무엇입니까?
( )

① 지구가 더워지는 것

② 사람들이 환경을 오염시키는 것

③ 지구가 더워져서 빙하가 녹는 것

④ 빙하가 녹는다고 바닷물이 불어나는 것

⑤ 바닷물이 불어나서 이사를 가야 하는 것

18 글 **다**에서 로자가 고양이 투발루를 데려가야 한다고 한 까닭을 골라 기호를 쓰시오.

> ㉮ 할아버지가 고양이를 싫어해서
> ㉯ 고양이 투발루가 수영을 못하기 때문에 물이 불어나면 물에 빠져 죽을 것이라고 생각해서

( )

19 로자가 바라는 것은 무엇인지 쓰시오.

• 투발루에서 ( )와 함께 사는 것이다.

20 이 글을 읽고 생각하거나 느낀 점을 알맞게 말한 사람의 이름을 쓰시오.

> 주미: 비행기 창밖으로 보이는 고양이 투발루가 작아질 때 정말 안타까웠어.
> 유민: 로자가 아빠에게 고양이 투발루를 데려가자고 할 때 할아버지를 싫어한다고 생각했어.

( )

개념 1 의견이 적절한지 판단해야 하는 까닭

① 사람마다 생각이 다르기 때문입니다.

② 적절하지 못한 의견을 따라 결정하면 잘못된 판단을 할 수 있기 때문입니다.

③ 잘못된 의견을 따르면 문제를 해결하지 못할 수도 있기 때문입니다.

④ 뜻하지 않게 잘못된 결과가 나올 수 있기 때문입니다.

지문 「당나귀를 팔러 간 아버지와 아이」에서 인물의 행동

아버지와 아이의 행동	행동의 결과
다른 사람이 말할 때마다 그것이 적절한지 그렇지 않은지 판단하지도 않고 그대로 따름. →	당나귀를 잃음.

다른 사람의 의견을 받아들이기 전에 의견이 적절한지 판단해 보아야 함.

개념 2 글쓴이의 의견을 평가하는 방법

① 의견이 주제와 관련 있는지 살펴봅니다.

② 의견과 뒷받침 내용이 관련 있는지 살펴봅니다.

③ 뒷받침 내용이 사실이고, 믿을 만한지 확인합니다.

- 책을 찾아봅니다.
- 누리집에서 검색해 정보를 얻습니다.
- 전문가에게 묻거나 관련된 전문 자료를 참고합니다.

④ 문제 상황을 해결할 수 있는지 살펴봅니다.

활동 '바람직한 독서 방법'에 대한 의견 평가하기 예

주제와 관련이 있는가? →	혜원이의 의견 도서관의 편의 시설을 늘리자는 의견은 바람직한 독서 방법과 관련이 적음.
뒷받침 내용이 믿을 만한가? →	민서의 뒷받침 내용 한 분야의 책만 읽으면 시력이 나빠진다는 뒷받침 내용은 믿을 만한 내용이 아님.
문제를 해결할 수 있는가? →	준우의 의견 자신이 좋아하는 책만 읽을 경우에 여러 가지 문제가 생길 수 있음.

8
단원

개념 3 글을 읽고 글쓴이의 의견 평가하기

① 글을 읽고 글쓴이의 의견을 파악합니다.

② 글쓴이의 의견을 뒷받침하는 내용을 확인합니다.

③ 글쓴이의 의견이 적절한지 평가합니다.

활동 '문화재를 개방해야 하는가'에 대한 의견 평가하기 예

의견	관람객에게 문화재를 개방해야 한다.
뒷받침 내용	• 옛 조상이 살았던 때를 생생하게 느낄 수 있다. • 여름 장마철에 생기는 문화재 훼손을 막을 수 있다. • 문화재를 개방하면 자신이 체험한 문화재를 보호하려고 노력하는 사람이 늘어날 것이다.

↓

적절하다.	• 뒷받침 내용이 모두 사실이고 믿을 만함. • 문제 상황이 나타나지 않을 것임.
적절하지 않다.	문화재는 한번 훼손되면 복원하기 어려운 문제 상황이 발생하기 때문임.

[01 ~ 03] 「당나귀를 팔러 간 아버지와 아이」

> 햇볕이 내리쬐는 무척 더운 날이었어요. 아버지와 아이가 당나귀를 끌고 시장에 가고 있었어요. 아버지와 아이는 땀을 뻘뻘 흘렸어요. 그 모습을 본 농부가 비웃으며 말했어요.
> "쯧쯧, 당나귀를 타고 가면 될 걸 저렇게 미련해서야……."
> 농부의 말을 듣고 보니 정말 그렇지 않겠어요?
> '맞아, 당나귀는 원래 짐을 싣거나 사람을 태우는 동물이잖아.'
> 아버지는 당장 아이를 당나귀에 태웠어요.

01 이 글에 나오는 인물을 모두 쓰시오.

(,   ,   )

02 농부의 의견은 [   ] 를 타고 가야 한다는 것입니다.

03 아버지는 당나귀에 누구를 태웠습니까?

(   )

[04 ~ 05] 의견을 쓴 글

> 바람직한 독서 방법은 여러 분야의 책을 읽는 것입니다. 여러 분야의 책을 읽으면 배경지식이 풍부해집니다. 풍부한 배경지식은 학교 공부를 하는 데 도움을 줍니다. 한 분야의 책만 읽으면 시력이 나빠집니다. 제가 여러 분야의 책을 읽었을 때는 시력이 좋아졌는데 한 분야의 책만 읽었을 때는 시력이 나빠졌습니다. 따라서 여러 분야의 책을 읽는 것은 좋은 독서 방법입니다.

04 이 글의 주제는 무엇입니까?

(   )

05 글쓴이의 의견은 (한 / 여러) 분야의 책을 읽는 것입니다.

06 의견을 뒷받침하는 내용이 믿을 만한지 알아보기 위한 방법이 아닌 것의 기호를 쓰시오.

> ㉮ 책을 찾아본다.
> ㉯ 누리집을 찾아본다.
> ㉰ 친한 사람에게 물어본다.

(   )

07 의견이 적절한지 평가하려면 뒷받침 내용이 [   ] 과 관련 있는지 살펴봅니다.

[08 ~ 10] 글쓴이의 의견이 나타난 글

> 문화재를 개방해야 합니다. 문화재를 직접 관람하면 옛 조상이 살았던 때를 생생하게 느낄 수 있습니다. 저는 가족과 함께 고인돌 유적지를 보러 갔습니다. 거대한 고인돌이 생생하게 기억에 남았습니다. 누리집에서 고인돌에 대한 정보를 찾아보았고, 학교 도서관에서 고인돌에 대한 책을 빌려 읽기도 했습니다.

08 글쓴이가 관람한 문화재는 무엇입니까?

• [   ] 유적지

09 글쓴이는 관람객에게 문화재를 개방하는 것에 (반대 / 찬성)합니다.

10 글쓴이의 의견에 대한 뒷받침 내용은 무엇입니까?

• 옛 조상이 살았던 때를 [   ] 느낄 수 있다.

개념 **의견이 적절한지 판단해야 하는 까닭**

다른 사람의 의견을 그대로 따라 당나귀를 잃고 말았네.

• 의견이 적절한지 판단하지 않으면 잘못된 결과가 나올 수도 있습니다.

개념 **글쓴이의 의견을 평가하는 방법**

이런 기준에 따라 의견이 적절한지 평가해 보아야 해.

• 주제와의 관련성
• 의견과 뒷받침 내용과의 관련성
• 뒷받침 내용의 사실 여부
• 문제 상황의 해결 가능성

[01~02] 「당나귀를 팔러 간 아버지와 아이」

"불쌍한 당나귀! 이 더운 날 두 명이나 태우고 가느라 힘이 다 빠졌네. 나라면 당나귀를 메고 갈 텐데."

청년의 말을 듣고 보니 그런 것 같았어요.

'그래, 이대로 가다가는 시장에 가기도 전에 당나귀가 지쳐 쓰러져 버릴 거야.'

둘은 당나귀에서 내렸어요. 그리고 나서 아버지는 당나귀의 앞발을, 아이는 뒷발을 각각 어깨에 올렸지요.

이제 외나무다리 하나만 건너면 시장이에요.

"으히힝."

그때 당나귀가 버둥거리는 바람에 두 사람은 그만 당나귀를 놓치고 말았답니다. 강에 빠진 당나귀는 물살에 떠내려가고 말았어요.

01 청년의 의견은 무엇입니까?

• 당나귀를 [   ] 가야 한다.

02 아버지와 아이가 당나귀를 잃은 까닭을 찾아 기호를 쓰시오.

㉮ 당나귀가 병이 들었기 때문에
㉯ 당나귀가 도망을 갔기 때문에
㉰ 청년의 말을 그대로 따랐기 때문에

(   )

[03~04] 의견을 쓴 글

바람직한 독서 방법은 도서관의 편의 시설을 늘리는 것입니다. 휴게실을 많이 만들면 편안히 쉴 수 있습니다. 체육관이 생기면 운동을 자주 할 수 있습니다. 컴퓨터를 많이 설치하면 인터넷을 쉽게 이용할 수 있습니다. 이와 같이 올바른 독서 방법은 도서관의 편의 시설을 늘리는 것입니다.

03 글쓴이의 의견을 뒷받침하는 내용이 <u>아닌</u> 것을 찾아 기호를 쓰시오.

㉮ 체육관이 생기면 운동을 자주 할 수 있다.
㉯ 휴게실을 많이 만들면 편안히 쉴 수 있다.
㉰ 도서관의 책을 모두 다 읽고 기억할 수 있다.
㉱ 컴퓨터를 많이 설치하면 인터넷을 쉽게 이용할 수 있다.

(   )

04 글쓴이의 의견이 적절한지 알맞게 판단한 것에 ○표 하시오.

(1) 주제와 관련성이 적어서 적절하지 않다.
(   )

(2) 뒷받침 내용을 여러 가지 제시하여서 적절하다.
(   )

01~05 당나귀를 팔러 간 아버지와 아이

가 햇볕이 내리쬐는 무척 더운 날이었어요. 아버지와 아이가 당나귀를 끌고 시장에 가고 있었어요. 아버지와 아이는 땀을 뻘뻘 흘렸어요. 그 모습을 본 농부가 비웃으며 말했어요.

"쯧쯧, 당나귀를 타고 가면 될 걸 저렇게 미련해서야……."

농부의 말을 듣고 보니 정말 그렇지 않겠어요?

'맞아, 당나귀는 원래 짐을 싣거나 사람을 태우는 동물이잖아.'

아버지는 당장 아이를 당나귀에 태웠어요.

그렇게 한참을 가는데 한 노인이 호통을 쳤어요.

"아버지는 걷게 하고 자기는 편하게 당나귀를 타고 가다니. 요즘 아이들이란 저렇게 버릇이 없단 말이지!"

노인의 말을 듣고 보니 정말 그렇지 않겠어요?

아이는 얼른 당나귀에서 내리고 아버지를 태웠어요. 또 그렇게 한참을 가는데 이번에는 한 아낙이 깜짝 놀라며 혀를 찼어요.

"세상에! 이렇게 더운 날 어린아이는 걷게 하고 자기만 편하게 당나귀를 타고 가다니. 저런 사람이 아비라고 할 수 있나, 원! 나라면 아이도 함께 태울 텐데."

아낙의 말을 듣고 보니 정말 그런 것도 같았어요. 아버지는 아이도 당나귀에 태웠어요. 아버지와 아이를 태운 당나귀는 힘에 부친 듯 비틀비틀 걸음을 옮겼어요.

나 그러고 나서 아버지는 당나귀의 앞발을, 아이는 뒷발을 각각 어깨에 올렸지요.

이제 외나무다리 하나만 건너면 시장이에요.

"으히힝." / 그때 당나귀가 버둥거리는 바람에 두 사람은 그만 당나귀를 놓치고 말았답니다. 강에 빠진 당나귀는 물살에 떠내려가고 말았어요.

"다른 사람의 말만 듣다가 결국 귀한 당나귀를 잃고 말았구나!"

아버지와 아이는 뒤늦게 후회했지만 아무 소용이 없었답니다.

01 아버지와 아이가 당나귀를 데리고 가는 곳은 어디입니까? (   )

① 집   ② 시장   ③ 궁궐
④ 헛간   ⑤ 마구간

02 아버지가 아이를 당나귀에 태운 까닭은 무엇입니까?
(   )

① 아이가 다리가 아프다고 해서
② 아이가 땀을 뻘뻘 흘렸기 때문에
③ 아버지가 아이를 예뻐하기 때문에
④ 시장에 도착하려면 한참 멀었기 때문에
⑤ 농부가 당나귀를 타고 가야 한다고 말해서

03 다음은 노인의 의견과 아버지와 아이가 그 의견을 받아들인 까닭입니다. 빈칸에 공통으로 들어갈 말을 쓰시오.

의견	아이 대신 [ ]가 타고 가야 한다.
까닭	어른인 [ ]가 우선이기 때문이다.

(   )

04 아낙의 말을 듣고 아버지와 아이가 한 행동으로 알맞은 것에 ○표 하시오.

(1) 수레에 당나귀를 태워 끌고 갔다. (   )
(2) 아버지와 아이 둘 다 당나귀에 탔다. (   )

✍ 서술형 논술형 문제

05 아버지와 아이가 당나귀를 잃은 까닭은 무엇인지 쓰시오.

_____

_____

혜원 바람직한 독서 방법은 도서관의 편의 시설을 늘리는 것입니다. 휴게실을 많이 만들면 편안히 쉴 수 있습니다. 체육관이 생기면 운동을 자주 할 수 있습니다. 컴퓨터를 많이 설치하면 인터넷을 쉽게 이용할 수 있습니다. 이와 같이 올바른 독서 방법은 도서관의 편의 시설을 늘리는 것입니다.

민서 바람직한 독서 방법은 여러 분야의 책을 읽는 것입니다. 여러 분야의 책을 읽으면 배경지식이 풍부해집니다. 풍부한 배경지식은 학교 공부를 하는 데 도움을 줍니다. 한 분야의 책만 읽으면 시력이 나빠집니다. 제가 여러 분야의 책을 읽었을 때는 시력이 좋아졌는데 한 분야의 책만 읽었을 때는 시력이 나빠졌습니다. 따라서 여러 분야의 책을 읽는 것은 좋은 독서 방법입니다.

준우 바람직한 독서 방법은 자신이 좋아하는 책만 읽는 것입니다. 좋아하는 분야의 책을 읽으면 흥미를 느끼며 즐겁게 읽을 수 있습니다. 그 분야에 깊이 있는 지식을 쌓을 수 있습니다. 자신이 좋아하는 분야이기 때문에 책 내용을 더 쉽게 이해할 수 있습니다. 따라서 저는 이보다 더 바람직한 독서 방법은 없다고 생각합니다.

06 바람직한 독서 방법에 대한 글쓴이의 의견을 알맞게 선으로 이으시오.

(1) 혜원 ・　　　・① 여러 분야의 책을 읽자.

(2) 민서 ・　　　・② 자신이 좋아하는 책만 읽자.

(3) 준우 ・　　　・③ 도서관의 편의 시설을 늘리자.

07 글의 주제와 관련이 적은 의견을 낸 사람의 이름을 쓰시오.

(　　　　　　)

서술형 논술형 문제

08 민서의 의견에 대한 뒷받침 내용 중에서 믿을 만한 것이 <u>아닌</u> 것을 찾고, 그렇게 생각한 까닭을 쓰시오.

(1) 뒷받침 내용: ＿＿＿＿＿＿＿＿＿＿

＿＿＿＿＿＿＿＿＿＿＿＿＿＿＿＿

(2) 그렇게 생각한 까닭: ＿＿＿＿＿＿＿

＿＿＿＿＿＿＿＿＿＿＿＿＿＿＿＿

09 준우의 의견에 대한 뒷받침 내용을 두 가지 고르시오. (　　, 　　)

① 글을 쓴 사람과 쉽게 친해질 수 있다.
② 여러 나라에 대한 정보를 얻을 수 있다.
③ 책을 통해 얻은 지식으로 부자가 될 수 있다.
④ 자신이 좋아하는 분야이기 때문에 내용을 더 쉽게 이해할 수 있다.
⑤ 흥미를 느끼며 즐겁게 읽을 수 있어 그 분야에 깊이 있는 지식을 쌓을 수 있다.

10 준우의 의견이 적절하지 않다고 판단한 까닭을 알맞게 말한 사람의 이름을 쓰시오.

상인: 자신이 좋아하는 책만 읽는다는 의견은 주제와 밀접한 관련이 없기 때문이야.
현진: 자신이 좋아하는 분야의 책만 읽어야겠다고 생각하면 다른 분야의 책은 전혀 읽지 않을 것이기 때문이야.

(　　　　　　)

11~13 글쓴이의 의견이 나타난 글

문화재를 개방해야 합니다. 문화재를 직접 관람하면 옛 조상이 살았던 때를 생생하게 느낄 수 있습니다. 저는 가족과 함께 고인돌 유적지를 보러 갔습니다. 거대한 고인돌이 생생하게 기억에 남았습니다. 누리집에서 고인돌에 대한 정보를 찾아보았고, 학교 도서관에서 고인돌에 대한 책을 빌려 읽기도 했습니다.

또 문화재를 개방해야만 ┌─── ㉠ ───┐ 20○○년 7월 ○○일 신문 기사를 보니 고궁 가운데 한 곳인 ○○궁에 곰팡이가 번식했다는 내용이 있었습니다. 장마인데 문을 닫고만 있어서 바람이 통하지 않아 곰팡이가 궁궐 안으로 퍼진 것입니다. 사람들이 드나들면서 바람이 통하게 하면 이와 같은 문제는 해결될 것입니다.

문화재를 개방하면 자신이 체험한 문화재를 보호하려고 노력하는 사람이 늘어날 것입니다. 어디에 있는지도 모르는 유물이 아니라 우리 곁에 있는 문화재가 되어야 합니다. 우리가 함께 가꾸고 보존해 나간다고 생각한 뒤에 힘을 모으면 '살아 있는' 문화재가 될 것입니다.

11 글쓴이의 의견은 무엇입니까? (   )

① 문화재를 개방해야 한다.
② 문화재를 개방하지 말아야 한다.
③ 문화재를 사진으로 찍어야 한다.
④ 문화재를 그림으로 그려야 한다.
⑤ 문화재를 알리는 글을 써야 한다.

12 ┌ ㉠ ┐ 에 들어갈 뒷받침 내용으로 알맞은 것은 무엇입니까? (   )

① 문화재 보호법이 생깁니다.
② 문화재로 지정될 수 있습니다.
③ 문화재를 발굴할 수 있습니다.
④ 문화재를 널리 알릴 수 있습니다.
⑤ 문화재 훼손을 막을 수 있습니다.

13 다음은 글쓴이의 의견에 대해 어떻게 판단한 것인지 알맞은 것에 ○표 하시오.

> 많은 사람이 문화재를 관람하다 보면 어쩔 수 없이 훼손되기 마련이다. 한번 망가진 문화재는 돌이킬 수 없다. 만약 고칠 수 있다고 하더라도 많은 시간과 돈이 들 것이다.

(1) 적절하다고 생각한다. (   )
(2) 적절하지 않다고 생각한다. (   )

14 문화재 보호 방법에 대한 의견으로 알맞은 것은 어느 것입니까? (   )

① 문화재를 수입해야 한다.
② 문화재에 값을 정해야 한다.
③ 문화재를 많이 만들어야 한다.
④ 다른 나라의 문화재를 보러 가야 한다.
⑤ 문화재 보호의 중요성에 대한 교육을 해야 한다.

15 의견이 드러나는 글을 쓸 때에 확인해야 할 내용으로 알맞지 <u>않은</u> 것은 무엇입니까? (   )

① 주제와의 관련성
② 문제 상황의 해결 가능성
③ 뒷받침 내용의 사실 여부
④ 읽는 이의 생각이나 느낌
⑤ 의견과 뒷받침 내용 간의 관련성

16~17

당근이 들어간 음식은 맛이 없어서 못 먹겠어.

나는 고기만 골라서 먹는 습관 때문에 부모님께서 걱정하셔.

16 위와 같은 대화 내용과 관련한 의견으로 알맞은 것은 무엇입니까? (　　　)

① 편식하지 말아야 합니다.
② 바르고 고운 말을 써야 합니다.
③ 친구와 사이좋게 지내야 합니다.
④ 음식을 직접 만들어 먹어야 합니다.
⑤ 음식의 종류에 대하여 알아야 합니다.

17 문제 16번에서 답한 의견을 뒷받침하는 내용으로 알맞은 것을 두 가지 고르시오. (　　,　　)

① 편식을 해도 아무런 문제가 없다.
② 음식을 골고루 먹어야 건강해진다.
③ 좋아하는 음식을 먹어야 기분이 좋다.
④ 영양소를 균형 있게 섭취해야 신체 발달에 도움이 된다.
⑤ 좋아하는 음식 위주로 먹어도 충분히 영양소를 섭취할 수 있다.

18 즐겁고 행복한 학교 만들기를 위한 다음 의견이 적절한 까닭으로 알맞은 것은 무엇입니까? (　　　)

의견	비속어 쓰지 않기

① 질서를 지킬 수 있기 때문이다.
② 협동심을 기를 수 있기 때문이다.
③ 학급 일을 빠르게 해결할 수 있기 때문이다.
④ 성적이 우수한 학급을 만들 수 있기 때문이다.
⑤ 말싸움 때문에 다른 큰 싸움으로 번지는 경우가 많기 때문이다.

8단원

19 즐겁고 행복한 학교 만들기에 대한 의견으로 알맞은 것은 어느 것입니까? (　　　)

① 이부자리 정리하기
② 함께 교실 청소하기
③ 가족과 대화 시간 자주 갖기
④ 집안일을 가족과 나누어 하기
⑤ 일주일에 한 번 가족과 식사하기

20 모둠 구성원별로 의견을 뒷받침할 내용을 찾기 위한 역할로 알맞지 <u>않은</u> 것은 무엇입니까? (　　　)

① 기록하는 사람
② 누리집을 찾는 사람
③ 책 자료를 찾는 사람
④ 모둠을 친구들에게 자랑할 사람
⑤ 전문가를 찾고, 면담을 요청하는 사람

개념 정리

개념 1 시를 읽고 경험 말하기

① 시를 읽고 시의 내용을 알아봅니다.

② 시를 읽고 떠오르는 장면을 생각해 봅니다.

③ 시에서 말하는 이와 비슷한 경험을 떠올려 봅니다.

지문 시 「온통 비행기」의 말하는 이와 비슷한 경험 말하기 예

> 난 비행기가 좋아.
> 비행기를 구경하는 것도
> 비행기를 그리는 것도
> 비행기를 생각하는 것도.
>
> 커서 뭐가 되고 싶으냐고 묻지 마.
> 내 마음에는 비행기가 날아.

자동차에 관심이 있어서 자동차 박람회를 구경해 본 경험이 있어.

개념 2 시를 읽고 느낌 표현하기

① 시의 내용을 파악합니다.

② 시를 읽고 느낌을 떠올려 봅니다.

③ 시에 대한 느낌을 여러 가지 방법으로 표현해 봅니다.

　예 노랫말 만들기, 그림으로 나타내기 등

지문 시 「지하 주차장」을 읽고 느낌 말하기 예

◎ '아빠'에게 면담하기

• "지하 주차장에서 겪었다는 일이 정말입니까?"

• "어제 무슨 일이 있었기에 주차한 곳을 못 찾은 겁니까?"

아빠가 되어 면담 질문에 대답해 보니, 아이에게 들키고 싶지 않았던 아빠의 마음이 느껴졌어.

개념 3 이야기를 보고 내용에 대한 생각 나누기

① 이야기를 보고 인물에게 일어난 일을 파악합니다.

② 인물의 행동에 대한 자신의 생각을 말해 봅니다.

③ 이야기에 대한 생각을 글로 써 봅니다.

활동 「김밥」을 보고 생각 나누기 예

장면	자신의 생각
 선생님께서 동숙이에게 김밥을 대신 먹으라고 주셨다.	김밥을 먹고 싶어하는 동숙이의 마음을 이해하는 선생님은 마음이 따뜻한 분이라고 생각합니다.

개념 4 이야기를 읽고 다른 사람에게 들려주기

① 이야기를 읽고 인물의 특성을 정리합니다.

② 상황과 인물의 특성에 알맞은 인물의 말을 써 봅니다.

③ 인물의 특성에 맞게 인물의 말을 표현해 봅니다.

④ 이야기의 장면을 정해 이야기를 실감 나게 표현해 봅니다.

지문 이야기 「멸치 대왕의 꿈」에서 상황에 맞는 인물의 말 표현하기 예

"뭐라고? 너 이놈! 감히 그런 꿈풀이를 하다니, 괘씸하다!"	화가 난 표정으로 큰 목소리로 말한다.
"멸치 대왕이 나한테 너무하는군."	서운한 표정으로 투덜거리며 말한다.
"대왕님께서 저를 이렇게나 반갑게 맞아 주시니 고마울 따름입니다."	잘 보이려고 알랑거리며 말한다.

[01~02] 「온통 비행기」

> 난 비행기가 좋아.
> 비행기를 구경하는 것도
> 비행기를 그리는 것도
> 비행기를 생각하는 것도.
>
> 커서 뭐가 되고 싶으냐고 묻지 마.
> 내 마음에는 비행기가 날아.

01 시에서 말하는 이가 하고 싶은 일은 [   ]와 관련된 것입니다.

02 이 시를 읽고 떠오르는 장면으로 알맞은 것의 기호를 쓰시오.

> ㉮ 하늘에 새가 날아가는 장면
> ㉯ 말하는 이가 비행기를 그리는 장면
> ㉰ 말하는 이가 자전거를 그리는 장면

(   )

[03~05] 「지하 주차장」

> 에이, 아빠!
> 차 어디에 세워 놨는지 몰라서 그랬죠?
> 차 찾느라
> 온 지하 주차장 헤매고 다닌 거
> 다 알아요.
> 피이!

03 이 시에서 일이 일어난 곳은 (백화점 / 지하 주차장) 입니다.

04 말하는 이가 기다린 사람은 누구입니까?

(   )

05 아빠는 [   ]를 찾지 못해 헤매고 다녔습니다.

[06~10] 「멸치 대왕의 꿈」

> ㉮ 멸치 대왕이 망둥 할멈에게 꿈 이야기를 해 주자 망둥 할멈은 벌떡 일어나 절을 하면서 "대왕마마, 용이 될 꿈입니다."라고 말했어.
> ㉯ 넓적 가자미는 멸치 대왕한테 용이 되는 꿈이 아니라 큰 변을 당하게 될, 아주 나쁜 꿈이라고 말했어.
> ㉰ 넓적 가자미의 꿈풀이를 듣던 멸치 대왕은 화가 나 얼굴이 점점 붉어졌지. 꿈풀이를 다 듣고 난 뒤 멸치 대왕은 너무나도 화가 나 넓적 가자미의 뺨을 때렸는데 어찌나 세게 때렸던지 넓적 가자미의 눈이 한쪽으로 찍 몰려가 붙어 버리고 말았던 거야. 그 모양을 보고 있던 꼴뚜기는 자기도 뺨을 맞을까 봐 겁이 나서 자기의 눈을 떼어서 엉덩이에 찰싹 붙여 버렸고, 망둥 할멈은 너무 놀라 눈이 툭 튀어나와 버렸지.

06 망둥 할멈은 멸치 대왕이 [   ]이 될 꿈이라고 말했습니다.

07 멸치 대왕의 꿈을 나쁘게 풀이한 인물은 누구입니까?

(   )

08 망둥 할멈은 (입 / 눈)이 툭 튀어나와 있습니다.

09 멸치 대왕의 성격으로 알맞은 것의 기호를 쓰시오.

> ㉮ 참을성이 많다.
> ㉯ 화를 참지 못한다.
> ㉰ 남을 배려하고 친절하다.

(   )

10 넓적 가자미가 멸치 대왕에게 뺨을 맞는 장면을 실감나게 표현하는 방법에 ○표 하시오.
(1) 웃으면서 박수를 친다.   (   )
(2) 울먹거리며 뺨을 부여잡는다.   (   )

개념 | 시를 읽고 느낌 표현하기

• 시에 대한 느낌을 다양한 방법으로 표현하고 난 뒤에 친구들과 느낌을 나누어 봅니다.

개념 | 이야기를 읽고 다른 사람에게 들려주기

뭐라고? 너 이놈! 감히 그런 꿈풀이를 하다니, 괘씸하다!

❶ 화를 잘 내는 성격   ❶ 화가 난 표정으로 큰 목소리로 말함.

• 표정, 말투, 행동 같은 인물의 특성을 생각하며 실감 나게 표현합니다.

[01~02]「지하 주차장」

㉮ 지하 주차장으로
차 가지러 내려간 아빠
한참 만에
차 몰고 나와 한다는 말이

㉯ 에이, 아빠!
차 어디에 세워 놨는지 몰라서 그랬죠?
차 찾느라
온 지하 주차장 헤매고 다닌 거
다 알아요.
피이!

01 이 시에서 아이는 무엇을 하였습니까? (   )

① 아빠와 함께 차를 청소했다.
② 아빠와 함께 새 차를 사러 갔다.
③ 아빠와 함께 차를 주차한 곳을 찾았다.
④ 경찰서에 차를 잃어버렸다고 신고하러 갔다.
⑤ 지하 주차장으로 차를 가지러 가신 아빠를 기다렸다.

02 시에 대한 느낌을 표현한 것으로 알맞은 것에 ○표 하시오.
(1) 아이의 마음을 노래로 표현하기   (   )
(2) 주차장 이용 방법에 대해 설명하는 글 쓰기
(   )

[03~04]「멸치 대왕의 꿈」

멸치 대왕은 먹을 것을 잔뜩 준비하고, 꼴뚜기, 메기, 병어 정승 들을 불렀지. 그리고 망둥 할멈을 반갑게 맞아들였어.
하지만 넓적 가자미한테는 알은척도 하지 않고 먹을 것도 주지 않자 넓적 가자미는 잔뜩 화가 나서 토라져 버렸어. 멸치 대왕이 망둥 할멈에게 꿈 이야기를 해 주자 망둥 할멈은 벌떡 일어나 절을 하면서 "대왕마마, 용이 될 꿈입니다."라고 말했어.

03 망둥 할멈의 다음과 같은 성격을 알 수 있는 행동으로 알맞은 것의 기호를 쓰시오.

윗사람에게 아부를 잘함.

㉮ 구름 속을 왔다가 갔다가 했다.
㉯ 멸치 대왕의 꿈풀이를 좋게 한다.

(   )

04 다음은 누가 할 말로 알맞습니까? (   )

"대왕님께서 저를 이렇게나 반갑게 맞아 주시니 고마울 따름입니다."

① 메기   ② 병어   ③ 꼴뚜기
④ 망둥 할멈   ⑤ 넓적 가자미

01~05 온통 비행기

내 스케치북에는 비행기가 날아.

필통에도
지우개에도
비행기가 날아.

조종석에는 언제나
내가 앉아 있어.

조수석에는 엄마도 앉고
동생도 앉고
송이도 앉아.
오늘은 우리 집 개가 앉았어.

난 비행기가 좋아.
비행기를 구경하는 것도
비행기를 그리는 것도
비행기를 생각하는 것도.

커서 뭐가 되고 싶으냐고 묻지 마.
내 마음에는 비행기가 날아.

01 말하는 이가 상상하는 것은 무엇입니까? ( )
① 친구와 운동하는 상상
② 강아지와 산책하는 상상
③ 조종석에 앉아 있는 상상
④ 도서관에서 책을 읽는 상상
⑤ 영화관에서 영화를 보는 상상

02 말하는 이가 하고 싶은 일을 두 가지 고르시오.
(,)
① 비행기과 관련된 일
② 친구들과 마음껏 노는 일
③ 게임을 하고 싶은 대로 하는 것
④ 가고 싶은 곳에 자유롭게 가는 일
⑤ 많은 생각을 하지 않고 비행기를 좋아하는 것

03 이 시에서 말하는 이의 머릿속에 가득 찬 생각은 무엇인지 ○표 하시오.

(스케치북 / 비행기)

04 이 시를 읽고 떠오르는 장면으로 알맞지 <u>않은</u> 것의 기호를 쓰시오.

( )

05 시에서 말하는 이와 비슷한 자신의 경험을 알맞게 말하지 <u>않은</u> 사람의 이름을 쓰시오.

민호
책을 읽다가 다 못 읽은 부분이 궁금해 계속 머릿속에 생각난 적이 있어.

선희
생일이 얼마 남지 않아 생일날 무엇을 할지 계속 생각했던 경험이 떠올라.

상욱
지금 키우는 강아지가 처음 우리 집에 온 날이 떠올라.

( )

06~09 지하 주차장

지하 주차장으로
차 가지러 내려간 아빠
한참 만에
차 몰고 나와 한다는 말이

　내려가고 내려가고 또 내려갔는데 글쎄, 계속 지하로 계단이 있는 거야! 그러다 아이쿠, 발을 헛디뎠는데 아아아…… 이상한 나라의 앨리스처럼 깊은 동굴 속으로 끝없이 떨어지지 않겠니? 정신을 차려 보니까 호빗이 사는 마을이었어. 호박처럼 생긴 집들이 미로처럼 뒤엉켜 있는데 갑자기 흰머리 간달프가 나타나 말하더구나. 이 새 자동차가 네 자동차냐? 내가 말했지. 아닙니다, 제 자동차는 10년 다 된 고물 자동차입니다. 오호, 정직한 사람이구나. 이 새 자동차를…….

에이, 아빠!
차 어디에 세워 놨는지 몰라서 그랬죠?
차 찾느라
온 지하 주차장 헤매고 다닌 거
㉠다 알아요.
피이!

06 아이가 ㉠과 같이 말한 의미는 무엇입니까? (　　)
① 늦잠을 잤다는 것을 안다.
② 새 차를 샀다는 것을 안다.
③ 길을 잃어버렸다는 것을 안다.
④ 호빗이 사는 마을에 갔다 왔다는 것을 안다.
⑤ 오늘도 차를 찾느라 늦게 나오셨다는 것을 안다.

07 이 시에 나오는 아빠와 아이의 마음을 알맞게 선으로 이으시오.

(1) 아빠 ・　　　　・① 기다리다가 지쳤다.

(2) 아이 ・　　　　・② 걱정되고 다급하다.

08 이 시를 읽은 느낌으로 알맞은 것의 번호를 쓰시오.

① 영화를 보고 싶은 아이의 마음이 느껴졌다.
② 아빠가 빨리 나오기를 바라는 아이의 마음이 느껴졌다.

(　　　　　　)

◈서술형 논술형 문제

09 이 시를 읽고 다음에 제시된 조건에 맞게 느낀 점을 쓰시오.

아빠가 겪은 일에 대한 느낌

_____

_____

10 시를 읽고 느낌을 떠올리는 방법에 대해 알맞게 말하지 못한 사람의 이름을 쓰시오.

(　　　　　　　　)

○ 동숙이는 엄마께 소풍 때 달걀이 들어간 김밥을 싸 달라고 투정을 부리지만 엄마께서는 집안 사정이 어렵다고 하시면서 동숙이를 나무라신다.

○ 동숙이는 쑥을 팔아서 달걀을 사고 싶었지만 아무도 쑥을 사지 않았다. 그런데도 선생님께 도시락을 싸 가겠다고 하고 어머니께 김밥을 싸 달라고 말씀드린다.

○ 동숙이는 아버지의 병원비로 달걀 한 줄을 사게 되어 기뻤다. 하지만 오는 길에 넘어져서 달걀이 깨지고 만다.

○ 소풍날 선생님께서는 김밥을 못 먹고 있는 동숙이에게 자신은 배탈이 나서 못 먹겠다고 하며 김밥을 주신다.

11 동숙이가 먹고 싶은 김밥으로 알맞은 것의 기호를 쓰시오.

> ㉮ 고기가 들어간 김밥
> ㉯ 달걀이 들어간 김밥
> ㉰ 생선이 들어간 김밥

(   )

12 동숙이가 쑥을 판 까닭은 무엇입니까? (   )

① 학교 준비물을 사려고
② 아버지의 약값을 마련하려고
③ 김밥에 넣을 달걀을 사려고
④ 오빠의 생일 선물을 사려고
⑤ 소풍 때 먹을 간식을 사려고

13 동숙이는 달걀을 어떻게 살 수 있었는지 알맞은 것의 번호를 쓰시오.

> ① 쑥을 판 돈으로 산다.
> ② 친구에게 돈을 빌려서 산다.
> ③ 선생님 김밥을 싸야 한다고 어머니께 말씀드려서 아버지의 병원비로 산다.

(   )

14 🈂에서 동숙이의 마음으로 알맞은 것을 두 가지 고르시오. (,   )

① 기쁘다.   ② 부럽다.
③ 그립다.   ④ 속상하다.
⑤ 지루하다.

◇ 서술형 논술형 문제

15 다음과 같은 동숙이의 행동에 대한 자신의 생각을 쓰시오.

동숙이의 행동	선생님께 도시락을 싸 가겠다고 함.

_____

_____

16~20 멸치 대왕의 꿈

가 옛날 동쪽 바다에 멸치 대왕이 살고 있었어. 그런데 어느 날 아주 이상한 꿈을 꾸었지. 꿈속에서 멸치 대왕이 하늘을 오르락내리락, 구름 속을 왔다 갔다, 그러다가 갑자기 흰 눈이 펄펄 내리더니 추웠다가 더웠다가 하는 거야. 멸치 대왕은 무슨 꿈인지 몹시 궁금했어. 그래서 멸치 대왕은 넓적 가자미한테 꿈풀이를 잘한다는 망둥 할멈을 데려오라고 했지.

나 넓적 가자미는 망둥 할멈을 데리고 또다시 하루, 이틀, 사흘, 나흘 그렁저렁 여러 날이 걸려 동쪽 바다로 돌아왔단다. 멸치 대왕은 먹을 것을 잔뜩 준비하고, 꼴뚜기, 메기, 병어 정승 들을 불렀지. 그리고 망둥 할멈을 반갑게 맞아들였어.

하지만 넓적 가자미한테는 알은척도 하지 않고 먹을 것도 주지 않자 넓적 가자미는 잔뜩 화가 나서 토라져 버렸어. 멸치 대왕이 망둥 할멈에게 꿈 이야기를 해 주자 망둥 할멈은 벌떡 일어나 절을 하면서 "대왕마마, 용이 될 꿈입니다."라고 말했어.

다 넓적 가자미는 멸치 대왕한테 용이 되는 꿈이 아니라 큰 변을 당하게 될, 아주 나쁜 꿈이라고 말했어. 그러면서 하늘을 오르락내리락한다는 것은 낚싯대에 걸린 것이고, 구름은 모락모락 숯불 연기이고, 또 흰 눈은 소금이고, 추웠다가 더웠다가 한다는 것은 잘 익으라고 뒤집었다 엎었다 하는 것이라고 멸치 대왕의 꿈을 풀이했어.

라 넓적 가자미의 꿈풀이를 듣던 멸치 대왕은 ⓐ 얼굴이 점점 붉어졌지. 꿈풀이를 다 듣고 난 뒤 멸치 대왕은 너무나도 화가 나 넓적 가자미의 **뺨**을 때렸는데 어찌나 세게 때렸던지 넓적 가자미의 눈이 한쪽으로 찍 몰려가 붙어 버리고 말았던 거야. 그 모양을 보고 있던 꼴뚜기는 자기도 **뺨**을 맞을까 봐 겁이 나서 자기의 눈을 떼어서 엉덩이에 찰싹 붙여 버렸고, 망둥 할멈은 너무 놀라 눈이 툭 튀어나와 버렸지. 메기는 기가 막혀 너무 크게 웃다가 입이 쫙 찢어져 버렸고, 병어는 자기도 입이 찢어질까 봐 입을 꽉 움켜쥐고 웃다가 그만 입이 뾰쪽해지고 말았어.

16 멸치 대왕이 꾼 꿈의 내용이 <u>아닌</u> 것은 무엇입니까?
( )

① 추웠다 더웠다 했다.
② 흰 눈이 펄펄 내렸다.
③ 바다에서 헤엄을 쳤다.
④ 하늘을 오르락내리락했다.
⑤ 구름 속을 왔다 갔다 했다.

17 인물의 생김새를 찾아 각각 번호를 쓰시오.

① 몸이 말랐고 길쭉하다.
② 눈이 한쪽 뺨에 몰렸다.
③ 등이 굽고 눈이 툭 튀어나왔다.

(1) 망둥 할멈 ( )
(2) 멸치 대왕 ( )
(3) 넓적 가자미 ( )

18 넓적 가자미의 성격은 어떠합니까? ( )

① 친절하다. ② 상냥하다.
③ 다정하다. ④ 속이 좁다.
⑤ 배려심이 있다.

19 멸치 대왕이 망둥 할멈의 꿈풀이를 듣고 할 말을 알맞게 말한 사람의 이름을 쓰시오.

현진: "뭐라고? 너 이놈! 감히 그런 꿈풀이를 하다니, 괘씸하다!"
민주: "오, 아주 훌륭한 꿈풀이로다. 하하하, 아주 마음에 든다"

( )

20 ⓐ 에 들어갈 말로 알맞은 것은 어느 것입니까?
( )

① 기뻐서 ② 화가 나
③ 지루해서 ④ 고마워서
⑤ 즐거워서

배움으로 행복한 내일을 꿈꾸는
천재교육 커뮤니티 안내

. . . .

 교재 안내부터 구매까지 한 번에!
천재교육 홈페이지

자사가 발행하는 참고서, 교과서에 대한 소개는 물론
도서 구매도 할 수 있습니다. 회원에게 지급되는 별을 모아
다양한 상품 응모에도 도전해 보세요!

 다양한 교육 꿀팁에 깜짝 이벤트는 덤!
천재교육 인스타그램

천재교육의 새롭고 중요한 소식을 가장 먼저 접하고 싶다면?
천재교육 인스타그램 팔로우가 필수!
깜짝 이벤트도 수시로 진행되니 놓치지 마세요!

 수업이 편리해지는
천재교육 ACA 사이트

오직 선생님만을 위한, 천재교육 모든 교재에 대한 정보가 담긴
아카 사이트에서는 다양한 수업자료 및 부가 자료는 물론
시험 출제에 필요한 문제도 다운로드하실 수 있습니다.

https://aca.chunjae.co.kr

 천재교육을 사랑하는 샘들의 모임
천사샘

학원 강사, 공부방 선생님이시라면 누구나 가입할 수 있는 천사샘!
교재 개발 및 평가를 통해 교재 검토진으로 참여할 수 있는 기회는 물론
다양한 교사용 교재 증정 이벤트가 선생님을 기다립니다.

 아이와 함께 성장하는 학부모들의 모임공간
튠맘 학습연구소

튠맘 학습연구소는 초·중등 학부모를 대상으로 다양한 이벤트와 함께
교재 리뷰 및 학습 정보를 제공하는 네이버 카페입니다.
초등학생, 중학생 자녀를 둔 학부모님이라면 튠맘 학습연구소로 오세요!

BOOK 3

정답과 풀이

코칭북

✦ 한눈에 보는 빠른 정답

4-2

국어
리더

천재교육

BOOK 3

정답과 풀이

코칭북

Book ③ 코칭북 정답과 풀이

국어 **리더** **4**-2

1 이어질 장면을 생각해요

| **15쪽** | 퀴즈 |

1 (1) ○

| **16~17쪽** | 확인 문제 |

1 (2) ○   **2** ②   **3** ④
4 해솔

| **18~23쪽** | 국어 |

01「니모를 찾아서」   **02** (1) ① (2) ②
03 ④   **04** ②   **05** ③, ⑤
06 예 기분이 좋다.   **07** 도원
08 (1) ○   **09** ⓒ   **10** ⑤
11 예 선이 지아와 더 이상 싸우지 않고 다시 친하게 지냈으면 좋겠다.
12 다를 수 있다   **13** ⑤
14 행복   **15** ⑤   **16** ②
17 구름이, 이무기   **18** (1) ② (2) ①
19 (1) ② (2) ①   **20** 예 오늘이는 학 야아를 타고 매일이의 병을 고칠 수 있는 약을 찾아서 떠난다.
21 ②   **22** ②   **23** (2) ○
24 ⑤

| **24~25쪽** | 국어 활동 |

1 ②   **2** 사철나무 어르신
3 ①   **4** 예 강치가 아무르와 싸워서 불타는 얼음을 되찾는 장면이 인상 깊다. 독도를 지킨 강치가 자랑스러웠기 때문이다.   **5** ③
6 예 큰 귀를 어진 임금이 되라는 뜻으로 받아들이는 임금님의 모습이 훌륭하다고 생각했다.   **7** (2) ○
8 (1) 로써 (2) 로서

| **26~28쪽** | 단원평가 |

01 아빠 물고기   **02** ④
03 예 사랑하기도 하지만

04 수안   **05** ②   **06** ❸
07 ⑤   **08** 예 지아가 일 등을 해서
09 (2) ○   **10** 예 또다시 친구들이 따돌릴지도 모른다고 생각해.
11 ①   **12** 구름   **13** 오늘이
14 원천강   **15** (2) ○   **16** 행복
17 ①   **18** ①
19 예 야아가 용을 데리고 와서 빛을 잃어버린 해에게 불을 뿜자 햇빛이 원천강을 감쌌다.   **20** ⑤

| **29쪽** | 서술형·논술형 평가 |

1 예 언제나 혼자인 외톨이 선은 여름 방학을 시작하는 날, 전학생인 지아를 만나 친구가 된다.
2 예 선이 다시 따돌림을 당하고 싶지 않았던 지아의 마음을 이해해 주고 전처럼 친하게 지냈으면 좋겠다.
3 예 갈리진 얼음 시이로 떨어지는 오늘이를 구해
4 (1) 예 매일이 (2) 예 책을 좋아하는 것

2 마음을 전하는 글을 써요

| **31쪽** | 퀴즈 |

1 미안한 마음

| **32~33쪽** | 확인 문제 |

1 (2) ○   **2** ①   **3** 축하한다.
4 ①   **5** ②

| **34~38쪽** | 국어 |

01 ①   **02** (1) ③ (2) ① (3) ②
03 ①, ②, ④   **04** 이현
05 ①   **06** ③, ④   **07** (2) ○
08 예 선생님께서 친절하게 가르쳐 주신 일 / 선생님께서 도와주셨던 일
09 고맙습니다.   **10** ①, ③, ⑤
11 ㄹ   **12** ①
13 예 좋은 사람들의 이야기가 담겨 있어 본받을 수 있는 책, 공부에 필요한

지식을 얻기 위한 책   **14** ①
15 ④   **16** (1) ② (2) ①
17 ④   **18** ③   **19** ④
20 ⑤   **21** 예 앞으로 만나면 반갑게 인사하고 친하게 지내요.

| **39~40쪽** | 국어 활동 |

1 ⑤   **2** ㄱ   **3** ⑤
4 (2) ○   **5** (1) ○   **6** ①
7 ③
8 (1) [북찌] (2) [말끼도] (3) [물꼬]

| **41~44쪽** | 단원평가 |

01 ②   **02** ㉮
03 예 내가 깜빡했어. 많이 속상했겠다.
04 ①   **05** ①, ②, ④
06 ⑤   **07** ④, ⑤
08 아들 / 필립 / 아들 필립
09 ①, ②   **10** 예 걱정되는구나. / 축하한다. / 힘써야 한단다.
11 ③   **12** (1) 좋은 사람들 (2) 지식
13 (1) ○   **14** (1) ① (2) ②
15 (1) 예 병원에 입원한 친구 / 전학 간 친구 (2) 예 아픈 친구를 위로하고 빨리 낫기를 바라는 마음 / 친구가 그립고 보고 싶은 마음 (3) 예 친구가 병원에 입원하였다. / 같이 놀던 친구가 전학을 가서 보고 싶다.   **16** ③   **17** ④
18 이웃   **19** ①, ④   **20** (1) ○

| **45쪽** | 서술형·논술형 평가 |

1 (1) 예 부끄러운 마음
(2) 예 미안한 마음 (3) 예 고마운 마음
2 예 네가 좋은 기억을 얻게 되어서 너무 기뻐.
3 (1) 예 소방 안전 교실이 열림.
(2) 예 가족들과 제주도 여행을 다녀옴.
4 예 소방 안전 교실을 열어 주신 소방관님들께 고맙고, 많은 것을 알 수 있는 좋은 경험이었습니다.

❸ 바르고 공손하게

47쪽 　퀴즈

1 (2) ○

48~49쪽 　확인 문제

1 (2) × 　2 태인 　3 ⑩ 말할 기회
4 ①

50~56쪽 　국어

01 (1) 바우(바우야) (2) 박 서방
02 아랫마을 　　03 ⑤
04 (1) ○ 　　05 남자아이
06 은정 　07 ④ 　　08 ④
09 ④ 　10 (3) ○ 　11 ①
12 ⑩ 오늘 재미있게 잘 놀았습니다.
안녕히 계세요. 　　13 ②
14 ⑤ 　15 ③ 　16 예리
17 친구들과 사이좋게 지내자.
18 ⑤ 　　19 ①, ②
20 잘 들어 주시면 　21 ⑤
22 ④ 　23 (1) ⑩ 궁금한 기분
(2) ⑩ 화난 기분 　24 재희
25 ⑩ 예절 　　26 ⑤
27 태린 　28 ⑩ 내가 한 거친 말 내
게 올 거친 말

57~58쪽 　국어 활동

1 (1) 5 (2) 9, 10 　　2 ⑤
3 지현 　4 ⑩ 친구가 말할 때 끼어
든 적이 있는데 상대의 말을 끝까지 들
어야겠다. 　5 ③ 　　6 (3) ○
7 ③ 　8 ⑩ 그래, 괜찮아. 다음에
는 더 조심하면 좋겠어.

59~62쪽 　단원평가

01 (1) ⑩ 짜증 난 표정 (2) ⑩ 즐거운 표
정 　　02 ③ 　　03 ②
04 (1) ② (2) ①
05 ⑩ 고맙습니다. 　06 ⑤
07 원우 　08 ⑩ 신유 어머니께 음식

을 준비해 주셔서 고맙다는 말을 하지
않았다. 　09 ⑤ 　　10 ①
11 해민 　12 듣기 싫은 별명
13 ④ 　14 태훈 　15 (1) ×
16 ⑤ 　17 ① 　　18 ④
19 (1) ② (2) ③
20 ⑩ 온라인 대화를 할 때에는 상대가
보이지 않기 때문에 대화 전에 인사하
고 끝날 때에도 인사를 하는 것이 좋아.

63쪽 　서술형·논술형 평가

1 (1) 제가 (2) ⑩ 할머니, 이건 제가 들
어 드릴게요.
2 ⑩ 회의를 할 때에는 말할 기회를 얻
어서 말하고 높임말을 사용해 주시기
바랍니다.
3 (1) ① ⑩ 인정하느냐고 묻는 의미이
다. ② ⑩ 아니라는 의미이다.
(2) ⑩ 항상 새로운 말의 뜻을 배워야
할 것 같다. / 대화가 잘 안 되거나 무
슨 뜻인지 몰라서 오해가 생길 것 같다.

❹ 이야기 속 세상

65쪽 　퀴즈

1 ②

66~67쪽 　확인 문제

1 인물 　2 사건 　3 배경
4 행동 　5 차례 　6 성격
7 (2) ×

68~81쪽 　국어

01 ①, ③ 　02 ⑤ 　03 버스
04 ② 　05 ⑤ 　06 ②
07 (3) ○ 　08 수현 　09 ④
10 ① 　11 ④ 　12 옳다
13 ④ 　14 ⑩ 자상하다. / 인자하
다. / 마음이 따뜻하다. 15 ⑭
16 (1) 쑥스럽다 (2) 자랑스럽다
17 ④ 　　18 (2) ○

19 ③, ⑤ 　20 ⑭ → ㉠ → ㉣ → ㉡
21 ② 　22 ④ 　　23 승연
24 ⑩ 우진이를 좋아한다. / 우진이가
좋다. 　25 ① 　26 (1) ② (2) ①
27 ③, ⑤ 　28 재인 　29 ①, ④
30 ⑤ 　31 (1) 무시하고 (2) 더럽다
며 　32 (1) ② (2) ①
33 ④ 　34 ⑤ 　　35 ⑤
36 ⑩ 같이 화를 내며 큰소리를 주고받
다가 다투게 되었을 것이다.
37 (1) 교실 (2) 방 (안) 38 (1) ○
(2) × (3) ○ (4) ○
39 (1) (나무)젓가락 (2) 바둑알
40 ②, ④ 　41 ⑤ 　42 용기
43 (2) ○ 　44 ② 　45 ①, ⑤
46 카오리아오 　47 (1) 싫다
(2) 부끄럽다48 ④ 　49 ⑩ 적극적이
다. / 승부욕이 강하다 50 (1) ⑭ (2) ㉮
51 ⑩ 다른 나라의 문화를 이해하려고
하지 않는 것으로 보아 융통성이 없다.
/ 할아버지의 말씀을 듣고도 자기 생각
만 옳다고 생각하는 것으로 보아 고집
이 세다. 　52 ④ 　53 (1) ①
(2) ③ (3) ② 　　54 ③, ④
55 세은 　56 (2) ○ 　57 ⑩ 주은이의
사정은 생각하지 않고 이기려고만 하다
가 오히려 주은이에게 지고 만다. / 아
무 고민 없이 대회에 열중해서 주은이
를 이기고 젓가락왕이 된다.

82~83쪽 　국어 활동

1 세모시 옷감 　　2 ③
3 ②, ⑤ 　4 (2) ○
5 ③ 　6 ㉠, ㉡
7 ④ 　8 ㉠ → ㉣ → ㉢ → ㉡

84~87쪽 　단원평가

01 ①, ③, ⑤ 　　02 ④
03 (3) ○ 　04 어느 날 아침
05 ② 　06 버스 정류장
07 ④ 　08 ① 　09 ①, ②, ④
10 ⑩ 우진이의 부탁을 거절하지 못하
고, 가슴이 두근거리는 모습으로 보아
'나'는 우진이를 좋아한다.

11 ②   **12** ㉢   **13** ④
14 (크고 맑은) 눈   **15** 주연
16 점포   **17** ④, ⑤
18 예 인도에서는 손으로 밥 먹는 사람들이 있는데 이해하려고 하지는 않고 그냥 야만인이라고 불렀기 때문이다.
19 ㉣ → ㉢ → ㉣ → ㉠
20 배경

88쪽   서술형·논술형 평가

1 예 피부색에 따라 버스에 앉는 자리조차 차별을 받는 시대였다. / 백인이 아닌 사람은 사회적으로 차별을 받는 시대였다.
2 예 벌레를 무서워하고 조심성이 많다. / 벌레를 만지는 것을 싫어하고 겁이 많다.
3 ⑴ 예 우봉이가 저녁을 먹을 때에도 젓가락 연습이 되는 반찬만 골라서 먹음. / 우봉이가 밥을 먹으면서도 젓가락 연습에 열중함.
⑵ 예 우봉이가 젓가락 대회에서 주은이와 시합을 하게 됨. / 우봉이가 주은이와 함께 젓가락 실력을 겨루게 됨.

---

⑤ 의견이 드러나게 글을 써요

91쪽   퀴즈

1 ⑶ ◯

92~93쪽   확인 문제

1 재민이가   **2** ㉢   **3** 움직임
4 예 형이 인사합니다. **5** 문제 상황
6 의견   **7** ③

94~98쪽   국어

01 ⑶ ◯   **02** 밭으로 달려갔습니다.
03 ⑤   **04** 준혁   **05** ㉣
06 ④   **07** 목화 장수들이
08 ⑴ 예 고양이의 아픈 다리를 맡았던 사람이 / 예 고양이 다리에 산초기름을 발라 준 목화 장수가 ⑵ 예 그 사람이

고양이의 아픈 다리에 불이 잘 붙는 산초기름을 발랐기 때문에 불이 난 것이기 때문이다. / 고양이 다리에 산초기름을 바르지 않았으면 불이 나지 않았을 것이기 때문이다.
09 ⑴ 네 사람은 ⑵ 고을 사또를 찾아가 판결을 해 달라고 부탁했다.
10 댐   **11** ③, ④, ⑤
12 ⑴ 예 상수리에 댐을 건설해야 한다. ⑵ 예 폭우와 홍수로 인한 큰 피해를 막을 수 있기 때문이다.
13 ⑵ ×   **14** ④   **15** ㉢, ㉣
16 ⑤   **17** ⑴ 예 학교 복도에서 뛰어다니는 친구들이 있다. ⑵ 예 학교 복도에서는 뛰어다니지 말자. ⑶ 예 부딪히거나 넘어져서 다칠 수 있기 때문이다.
18 ⑴ 환경 ⑵ 건강   **19** ⑴ ◯
20 ①, ⑤   **21** ④

99~100쪽   국어 활동

1 ㉮   **2** 천 리 간다.
3 ⑴ 빈 수레가 ⑵ 요란하다.
4 ⑴ (외국인) 이민자 ⑵ 다문화 사회
5 ㉱   **6** ⑤
7 외국인 노동자들   **8** 차별
9 ⑴ 할머니 ⑵ 어머니 **10** ⑴ ② ⑵ ①

101~104쪽   단원평가

01 ⑶ ◯   **02** ⑴ 예쁜 꽃이 ⑵ 활짝 피었습니다.   **03** ②, ③
04 ⑤   **05** 다리 하나를 다쳤다.
06 아픈 다리   **07** ㉱
08 사또에게 판결을 부탁했다.
09 ②   **10** 예 댐을 건설하면 숲에 사는 동물들이 살 곳을 잃고, 만강의 물고기들을 다시는 볼 수 없기 때문이다.
11 ①   **12** ⑶ ×   **13** ⑴ ③ ⑵ ②
14 ④   **15** 예 쓰레기는 쓰레기통에 버립시다. 쓰레기를 아무렇게나 버리면 보기에도 좋지 않고 냄새도 나기 때문입니다.   **16** 다문화 사회
17 ③, ④   **18** ⑴ × ⑵ ◯ ⑶ ◯
19 ④   **20** 할머니

105쪽   서술형·논술형 평가

1 ⑴ ① 늙은 농부는 ② 세 아들에게 밭에 보물이 있다고 말해 주었습니다.
⑵ ① 세 아들은 ② 밭으로 달려갔습니다.
2 ⑴ 예 우리 마을에 댐을 건설하려고 하는 상황 ⑵ 예 저는 댐을 건설하는 것에 반대합니다.
3 ⑴ 예 횡단보도를 건널 때 휴대 전화만 보고 있는 상황 ⑵ 예 길을 건널 때에는 휴대 전화를 보지 맙시다.
⑶ 예 부딪히거나 넘어져서 다칠 수 있기 때문입니다.
4 예 우리는 다문화 사회를 준비하는 마음을 가져야 한다.

---

⑥ 본받고 싶은 인물을 찾아봐요

107쪽   퀴즈

1 세종 대왕

108~109쪽   확인 문제

1 ②   **2** ②   **3** 시대 상황
4 ㉠   **5** ◯

110~121쪽   국어

01 전기문 **02** ①   **03** 역사
04 세종 대왕   **05** ㉱
06 ⑤   **07** 예 우리나라가 외세의 침략을 받지 않고 잘 살려면 우리글을 모두가 알아야 한다고 생각하셨기 때문이다.   **08** ③   **09** ㉱
10 객줏집 **11** ①   **12** ①, ②
13 ⑵ ◯   **14** ㉱
15 예 절망에 빠졌다. **16** ⑤
17 김만덕 **18** ㉱   **19** ⑤
20 ⑤   **21** ⑶ ◯   **22** 시묘살이
23 ④   **24** ㉱   **25** ㉱
26 ⑴ 거중기 ⑵ 예 정조의 비밀 명령을 받고 암행어사가 되었음. ⑶ 예 『목민심서』라는 책을 펴냈음.
27 ⑤   **28** ①

29 ②, ④, ⑤　　　30 ①
31 ①　　32 ⑤　　33 ⑤
34 이준　35 ⑤　36 ④
37 ②　　38 ④　39 ④
40 ①　　41 ④
42 ⑩ 글자를 쓰기 시작해 하루 종일 글
을 쓰고는 했다.　43 (3) ○
44 ③, ⑤　45 정민　46 ⑤
47 ①, ⑤　48 (1) 태극기 (2) 독립 만세
49 ②　　50 ③　51 ⑩ 환경 오
염으로 지구 환경이 파괴됨.

122~123쪽　　국어 활동

1 ④　　2 ①　　3 오류
4 상구　5 ①　　6 ③
7 ⑤　　8 ⑩ 초희는 여자가 글공부
를 하고 시를 짓기 어려운 시대에 시를
배우고 싶어 스스로 스승을 찾아 헤매던
중에 오빠와 글방 동무가 되고 스승님에
게 공부를 배우게 되었다.

124~126쪽　　단원평가

01 전기문 02 ④　　03 ①
04 ①　　05 ②　　06 부모님
07 ⑨　　08 ①, ② 09 ②
10 ⑩ 다른 사람을 배려하고 검소하게
생활해야 한다.　11 ③
12 거중기　13 ①, ②
14 백성　15 (2) ○　16 ②
17 ⑤　　18 뜨거운 마음
19 ⑩ 힘들어도 포기하지 않고 노력하
는 점을 본받고 싶다.　20 난민 구호가

127쪽　　서술형·논술형 평가

1 ⑩ 제주도 사람들
2 (1) ⑩ 전 재산을 들여 곡식을 사 와
굶주린 사람들에게 나누어 주었다.
(2) ⑩ 자신이 가진 것을 나누고 베푸
는 삶
3 ⑩ 많은 어려움이 있었지만 말을 할
수 있을 것이라는 희망을 가지고 끊
임없이 노력했다.
4 ⑩ 남을 도우면 큰 기쁨을 누릴 수
있다.

❼ 독서 감상문을 써요

129쪽　　퀴즈

1 ○

130~131쪽　　확인 문제

1 ⑨　　2 (3) ○　3 경험
4 ○　　5 시

132~140쪽　　국어

01 ④　　02 ③
03 (1) ① (2) ② (3) ③
04 『금도끼 은도끼』　05 ②
06 ①　　07 ①　08 (2) ×
09 (1) ④ (2) ⑨
10 ⑩ 조상의 지혜가 담긴 세시 풍속
11 ①　12 신작로　13 ④
14 싫어도 가야 한다
15 ⑩ 학교에 가기 싫어하는
16 (1) ×　17 ④, ⑤
18 ⑩ 아들이 학교에 가기 싫어하는 마
음을 되돌리려고 노력하는 어머니의 마
음이 느껴졌기 때문이다.
19 ②　　20 아영　21 ④
22 ④　　23 ④　　24 ⑤
25 (1) 시 (2) 일기 (3) 편지
26 ⑤　　27 ⑤　　28 부모님
29 수영　30 ②　　31 ⑨
32 ⑤　　33 바닷물 34 ⑤
35 수영　36 ⑨　37 야자나무 숲
38 ①　　39 (3) ○　40 ⑩ 로자와 고
양이 투발루 서로 헤어지는 장면이 인
상 깊다. 나도 친한 친구가 전학 갔을
때 슬펐던 기억이 있어 이 장면에서 로
자의 마음이 이해가 되기 때문이다.

141~142쪽　　국어 활동

1 추천　2 (1) ② (2) ③ (3) ④ (4) ①
3 ①　　4 ④　　5 (2) ×
6 다리　7 ⑩ 잠자리의 눈이 참 크다
고 생각했는데 작은 눈이 2만 개가 넘
게 모여 있다니 놀라웠다.
8 함경도　9 (1) ② (2) ③ (3) ①

143~146쪽　　단원평가

01 ④　　02 ③　　03 ③
04 ①　　05 ③, ⑤
06 ①　　07 ①
08 ④ → ⑨ → ⑭　09 (1) ②
(2) ④ (3) ③ (4) ①　10 ④
11 새 양말과 새 신발
12 ⑩ 어머니가 품속에서 아들의 새 양
말과 새 신발을 꺼냈을 때가 감동적이
었다. 어머니가 아들을 사랑하는 마음
이 느껴졌기 때문이다.
13 석진　14 ④, ⑤　15 ④
16 가족의 소중함　17 ①
18 (3) ○　19 ④　20 ⑩ 고양이 투발
루와 헤어져 슬퍼하는 로자에게 편지를
써서 위로해 주고 싶다.

147쪽　　서술형·논술형 평가

1 학교 도서관
2 ⑩ 조상이 지켜 오던 일 년의 세시 풍
속을 담은 책으로, 동지에 팥죽을 먹
는 풍속은 병을 옮기는 귀신을 쫓아
내려고 귀신이 싫어하는 팥으로 만든
팥죽을 집 앞에 뿌리던 것에서 시작
되었다.
3 ⑩ 계절의 변화 하나하나에 의미를
부여하고 삶을 즐겁게 보내려는 마음
을 듬뿍 느꼈다.
4 ⑩ 공부도 재미없고 학교에 가는 것
도 재미없어서이다.
5 (1) ⑩ 어머니께서 학교에 가라고 설
득하는 장면이 감동적이다. (2) ⑩ 겉
으로는 혼내듯이 말했지만 자식을 바
른길로 이끌려는 어머니의 마음이 느
껴졌기 때문이다.

❽ 생각하며 읽어요

149쪽　　퀴즈

1 (2) ○

150~151쪽 확인 문제

1 ㉢ 2 ② 3 뒷받침하는
4 ㉡ 5 ○

152~156쪽 국어

01 타고 02 ② 03 도희
04 ㉺ 도서관의 편의 시설을 늘리는 것
이다. 05 ㉯ 06 ㉠
07 ㉯ 08 ② 09 개방해야
10 ㉢ 11 (2) ○ (3) ○
12 ㉺ 적절하지 않다고 생각한다. 문화
재는 한번 훼손되면 복원하기 어렵기
때문이다. 13 ② 14 ㉡
15 (1) ③ (2) ① (3) ② 16 ②
17 ㉺ 좋아하는 음식 위주로 다양하게
먹어도 충분히 영양소를 섭취할 수 있
다. 18 진수 19 ④
20 ㉢ 21 (1) ㉢ (2) ㉤
22 ④ 23 (1) ㉠ (2) ㉢ (3) ㉡
24 ㉢, ㉣, ㉡, ㉠

157~158쪽 국어 활동

1 ㉡ 2 보금자리
3 ㉢ 4 용기, 자신감
5 ③ 6 자율적
7 (1) 가장자리 (2) 등

159~162쪽 단원평가

01 (1) ② (2) ③ (3) ① 02 ㉺ 짐을 싣
거나 사람을 태우는 03 ②
04 청년 05 ㉺ 다른 사람의 의견을
받아들이기 전에 그 의견이 적절한지
판단해 보지 않았기 때문이다.
06 ② 07 ㉺ 체육관이 생기면 운
동을 자주 할 수 있다. 08 ③
09 (1) 예 (2) 아니요 10 수지
11 (1) 주제 (2) 문제 상황 (3) 사실
(4) 의견 12 (1) ○ 13 ①, ④, ⑤
14 정희 15 ④ 16 ⑤
17 ② 18 (1) ㉺ 편식하면 안 된다.
(2) ㉺ 여러 가지 영양소를 균형 있게 섭
취할 수 있어서 건강해진다.
19 ② 20 승아

163쪽 서술형·논술형 평가

1 ㉺ 아버지와 아이가 둘 다 당나귀에
타고 가야 한다.
2 (1) ㉺ 한 분야의 책만 읽으면 시력이
나빠진다. (2) ㉺ 글쓴이의 개인적인
경험이기 때문이다.
3 ㉺ 문화재는 예전에 살았던 사람들의
모습이 담긴 것이기 때문에 관람객이
직접 체험해야 더 가치 있기 때문이다.
4 ㉺ 문화재 보호의 중요성을 교육해야
한다.

9 감동을 나누며 읽어요

165쪽 퀴즈

1 (1) ○

166~167쪽 확인 문제

1 (2) ○ 2 ① 3 ②
4 ② 5 ㉺ 화가 난

168~172쪽 국어

01 ④ 02 ②, ④ 03 ㉣
04 동수 05 ⑤ 06 ㉺ 차를 지
하 주차장 어디에 두었는지 기억나지
않아 한참 찾았기 때문이다.
07 ④, ⑤ 08 영지 09 ⑤
10 ⑤ 11 (1) ○ 12 ㉺ 동숙이는
쑥을 팔아서 달걀을 사고 싶은데 아무도
쑥을 사 주지 않아서 속상할 것 같다.
13 ① 14 ④
15 ③ 16 넓적 가자미
17 (1) ② (2) ① 18 (1) ㉡ (2) ㉠
19 ⑤ 20 ㉺ 화가 난 표정으로 투
덜거리며 말한다.

173쪽 국어 활동

1 ② 2 ㉢ 3 희애
4 (1) ○ (2) × 5 먹을 만큼

174~175쪽 단원평가

01 ④ 02 조종석
03 진수 04 ㉣
05 ㉺ "아빠의 말을 듣고 어떤 마음이
들었습니까?" 06 ②
07 ㉮ 08 엄마
09 (1) ① (2) ② 10 ⑤
11 (1) ○

176쪽 서술형·논술형 평가

1 ㉺ 비행기를 구경하는 장면
2 ㉺ 조립을 완성하지 못했던 장난감이
학교에 와서도 계속 생각이 났던 적
이 있다.
3 (1) ㉺ 눈이 한쪽 뺨에 몰렸다.
(2) ㉺ 아주 나쁜 꿈이라고 풀이한다.
(3) ㉺ 속이 좁다.
4 ㉺ 내가 고생해서 망둥 할멈을 데리
고 왔는데, 나를 이런 식으로 대접
해?

Book 2 평가북

1 이어질 장면을 생각해요

3쪽 쪽지시험

01 (1) ○ 02 「니모를 찾아서」
03 아빠 물고기
04 지아에게 일 등을 빼앗기자
05 지아 06 예고편
07 비 08 여의주
09 오늘이 10 구름이

4쪽 기출 문제

01 (1) ○ 02 ④ 03 ①
04 ② 05 슬기

5~8쪽	단원평가

01 ⑤　　**02** ②

03 (1) 예 겨울 왕국 (2) 예 엘사, 안나, 올라프 (3) 예 안나가 엘사의 방문 앞에서 같이 놀자고 말하는 장면

04 (2) ○　　**05** ①　　**06** ④

07 ⑤　　**08** 우진　　**09** (1) ② (2) ①

10 ④　　**11** ②　　**12** ③

13 ①　　**14** ①　　**15** ②

16 (1) ② (2) ④ (3) ③ (4) ①

17 (2) ○　　**18** 예 책에서 벗어나 구름이와 행복을 만든다.　　**19** ②

20 ②

② 마음을 전하는 글을 써요

10쪽	쪽지시험

01 (2) ○　　**02** 태웅이, 반 친구들

03 (1) ○

04 예 서운한 마음 / 섭섭한 마음

05 (1) ○　　**06** 그릇　　**07** 고맙습니다.

08 아들 / 필립 / 아들 필립

09 걱정되는구나., 축하한다.

10 표현

11쪽	기출 문제

01 (1) 전지우 / 지우 (2) 선생님

02 ①　　**03** 고마운 마음

04 ①　　**05** 좋은 사람

06 ㉠

12~15쪽	단원평가

01 (1) ③ (2) ① (3) ②　　**02** ③

03 ②　　**04** ②　　**05** ①, ②, ⑤

06 (2) ○　　**07** ②　　**08** ④, ⑤

09 ④　　**10** 예 고맙습니다

11 ②　　**12** ③, ④

13 (1) 본받을 (2) 지식

14 (1) ② (2) ① (3) ③

15 예 아버지께서 말씀하신 대로 좋은 친구를 사귀고 좋은 책을 읽도록 노력할게요.　　**16** (1) ㉯ (2) ㉱ (3) ㉲ (4) ㉮

17 ①　　**18** ③

19 예 앞으로 좋은 이웃이 되고 싶은 마음　　**20** ②

③ 바르고 공손하게

17쪽	쪽지시험

01 ②　　**02** 내가　　**03** 민영

04 예 거친 말

05 예 무시당하는 기분

06 친구들과 사이좋게 지내자.

07 (2) ○　　**08** 말할 기회

09 @.@　　**10** 대화명

18쪽	기출 문제

01 남자아이

02 (1) 수고하셨어요 (2) 고맙습니다

03 ②, ③　　**04** ㉠

19~22쪽	단원평가

01 ④　　**02** (1) ① (2) ②

03 별명　　**04** ①

05 ⑤　　**06** 예 고맙습니다.

07 책　　**08** (1) ○

09 ④　　**10** (1) 강찬우 (2) 예 다른 사람이 의견을 발표할 때 끼어드는 것은 잘못이야. 손을 들어 말할 기회를 얻고 나서 발표해야 해.　　**11** (1) 고운 말을 사용하자. (2) 친구들이 나쁜 말을 주고받으면 사이가 안 좋아지는 것을 자주 봤기 때문이다.　　**12** ①, ⑤

13 해리　　**14** ⑤　　**15** 경청

16 (1) ㉢ (2) ㉠　　**17** ①

18 민철　　**19** ⑤

20 예 자나 깨나 예절 바른 말

④ 이야기 속 세상

24쪽	쪽지시험

01 인물　　**02** 사건　　**03** 배경

04 사라　　**05** (어느 날) 아침

06 앞쪽 자리　　**07** 공기 알

08 벌레　　**09** 우봉(이)　　**10** 바둑알

25쪽	기출 문제

01 (1) 그날 밤 (2) 사라의 방

02 (2) ○ (3) ○　　**03** 수현

04 걱정하느라, 제대로 못할

26~29쪽	단원평가

01 ②, ④　　**02** 앉는 것이 못마땅한

03 ㉯　　**04** ③　　**05** ⑤

06 예 흑인은 버스에 탈 때 뒷자리에 앉아야 한다. / 흑인은 버스의 앞자리에 앉을 수 없다.　　**07** ⑤

08 학교　　**09** 공기놀이

10 ⑤　　**11** (2) ○

12 (1) 공기 알 (2) 억울해서

13 ①, ④

14 예 얄밉다.　　**15** ②, ③

16 ②, ④　　**17** ㉮, ㉲　　**18** ②

19 ㉱　　**20** 예 "네, 할아버지 말씀을 들으니 알 것 같아요. 제가 야만인이라고 생각했던 것은 고쳐야겠어요."

⑤ 의견이 드러나게 글을 써요

31쪽	쪽지시험

01 (2) ○　　**02** (2) ○　　**03** 성질이나 상태　　**04** 움직임　　**05** 과학자를 꿈꾸는 예지가 바로 제 친구입니다.

06 상태　　**07** 댐　　**08** 취소

09 찬성　　**10** 홍수

32쪽	기출 문제

01 ③　　**02** (1) 목화가 (2) 몽땅 타 버리고 말았다.　　**03** ㉠

04 (1) 폭우 (2) 홍수

33~36쪽	단원평가

01 ③　　**02** (3) ○

03 (1) 아버지께서 밭에 묻어 두신 보물은 (2) 주렁주렁 열린 포도송이였습니다.

04 제훈　　**05** ③　　**06** 예 귀여운 동생이 멋진 그림을 그립니다.

07 ②　　**08** ㉢　　**09** (1) ② (2) ①

10 ㉮   **11** (1) 김효은 (2) 댐 건설 기관 담당자   **12** 예 우리 마을에 댐을 건설하는 것에 반대합니다.
13 (1) 동물들 (2) 물고기들 (3) 고향
14 ㉢   **15** (2) ×   **16** 도균
17 (1) 반대 (2) 설득   **18** ③
19 ㉯   **20** ②, ④

❻ 본받고 싶은 인물을 찾아봐요

| 38쪽 | 쪽지시험 |

01 (1) ○   **02** 상황   **03** 선비
04 스물세   **05** ㉠
06 한양   **07** 실학
08 앤 설리번   **09** 여덟

| 39쪽 | 기출 문제 |

01 흉년   **02** ⑤   **03** (2) ×
04 예 어려움을 겪어도 희망을 버리지 않고 끊임없이 노력하는 점

| 40~43쪽 | 단원평가 |

01 헬렌 켈러   **02** ⑤
03 우리글   **04** ③, ⑤
05 ⑤   **06** 예 신분 제도가 있었다.
07 ⑤   **08** ②   **09** ③
10 규리   **11** ㉮   **12** ①
13 예 성을 짓는 일에 자주 나오지 않아도 되어 마음 편히 농사를 지을 수 있었다.   **14** (1) 거중기 (2) 암행어사 (3)『목민심서』   **15** ④
16 (3) ○   **17** 토미
18 ①, ②   **19** ①
20 예 나라를 사랑하는 마음

❼ 독서 감상문을 써요

| 45쪽 | 쪽지시험 |

01 (1) ○   **02** ㉮   **03** 무릎
04 새 양말과 새 신발
05 (1) ○   **06** 편지   **07** ㉢
08 바닷물   **09** 빙하

| 46쪽 | 기출 문제 |

01 ㉠   **02** ㉢   **03** (2) ○
04 예 어머니가 이슬을 털며 산길을 걸어서   **05** 예 아들의 옷이 이슬에 젖지 않도록 하려는 어머니의 사랑이 느껴졌기 때문이다.

| 47~50쪽 | 단원평가 |

01『이순신 위인전』
02 예 내가 몰랐던 동지
03 (1) ㉯ (2) ㉢ (3) ㉮   **04** ⑤
05 (1) 책 내용 (2) 생각이나 느낌
06 공부, 학교   **07** ②
08 ⑤   **09** ㉮
10 (1) 예 어머니께서 품속에 넣어 온 새 양말과 새 신발을 아들에게 갈아 신긴 장면 (2) 예 아들에게 좋은 것만 주고 싶은 어머니의 마음이 느껴졌기 때문이다.
11 (1) ① (2) ③ (3) ②   **12** ①
13 예 다른 사람들과 더불어 행복을 느끼는 일이 훨씬 더 가치 있고 소중한 것이다.   **14** ⑤   **15** ㉯
16 (2) ○   **17** ④   **18** ㉯
19 고양이 투발루   **20** 주미

❽ 생각하며 읽어요

| 52쪽 | 쪽지시험 |

01 아버지, 아이, 농부   **02** 당나귀
03 아이   **04** 바람직한 독서 방법
05 여러   **06** ㉢   **07** 의견
08 고인돌   **09** 찬성   **10** 생생하게

| 53쪽 | 기출 문제 |

01 메고   **02** ㉯   **03** ㉯
04 (1) ○

| 54~57쪽 | 단원평가 |

01 ②   **02** ⑤   **03** 아버지

04 (2) ○   **05** 예 다른 사람이 말할 때마다 그것이 적절한지 판단하지도 않고 그대로 따랐기 때문이다.
06 (1) ③ (2) ① (3) ②   **07** 혜원
08 (1) 예 한 분야의 책만 읽으면 시력이 나빠진다. (2) 예 글쓴이의 개인적인 경험이라고 생각하기 때문이다.
09 ④, ⑤   **10** 현진   **11** ①
12 ⑤   **13** (2) ○   **14** ⑤
15 ④   **16** ①   **17** ②, ④
18 ⑤   **19** ②   **20** ④

❾ 감동을 나누며 읽어요

| 59쪽 | 쪽지시험 |

01 비행기   **02** ㉯   **03** 지하 주차장
04 아빠   **05** 차   **06** 용
07 넓적 가자미   **08** 눈
09 ㉯   **10** (2) ○

| 60쪽 | 기출 문제 |

01 ⑤   **02** (1) ○   **03** ㉯
04 ④

| 61~64쪽 | 단원평가 |

01 ③   **02** ①, ⑤   **03** 비행기
04 ㉣   **05** 상욱
06 ⑤   **07** (1) ② (2) ①
08 ②   **09** 예 차를 어디에 두었는지 기억나지 않아 헤매고 다닌 것을 아이에게 들키고 싶지 않았던 아빠의 마음을 느낄 수 있다.   **10** 지은
11 ㉯   **12** ③   **13** ③
14 ①, ④   **15** 예 김밥을 먹고 싶어서 선생님께 도시락을 싸 가겠다고 한 동숙이의 마음을 조금은 이해할 수 있을 것 같다.   **16** ③
17 (1) ③ (2) ① (3) ②   **18** ④
19 민주   **20** ②

자세한 정답과 풀이

개념북

1. 이어질 장면을 생각해요

15쪽 퀴즈

1 (1) ○

16~17쪽 교과서 개념 확인 문제

1 (2) ○ **2** ② **3** ④ **4** 해설

18~23쪽 국어

01 「니모를 찾아서」 **02** (1) ① (2) ② **03** ④
04 ② **05** ③, ⑤ **06** 예 기분이 좋다. **07** 도원
08 (1) ○ **09** ⓒ **10** ⑤ **11** 예 선이 지아와 더
이상 싸우지 않고 다시 친하게 지냈으면 좋겠다.
12 다를 수 있다 **13** ⑤ **14** 행복 **15** ⑤
16 ② **17** 구름이, 이무기 **18** (1) ② (2) ①
19 (1) ② (2) ① **20** 예 오늘이는 학 야아를 타고
매일이의 병을 고칠 수 있는 약을 찾아서 떠난다.
21 ② **22** ② **23** (2) ○ **24** ⑤

01 아버지와 딸은 「니모를 찾아서」라는 만화 영화를 보았습니다.

02 딸은 아빠 물고기가 니모를 사랑하기도 하지만 걱정이 많다고 생각하고, 아버지는 니모를 무척 사랑한다고 생각합니다.

03 만화 영화나 영화에 관련된 내용을 떠올리는 것이 좋습니다.

04 소개해 주고 싶은 까닭을 보면 만화 영화의 제목을 알 수 있습니다.

05 피구를 하려고 편을 가를 때 두 친구가 가위바위보를 하여 이긴 친구부터 같은 편을 하고 싶은 친구의 이름을 불렀습니다. 그런데 선은 반에서 따돌림을 당하는 처지여서 마지막까지 이름이 불리지 않다가 선택할 친구가 하나도 없자 겨우 이름이 불렸습니다. 그래서 선은 자기 이름이 언제 불릴까 기대하는 마음을 가졌다가 이름이 불리지 않자 실망하는 마음이 들었을 것입니다.

06 반에서 따돌림을 당하여서 친구가 하나도 없던 선은 지아와 친구가 되어서 기분이 좋았을 것입니다. 교과서에는 장면이 나와 있지 않지만 「우리들」의 내용에는 지아를 만난 선이 집에 돌아와 엄마께 지아에 대한 이야기를 신이 나서 하는 것을 볼 수 있습니다. 이런 선의 말과 행동으로 마음을 짐작할 수 있습니다.

07 여름 방학 동안 선네 집에서 일주일 동안 지내게 된 지아는 어느 날 아침에 선이 엄마랑 친하게 장난치는 모습을 보고 자신의 처지와 비교하여 심술이 났습니다.

08 "피구를 하려고 편을 나눌 때 선의 표정이 점점 변해 가는 것이 가장 떠올라."는 가장 인상 깊은 장면에 대하여 말한 것입니다.

09 생일잔치를 한다고 하면 선을 초대해야 하는데 친구들이 지아가 선과 친하게 지내는 것을 알면 선처럼 따돌릴지도 모른다고 생각해서입니다. 지아는 전 학교에서 따돌림을 당했던 경험이 있어서 전학 온 학교에서는 따돌림을 당하고 싶지 않아 합니다.

10 보라는 시험에서 늘 일 등을 하였는데 지아가 전학을 오고 나서 본 시험에서 지아에게 졌습니다.

11 친구와 싸울 때는 싸우더라도 노는 것이 좋다는 윤의 대답을 통해서 선이 지아와 싸우지 않고 다시 친하게 지냈으면 좋겠다는 뜻을 전하고 있습니다.

채점 기준	
답안 내용	
상	**정답 키워드** 선 / 지아 / 싸우지 않고(화해하고) 선이 지아와 싸우지 않고 친하게 지냈으면 좋겠다. ➡ 선과 지아가 화해하기를 바란다는 뜻이 담겨 있다고 썼으면 정답으로 인정
중	선이 지아와 같이 놀았으면 좋겠다. ➡ 장면의 의미를 파악하고 있지만 구체적이지 않게 씀.
하	윤이 친구 연호와 싸우지 않았으면 좋겠다. ➡ 장면의 내용을 그대로 파악하여 씀.

12 영화에 대한 생각이나 느낌을 나누면 영화를 더 깊이 있게 이해할 수 있습니다.

13 오늘이는 원천강에서 야아와 행복하게 지냈습니다. 그래서 야아를 다시 만나고 싶어서 원천강으로 가려고 하였습니다.

14 행복이 무엇인지 알고 싶어서 책을 읽는 매일이에게 오늘이는 자신이 원천강에서 행복했다고 말하였습니다.

개념북

15
~
23
쪽

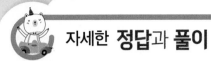

15 오늘이가 갈라진 얼음 사이로 떨어지려고 하자 이무기는 용이 되려고 모았던 소중한 여의주를 버리면서 오늘이를 구하였습니다.

16 이무기는 용이 되고 싶었지만 어려움에 빠진 오늘이를 보고 그동안 모았던 여의주를 버리는 희생적인 모습을 보여 주었습니다.

17 원천강으로 가는 길을 알려 달라는 오늘이의 말에 연꽃나무는 구름이를 만나라고 했고, 구름이는 이무기를 만나라고 하였습니다.

18 연꽃나무에는 많은 꽃봉오리가 있었지만 한 송이만 꽃을 피우고 있었고, 이무기는 용이 되려고 많은 여의주를 모았지만 용이 되지 못하고 있었습니다.

19 용이 구름이 머리 위에 있던 구름을 몰고 가고, 구름이는 날아가다가 연꽃을 꺾게 됩니다. 연꽃이 꺾이자 연꽃나무에 있던 꽃봉오리에서 모두 꽃이 피었습니다. 그리고 연꽃을 꺾어서 날아간 구름이는 매일이를 만나고 매일이는 구름이와 만나서 행복해집니다.

20 앞의 내용과 자연스럽게 이어지도록 내용을 상상해서 씁니다.

채점 기준

	답안 내용
상	오늘이는 매일이의 약을 구하기 위해 여행을 떠나고 여러 인물의 도움을 받아 매일이의 약을 구한다. ➡ 앞의 내용과 자연스럽게 이어지면서 등장인물도 흐름에 맞게 등장하도록 씀.
중	오늘이가 매일이를 만나러 간다. ➡ 이어질 내용을 간단하게 씀.
하	오늘이가 매일이에게 빨리 나으라고 편지를 쓴다. ➡ 이어질 내용을 알맞게 쓰지 못함.

21 야아는 오늘이의 친구이므로 야아가 죽으면 오늘이는 슬플 것입니다.

22 이어지는 내용에 햇빛이 나타나자 다시 식물들이 살아났다는 내용이 있으므로 이것과 관련지어서 생각해 봅니다.

23 이어질 이야기를 꾸밀 때에는 앞의 이야기와 자연스럽게 이어지면서 인물의 특성이나 성격과도 어울려야 합니다.

24 대본을 쓰거나 외우지 않으므로 실감 나게 연기하기 위해서는 여러 번 연습합니다.

24~25쪽 **국어 활동**

1 ② **2** 사철나무 어르신 **3** ① **4** ⑩ 강치가 아무르와 싸워서 불타는 얼음을 되찾는 장면이 인상 깊다. 독도를 지킨 강치가 자랑스러웠기 때문이다.
5 ③ **6** ⑩ 큰 귀를 어진 임금이 되라는 뜻으로 받아들이는 임금님의 모습이 훌륭하다고 생각했다.
7 (2) ○ **8** (1) 로써 (2) 로서

1 '불타는 얼음'은 독도 근처의 바닷속에 있는 고체 에너지를 뜻합니다.

2 '사철나무 어르신'은 천연기념물로 지정된, 독도에서 가장 오래된 나무인 사철나무를 뜻합니다.

3 강치가 아무르와 싸워서 불타는 얼음을 되찾는 것으로 보아 용감하다는 것을 알 수 있습니다.

5 임금님의 귀가 커진 것을 다른 사람들에게 말하고 싶은데 말하지 못하여서 답답하였을 것입니다.

7 책을 읽는 것이 지혜를 얻는 수단이 되므로 '읽음으로써'라고 써야 합니다.

8 (2)에서 언니는 아버지의 딸이라는 신분을 나타내야 하므로 '딸로서'라고 써야 합니다.

26~28쪽 **단원평가**

01 아빠 물고기 **02** ④ **03** ⑩ 사랑하기도 하지만 **04** 수안 **05** ② **06** ❸
07 ⑤ **08** ⑩ 지아가 일 등을 해서 **09** (2) ○
10 ⑩ 또다시 친구들이 따돌릴지도 모른다고 생각해.
11 ① **12** 구름 **13** 오늘이 **14** 원천강 **15** (2) ○
16 행복 **17** ① **18** ① **19** ⑩ 야아가 용을 데리고 와서 빛을 잃어버린 해에게 불을 뿜자 햇빛이 원천강을 감쌌다. **20** ⑤

02 아버지는 아빠 물고기가 니모를 무척 사랑한다고 생각합니다.

03 딸은 아빠 물고기가 니모를 사랑하기도 하지만 걱정이 많다고 생각합니다.

05 영화의 앞부분은 여름 방학을 하는 날부터 여름 방학 동안에 있었던 일이고, 영화의 뒷부분은 개학을 하고 나서 일어난 일입니다.

07 자신을 외면하는 지아 때문에 선은 속상했을 것입니다.

08 지아가 전학을 오기 전에는 보라가 늘 일 등이었습니다.

09 윤은 연호와 계속 싸우면 언제 노느냐고 말하면서 연호와 싸우더라도 놀고 싶다고 하였습니다.

10 지아는 선과 친하게 지내면 친구들이 선처럼 자신도 따돌릴지 모른다고 생각합니다.

	답안 내용
상	**정답 키워드** 따돌림 선처럼 따돌림을 당할지도 모른다고 생각해. ➡ 지아가 따돌림을 당할까 봐 걱정한다는 내용을 썼으면 정답으로 인정
중	친구들과 친해질 수 없다고 생각해. ➡ 내용을 파악하고는 있지만 정확하게 쓰지 못함.
하	좋을 것 같다고 생각해. ➡ 장면의 내용을 파악하지 못하고 전혀 다른 내용으로 씀.

11 이무기는 용이 되려고 많은 여의주를 모았지만 용이 되지 못하였습니다.

13 오늘이는 원천강으로 가기 위해 매일이, 연꽃나무, 구름이, 이무기를 차례대로 만나는데 스스럼없이 말을 걸고 부탁을 들어주기도 합니다.

14 수상한 뱃사람들이 오늘이를 원천강에서 데려가서 오늘이는 다시 원천강으로 돌아가고 싶어 합니다.

15 구름이가 날아가면서 피어 있던 연꽃 한 송이를 꺾어 가자 다른 꽃봉오리들에서 연꽃이 피기 시작했습니다.

16 매일이는 행복이 무엇인지 알고 싶어서 매일 많은 책을 읽었습니다.

17 등장인물들이 지닌 고민이 해결된 뒤에 어떤 사건이 일어났을지 상상해 봅니다. 이어질 이야기에 새로운 인물이 등장해서 사건을 전개할 수도 있습니다.

18 깊은 슬픔에 빠진 오늘이를 알맞은 표정과 몸짓으로 표현해야 합니다.

19

상	이어지는 내용에 다시 식물들이 살아났다는 내용이 있으므로 어떻게 햇빛이 나타났을지 썼으면 정답으로 인정
중	'오늘이가 해를 데려왔다.' 등과 같이 내용이 이어지기는 하지만 구체적이거나 자연스럽지 않음.

서술형·논술형 평가

1 예 언제나 혼자인 외톨이 선은 여름 방학을 시작하는 날, 전학생인 지아를 만나 친구가 된다.

2 예 선이 다시 따돌림을 당하고 싶지 않았던 지아의 마음을 이해해 주고 전처럼 친하게 지냈으면 좋겠다.

3 예 갈라진 얼음 사이로 떨어지는 오늘이를 구해

4 (1) 예 매일이 (2) 예 책을 좋아하는 것

1 선과 지아가 친구가 된다는 내용을 씁니다.

	답안 내용
상	**정답 키워드** 선 / 지아 / 여름 방학 / 친구 선은 여름 방학을 시작하는 날 지아를 만나서 친구가 된다. ➡ 여름 방학을 시작하는 날 선과 지아가 만나 친구가 된다는 내용을 쓰면 정답으로 인정
중	선과 지아가 만난다. ➡ 친구가 된다는 내용을 쓰지 않고 선과 지아가 만난다는 내용만 씀.

2 친구들 사이의 따돌림과 우정에 관한 영화입니다.

	답안 내용
상	마음에 들지 않는다고 선과 지아를 따돌리는 보라와 친구들이 그러지 않았으면 좋겠다. ➡ 영화의 내용과 관련지어서 느낀 점을 구체적으로 쓰면 정답으로 인정
중	보라가 나쁘다. / 선과 지아가 친하게 지냈으면 좋겠다. ➡ 느낀 점을 간단하게 씀.

3 이무기가 용이 된 방법을 씁니다.

	답안 내용
상	**정답 키워드** 오늘이 / 구함 갈라진 얼음 사이로 떨어지는 오늘이를 구해 ➡ 오늘이를 구했다는 내용을 쓰면 정답으로 인정
하	예 착한 일을 해 ➡ 이무기의 행동을 썼지만 부족함.

4 자신과 어떤 점이 비슷한지 생각해 봅니다.

	답안 내용
상	등장인물과 비슷한 점을 알맞게 쓰면 정답으로 인정
하	등장인물은 썼지만 비슷한 점을 알맞게 쓰지 못함.

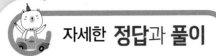
2. 마음을 전하는 글을 써요

31쪽 | 퀴즈

1 미안한 마음

32~33쪽 | 교과서 개념 확인 문제

1 (2) ○　**2** ①　**3** 축하한다.　**4** ①　**5** ②

34~38쪽 | 국어

01 ①　　　**02** (1) ③ (2) ① (3) ②　**03** ①, ②, ④
04 이현　**05** ①　　**06** ③, ④　**07** (2) ○
08 예 선생님께서 친절하게 가르쳐 주신 일 / 선생님께서
도와주셨던 일　　　**09** 고맙습니다.
10 ①, ③, ⑤　　　**11** ㉣　　　**12** ①
13 예 좋은 사람들의 이야기가 담겨 있어 본받을 수 있는
책, 공부에 필요한 지식을 얻기 위한 책　　**14** ①
15 ④　**16** (1) ② (2) ①　　　**17** ㉣　**18** ③
19 ④　**20** ⑤　　**21** 예 앞으로 만나면 반갑게 인사
하고 친하게 지내요.

01 태웅이가 반 친구들에게 고마운 마음을 전하려고 쓴 편
지입니다.

02 "어디론가 숨고 싶었어."라는 표현에 부끄러운 마음,
"따뜻한 마음 잊지 않을게."라는 표현에 고마운 마음이
담겨 있습니다.

03 마음을 나타내는 낱말로 "쑥스러워서", "미안한", "고마
워" 등이 쓰였습니다.

04 태웅이가 친구들에게 고마운 마음을 전하였으므로 이
에 알맞은 대답을 해야 합니다.

05 지우는 선생님께 고마운 마음을 전하려고 편지를 썼습
니다.

06 도자기를 만들 때 생각처럼 잘되지 않고 만든 도자기가
상상했던 모양과 너무 달라서 지우가 당황하였습니다.

07 선생님께서는 지우가 당황해하고 속상해하는 모습을
보고 지우를 도와주려고 하였습니다.

08 지우는 책상 위에 놓인 그릇을 보면 친절하게 가르쳐
주시던 선생님 모습이 생각난다고 하였습니다.

09 "고맙습니다."라는 표현에서 지우가 선생님께 고마운
마음을 전하려고 편지를 썼다는 것을 알 수 있습니다.

10 안창호 선생은 아들이 다친 일을 걱정하고, 아들이 한
학년 올라가는 것을 축하하였으며, 아들에게 좋은 사람
이 되기 위해 힘쓰기를 당부하였습니다.

11 "걱정되는구나.", "축하한다.", "힘써야 한단다." 등의
표현으로 마음을 전하였습니다.

12 좋은 사람이 되려면 진실하고 깨끗해야 하며 좋은 친구
를 가려 사귀어야 한다고 하였습니다.

13 안창호 선생은 두 종류의 책을 택하라고 하였습니다.

채점 기준	
답안 내용	
상	정답 키워드 **좋은 사람들의 이야기 / 공부에 필요한** 좋은 사람들의 이야기가 담겨 있어 본받을 수 있는 책, 공부에 필요한 지식을 얻기 위한 책 ➡ 예시 답안처럼 안창호 선생이 읽으라고 한 책 두 종류를 구체적으로 써야 정답으로 인정
중	본받을 수 있는 책, 지식을 얻기 위한 책 ➡ 예시 답안처럼 안창호 선생이 읽으라고 한 책 두 종류를 간단하게 쓰거나, 두 종류 중에서 하나만 씀.

14 지원이가 소민이에게 싫어하는 별명을 부르며 놀려서
미안하다고 하였습니다.

15 소율이가 달리기 대회에서 상을 받았으므로 축하하는
마음을 전해야 합니다.

16 그림 ❸에서는 병원에 입원한 친구를 위로하는 마음
을, 그림 ❹에서는 친구를 그리워하는 마음을 전해야
합니다.

17 ㉮와 ㉯의 상황에서는 고마운 마음을, ㉰의 상황에서는
미안한 마음을 전해야 합니다.

18 재환이는 새로운 동네로 이사를 와서 이웃에게 인사를
하려고 편지를 써서 승강기 안에 붙였습니다.

19 재환이의 편지를 본 이웃 사람들은 마음을 담은 쪽지를
써서 재환이의 편지 위에 붙였습니다.

20 재환이도, 쪽지를 써서 붙인 이웃도 모두 훈훈한 마음
이 한가득했다고 하였습니다.

21 반가운 마음을 나타내고 이웃으로서 사이좋게 지내자
는 내용을 씁니다.

	답안 내용
상	편지를 읽으니까 기분이 좋아요. 앞으로 사이좋게 지내요. / 궁금한 점이 있으면 언제든지 물어보세요. 저는 ○○○호에 살아요. ➡ 예시 답안처럼 새 이웃이 된 재환이에게 반가운 마음을 나타내고 사이좋게 지내거나 돕고 싶은 마음을 나타냈으면 정답으로 인정
중	반가워요. / 사이좋게 지내요. ➡ 예시 답안처럼 반가운 마음을 간단하게 표현함.
하	좋은 이웃이 되려면 노력할 점이 많지요. ➡ 반가운 마음을 표현하기에는 다소 부족한 부분이 있음.

39~40쪽 국어 활동

1 ⑤ **2** ㉠ **3** ⑤ **4** (2) ○ **5** (1) ○
6 ① **7** ③ **8** (1) [북찌] (2) [말끼도] (3) [물꼬]

2 ㉠에 '사랑하는'이라는 표현이 나타나 있기는 하지만, 이 표현은 큰딸 시연이가 피아노와 춤을 아끼고 소중히 여기거나 즐긴다는 뜻입니다.

3 아들에게 상대에게 좋은 인상을 주는 방법을 알려 주려고 편지를 썼습니다.

7 '밝기도'의 '밝'의 겹받침 'ㄹㄱ' 뒤에 'ㄱ'으로 시작하는 글자 '기'가 오므로 'ㄹㄱ'은 [ㄹ]로 소리 나서 [발끼도]로 발음합니다.

8 (1) '붉지'의 '붉'의 겹받침 'ㄹㄱ' 뒤에 'ㅈ'으로 시작하는 글자 '지'가 오므로 'ㄹㄱ'은 [ㄱ]으로 소리 나서 [북찌]로 발음합니다.

41~44쪽 단원평가

01 ② **02** ㉮ **03** ⓔ 내가 깜빡했어. 많이 속상했겠다. **04** ① **05** ①, ②, ④ **06** ⑤
07 ④, ⑤ **08** 아들 / 필립 / 아들 필립 **09** ①, ②
10 ⓔ 걱정되는구나. / 축하한다. / 힘써야 한다.
11 ③ **12** (1) 좋은 사람들 (2) 지식 **13** (1) ○
14 (1) ① (2) ② **15** (1) ⓔ 병원에 입원한 친구 / 전학 간 친구 (2) ⓔ 아픈 친구를 위로하고 빨리 낫기를 바라는 마음 / 친구가 그립고 보고 싶은 마음 (3) ⓔ 친구가 병원에 입원하였다. / 같이 놀던 친구가 전학을 가서 보고 싶다.
16 ③ **17** ④ **18** 이웃 **19** ①, ④ **20** (1) ○

01 전시 해설사 선생님 덕분에 많은 것을 알게 되었다고 하였으므로 고마운 마음을 전해야 합니다.

02 그림을 보면 친구가 이삿짐을 실은 화물 자동차를 타고 이사를 가고 있으므로 여자아이는 보고 싶다는 마음을 전해야 합니다.

03 미안한 마음과 친구의 섭섭함을 달래는 마음을 어떤 말로 표현하면 좋을지 알맞게 씁니다.

	답안 내용
상	그랬구나, 어쩌지? 많이 서운했겠구나. ➡ 친구가 섭섭한 마음을 표현하고 있으므로 예시 답안처럼 친구에게 미안한 마음을 표현하는 말을 구체적으로 썼으면 정답으로 인정
중	그래? 알았어. ➡ 미안한 마음을 표현하는 내용이지만 구체적이지 않게 짧게 씀.
하	네 글에 좋은 점은 없었어. / 너도 나한테 말해 주지 않았잖아. ➡ 친구의 섭섭한 마음을 위로하는 내용으로 쓰지 못함.

04 운동회 달리기 경기 때, 달리다가 넘어진 태웅이를 위해서 친구들이 돌아와 태웅이의 손을 잡고 같이 달려 주었습니다.

05 부끄러운 마음, 미안한 마음, 고마운 마음이 나타나 있습니다.

06 "고마운 마음을 전하려고", "고맙습니다." 등과 같이 마음을 표현하는 말이 나타나 있습니다.

07 어찌할 바를 모르고 곤란해하는 지우의 모습을 보고 선생님께서 직접 찾아와 도와주셨습니다. 그리고 그릇 만들기를 어려워하는 지우가 따라 해 볼 수 있도록 직접 시범을 보여 주셨습니다.

09 앞부분에서 아들의 안부를 묻는 내용이 나온 후에 아들에게 당부할 말을 전하고 있습니다.

10 아버지는 아들이 다친 일을 걱정하고, 아들이 한 학년 올라간 일을 축하하였습니다. 그리고 좋은 사람이 되기 위해 힘쓰기를 당부하였습니다.

11 이웃의 어려운 일을 도와야 한다고 당부하는 내용은 나오지 않습니다.

12 좋은 사람들의 이야기가 담겨 있어 본받을 수 있는 책과 공부에 필요한 지식을 얻기 위한 책을 읽으라고 하였습니다.

13 어려운 일도 열심히 견디라는 말에서 아버지의 엄격함을 느낄 수 있습니다.

14 그림 ❶에서는 친구가 싫어하는 별명을 부르며 놀려서 미안한 마음을, 그림 ❷에서는 학년 달리기 대회에서 상을 받은 친구를 축하하는 마음을 전해야 합니다.

15 마음을 전하고 싶은 사람에게 있었던 일을 떠올려 전하고 싶은 마음을 알맞게 씁니다.

채점 기준
답안 내용

상	(1) 병원에 입원한 친구 / 전학 간 친구 (2) 아픈 친구를 위로하고 빨리 낫기를 바라는 마음 / 친구가 그립고 보고 싶은 마음 (3) 친구가 병원에 입원하였다. / 같이 놀던 친구가 전학을 가서 보고 싶다. ➡ 예시 답안처럼 마음을 전할 사람, 전하고 싶은 마음, 있었던 일을 모두 구체적으로 써야 정답으로 인정
중	(1)~(3)의 내용 중에서 두 가지만 알맞게 씀.
하	(1)~(3)의 내용 중에서 한 가지만 알맞게 씀.

16 재환이는 이사를 와서 이웃에게 인사를 하려고 승강기 안에 편지를 붙였습니다.

17 편지에 재환이가 새로 사귄 친구에 대해서는 나타나 있지 않습니다.

18 재환이는 새로 이사 온 곳의 이웃과 사이좋게 지내고 싶어서 편지를 썼습니다.

19 재환이가 이사 온 것을 환영하고 재환이와 좋은 이웃이 되고 싶은 마음을 전하였습니다.

20 새로운 이웃이 된 재환이를 환영하는 내용의 쪽지가 알맞습니다.

45쪽 **서술형·논술형 평가**

1 (1) 예 부끄러운 마음 (2) 예 미안한 마음
(3) 예 고마운 마음
2 예 네가 좋은 기억을 얻게 되어서 너무 기뻐.
3 (1) 예 소방 안전 교실이 열림.
(2) 예 가족들과 제주도 여행을 다녀옴.
4 예 소방 안전 교실을 열어 주신 소방관님들께 고맙고, 많은 것을 알 수 있는 좋은 경험이었습니다.

---

1 어떤 마음을 드러냈는지 씁니다.

채점 기준
답안 내용

상	정답 키워드 (1) 부끄러운 (2) 미안한 (3) 고마운 ➡ (1)에 부끄러운 마음, 창피한 마음, (2) 미안한 마음, (3) 고마운 마음, 감사한 마음 등을 모두 쓰면 정답으로 인정
중	(1)~(3)의 내용 중에서 두 가지만 알맞게 씀.
하	(1)~(3)의 내용 중에서 한 가지만 알맞게 씀.

2 태웅이의 편지를 받고 어떤 마음을 전하고 싶은지 씁니다.

채점 기준
답안 내용

상	나도 함께 달릴 수 있어서 참 행복했어. / 힘차게 달리는 것보다 너와 함께 달리는 것도 보람 있었어. ➡ 예시 답안처럼 고마운 마음을 전하는 태웅이에게 마음을 전하는 말을 알맞게 썼으면 정답으로 인정
중	나도 너랑 달려서 기뻐. / 너랑 달릴 때 행복했어. ➡ 태웅이와 손을 잡고 달렸을 때 어떤 마음이 들었는지 간단하게 씀.
하	달리기를 잘하지 못하더라도 자신감을 갖는 것이 좋아. ➡ 태웅이에 대한 마음을 표현하는 말이기는 하지만 태웅이의 편지에 대한 답장으로는 알맞지 않음.

3 학교와 집에서 일어난 일 중에서 친구들이 관심을 가질 만한 소식을 떠올려 씁니다.

채점 기준
답안 내용

상	정답 키워드 (1) 박물관으로 현장 체험학습을 감. (2) 가족들과 할아버지의 생신 잔치에 감. ➡ 학교와 집에서 일어난 일 중에서 친구들이 관심을 가질 만한 소식을 구체적으로 쓰면 정답으로 인정
중	(1)~(2)의 내용 중에서 한 가지만 알맞게 씀.
하	(1)~(2)의 내용 모두를 알맞게 쓰지 못함.

4 소식에 대한 댓글을 알맞게 씁니다. 댓글을 쓸 때에는 읽는 사람의 처지를 생각합니다.

채점 기준
답안 내용

상	소식을 읽고 어떤 생각이나 느낌이 들었는지 구체적으로 쓰면 정답으로 인정
중	'소방관님, 고맙습니다.' 등과 같이 간단하게 씀.
하	'불조심을 하자.' 등과 같이 씀.

3. 바르고 공손하게

47쪽 퀴즈

1 (2) ○

48~49쪽 교과서 개념 확인 문제

1 (2) ✕　2 태인　3 ⑩ 말할 기회　4 ①

50~56쪽 국어

01 (1) 바우(바우야) (2) 박 서방　02 아랫마을
03 ⑤　04 (1) ○　05 남자아이　06 은정
07 ④　08 ④　09 ④　10 (3) ○　11 ①
12 ⑩ 오늘 재미있게 잘 놀았습니다. 안녕히 계세요.
13 ②　14 ⑤　15 ③　16 예리　17 친구들
과 사이좋게 지내자.　18 ⑤　19 ①, ②　20 잘 들어
주시면　21 ⑤　22 ④　23 (1) ⑩ 궁금한 기분
(2) ⑩ 화난 기분　24 재희　25 ⑩ 예절
26 ⑤　27 태린　28 ⑩ 내가 한 거친 말 내게 올 거
친 말

01 윗마을 양반은 '바우야'라고 불렀고, 아랫마을 양반은
'박 서방'이라고 불렀습니다.

02 박 노인은 아랫마을 양반에게 더 좋은 고기를 더 많이
주었습니다.

03 아랫마을 양반이 자신을 더 존중해 주었기 때문입니다.

04 듣기 싫은 별명을 부르지 말라는 말을 예절을 지켜 고
쳐 쓴 것은 (1)입니다.

05 남자아이의 말에서 '내가'라고 말한 부분이 대화 예절에
어긋납니다.

06 어른 앞에서는 '나'나 '내가' 대신 '저'나 '제가'라고 말해
야 합니다.

07 웃어른께 "수고하셨어요."라고 말씀드리는 것은 예절에
어긋납니다.

08 웃어른께 고마운 마음을 전할 때에는 "고맙습니다."라
고 인사하는 것이 알맞습니다.

09 지혜와 원우는 신유 어머니께 제대로 인사하지 않았습
니다.

10 음식을 준비해 주신 것에 대하여 고마운 마음을 전하는
말을 하는 것이 알맞습니다.

11 신유는 친구들이 자기만 빼고 귓속말로 비밀 이야기를
하는 것 같아서 기분이 나빴습니다.

12 채점 기준

	답안 내용
상	맛있는 것도 잘 먹고 재미있게 놀았습니다. 고맙습니다. 안녕히 계세요.
	➡ 신유 어머니께 인사하는 내용을 예의 바른 말로 씀.
중	안녕히 계세요.
	➡ 예의 바른 말로 인사하는 내용을 썼지만 너무 간단하게 씀.
하	갈게요.
	➡ 높임말을 사용하였지만 예의 바른 말로 인사하는 내용으로 부족함.

13 사슴은 토끼가 말하는 도중에 끼어들어 말하였습니다.

14 거북이 거친 말을 하여서 무시당하는 기분이 들었을 것
입니다.

15 상대방의 기분을 상하게 하지 않는 말을 생각해 봅니다.

더 알아보기

동물들이 예의 바르게 하지 않은 말을 고쳐 보기

동물	예의 바르지 않은 말	예의 바른 말
상황 1의 사슴	"내 말부터 들어 봐."	"미안해. 네가 끝날 때까지 기다릴게."
상황 2의 거북	"뭐? 너, 혼나 볼래?"	"기분을 상하게 해서 미안해. 이제 그만할게."
상황 3의 사자	"내 마음이야. 저요! 저요!"	"그래, 다른 친구부터 하고 나서 할게."

16 서로 배려하는 마음이 들어 사이가 더 좋아질 것입니다.

17 사회자가 학급 회의 주제를 알려 주었습니다.

더 알아보기

「우리 반 회의 시간」의 내용

학급 회의 주제	친구들과 사이좋게 지내자.
결정된 실천 내용	듣기 싫은 별명으로 부르지 말자.

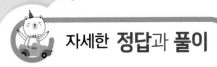

18 찬우는 다른 사람이 의견을 발표할 때 끼어들었으므로 손을 들어 말할 기회를 얻고 발표하라고 말하였을 것입니다.

19 경희는 말할 기회를 얻지 않았고, 공식적인 상황에서 높임말을 사용하지 않았습니다.

20 찬민이는 다른 사람의 의견을 경청하지 않았습니다.

21 영철이가 대화명으로 @.@을 사용했기 때문에 지혜가 "넌 누구야?"라고 물어보았습니다.

22 'ㅇㅈ', 'ㄴㄴ' 등과 같이 줄임 말을 썼기 때문에 서로 이해하지 못하였습니다.

23 그림에 나타난 표정을 보고 어떤 기분을 나타내는 것일지 생각해 봅니다.

24 뜻을 모르는 표현을 사용하지 않고 자신과 상대방이 잘 이해할 수 있는 말을 사용해야 합니다.

25 친구들이 읽는 책의 제목, 검색어 등을 보면 알 수 있습니다.

26 말조심을 해야 한다는 뜻의 속담은 ⑤입니다.

> **왜 틀렸을까?**
> ① 아무리 쉬운 일이라도 서로 힘을 합하면 훨씬 쉽다는 뜻의 속담
> ② 확실한 일이라도 다시 한 번 확인하고 조심하라는 뜻의 속담
> ③ 어떤 일을 이루기 위해서는 자신의 노력이 가장 중요하다는 뜻의 속담
> ④ 아무리 어려운 일에 부닥쳐도 살아나갈 희망은 반드시 있다는 뜻의 속담

27 회의할 때 의견을 발표하지 않아야겠다는 것은 느낀 점을 잘못 말한 것입니다.

28 **채점 기준**

	답안 내용
상	자나 깨나 예절 바른 말 / 함께 지킨 대화 예절 우리 모두 좋은 기분
	➡ 대화 예절을 지키자는 내용이나 대화 예절을 지키면 좋은 점 등을 짧은 말로 나타내어 씀.
중	우리 모두 대화 예절을 지켜 고운 말 바른 말을 사용하여 서로 사이좋게 지내자.
	➡ 대화 예절을 지키자는 내용이지만 너무 길게 씀.
하	대화 예절을 지키자.
	➡ 대화 예절을 지키자는 내용이지만 너무 짧게 써서 표어로 알맞지 않음.

> **57~58쪽**　　국어 활동

1 (1) 5 (2) 9, 10　　**2** ⑤　　**3** 지현　　**4** 예 친구가 말할 때 끼어든 적이 있는데 상대의 말을 끝까지 들어야겠다.　**5** ③　　**6** (3) ○　　**7** ③　　**8** 예 그래, 괜찮아. 다음에는 더 조심하면 좋겠어.

1 알맞은 크기의 목소리로 말해야 하고, 다른 사람의 말을 잘 들어야 합니다.

2 듣는 사람을 바라보며 말해야 합니다.

3 재미없는 이야기라고 듣지 않는 것은 대화 예절에 알맞지 않습니다.

5 영수네 집에 물건을 가져다드리라는 심부름을 하는 상황입니다.

6 웃어른께 하는 말로 가장 알맞은 것은 (3)입니다.

8 대화 예절을 지켜 사과를 받아 주는 말을 써 봅니다.

> **59~62쪽**　　단원평가

01 (1) 예 짜증 난 표정 (2) 예 즐거운 표정　　**02** ③
03 ②　　**04** (1) ② (2) ①　　**05** 예 고맙습니다.
06 ⑤　　**07** 원우　　**08** 예 신유 어머니께 음식을 준비해 주셔서 고맙다는 말을 하지 않았다.　　**09** ⑤
10 ①　　**11** 해민　　**12** 듣기 싫은 별명　　**13** ④
14 태훈　　**15** (1) ×　　**16** ⑤　　**17** ①　　**18** ④
19 (1) ② (2) ③　　**20** 예 온라인 대화를 할 때에는 상대가 보이지 않기 때문에 대화 전에 인사하고 끝날 때에도 인사를 하는 것이 좋아.

01 윗마을 양반은 박 노인에게 함부로 말하였고, 아랫마을 양반은 박 노인을 존중하며 말하였습니다.

02 박 노인은 자신을 더 존중해 주는 말로 부른 아랫마을 양반에게 좋은 고기를 많이 주었습니다.

04 영철이는 민수가 싫어하는 별명을 부르며 인사하였고, 채은이는 기분이 좋게 인사하였습니다.

05 고마운 마음을 직접적으로 표현하는 것이 좋습니다.

07 지혜는 예절을 지키며 신유 어머니께 음식을 준비해 주셔서 고맙다는 말을 하였습니다.

08

	답안 내용
상	정답 키워드 **인사** 신유 어머니께 "잘 먹겠습니다."라고 인사하지 않았다. ➡ 신유 어머니께 감사 인사를 하지 않았다는 내용을 씀.
중	예의 바르게 말하지 않았다. ➡ 신유 어머니께 감사 인사를 하지 않았다는 내용을 구체적으로 밝혀 쓰지 못함.

09 토끼가 말하는 도중에 사슴이 끼어들어 말해서 무시당하는 기분이 들었을 것입니다.

10 거북은 친구를 놀리고서 거친 말을 하였습니다.

11 미안한 마음을 전하는 말을 해야 합니다.

12 태영이는 기분이 나빠지면 서로 사이좋게 지내기가 어려워지기 때문에 듣기 싫은 별명으로 부르지 말자는 의견을 말하였습니다.

13 희정이가 발표하는 도중에 찬우가 끼어들어 말하였습니다.

14 찬우는 희정이가 발표하는데 끼어들어 말하였으므로 손을 들어 말할 기회를 얻고 발표해야 한다는 말을 하는 것이 알맞습니다.

15 경희는 말할 기회를 얻지 않고 높임말도 사용하지 않은 점, 희정이는 말할 기회를 얻지 않고 거친 말을 사용한 점 때문에 주의를 받았습니다.

16 찬민이는 다른 사람의 의견을 경청하지 않아서 친구들의 의견을 제대로 알지 못하였습니다.

17 지나치게 줄여서 만든 말이라서 친구들이 서로 이해하지 못하였습니다.

18 그림말은 적당히 사용해야 합니다.

19 ㉮에서는 뜻을 모르는 'ㅇㅇ'이라는 표현을 사용했고, ㉯에서는 친구가 자신의 말만 하고 대화방에서 나가 버렸습니다.

20

	답안 내용
상	온라인 대화를 할 때 할 말이 끝났다고 인사도 없이 대화방을 나가면 안 돼. ➡ 갑자기 대화방에서 나가면 안 된다는 내용을 대화 예절에 맞게 친구에게 말하듯이 씀.
중	그냥 대화방에서 나가면 안 된다. ➡ 자신이 할 말만 하고 대화방에서 나가면 안 된다는 내용을 구체적으로 쓰지 못함.

63쪽 **서술형·논술형 평가**

1 (1) 제가 (2) ㉠ 할머니, 이건 제가 들어 드릴게요.

2 ㉠ 회의를 할 때에는 말할 기회를 얻어서 말하고 높임말을 사용해 주시기 바랍니다.

3 (1) ① ㉠ 인정하느냐고 묻는 의미이다.
② ㉠ 아니라는 의미이다.
(2) ㉠ 항상 새로운 말의 뜻을 배워야 할 것 같다. / 대화가 잘 안 되거나 무슨 뜻인지 몰라서 오해가 생길 것 같다.

1 웃어른께는 '내가' 대신 '제가'라고 말해야 합니다.

	답안 내용
상	(1) 제가 (2) 선생님, 이건 제가 할게요. / 어머니, 제가 도와드릴게요. ➡ (1)에 '제가'에 ○표 하고, (2)에 '제가'를 사용하여 알맞은 문장을 씀.
하	(1)에 '제가'에 ○표 하였지만 (2)에 알맞은 문장을 만들어 쓰지 못함.

2 그림의 친구들은 말할 기회를 얻지 않고 예사말을 사용하여 거칠게 말했습니다.

	답안 내용
상	회의할 때에는 손을 들고 말할 기회를 얻은 후에 말해야 합니다. 그리고 높임말을 사용하여 예의 바르게 발표해 주시기 바랍니다. ➡ 말할 기회를 얻어서 발표해야 한다는 내용과 높임말을 사용해야 한다는 내용, 거친 말을 하면 안 된다는 내용 등을 두 가지 이상 씀.
하	말할 기회를 얻은 후에 발표해 주시기 바랍니다. / 고운 말로 말씀해 주시기 바랍니다. ➡ 회의할 때 지켜야 할 점을 한 가지만 씀.

3 (1) 앞뒤 내용을 보고 어떤 의미일지 생각해 봅니다.
(2) 친구들은 줄임 말을 지나치게 써서 서로 이해하지 못하였습니다.

	답안 내용
상	서로 말이 통하지 않아서 대화가 잘 이루어지지 않을 것이다. ➡ 친구들의 대화에서 줄임 말을 지나치게 써서 서로 이해하지 못한 것을 보고 알 수 있는 점을 씀.
하	친구들끼리 사이가 나빠진다. ➡ 온라인 대화에서 줄임 말을 지나치게 쓰면 일어날 일로 구체적인 내용을 쓰지 못함.

4. 이야기 속 세상

1 ㉣

1 인물 **2** 사건 **3** 배경 **4** 행동 **5** 차례
6 성격 **7** (2) ×

4 인물이 어떤 말과 행동을 하였는지 살펴보면서 인물의 성격을 짐작할 수 있습니다.

01 ①, ③ **02** ⑤ **03** 버스 **04** ② **05** ⑤
06 ② **07** (3) ○ **08** 수현 **09** ④ **10** ①
11 ④ **12** 옳다 **13** ④ **14** ⑩ 자상하다. / 인자하다. / 마음이 따뜻하다. **15** ㉣
16 (1) 쑥스럽다 (2) 자랑스럽다 **17** ④ **18** (2) ○
19 ③, ⑤ **20** ㉢ → ㉠ → ㉣ → ㉡ **21** ②
22 ④ **23** 승연 **24** ⑩ 우진이를 좋아한다. / 우진이가 좋다. **25** ① **26** (1) ② (2) ① **27** ③, ⑤
28 재인 **29** ①, ④ **30** ⑤ **31** (1) 무시하고 (2) 더럽다며 **32** (1) ② (2) ① **33** ④ **34** ⑤
35 ⑤ **36** ⑩ 같이 화를 내며 큰소리를 주고받다가 다투게 되었을 것이다. **37** (1) 교실 (2) 방 (안) **38** (1) ○
(2) × (3) ○ (4) ○ **39** (1) (나무)젓가락 (2) 바둑알
40 ②, ④ **41** ⑤ **42** 용기 **43** (2) ○ **44** ②
45 ①, ⑤ **46** 카오리아오 **47** (1) 싫다 (2) 부끄럽다 **48** ④ **49** ⑩ 적극적이다. / 승부욕이 강하다. **50** (1) ㉣ (2) ㉤ **51** ⑩ 다른 나라의 문화를 이해하려고 하지 않는 것으로 보아 융통성이 없다. / 할아버지의 말씀을 듣고도 자기 생각만 옳다고 생각하는 것으로 보아 고집이 세다. **52** ④ **53** (1) ①
(2) ③ (3) ② **54** ③, ④ **55** 세은 **56** (2) ○
57 ⑩ 주은이의 사정은 생각하지 않고 이기려고만 하다가 오히려 주은이에게 지고 만다. / 아무 고민 없이 대회에 열중해서 주은이를 이기고 젓가락왕이 된다.

02 사라는 어머니께서 주말도 없이 하루 종일 일하시는 것을 안타깝게 생각하였습니다.

03 사라가 버스 안의 통로를 걷는 내용부터 시작되기 때문에 공간적 배경은 '버스'의 안으로 볼 수 있습니다.

04 백인이 아닌 사라가 버스의 앞쪽 자리로 가자 백인 아주머니와 버스 운전사 등 모든 사람들이 쳐다볼 정도로 당황하였습니다.

05 버스 운전사는 사라에게 규칙을 따르지 못하겠다면 버스에서 내려서 걸어가라고 하였습니다.

06 외롭고 무서웠지만 자신의 생각을 분명하게 말하는 사라는 당당한 성격을 가진 것으로 볼 수 있습니다.

07 사라가 살던 때의 법에는 피부색에 따라 차별을 하는 내용이 있었습니다. 백인만 버스의 앞자리에 앉을 수 있고, 흑인은 버스의 뒷자리에 앉아야만 했습니다.

08 사라가 버스의 앞쪽 자리에 앉자, 버스 운전사가 내리라고 하였고 결국 경찰관이 와서 사라를 데려갔습니다.

09 사라가 울기 시작하며 한 말이므로, 감옥에 가게 될까 봐 두려운 마음을 느낄 수 있습니다.

10 사라의 소식을 듣고, 사라의 기사를 쓰기 위해 온 신문기자이므로, 용기 있는 행동을 한 사람은 '사라'를 가리킨다고 볼 수 있습니다.

11 사라가 한 행동을 높이 평가하였기 때문에 사라를 보러 경찰서까지 왔을 것입니다. 그러므로 사라를 응원하는 사람들은 피부색을 이유로 차별하는 것이 옳지 않다는 생각에 찬성할 것입니다.

12 사라의 어머니께서는 사라가 아무 잘못도 하지 않았다고 생각하셨습니다.

13 사라의 어머니는 사라가 옳지 않은 법에 용기 있게 맞섰다고 생각하였기 때문에 법을 어겼음에도 나무라지 않고 위로해 주셨을 것입니다.

14 사라 어머니의 말과 행동을 통해 자상하고 인자한 성격, 마음이 따뜻하고 이해심이 많은 성격 등을 짐작할 수 있습니다.

15 어머니는 사라가 버스의 자리 문제 때문에 또 좋지 않은 일을 겪을 수도 있다고 생각하셔서 버스를 타지 말고 걸어가자고 하셨을 것입니다.

16 어머니는 사라가 영웅이라도 된 것 같다고 자랑스러워하셨고, 사라는 쑥스러워하였습니다.

17 흑인들이 아무도 버스를 타지 않자 버스 회사와 시장은 당황하였고 결국 법을 바꾸게 되었습니다.

18 흑인과 백인의 차별이 없어지는 형태로 법이 바뀌었을 것입니다.

19 자랑과 행복이 두 눈에 가득하였다는 부분에서 사라 어머니의 마음을 짐작할 수 있습니다.

20 사건의 원인과 결과를 떠올리며, 가장 먼저 일어난 사건부터 차근차근 살펴봅니다.

21 '교실'에 들어섰다는 첫 번째 문장을 통해 이야기의 공간적 배경을 알 수 있습니다.

23 공기놀이를 그만하겠다며 일어서는 '나'의 옷자락을 우진이가 잡으며 '승연'이라고 불렀습니다.

24

채점 기준	
답안 내용	
상	**정답** **키워드** 우진, 좋(아한)다 우진이가 좋다. / 우진이를 좋아한다. ➡ 정답 키워드를 포함시켜 '나'의 마음을 씀.
하	우진이와 친하게 지내고 싶어 한다. ➡ 정답 키워드 중 빠뜨린 부분이 있으나, 예시 답안과 비슷한 내용의 마음으로 볼 수 있음.

25 창훈이가 다른 아이들이랑 장난치며 뛰다가 윤아와 부딪쳐서 윤아가 앞으로 넘어지고 말았습니다.

26 윤아는 공기 알을 못 잡은 게 억울해서, '나'는 사물함 밑으로 들어간 공기 알이 걱정돼서 소리쳤습니다.

27 잘못을 하고도 사과를 하지 않고 혀만 내밀고 도망간 창훈이는 장난스럽고 배려심이 없는 성격을 가졌음을 알 수 있습니다.

28 윤아의 말을 통해 윤아의 조심성이 많은 성격, 겁이 많은 성격을 바르게 파악한 친구는 '재인'입니다.

> **왜 틀렸을까?**
>
> 손을 넣어 보자고 한 사람은 윤아가 아니라 '나'입니다. 윤아도 창훈이에게 소리를 쳤기 때문에, 성민이는 인물이 한 말과 행동을 제대로 살펴보지 못했습니다.

29 우진이는 기다란 자를 들고 와서는 사물함 밑을 더듬거려 공기 알을 꺼냈습니다.

31 우진이의 성의를 무시한 윤아가 얄미웠기 때문에, '나'는 윤아를 한 대 콕 쥐어박고 싶었을 것입니다.

32 공기 알을 주며 하는 말에서는 다정한 성격, 창훈이에게 사과를 시키는 말에서는 의로운 성격이 드러납니다.

33 굳은 얼굴로 사과를 하라고 다그치는 모습에서 화난 마음을 알 수 있습니다.

34 ⑤와 같은 행동을 한 사람은 창훈이가 아니라 우진입니다.

35 우진이가 굳은 얼굴로 다그쳐도 눈웃음을 짓고 콧소리를 내며 부드럽게 넘어가는 모습을 통해 애교가 많은 성격을 짐작할 수 있습니다.

36

채점 기준	
답안 내용	
상	화를 잘 내는 성격이 잘 드러나는 말이나 행동을 구체적으로 씀.
중	화를 잘 내는 성격과 어울리는 말이나 행동이지만, '다 됐다', '소리 질렀다' 등과 같이 지나치게 간단함.
하	화를 잘 내는 성격으로 보기 어려운 말이나 행동에 대하여 씀.

37 우봉이네 교실에서 일어난 이야기와 우봉이네 집 방(안)에서 일어난 이야기가 나옵니다.

38 우봉이네 반에 새로 전학 온 '김주은'은 가무잡잡한 피부를 가졌고 우봉이와 짝이 되었습니다.

39 우봉이는 할아버지의 도움을 받아 나무젓가락으로 바둑알을 옮기는 연습을 하고 있었습니다.

40 초급에서는 삼십 초 안에 바둑알 다섯 개, 중급에서는 삼십 초 안에 바둑알 일곱 개를 옮기면 합격입니다.

41 우봉이는 한 개만 더 옮기면 초급에 합격할 수준이 되었는데 그러지 못해 몹시 아쉬워했습니다.

43 우봉이의 젓가락 연습을 도와주시고, 격려해 주시는 할아버지는 다정한 성격을 가지셨습니다.

45 우봉이는 주은이가 젓가락질 연습을 하는 모습과 주은이 옆의 한 아줌마가 손으로 뭔가를 조몰락조몰락거리는 모습을 보았습니다.

47 주은이는 아줌마가 젓가락을 쓰지 않고 손으로 음식을 먹는 모습을 부끄러워하였습니다.

48 우봉이는 젓가락 대회를 위해 젓가락 연습이 되는 반찬만 골라 먹었습니다.

49 밥을 먹을 때에도 젓가락 연습을 하는 우봉이는 승부욕이 강하고 적극적인 성격을 가진 것으로 볼 수 있습니다.

50 우봉이는 손으로 음식을 먹는 것에 대해 더럽다고, 야만인이나 하는 행동이라고 하였습니다. 그러나 할아버지는 그 나라의 풍습이고 문화이니 나쁘다고 하면 안 된다고 말씀하셨습니다.

자세한 정답과 풀이 개념북

51 채점 기준

	답안 내용
상	융통성이 없는 성격, 고집이 센 성격 등을 그 까닭과 함께 정확한 문장으로 씀.
중	할아버지와의 대화 맥락을 고려한 융통성이 부족한 성격이나 고집이 센 성격 등의 내용을 씀.
하	대화 맥락을 고려하지 않은, 단순히 '깔끔하다', '더러운 것을 싫어한다' 등의 내용으로 씀.

52 선생님의 말씀을 통해 젓가락질 대회를 치렀음을 알 수 있습니다.

55 우봉이는 할아버지의 말씀도 떠오르고, 주은이의 일기도 떠올라서 이겨야 할지 져 주어야 할지 망설였습니다.

56 사려 깊고 인정이 많은 성격이었기 때문에 주은이의 사정을 아는 우봉이는 집중하지 못하였습니다.

57 채점 기준

	답안 내용
상	인정이 없고 배려심이 없는 우봉이가 한 행동 등이 구체적으로 드러나게 꾸며 씀.
하	주어진 성격이 드러나는 내용이지만 어색한 표현이나 틀린 글자가 있음.

82~83쪽 국어 활동

1 세모시 옷감　　**2** ③　　**3** ②, ⑤　　**4** (2) ◯
5 ③　　**6** ㉠, ㉡　　**7** ④
8 ㉠ → ㉢ → ㉢ → ㉡

4 오십 년 만에 북에 계신 어머니를 만난다는 내용에서 할아버지가 이산가족임을 알 수 있습니다.

84~87쪽 단원평가

01 ①, ③, ⑤　　**02** ④　　**03** (3) ◯
04 어느 날 아침　　**05** ②　　**06** 버스 정류장
07 ④　　**08** ④　　**09** ①, ②, ④　　**10** 예 우진이의 부탁을 거절하지 못하고, 가슴이 두근거리는 모습으로 보아 '나'는 우진이를 좋아한다.　　**11** ②
12 ㉢　　**13** ④　　**14** (크고 맑은) 눈　　**15** 주연
16 점포　　**17** ④, ⑤　　**18** 예 인도에서는 손으로 밥 먹는 사람들이 있는데 이해하려고 하지는 않고 그냥 야만인이라고 불렀기 때문이다.
19 ㉢ → ㉡ → ㉢ → ㉠　　**20** 배경

02 사라가 버스 뒷자리에 앉아야만 했다는 것을 통해 차별을 받는다는 점을 알 수 있습니다.

03 사라의 어머니는 차별을 당하는 현실에도 만족할 수밖에 없다며 위로해 주셨습니다.

05 사라가 백인들만 앉는 자리에 앉자 버스 운전사가 성난 얼굴로 쳐다보았습니다.

06 사라와 어머니가 버스 정류장을 지나가며 일어난 일이 나타나 있습니다.

07 사라가 경찰서에 다녀온 일이 알려지자 흑인들이 차별에 맞서려고 한마음으로 행동한 것으로 볼 수 있습니다.

09 '나(승연)', '우진', '윤아'가 나오는 이야기입니다.

10 채점 기준

	답안 내용
상	이야기에서 드러난 모습을 근거로 우진이를 좋아한다는 내용을 씀.
하	우진이를 좋아하는 마음을 썼지만 까닭을 제대로 쓰지 못함.

11 창훈이가 갑자기 나타나 또 밀치고 지나가서 '나'와 윤아가 넘어질 뻔하였습니다.

13 싸움이 커질 수 있는 상황에서 장난스럽게 넘긴 것으로 보아, 창훈이는 장난을 좋아합니다.

14 우봉이는 주은이의 눈이 예쁘다고 하였습니다.

15 주은이의 행동을 통해 성격을 짐작해야 합니다.

17 우봉이는 한 채소 가게에서 주은이가 젓가락질 연습을 하는 모습을 보았고, 그 옆의 생김새가 남다른 아줌마가 뭔가를 조몰락거리는 모습도 보았습니다.

18 채점 기준

	답안 내용
상	정답 키워드 야만인 / 원시인 다른 나라의 문화를 이해하려고 하지는 않고 야만인이라고 불렀기 때문이다. ➡ 정답 키워드를 포함시켜 우봉이가 한 말과 행동에 대하여 구체적으로 씀.
하	정답 키워드를 빠뜨려서 손으로 밥을 먹는 것을 나쁘다고 생각하였다는 내용 등으로 씀.

19 배경이 바뀜에 따라 인물이 겪은 일을 차례대로 살펴보고 사건의 흐름을 떠올려 봅니다.

20 이야기를 꾸며 쓸 때에는 구성 요소 세 가지가 잘 어울리도록 해야 합니다.

88쪽 서술형·논술형 평가

1 📵 피부색에 따라 버스에 앉는 자리조차 차별을 받는 시대였다. / 백인이 아닌 사람은 사회적으로 차별을 받는 시대였다.

2 📵 벌레를 무서워하고 조심성이 많다. / 벌레를 만지는 것을 싫어하고 겁이 많다.

3 (1) 📵 우봉이가 저녁을 먹을 때에도 젓가락 연습이 되는 반찬만 골라서 먹음. / 우봉이가 밥을 먹으면서도 젓가락 연습에 열중함.

(2) 📵 우봉이가 젓가락 대회에서 주은이와 시합을 하게 됨. / 우봉이가 주은이와 함께 젓가락 실력을 겨루게 됨.

1 사라가 살던 때에는 사회적으로 흑인에 대한 차별이 있었습니다. 그래서 흑인은 뒷자리에만 앉아야 했습니다.

채점 기준

	답안 내용
상	**정답** 키워드 차별 피부색에 따라 차별을 받던 시대였다. / 인종 차별이 있었던 때였다. ➡ 정답 키워드를 포함시켜 피부색에 따른 차별 또는 인종 차별이 있던 시대였음을 정확하게 씀.
중	'차별'이라는 키워드를 빠뜨렸지만 백인이 아닌 사람들이 불편을 겪었던 사회라는 내용 등으로 씀.
하	백인이 아니면 버스의 뒷자리에 앉아야만 했다. ➡ 시대적 배경이라기보다는 글의 내용에서 찾을 수 있는 단편적인 상황을 씀.

2

채점 기준

	답안 내용
상	**정답** 키워드 벌레 벌레를 무서워하는 성격과 함께 윤아와 '나'의 공통된 성격을 한 가지 더 짐작하여 씀.
하	벌레를 무서워한다는 성격 한 가지만 씀.

3 시간과 장소의 변화에 따라 인물이 겪은 일을 정리해 봅니다.

채점 기준

	답안 내용
상	사건의 흐름을 정확하게 파악하여 (1)과 (2)에 알맞은 내용을 간단히 요약하여 씀.
중	(1)과 (2)에 쓴 내용 중 핵심에서 벗어난 부분이 한 군데 있음.
하	(1)과 (2)에 쓴 내용 중 핵심에서 벗어난 부분이 두 군데거나 정확하지 않은 표현이 있음.

5. 의견이 드러나게 글을 써요

91쪽 퀴즈

1 (3) ○

92~93쪽 교과서 개념 확인 문제

1 재민이가 **2** ㉢ **3** 움직임 **4** 📵 형이 인사합니다.
5 문제 상황 **6** 의견 **7** ③

2 '귀엽습니다'는 성질이나 상태를 나타내는 말입니다.

5~6 의견을 제시하는 글을 쓸 때에는 먼저 문제 상황을 분명히 밝히고 자신의 의견과 그 까닭을 씁니다.

94~98쪽 국어

01 (3) ○ **02** 밭으로 달려갔습니다. **03** ⑤
04 준혁 **05** ④ **06** ④ **07** 목화 장수들이
08 (1) 📵 고양이의 아픈 다리를 맡았던 사람이 / 📵 고양이 다리에 산초기름을 발라 준 목화 장수가 (2) 📵 그 사람이 고양이의 아픈 다리에 불이 잘 붙는 산초기름을 발랐기 때문에 불이 난 것이기 때문이다. / 고양이 다리에 산초기름을 바르지 않았으면 불이 나지 않았을 것이기 때문이다. **09** (1) 네 사람은 (2) 고을 사또를 찾아가 판결을 해 달라고 부탁했다. **10** 댐
11 ③, ④, ⑤ **12** (1) 📵 상수리에 댐을 건설해야 한다. (2) 📵 폭우와 홍수로 인한 큰 피해를 막을 수 있기 때문이다. **13** (2) ✕ **14** ④ **15** ㉢, ㉣
16 ⑤ **17** (1) 📵 학교 복도에서 뛰어다니는 친구들이 있다. (2) 📵 학교 복도에서는 뛰어다니지 말자. (3) 📵 부딪히거나 넘어져서 다칠 수 있기 때문이다.
18 (1) 환경 (2) 건강 **19** (1) ○ **20** ①, ⑤ **21** ④

01 '늙은 농부는'이 '누가'에 해당합니다. 꾸며 주는 말까지 포함시켜야 합니다.

02 '세 아들은'이 '누가'에 해당하고, 나머지 부분 '밭으로 달려갔습니다' 부분이 '어찌하다'에 해당합니다.

03 '아버지께서 밭에 묻어 두신 보물은'이 '무엇이'에 해당합니다. 어떤 보물이었는지 설명하는 내용을 빠뜨리면 안 됩니다.

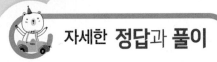
04 '예지는'이 '누가', '초등학생입니다'가 '무엇이다'에 해당하는 문장입니다.

05 '누가+어찌하다' 짜임으로 쓴 문장이므로, '공부를 하는 예지는'이 '누가'에 해당합니다.

06 고양이의 꼬리가 아니라 다리 한쪽을 다쳐서 산초기름을 발라 주었다고 하였습니다.

07 '목화 장수들이' 부분이 '누가', '고양이를 샀다' 부분이 '어찌하다'에 해당합니다.

08

채점 기준	
답안 내용	
상	**정답 키워드** 아픈 다리, 산초기름 고양이의 아픈 다리를 맡았던 사람이 목홧값을 물어야 한다는 의견과 그렇게 생각하는 까닭으로 알맞은 내용을 씀.
하	고양이의 아픈 다리를 맡았던 사람이 목홧값을 물어야 한다는 의견을 분명하게 썼지만 설득력이 부족한 까닭을 씀.

09 '네 사람은' 부분이 '누가', 나머지 뒷부분이 '어찌하다' 부분에 해당합니다.

10~11 효은이는 숲에 사는 동물과 만강의 물고기들이 살 곳을 잃고, 마을 어른들께서 고향을 떠나시게 되기 때문에 댐 건설에 반대하였습니다.

12

채점 기준	
답안 내용	
상	**정답 키워드** 폭우 / 홍수 댐을 건설해야 한다는 의견과, '폭우'나 '홍수' 피해를 막을 수 있다는 까닭을 정확하게 씀.
중	댐을 건설해야 한다는 의견과, 댐 건설 기관 담당자의 입장에 맞는 까닭을 썼으나 정답 키워드를 빠뜨림.
하	댐을 건설해야 한다는 의견만 씀.

13 의견을 제시하는 글을 쓸 때에는 문제 상황이 무엇인지 분명하게 제시하고 그에 대한 의견과 까닭을 써야 합니다.

14 화단에 쓰레기가 아무렇게나 버려져 있는 상황입니다. 이와 같은 문제와 관련이 있는 의견을 찾아야 합니다.

15 주어진 의견을 뒷받침할 수 있는 까닭이 무엇인지 구별해 봅니다. ㉠과 ㉡은 의견과 관련이 없습니다.

16 횡단보도를 건널 때에는 좌우를 살피며 조심해야 합니다. 그림과 같이 휴대 전화만 보면서 건너면 위험할 수 있습니다.

17

채점 기준	
답안 내용	
상	(1)에 문제 상황으로 보기 충분한 내용을 쓰고, (2)와 (3)에 적절한 의견과 까닭을 씀.
중	(1)에 문제 상황으로 보기 충분한 내용을 쓰고, (2)에 알맞은 의견을 썼으나 그 까닭에 설득력이 부족함.
하	(1)~(3) 중 제대로 쓴 부분이 한 군데만 있음.

18 대희는 환경을 주제로, 은정이는 건강을 주제로 학급 신문을 만드는 것은 어떻겠냐며 의견을 냈습니다.

19 성민이는 학급 신문의 이름을 주제와 어울리게 정해야 한다고 생각합니다.

20 도서관에서 관련된 책을 찾아보고 있고, 컴퓨터로 자료를 찾는 모습도 나타나 있습니다.

21 자신의 의견을 뒷받침할 '까닭'을 써야 합니다.

99~100쪽 **국어 활동**

1 ㉮ **2** 천 리 간다. **3** (1) 빈 수레가 (2) 요란하다. **4** (1) (외국인) 이민자 (2) 다문화 사회
5 ㉰ **6** ⑤ **7** 외국인 노동자들 **8** 차별
9 (1) 할머니 (2) 어머니 **10** (1) ② (2) ①

2 '천 리 간다.' 부분이 '어찌하다'에 해당합니다.

5 글쓴이는 우리나라도 다문화 사회에 대비해야 한다고 생각합니다.

101~104쪽 **단원평가**

01 (3) ○ **02** (1) 예쁜 꽃이 (2) 활짝 피었습니다.
03 ②, ③ **04** ⑤ **05** 다리 하나를 다쳤다.
06 아픈 다리 **07** ㉰ **08** 사또에게 판결을 부탁했다. **09** ② **10** 예 댐을 건설하면 숲에 사는 동물들이 살 곳을 잃고, 만강의 물고기들을 다시는 볼 수 없기 때문이다. **11** ① **12** (3) ✕
13 (1) ③ (2) ② **14** ④ **15** 예 쓰레기는 쓰레기통에 버립시다. 쓰레기를 아무렇게나 버리면 보기에도 좋지 않고 냄새도 나기 때문입니다. **16** 다문화 사회 **17** ③, ④ **18** (1) ✕ (2) ○ (3) ○ **19** ④
20 할머니

03 '누가+무엇이다.' 짜임이 아닌 문장을 구별해 봅니다.

04 목화 장수들은 쥐가 목화를 어지럽히는 문제 때문에 광에 고양이를 기르기로 하였습니다.

05 무엇을 다쳤는지 알 수 있게 해 주는 말까지 포함하여 '다리 하나를 다쳤다.' 부분이 '어찌하다'에 해당합니다.

06 고양이의 아픈 다리를 맡아 산초기름을 발라 주었던 목화 장수를 가리킵니다.

07 고양이의 성한 다리를 맡았던 목화 장수 세 사람은 아픈 다리를 맡은 사람 때문에 불이 났다고 생각합니다.

08 '목화 장수들은' 부분이 '누가'에 해당하고 나머지 부분이 '어찌하다'에 해당합니다.

09 효은이는 댐 건설 계획을 취소해 달라고 하였습니다.

10

채점 기준	
	답안 내용
상	효은이가 말한 까닭 세 가지 내용 중에서 두 가지 이상의 내용을 모두 알맞은 문장으로 씀.
중	효은이가 말한 까닭 세 가지 중 두 가지 내용만 알맞은 문장으로 씀.
하	효은이가 말한 까닭 세 가지 중 하나만 씀.

11 댐 건설 기관 담당자는 댐 건설의 필요성을 설득하기 위해 효은이에게 답장을 썼을 것입니다.

12 글쓴이는 댐 건설을 하면 좋은 점을 까닭으로 제시하며 댐 건설에 찬성하였습니다.

13 첫 번째 그림의 화단에 쓰레기가 많고, 두 번째 그림에서는 컴퓨터 자료를 보고 숙제를 베끼고 있습니다.

14 문제 상황과 관련된 의견, 문제 상황을 해결할 수 있는 의견을 내야 합니다.

15

채점 기준	
	답안 내용
상	문제 상황에 알맞은 의견과 적절한 까닭을 정확한 문장으로 씀.
하	문제 상황에 알맞은 의견이지만 그 까닭의 설득력이 부족함.

16 글쓴이는 우리나라도 곧 다문화 사회가 될 것이기 때문에 미리 준비해야 한다고 생각합니다.

17 글쓴이는 다문화를 받아들일 때 특별 대우를 해 주거나 신기하게 여기지 말아야 한다고 했습니다.

18 외국인 노동자가 가난한 나라 출신이라고 무시한다면 부끄러운 일일 것이라고 하였습니다.

19 '부치기'는 '부침개'의 방언입니다.

20 '할매'는 '할머니'의 방언입니다.

105쪽 **서술형·논술형 평가**

1 (1) ① 늙은 농부는 ② 세 아들에게 밭에 보물이 있다고 말해 주었습니다. (2) ① 세 아들은 ② 밭으로 달려갔습니다.

2 (1) 예 우리 마을에 댐을 건설하려고 하는 상황 (2) 예 저는 댐을 건설하는 것에 반대합니다.

3 (1) 예 횡단보도를 건널 때 휴대 전화만 보고 있는 상황
(2) 예 길을 건널 때에는 휴대 전화를 보지 말자.
(3) 예 부딪히거나 넘어져서 다칠 수 있기 때문이다.

4 예 우리는 다문화 사회를 준비하는 마음을 가져야 한다.

99 ~ 105 쪽

1

채점 기준	
	답안 내용
상	(1), (2)에 모두 알맞은 내용을 정확하게 씀.
중	(1), (2)에 쓴 내용 중 틀린 곳이 한 군데 있음.
하	(1), (2)에 쓴 내용 중 틀린 곳이 두 군데 이상임.

2

채점 기준	
	답안 내용
	정답 키워드 댐
상	댐을 건설하려고 하는 문제 상황을 쓰고, 댐 건설에 반대한다는 글쓴이의 의견을 분명하게 씀.
하	댐을 건설하려고 하는 문제 상황은 잘 썼으나, '댐 건설이 싫다' 등과 같이 글쓴이의 분명한 의견이 아닌 부정적인 입장만 드러나게 씀.

3

채점 기준	
	답안 내용
	정답 키워드 횡단보도(길), 휴대 전화
상	정답 키워드를 포함시켜 문제 상황을 지적하고, 적절한 까닭을 들어 관련된 의견을 씀.
중	정답 키워드를 포함시켜 문제 상황을 지적하고, 적절한 까닭을 들어 관련된 의견을 썼지만 문장에 어색한 표현이나 틀린 표현이 있음.
하	'횡단보도를 건널 때 손을 들지 않았다' 등과 같이 심각성이 낮은 문제를 제기하여 의견과 까닭을 씀.

4

채점 기준	
	답안 내용
상	'다문화 사회'에 대한 글쓴이의 의견으로 알맞은 내용을 정확한 문장으로 씀.
하	'관용의 마음을 가져야 한다' 등으로 핵심에서 벗어난 내용을 씀.

정답과 풀이 • **23**

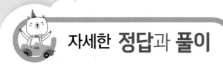
6. 본받고 싶은 인물을 찾아봐요

107쪽　퀴즈

1 세종 대왕

108~109쪽　교과서 개념 확인 문제

1 ②　　**2** ②　　**3** 시대 상황　　**4** ㉠
5 ○

110~121쪽　국어

01 전기문　**02** ①　　**03** 역사　**04** 세종 대왕
05 ㉲　　**06** ⑤　　**07** ⑳ 우리나라가 외세의 침략을
받지 않고 잘 살려면 우리글을 모두가 알아야 한다고 생
각하셨기 때문이다.　　**08** ③　　**09** ㉮　　**10** 객줏집
11 ①　　**12** ①, ②　**13** ⑵ ○　**14** ㉲
15 ⑳ 절망에 빠졌다.　**16** ⑤　　**17** 김만덕　**18** ㉯
19 ⑤　　**20** ⑤　　**21** ⑶ ○　**22** 시묘살이
23 ④　　**24** ⑤　　**25** ㉲　　**26** ⑴ 거중기 ⑵ ⑳ 정
조의 비밀 명령을 받고 암행어사가 되었음. ⑶ ⑳ 『목민심
서』라는 책을 펴냈음.　**27** ⑤　　**28** ①
29 ②, ④, ⑤　　　**30** ①　　**31** ①　　**32** ⑤
33 ⑤　　**34** 이준　**35** ⑤　　**36** ④　　**37** ②
38 ㉯　　**39** ④　　**40** ①　　**41** ㉯　　**42** ⑳ 글자
를 쓰기 시작해 하루 종일 글을 쓰고는 했다.　**43** ⑶ ○
44 ③, ⑤　**45** 정민　**46** ⑤　　**47** ①, ⑤
48 ⑴ 태극기 ⑵ 독립 만세　　**49** ②　　**50** ③
51 ⑳ 환경 오염으로 지구 환경이 파괴됨.

01 정원이와 여자아이의 대화를 읽어 보면 정원이가 전기
문을 찾고 있다는 것을 알 수 있습니다.

02 장면 **1**에서 정원이가 한 말을 읽어 봅니다.

03 여자아이가 한 말에서 알 수 있습니다.

04 훈민정음은 세종 대왕이 만들었습니다.

05 예원이가 백 년 전에는 우리글을 읽지 못하는 사람들이
대부분이었다고 했습니다.

06 주시경 선생님은 우리말 문법을 연구했습니다.

07 주시경 선생님은 외세의 침략을 받지 않으려면 우리글
이 중요하다고 생각했습니다.

	답안 내용
상	우리나라가 외세의 침략을 받지 않고 잘 살려면 우리글을 모두가 알아야 한다고 생각하셨기 때문이다.
	➡ 예원이가 한 말에서 주시경 선생님이 문법을 연구한 까닭을 찾아 썼으면 정답으로 인정
중	우리글을 모두가 알아야 해서
	➡ '글을 알아야 한다.'와 같이 답을 간단하게 씀.

08 김만덕은 사또에게 양민의 신분으로 되돌려 달라고 말
했습니다.

11 김만덕이 사또에게 양민의 신분으로 되돌려 달라고 한
것으로 보아 신분 제도가 있었다는 것을 알 수 있습니다.

12 김만덕은 정직과 신용을 원칙으로 삼고 장사했습니다.

13 풍년에는 흉년을 생각해 절약해야 하고, 검소하게 살아
야 한다고 했습니다.

16 김만덕은 전 재산을 들여 육지에서 곡식을 사 와 굶주리
는 제주도 사람들에게 나누어 주도록 했습니다.

18 김만덕이 돈을 번 것으로 보아 여자도 스스로 돈을 벌
수 있었다는 것을 알 수 있습니다.

19 어려운 사람들을 돕기 위해 전 재산을 내놓은 것에서
김만덕의 가치관을 알 수 있습니다.

20 이른 아침부터 해가 떨어질 때까지 일을 해도 늘 배불
리 먹지 못했습니다.

21 정약용은 성리학을 주로 공부했는데 한양으로 가서 이익
의 책을 읽고 실학에 관심을 갖게 되었습니다.

23 부모님이 돌아가시면 삼 년 동안 무덤 앞에 움막을 짓
고 살면서 부모님의 명복을 비는 시묘살이를 했습니다.

24 정약용은 암행어사를 하면서 지방 관리의 중요성을 깨
달았습니다.

25 정약용은 백성을 편안하게 살게 하고 싶었습니다.

26

	답안 내용
상	⑴ 거중기 ⑵ 정조의 비밀 명령으로 암행어사가 되었음. ⑶ 『목민심서』라는 책을 펴냈음.
	➡ ⑴~⑶에 중요한 내용이 들어가게 정약용이 한 일을 정리했으면 정답으로 인정
중	➡ ⑴~⑶을 썼지만 중요한 낱말만 씀.
하	➡ ⑴만 씀.

27 엄마는 헬렌을 가슴에 안고 며칠 동안 밤낮을 가리지 않고 돌보며 달랬습니다.

31 헬렌이 종소리나 딸랑이 소리를 듣지 못하는 것으로 보아 열병을 앓고 난 후에 듣는 능력까지 잃었다는 것을 알 수 있습니다

34 인물의 처지에서 어떤 생각이나 느낌이 들었을지 이해하는 말을 한 사람을 찾습니다.

35 헬렌이 앤 설리번 선생님을 만난 날입니다.

39 헬렌이 낱말과 사물의 관계가 어떤 것인지 처음으로 알게 된 일을 뜻합니다.

42 | 채점 기준

	답안 내용
상	글자를 쓰기 시작해 하루 종일 글을 쓰고는 했다.
	➡ 하루 종일 글을 썼다는 내용이나 그와 비슷한 내용이면 정답으로 인정
하	열심히 공부했다.
	➡ 어려움을 줄인 방법으로는 부족하게 씀.

43 자신과 비슷한 장애를 가진 소녀가 말을 할 수 있게 되었다는 소식을 들었을 때 헬렌도 말을 하기 위해 노력하겠다는 다짐을 하였을 것입니다.

45 헬렌이 한 일을 통해 본받을 점이 무엇인지 알아봅니다.

46 유관순이 살았던 시대에는 일본의 침략에서 벗어나려고 독립 만세 운동을 하고 있었습니다.

48 고향에 돌아온 유관순은 태극기를 만들고 아우내 장터에 모인 사람들과 독립 만세를 외쳤습니다.

49 나라의 독립을 위해 만세를 부르고 신념을 굽히지 않았던 유관순에게서 나라를 사랑하는 마음을 배울 수 있습니다.

50 새로운 대체 에너지를 개발하는 일을 하는 사람을 무엇이라고 할지 생각해 봅니다.

51 '내가 겪을 어려움', '어려움을 이겨 내는 방법', '내가 이루어 낸 일'을 보고 미래의 시대 상황이 어떠할지 짐작해 봅니다.

| 채점 기준

	답안 내용
상	환경 오염으로 지구 환경이 파괴됨.
	➡ 대체 에너지를 개발해야 할 상황에 대해 알맞게 썼으면 정답으로 인정
하	사람들이 살기 어려운 환경이 됨.
	➡ 미래의 시대 상황을 너무 포괄적으로 쓰거나 알맞게 쓰지 못함.

122~123쪽 국어 활동

1 ④ **2** ① **3** 오류 **4** 상구 **5** ①
6 ③ **7** ⑤ **8** 예 초희는 여자가 글공부를 하고 시를 짓기 어려운 시대에 시를 짓고 싶어 스스로 스승을 찾아 헤매던 중에 오빠와 글방 동무가 되고 스승님에게 공부를 배우게 되었다.

2 유희춘은 정적들의 모함으로 제주도에 유배를 가 있었습니다.

4 상구는 유희춘이 한 일과 관계없는 말을 했습니다.

5 초희는 시를 쓰면서 살고 싶다고 했습니다.

6 균이가 전한 어머니의 말에서 여자는 글공부를 하기 어려웠다는 것을 알 수 있습니다.

7 초희는 시대 상황에 굴복하지 않고 꿈을 이루기 위해 노력했습니다.

8 시대 상황과 초희가 하고 싶어 한 일을 하게 되는 과정을 씁니다.

| 채점 기준

	답안 내용
상	초희는 여자가 글공부를 하고 시를 짓기 어려운 시대에 시를 짓고 싶어 스스로 스승을 찾아 헤매던 중에 오빠와 글방 동무가 되고 스승님에게 공부를 배우게 되었다.
	➡ 시대 상황과 초희가 한 일을 알맞게 정리했으면 정답으로 인정
중	여자는 글공부를 하고 시를 짓기 어려웠다. / 스스로 스승님을 찾아 헤매었다.
	➡ 시대 상황이나 초희가 한 일 중 한 가지만 씀.
하	시를 배웠다. / 글공부를 했다.
	➡ 초희가 한 일을 아주 간단히 씀.

124~126쪽 단원평가

01 전기문 **02** ④ **03** ① **04** ① **05** ②
06 부모님 **07** ㉮ **08** ①, ② **09** ②
10 예 다른 사람을 배려하고 검소하게 생활해야 한다.
11 ③ **12** 거중기 **13** ①, ② **14** 백성 **15** (2) ○
16 ② **17** ⑤ **18** 뜨거운 마음
19 예 힘들어도 포기하지 않고 노력한 점을 본받고 싶다.
20 난민 구호가

03 정원이는 책에서 본 인물이 남달리 한 일을 알고 싶다고 했습니다.

05 우리나라 최초로 국어 문법의 틀을 세운 사람은 주시경입니다.

07 김만덕이 기생의 신분에서 벗어났다는 것에서 신분 제도가 있었다는 것을 알 수 있습니다.

09 글 **가**의 장사할 때 지킨 세 가지 원칙에서 김만덕의 가치관을 짐작할 수 있습니다.

10 채점 기준

	답안 내용
상	다른 사람을 배려하고 검소하게 생활해야 한다. / 어렵게 사는 사람을 생각해 검소하게 살아야 한다.
	➡ 김만덕의 말에서 가치관을 찾아 썼으면 정답으로 인정
하	성실해야 한다.
	➡ 김만덕의 말과 거리가 먼 가치관을 씀.

13 정약용이 거중기를 만들어서 나라의 살림을 아낄 수 있었고, 백성은 성을 짓는 일에 자주 나오지 않아도 되었습니다.

14 정약용이 거중기를 만들어서 백성의 수고를 덜어 준 것에서 정약용의 가치관을 짐작해 봅니다.

16 헬렌이 손을 통해 외부의 사물을 알게 된다는 뜻입니다.

17 앤 설리번 선생님은 헬렌에게 펌프를 이용해 '물'이라는 낱말의 관계를 실감 나게 알게 해 줄 수 있는 방법이 떠올랐습니다.

18 헬렌은 배우고 싶다는 뜨거운 마음이 생겼습니다.

19 헬렌이 한 일이나 한 말에서 본받을 점을 찾습니다.

채점 기준

	답안 내용
상	힘들어도 포기하지 않고 노력하는 점을 본받고 싶다. / 새로운 것도 두려워하지 않고 배우는 점을 본받고 싶다.
	➡ 글 **나**의 헬렌에게서 본받을 점을 알맞게 썼으면 정답으로 인정
중	열심히 하는 모습을 본받고 싶다.
	➡ 본받고 싶은 점을 구체적으로 쓰지 못함.
하	글자 배우는 것을 본받고 싶다.
	➡ 본받을 만한 내용을 쓰지 못함.

20 '왜냐하면' 다음의 내용을 읽어 보면 무엇이 되고 싶은지 알 수 있습니다.

127쪽 **서술형·논술형 평가**

1 예 제주도 사람들

2 (1) 예 전 재산을 들여 곡식을 사 와 굶주린 사람들에게 나누어 주었다.

(2) 예 자신이 가진 것을 나누고 베푸는 삶

3 예 많은 어려움이 있었지만 말을 할 수 있을 것이라는 희망을 가지고 끊임없이 노력했다.

4 예 남을 도우면 큰 기쁨을 누릴 수 있다.

1 제주도 사람들은 자신의 전 재산을 들여 사 온 곡식을 제주도 사람들에게 나누어 준 김만덕을 칭찬했습니다.

채점 기준

'제주도 사람들', '굶주린 사람들'이라고 쓴 것만 정답으로 인정

2 김만덕이 전 재산을 내놓아 한 일을 통해 가치관을 알아봅니다.

채점 기준

	답안 내용
상	(1) 전 재산을 들여 곡식을 사 와 굶주린 사람들에게 나누어 주었다. (2) 자신이 가진 것을 나누고 베푸는 삶
	➡ (1)과 (2)를 모두 알맞게 썼으면 정답으로 인정
중	(1) 백성을 살렸다. (2) 나눌 줄 안다.
	➡ (1)과 (2)를 썼지만 '어떻게'나 '무엇을'이라는 내용을 쓰지 못함.
하	(1)과 (2) 중 하나만 간단하게 씀.

3 채점 기준

	답안 내용
상	말을 할 수 있을 것이라는 희망을 가지고 노력했다.
	➡ 희망을 가지고 노력했다는 내용이나 그와 비슷한 내용을 썼으면 정답으로 인정
하	열심히 노력했다.
	➡ 포기하지 않고 노력했다는 내용으로는 부족하게 씀.

4 헬렌은 남을 돕는 기쁨을 알았습니다.

채점 기준

	답안 내용
상	남을 도우면 큰 기쁨을 누릴 수 있다.
	➡ 남을 도우면 큰 기쁨을 누릴 수 있다는 내용을 넣어 썼으면 정답으로 인정
하	기쁘다.
	➡ 깨달은 내용을 구체적으로 쓰지 못함.

7. 독서 감상문을 써요

129쪽 **퀴즈**

1 ○

130~131쪽 **교과서 개념 확인 문제**

1 ㉮ 2 (3) ○ 3 경험 4 ○ 5 시

4 글을 읽고 쓴 감동받은 부분은 같을 수 있지만 그 부분이 왜 감동적인지에 대한 까닭은 다를 수 있습니다.

132~140쪽 **국어**

01 ④ 02 ③ 03 (1) ① (2) ② (3) ③
04 『금도끼 은도끼』 05 ② 06 ㉠ 07 ①
08 (2) ✕ 09 (1) ㉯ (2) ㉮
10 예 조상의 지혜가 담긴 세시 풍속 11 ①
12 신작로 13 ㉯ 14 싫어도 가야 한다
15 예 학교에 가기 싫어하는 16 (1) ✕ 17 ④, ⑤
18 예 아들이 학교에 가기 싫어하는 마음을 되돌리려고 노력하는 어머니의 마음이 느껴졌기 때문이다.
19 ② 20 아영 21 ④ 22 ㉯ 23 ④
24 ⑤ 25 (1) 시 (2) 일기 (3) 편지 26 ⑤
27 ⑤ 28 부모님 29 수영 30 ② 31 ㉮
32 ⑤ 33 바닷물 34 ⑤ 35 수영 36 ㉮
37 야자나무 숲 38 ① 39 (3) ○
40 예 로자와 고양이 투발루가 서로 헤어지는 장면이 인상 깊다. 나도 친한 친구가 전학 갔을 때 슬펐던 기억이 있어 이 장면에서 로자의 마음이 이해가 되기 때문이다.

02 『심청전』에 새엄마가 괴롭히는 내용은 나오지 않습니다.

04 산신령이 정직한 나무꾼에게 도끼 세 개를 모두 주는 내용의 동화는 『금도끼 은도끼』입니다.

05 은지는 『갈매기의 꿈』을 읽고 인상 깊은 장면에 대해 이야기하고 있습니다.

08 동지는 음력 십일월의 세시 풍속으로 팥죽을 쑤어 먹습니다.

09 책을 읽은 동기, 책 내용, 책을 읽고 생각하거나 느낀 점을 구별해 봅니다.

10 책 제목이 드러나게 붙이거나 책을 읽고 생각한 점이 잘 드러나게 붙입니다.

채점 기준

	답안 내용
상	조상의 지혜가 담긴 세시 풍속 / 내가 몰랐던 동지 / 재미있는 세시 풍속 ➡ 책 제목이나 책을 읽고 생각한 점, 책 내용이 드러나게 글의 제목을 붙임.
하	맛있는 동지 팥죽 / 겨울에 지내는 동지 ➡ 책 제목이나 책을 읽고 생각한 점, 책 내용이 드러나지 않게 제목을 붙임.

13 '나'는 지겟작대기로 말 안 듣는 '나'를 때리려고 그런 줄 알았습니다.

14 어머니는 누구든 재미로 학교 다니는 사람은 없다고 했습니다.

15 어머니는 아들을 학교에 보내려고 앞서 걸으며 산길의 이슬을 털었습니다.

17 어머니는 품속에서 새 양말과 새 신발을 꺼내 '내'게 갈아 신겼습니다.

18 **채점 기준**

	답안 내용
상	아들이 학교에 가기 싫어하는 마음을 되돌리려고 노력하는 어머니의 마음이 느껴졌기 때문이다. ➡ 제시된 감동받은 부분에 어울리는 까닭을 씀.
중	아들을 사랑하는 마음이 느껴진다. ➡ 까닭을 간단하게 씀.
하	어머니가 안타깝게 느껴진다. ➡ 어머니나 아들의 마음과 관계없는 답을 씀.

21 대화를 보면 독서 감상문을 쓸 책의 종류가 같더라도 책을 고른 까닭은 다를 수 있다는 것을 알 수 있습니다.

22 나 혼자만이 아니라 남에게 알리고 싶은 생각이 들었던 책을 골라 독서 감상문을 씁니다.

26 시 형식의 독서 감상문은 간단한 말로 생각이나 느낌이 잘 드러나게 표현합니다.

27 욕심쟁이 영감은 총각 덕분에 다른 사람과 더불어 사는 것의 소중함을 알게 되었습니다.

30 보름이 되자 바닷물이 로자네 마당까지 들이닥쳤습니다.

33 바닷물이 점점 불어나 나라 전체가 물에 잠기게 되어서 로자네 가족이 투발루섬을 떠나기로 결정했습니다.

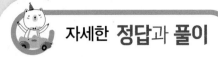

34 다른 나라에 가면 지금보다 훨씬 힘들게 살아야 해서 고양이를 키울 수 없기 때문입니다.

35 로자는 고양이 투발루가 수영을 못하기 때문에 물이 불어나면 물에 빠져 죽을 것이라고 생각합니다.

38 아빠는 비행기 탈 시간이 다 되어서 고양이를 찾아가려는 로자를 안고 비행장으로 갔습니다.

39 로자는 투발루섬에서 고양이 투발루와 함께 살고 싶다고 간절히 빌었습니다.

40 채점 기준

	답안 내용
상	로자와 고양이 투발루가 서로 헤어지는 장면이 인상 깊다. 나도 친한 친구가 전학 갔을 때 슬펐던 기억이 있어 이 장면에서 로자의 마음이 이해가 되기 때문이다.
	➡ 인상 깊은 부분과 그 까닭을 적절하게 씀.
중	로자네 가족이 투발루를 떠나는 장면이 인상 깊다.
	➡ 인상 깊은 부분만 쓰고 까닭은 쓰지 않음.
하	고양이 투발루가 혼자 남아 잘 지낼 것 같다.
	➡ 인상 깊다고 할 수 없는 내용을 씀.

141~142쪽 국어 활동

1 추천 **2** (1) ② (2) ③ (3) ④ (4) ① **3** ①
4 ④ **5** (2) × **6** 다리
7 예 잠자리의 눈이 참 크다고 생각했는데 작은 눈이 2만 개가 넘게 모여 있다니 놀라웠다. **8** 함경도
9 (1) ② (2) ③ (3) ①

2 글 **가**에는 책을 읽은 동기, 글 **나**에는 책 내용, 글 **다**에는 책을 읽고 생각한 점, 글 **라**에는 앞으로의 다짐을 썼습니다.

4 잠자리 눈은 머리에 툭 튀어나와 있습니다.

7 채점 기준

	답안 내용
상	잠자리의 눈이 참 크다고 생각했는데 작은 눈이 2만 개가 넘게 모여 있다니 놀라웠다.
	➡ 생각이나 느낌을 글과 관련되게 알맞게 씀.
하	잠자리의 눈에 작은 눈이 2만 개가 넘게 모여 있다. / 시골에 가면 잠자리를 많이 볼 수 있다.
	➡ 생각이나 느낌을 쓰지 않고 글의 내용만 쓰거나 글과 관련 없는 생각이나 느낌을 씀.

---

8 우리나라의 북쪽에 위치한 함경도에서는 할아버지를 '할아바이'라고 부릅니다.

9 할아버지를 전라도는 '할압시', 경상도는 '할배', 제주도는 '하르방'이라고 부릅니다.

143~146쪽 단원평가

01 ④ **02** ③ **03** ③ **04** ⑦ **05** ③, ⑤
06 ① **07** ③ **08** ④ → ⑦ → ④ **09** (1) ②
(2) ④ (3) ③ (4) ① **10** ④ **11** 새 양말과 새 신발
12 예 어머니가 품속에서 아들의 새 양말과 새 신발을 꺼냈을 때가 감동적이었다. 어머니가 아들을 사랑하는 마음이 느껴졌기 때문이다. **13** 석진 **14** ④, ⑤ **15** ④
16 가족의 소중함 **17** ① **18** (3) ○ **19** ④
20 예 고양이 투발루와 헤어져 슬퍼하는 로자에게 편지를 써서 위로해 주고 싶다.

03 이순신 장군은 바다에서 일본 수군과 싸웠습니다.

05 책은 조상이 지켜 오던 일 년의 세시 풍속을 계절의 차례대로 소개했습니다.

06 제목에 글쓴이를 드러낼 필요는 없습니다.

08 독서 감상문을 쓰려면 가장 먼저 쓸 책을 고르고 그 책 내용을 떠올린 다음, 생각이나 느낌을 정리하고 제목을 붙입니다.

10 어머니는 아들 앞에 서서 이슬을 털며 걸었습니다.

11 어머니는 신작로에 닿자 품속에서 아들의 새 양말과 새 신발을 꺼내 신겨 주었습니다.

12 감동적인 부분을 쓸 때에는 그 까닭도 함께 씁니다.

채점 기준

	답안 내용
상	어머니가 품속에서 아들의 새 양말과 새 신발을 꺼냈을 때가 감동적이었다. 어머니가 아들을 사랑하는 마음이 느껴졌기 때문이다.
	➡ 감동받은 부분과 그 까닭을 알맞게 씀.
중	어머니가 품속에서 아들의 새 양말과 새 신발을 꺼냈을 때가 감동적이었다. / 어머니가 아들을 사랑하는 마음이 느껴졌다.
	➡ 감동받은 부분만 썼거나 그 까닭만 씀.
하	어머니가 품속에서 아들의 새 양말과 새 신발을 꺼냈다.
	➡ 글의 내용만 씀.

13 글 가는 시 형식으로 쓴 독서 감상문이므로 석진이가 썼을 것입니다.

14 1~3연의 각각의 첫 행에서 무엇을 말했는지 알아봅니다.

15 독서 감상문을 편지 형식으로 표현하면 생각이나 느낌을 누군가에게 말하듯이 전달할 수 있습니다.

16 글의 끝부분에 가족의 소중함을 일깨워 줘서 고맙다고 했습니다.

17 아빠는 큰 빙하가 녹아 바닷물이 불어난다고 했습니다.

18 바닷물이 불어나서 나라 전체가 점점 물에 잠기고 있어서 그대로 살기 어렵습니다.

19 아빠는 사람들이 환경을 오염시키지 않으면 다시 투발루에 돌아올 수 있다고 했습니다.

20 자신의 생각이나 느낌을 잘 표현할 형식을 생각해 봅니다.

채점 기준	
답안 내용	
상	고양이 투발루와 헤어져 슬퍼하는 로자에게 편지를 써서 위로해 주고 싶다.
	➡ 생각이나 느낌과 형식을 어울리게 씀.
중	고양이 투발루가 로자와 헤어져 안타까워하는 마음을 그림으로 표현하고 싶다.
	➡ 생각이나 느낌은 알맞지만 형식과는 어울리지 않게 표현함.
하	시로 표현하고 싶다. / 편지를 쓰고 싶다.
	➡ 생각이나 느낌은 쓰지 않고 형식만 씀.

147쪽 서술형·논술형 평가

1 학교 도서관

2 예 조상이 지켜 오던 일 년의 세시 풍속을 담은 책으로, 동지에 팥죽을 먹는 풍속은 병을 옮기는 귀신을 쫓아내려고 귀신이 싫어하는 팥으로 만든 팥죽을 집 앞에 뿌리던 것에서 시작되었다.

3 예 계절의 변화 하나하나에 의미를 부여하고 삶을 즐겁게 보내려는 마음을 듬뿍 느꼈다.

4 예 공부도 재미없고 학교에 가는 것도 재미없어서이다.

5 (1) 예 어머니께서 학교에 가라고 설득하는 장면이 감동적이다. (2) 예 겉으로는 혼내듯이 말했지만 자식을 바른 길로 이끌려는 어머니의 마음이 느껴졌기 때문이다.

---

1 글쓴이는 학교 도서관에서 책을 고르다가 『세시 풍속』을 읽게 되었습니다.

채점 기준
'학교 도서관'이라고 정확하게 쓴 것만 정답으로 인정

2 글 가와 나에서 책 내용을 찾아 정리합니다.

채점 기준	
답안 내용	
상	조상이 지켜 오던 일 년의 세시 풍속을 담은 책으로, 동지에 팥죽을 먹는 풍속은 병을 옮기는 귀신을 쫓아내려고 귀신이 싫어하는 팥으로 만든 팥죽을 집 앞에 뿌리던 것에서 시작되었다.
	➡ 글 가와 나에서 책 내용을 찾아 잘 정리함.
중	우리 조상이 농사일로 고된 일상 속에서 빼먹지 않고 지켜 오던 일 년의 세시 풍속을 담은 책이다. / 동지에 팥죽을 먹는 풍속은 병을 옮기는 귀신을 쫓아내려고 귀신이 싫어하는 팥으로 만든 팥죽을 집 앞에 뿌리던 것에서 시작되었다.
	➡ 글 가나 또는 나의 책 내용을 찾아 한 가지만 그대로 씀.
하	세시 풍속을 담았다. / 동지를 설명했다.
	➡ 글 가와 나에서 책 내용 중 중요한 낱말만 찾아 씀.

3 책을 읽은 뒤의 생각은 글 다에 드러나 있습니다.

채점 기준
글 다에서 생각이나 느낌을 쓴 것만 정답으로 인정

4 '내'가 어머니에게 한 말을 읽어 봅니다.

채점 기준	
답안 내용	
상	공부가 재미없고 학교에 가는 것도 재미없어서이다.
	➡ 아들이 한 말에서 학교에 가지 않으려는 까닭을 찾아 쓴 것만 정답으로 인정
하	➡ 학교에 가지 않으려는 까닭을 아들이 말한 것과 다르게 씀.

5 감동적인 부분에 알맞은 까닭을 자세히 써야 합니다.

채점 기준	
답안 내용	
상	(1) 예 어머니께서 학교에 가라고 아들을 설득하는 장면이 감동적이다. (2) 예 겉으로는 혼내듯이 말했지만 자식을 바른길로 이끌려는 어머니의 마음이 느껴졌기 때문이다.
	➡ 글의 내용에 알맞은 감동받은 부분과 그 까닭을 씀.
중	어머니가 아들에게 교복을 갈아입으라고 강하게 말한 장면이 감동적이다. 어머니의 사랑이 느껴졌기 때문이다.
	➡ 감동적인 부분과 그 까닭을 서로 어울리지 않게 씀.

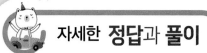
8. 생각하며 읽어요

149쪽 퀴즈

1 (2) ○

150~151쪽 교과서 개념 확인 문제

1 ㉢ **2** ② **3** 뒷받침하는 **4** ㉡ **5** ○

152~156쪽 국어

01 타고 **02** ② **03** 도희 **04** ㉘ 도서관의 편의 시설을 늘리는 것이다. **05** ㉣ **06** ㉠ **07** ㉣
08 ② **09** 개방해야 **10** ㉢ **11** (2) ○
(3) ○ **12** ㉘ 적절하지 않다고 생각한다. 문화재는 한번 훼손되면 복원하기 어렵기 때문이다. **13** ②
14 ㉡ **15** (1) ③ (2) ① (3) ② **16** ②
17 ㉘ 좋아하는 음식 위주로 다양하게 먹어도 충분히 영양소를 섭취할 수 있다. **18** 진수 **19** ④
20 ㉢ **21** (1) ㉢ (2) ㉤ **22** ④ **23** (1) ㉠
(2) ㉢ (3) ㉡ **24** ㉢, ㉣, ㉡, ㉠

01 농부는 당나귀를 타고 가야 한다고 생각한다.

02 아버지와 아이는 둘 다 당나귀를 타고 가야 한다는 아낙의 의견이 좋은지 판단하지 않고 그대로 따랐습니다.

03 아버지와 아이는 농부, 노인, 아낙, 청년이 말할 때마다 그것이 좋은지 판단하지도 않고 그대로 따랐습니다.

05 도서관의 편의 시설을 늘리는 것은 책을 읽는 방법이나 태도 등과 관련이 없기 때문입니다.

06 ㉡은 민서의 개인적인 경험일 뿐 그렇지 않은 사람도 많기 때문입니다.

08 자신이 좋아하는 책만 읽었을 때에 발생할 수 있는 문제점을 생각해 봅니다.

11 (2)와 (3)의 기준에 따라 글쓴이의 의견이 적절하다고 판단했잡니다.

12 글쓴이의 의견의 적절성을 판단하는 기준에 따라 글쓴이의 의견에 대한 자신의 생각을 써 봅니다.

채점 기준

	답안 내용
상	적절하다고 생각합니다. 문화재는 우리가 알고 가꾸어 나가며 후손에게 전해 주어야 할 소중한 민족의 자산이기 때문입니다.
	➡ 글쓴이의 의견이 적절한지 평가하고 그에 알맞은 까닭을 씀.
하	적절하지 않다고 생각합니다.
	➡ 글쓴이의 의견이 적절한지 평가하였지만 그에 알맞은 까닭을 쓰지 않음.

14 ㉠과 ㉢은 편식하면 안 된다는 의견이고, ㉡은 편식을 해도 된다는 의견입니다.

17 '편식해도 된다.'는 의견을 뒷받침할 수 있는 믿을 만한 내용을 생각해 봅니다.

채점 기준

	답안 내용
상	좋아하는 음식을 즐겁게 먹어야 소화가 잘 되기 때문이다.
	➡ 편식해도 된다는 의견을 뒷받침하는 내용을 알맞게 씀.
하	억지로 먹을 필요가 없다.
	➡ 편식해도 된다는 의견을 뒷받침하는 내용을 자세히 쓰지 않음.

18 글을 읽는 사람이 알고 있는 뒷받침 내용을 써야 할 필요는 없습니다.

20 비속어를 쓰지 않으면 말싸움을 하지 않게 되고 큰 싸움으로 번지는 경우도 없으므로 즐겁고 행복한 학교 만들기에 적절한 의견입니다.

157~158쪽 국어 활동

1 ㉡ **2** 보금자리 **3** ㉢ **4** 용기, 자신감 **5** ③ **6** 자율적 **7** (1) 가장자리 (2) 등

1 우리의 편안한 삶을 위해 벌목되고 낭비되는 나무들로 인해 생물들이 보금자리를 잃고 있습니다.

2 숲이 파괴되고 생물들의 보금자리가 사라지는 문제 상황을 해결하기 위하여 어떤 의견을 내었는지 살펴봅니다.

4 부모님이 명령하는 게 거슬린다고 해도, 부모님의 사랑은 우리에게 자신감과 용기를 줍니다.

6 우리는 자율적으로 행동하는 사람이 될 때에야 비로소 사회 속에서 참된 자유를 누릴 수 있습니다.

01 (1) ② (2) ③ (3) ① **02** 예 짐을 싣거나 사람을 태우는
03 ② **04** 청년 **05** 예 다른 사람의 의견을 받아들이기 전에 그 의견이 적절한지 판단해 보지 않았기 때문이다. **06** ② **07** 예 체육관이 생기면 운동을 자주 할 수 있다. **08** ③ **09** (1) 예 (2) 아니요
10 수지 **11** (1) 주제 (2) 문제 상황 (3) 사실 (4) 의견 **12** (1) ○ **13** ①, ④, ⑤ **14** 정희
15 ④ **16** ⑤ **17** ② **18** (1) 예 편식하면 안된다. (2) 예 여러 가지 영양소를 균형 있게 섭취할 수 있어서 건강해진다. **19** ② **20** 승아

03 노인은 아이 대신 아버지가 당나귀를 타고 가야 한다고 생각합니다.

05 아버지와 아이는 다른 사람이 말할 때마다 그것이 좋은지 판단하지도 않고 그대로 따랐습니다.

채점 기준	
답안 내용	
상	다른 사람의 의견을 판단하지 않았기 때문이다.
	➡ 다른 사람의 의견을 판단하지 않고 무조건 받아들였다는 내용으로 씀.
하	당나귀를 잃었기 때문이다.
	➡ 인물의 행동에 대해 판단한 까닭을 쓰지 않고 인물의 행동의 결과를 그대로 씀.

09 한 분야의 책만 읽으면 시력이 나빠진다는 내용은 여러 분야의 책을 읽어야 한다는 의견과 관련이 없습니다.

10 수지는 준우의 의견을 따랐을 때 생길 문제점에 대해서 생각해 보고 의견의 적절성을 판단하였습니다.

15 문화재는 한번 훼손되면 복원하기 어려워서 개방하면 안 된다고 생각하기 때문입니다.

18 편식에 대한 자신의 의견을 정하고 알맞은 뒷받침 내용을 써 봅니다.

채점 기준	
답안 내용	
상	편식해도 된다. 싫어하는 음식까지 억지로 먹을 필요는 없기 때문이다.
	➡ (1)에 편식에 대한 자신의 의견을 쓰고, (2)에 의견을 뒷받침하는 내용을 알맞게 씀.
하	편식해도 된다. / 편식하면 안 된다.
	➡ (1)에 편식에 대한 자신의 의견을 썼지만, (2)에 뒷받침하는 내용을 쓰지 않음.

19 의견이 적절하다고 판단한 내용으로 보아 ②의 의견이 알맞습니다.

1 예 아버지와 아이가 둘 다 당나귀에 타고 가야 한다.
2 (1) 예 한 분야의 책만 읽으면 시력이 나빠진다.
(2) 예 글쓴이의 개인적인 경험이기 때문이다.
3 예 문화재는 예전에 살았던 사람들의 모습이 담긴 것이기 때문에 관람객이 직접 체험해야 더 가치 있기 때문이다.
4 예 문화재 보호의 중요성을 교육해야 한다.

1 아이도 함께 태우겠다는 인물의 말을 통하여 인물의 의견을 알 수 있습니다.

채점 기준	
답안 내용	
상	모범 답안과 비슷한 내용으로 씀.
중	아이도 함께 태워야 한다.
	➡ 인물의 말에 담긴 의견을 쓰지 않고, 인물의 말을 그대로 씀.

2 | 채점 기준 |
|---|
| 한 분야의 책만 읽으면 시력이 나빠진다는 뒷받침 내용은 개인적인 경험이기 때문에 믿을 만한 뒷받침 내용이 아니라는 내용을 썼으면 정답으로 합니다. |

3 문화재를 개방해야 한다는 의견이 적절하다고 판단한 까닭을 생각해 봅니다.

채점 기준	
답안 내용	
상	뒷받침 내용이 믿을 만하고 그 의견을 선택했을 때 또 다른 문제 상황이 나타나지 않을 것이기 때문이다.
	➡ 의견이 적절하다고 평가한 까닭을 알맞게 씀.
하	문화재를 관람하면 조상이 살았던 때를 느낄 수 있기 때문이다.
	➡ 글쓴이가 뒷받침 내용으로 제시한 내용과 비슷한 내용으로 씀.

4 제시된 뒷받침 내용은 문화재 보호 방법에 대하여 알려 주자는 내용입니다.

채점 기준
문화재 보호의 중요성에 대하여 교육을 해야 한다는 내용으로 썼으면 정답으로 합니다.

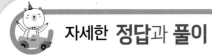

9. 감동을 나누며 읽어요

165쪽 퀴즈

1 (1) ○

166~167쪽 교과서 개념 확인 문제

1 (2) ○ **2** ① **3** ② **4** ② **5** ⑩ 화가 난

168~172쪽 국어

01 ④ **02** ②, ④ **03** ㉣ **04** 동수 **05** ⑤
06 ⑩ 차를 지하 주차장 어디에 두었는지 기억나지 않아 한참 찾았기 때문이다. **07** ④, ⑤ **08** 영지 **09** ⑤
10 ⑤ **11** (1) ○ **12** ⑩ 동숙이는 쑥을 팔아서 달걀을 사고 싶은데 아무도 쑥을 사 주지 않아서 속상할 것 같다.
13 ① **14** ④ **15** ③ **16** 넓적 가자미
17 (1) ② (2) ① **18** (1) ㉡ (2) ㉠ **19** ⑤
20 ⑩ 화가 난 표정으로 투덜거리며 말한다.

01 말하는 이는 비행기 조종석이나 조수석에 앉아 있는 상상을 하고 있습니다.

02 말하는 이가 하고 싶은 일은 비행기를 좋아하기 때문에 비행기와 관련된 일입니다.

04 시에서 말하는 이처럼 자신이 좋아하고 관심을 기울이는 일을 떠올려 말하지 않은 사람을 찾아봅니다.

05 아이는 지하 주차장에 차를 가지러 가신 아빠를 기다리고 있었습니다.

06 아빠께서 하신 말씀을 듣고 아이가 대답한 내용을 통해 알 수 있습니다.

채점 기준	
	답안 내용
상	차를 둔 곳을 잊어버리셔서 한참 헤매고 다니셨기 때문이다.
	➡ 차를 어디에 두었는지 기억나지 않아 한참 헤매고 다녔다는 내용이 드러나게 씀.
하	차를 찾느라 시간이 걸렸기 때문이다.
	➡ 차를 찾는 데 시간이 걸린 까닭을 쓰지 않음.

07 차를 빨리 찾지 못해서 걱정되고 다급했을 것입니다.

09 동숙이는 소풍에 달걀이 들어간 김밥을 가져가고 싶었습니다.

10 선생님께서 김밥을 못 먹고 있는 동숙이가 안쓰러워서 동숙이에게 자신의 김밥을 주려고 하셨기 때문입니다.

11 동숙이가 넘어져서 달걀이 깨지는 바람에 먹고 싶었던 달걀이 들어간 김밥을 먹지 못해 무척 서운했을 것입니다.

12 쑥을 아무도 사지 않아서 동숙이의 마음은 어떠했을지 생각해 봅니다.

채점 기준	
	답안 내용
상	쑥을 팔아서 달걀을 사고 싶었는데 아무도 사지 않아 슬펐을 것 같다.
	➡ 장면에 나타난 일에 대한 생각을 자세히 씀.
중	마음이 아팠을 것 같다.
	➡ 장면에 나타난 일에 대한 생각을 간단히 씀.

13 멸치 대왕은 자신의 꿈이 무슨 뜻인지 궁금했습니다.

14 멸치 대왕은 이상한 꿈이 무슨 꿈인지 궁금한 상황에서 ④와 같은 말을 했을 것입니다.

15 멸치의 모습을 떠올려 보고 알맞은 생김새를 생각해 봅니다.

16 넓적 가자미는 망둥 할멈에게 자신이 온 목적을 말했을 것입니다.

17 넓적 가자미는 멸치 대왕에게 화가 나서 아주 나쁜 꿈이라고 말한 것으로 보아 속이 좁은 성격이고, 망둥 할멈은 꿈을 좋게 풀이한 것으로 보아 아부를 잘하는 성격입니다.

18 화를 참지 못하고 기분이 쉽게 변하는 성격의 멸치 대왕이 어떤 말을 할지 생각해 봅니다.

19 멸치 대왕이 넓적 가자미의 꿈풀이를 듣고 화가 나서 넓적 가자미의 뺨을 아주 세게 때렸기 때문입니다.

20 멸치 대왕에게 푸대접을 받은 넓적 가자미가 한 말을 실감 나게 표현하는 방법을 생각해 봅니다.

채점 기준	
	답안 내용
상	토라진 표정으로 퉁명스럽게 말한다.
	➡ 멸치 대왕에게 푸대접을 받아 삐친 넓적 가자미의 마음을 실감 나게 표현할 수 있는 방법을 알맞게 씀.
중	투덜거리며 말한다. / 화가 난 표정으로 말한다.
	➡ 표정이나 말투, 행동 중에서 한 가지만 씀.

173쪽 | 국어 활동

1 ② 2 ㉢ 3 희애 4 (1) ○ (2) ✕
5 먹을 만큼

2 아이들이 골목으로 몰려가서 제기를 차는 모습이 떠오릅니다.

3 '신이 난 제기', '터질 듯한 아우성' 등의 표현을 통하여 아이들의 즐겁고 신나는 마음을 느낄 수 있습니다.

5 형태가 바뀌는 낱말 가운데에서 '-ㄴ/-ㄹ'로 끝나는 말 뒤에서는 띄어 씁니다.

174~175쪽 | 단원평가

01 ④ 02 조종석 03 진수 04 ㉣
05 ㉔ "아빠의 말을 듣고 어떤 마음이 들었습니까?"
06 ② 07 ㉮ 08 엄마 09 (1) ① (2) ②
10 ⑤ 11 (1) ○

01 말하는 이는 비행기를 좋아하기 때문에 비행기와 관련된 일 말고는 생각할 수 없기 때문에 그와 같이 말한 것입니다.

04 아빠는 차를 어디에 두었는지 기억나지 않아 한참 찾아다닌 것을 아이에게 들키고 싶지 않았기 때문에 변명을 했습니다.

05 시에서 아이가 겪은 일에 대해 아이는 어떤 마음이었을지 물어볼 말을 생각해 봅니다.

채점 기준	답안 내용
상	"아빠가 한참 동안 나타나지 않았을 때 어떤 마음이 들었습니까?" ➡ 시에서 아이가 겪은 일에 대해 물어보는 물음을 알맞게 씀.
하	"아빠를 기다리다가 지쳤습니까?" ➡ 아이의 마음을 짐작하여 물어 봄.

07 동숙이는 쑥을 팔아서 달걀을 사려고 하였습니다.

08 딸이 원하는 음식을 만들어 주지 못했던 엄마도 많이 속상했을 것입니다.

10 멸치 대왕이 넓적 가자미의 꿈풀이를 듣고 넓적 가자미의 뺨을 때렸다는 부분을 통해 알 수 있습니다.

176쪽 | 서술형·논술형 평가

1 ㉔ 비행기를 구경하는 장면
2 ㉔ 조립을 완성하지 못했던 장난감이 학교에 와서도 계속 생각이 났던 적이 있다.
3 (1) ㉔ 눈이 한쪽 뺨에 몰렸다. (2) ㉔ 아주 나쁜 꿈이라고 풀이한다. (3) ㉔ 속이 좁다.
4 ㉔ 내가 고생해서 망둥 할멈을 데리고 왔는데, 나를 이런 식으로 대접해?

1 시의 내용을 파악하고 떠오르는 장면을 생각해 봅니다.

채점 기준	답안 내용
상	비행기를 상상하며 웃음 짓는 얼굴 / 비행기를 조종하는 인물의 모습 ➡ 시의 내용에 어울리는 장면을 떠올려 씀.
하	날아가는 비행기 / 비행기의 조종석 ➡ 시를 읽고 떠오르는 장면을 자세히 쓰지 않음.

2 시에서 말하는 이처럼 무엇인가를 좋아해서 그와 관련된 일이나 그 생각만 했던 경험을 떠올려 봅니다.

채점 기준	답안 내용
상	동물을 좋아해서 여러 동물을 그렸던 경험이 생각난다. ➡ 무엇인가를 좋아해서 그것과 관련된 일이나 그것에 관한 생각만 했던 경험을 씀.
하	자동차를 좋아한다. ➡ 좋아하는 것과 관련하여 직접 경험한 일을 쓰지 않고 단순히 무엇을 좋아한다는 내용을 씀.

3 넓적 가자미의 특성을 알맞게 썼으면 정답으로 합니다.

채점 기준	답안 내용
상	(1), (2), (3)의 내용을 모두 알맞게 씀.
중	(1), (2), (3) 중 두 가지만 알맞게 씀.
하	(1), (2), (3) 중 한 가지만 알맞게 씀.

4 넓적 가자미의 특성에 알맞은 말을 생각해 봅니다.

채점 기준	답안 내용
상	멸치 대왕이 나한테 너무하는군. ➡ 넓적 가자미의 마음이 잘 드러나게 씀.
하	두고 보라지. ➡ 넓적 가자미의 마음을 자세히 쓰지 않음.

자세한 정답과 풀이

1. 이어질 장면을 생각해요

3쪽 쪽지시험

01 (1) ○ 02 「니모를 찾아서」 03 아빠 물고기
04 지아에게 일 등을 빼앗기자 05 지아
06 예고편 07 비 08 여의주
09 오늘이 10 구름이

4쪽 기출 문제

01 (1) ○ 02 ④ 03 ① 04 ② 05 슬기

02 친했던 지아가 자신을 외면하자 선은 화가 났을 것입니다.

05 이어질 내용을 말할 때에는 앞의 이야기와 흐름이 자연스럽게 연결되어야 합니다.

5~8쪽 단원평가

01 ⑤ 02 ② 03 (1) 예 겨울 왕국 (2) 예 엘사, 안나, 올라프 (3) 예 안나가 엘사의 방문 앞에서 같이 놀자고 말하는 장면 04 (2) ○ 05 ① 06 ④
07 ⑤ 08 우진 09 (1) ② (2) ① 10 ④
11 ② 12 ③ 13 ① 14 ① 15 ②
16 (1) ② (2) ④ (3) ③ (4) ① 17 (2) ○
18 예 책에서 벗어나 구름이와 행복을 만든다.
19 ② 20 ②

03 만화 영화나 영화를 떠올려서 내용을 알맞게 씁니다.

채점 기준

	답안 내용
상	(1)에 만화 영화나 영화의 제목을, (2)에 등장인물을, (3)에 가장 기억에 남는 장면을 구체적으로 쓰면 정답으로 인정
중	(1)~(3)의 내용 중에서 두 가지만 알맞게 씀.
하	(1)~(3)의 내용 중에서 한 가지만 알맞게 씀.

04 선은 자기 이름이 언제 불릴까 기대하는 마음을 가졌다가 이름이 불리지 않자 실망하는 마음이 들었을 것입니다.

05 외톨이였던 선은 지아와 친구가 되어서 즐거웠을 것입니다.

07 윤은 친구와 계속 때리고 싸우면 언제 노느냐면서 자신은 친구와 놀고 싶다고 대답하였습니다.

08 영화는 지아와 선이 화해하지 않은 채로 끝납니다.

09 차례에 알맞게 내용을 떠올립니다.

10 선이 금을 밟지 않았다고 말해 주어서 선에게 고마웠을 것입니다.

11 오늘이, 야아, 여의주, 뱃사람들, 매일이, 연꽃나무가 나옵니다.

12 오늘이에게 원천강으로 가는 길을 알려 주는 것으로 보아 친절한 성격임을 알 수 있습니다.

13 연꽃나무는 꽃이 하나밖에 피지 않아서 너무 슬프다고 말하였습니다.

14 구름이가 연꽃을 꺾자 연꽃나무에 많이 있던 꽃봉오리에서 모두 연꽃이 피어났습니다.

15 야아와 오늘이는 원천강에서 살 때 사이좋게 지냈습니다.

16 인물의 처지를 떠올려 보고 고민이 무엇일지 파악합니다.

17 오늘이는 매일이, 연꽃나무, 구름이, 이무기를 차례로 만나 원천강으로 가게 됩니다.

18 매일이의 고민은 구름이를 만나는 것으로 해결되었습니다.

채점 기준

	답안 내용
상	연꽃을 꺾어 온 구름이가 매일이를 만나자 매일이는 행복해졌다.
	➡ 매일이가 구름이와 만나 행복해졌다는 내용을 쓰면 정답으로 인정
중	구름이를 만났다.
	➡ 구름이를 만났다는 내용만 간단하게 씀.
하	매일이가 책을 읽어서 방법을 알아내었다.
	➡ 매일이가 고민을 해결한 방법과 전혀 다른 내용을 씀.

19 이무기가 오늘이를 등에 태우고 여행을 떠나는 내용에 어울리는 대사를 해야 합니다.

20 햇빛이 원천강을 감쌌다고 하였으므로 다시 식물들이 살아나는 내용이 알맞습니다.

2. 마음을 전하는 글을 써요

10쪽　쪽지시험

01 (2) ○　**02** 태웅이, 반 친구들　**03** (1) ○
04 ⑳ 서운한 마음 / 섭섭한 마음　**05** (1) ○　**06** 그릇
07 고맙습니다.　　　**08** 아들 / 필립 / 아들 필립
09 걱정되는구나., 축하한다.　　**10** 표현

11쪽　기출 문제

01 (1) 전지우 / 지우 (2) 선생님　**02** ①　**03** 고마운
마음　　**04** ①　　**05** 좋은 사람　　**06** ㉠

02 지우가 그릇을 잘 만들지 못해서 당황하고 있을 때 선
생님께서 도와주러 왔습니다.

04 아들에게 당부할 말을 전하려고 편지를 썼습니다.

12~15쪽　단원평가

01 (1) ③ (2) ① (3) ②　**02** ③　　**03** ②　　**04** ④
05 ①, ②, ⑤　　**06** (2) ○　**07** ③　　**08** ④, ⑤
09 ④　　**10** ⑳ 고맙습니다　**11** ④　　**12** ③, ④
13 (1) 본받을 (2) 지식　**14** (1) ② (2) ① (3) ③
15 ⑳ 아버지께서 말씀하신 대로 좋은 친구를 사귀고 좋
은 책을 읽도록 노력할게요.　　**16** (1) ㉡ (2) ㉣ (3) ㉢
(4) ㉮　　**17** ①　　**18** ③　　**19** ⑳ 앞으로 좋은 이
웃이 되고 싶은 마음　**20** ②

03 이사 간 친구를 그리워하는 마음을 표현하는 말을 씁니다.

04 어떤 일에 대하여 자세히 설명하기 위하여 쓰는 글은
설명하는 글입니다.

06 남자아이가 받은 글의 앞에 "축하해"라는 말이 있으므
로 축하하는 마음을 나타내는 내용이 들어가야 합니다.

07 지우는 책상 위에 놓인 그릇을 보니 선생님 모습이 떠올
랐습니다.

08 그릇을 만들 때 선생님께서 도와주셨던 일을 기억하고
자신이 직접 멋진 그릇을 만들었다는 것이 뿌듯해서 책
상 위에 그릇을 두고 있었을 것입니다.

09 도자기를 만들 때 생각처럼 잘되지 않고, 만든 도자기가
상상했던 모양과 너무 달라서 지우가 당황하였습니다.

10 지우는 선생님께 고마운 마음을 전하려고 편지를 썼습
니다.

11 마음을 전하는 글을 쓸 때에는 읽는 사람의 마음을 고
려해 씁니다.

12 좋은 친구를 가려 사귀고 좋은 책을 가려 보라고 하였
습니다.

13 좋은 사람들의 이야기가 담겨 있어 본받을 수 있는 책
과 공부에 필요한 지식을 얻기 위한 책을 읽으라고 하
였습니다.

14 문장의 내용에 알맞은 마음을 나타내는 표현을 떠올립
니다.

15 아버지의 마음을 생각하며 하고 싶은 말을 알맞게 씁
니다.

채점 기준	답안 내용
상	아버지의 말씀대로 좋은 친구를 가려 사귀고 좋은 책을 읽을게요. ➡ 아버지의 편지에 담긴 마음을 생각하며 하고 싶은 말을 구체적으로 쓰면 정답으로 인정
중	아버지 말씀대로 할게요. ➡ 아버지에게 하고 싶은 말을 썼지만 구체적이지 않음.
하	학년이 올라가게 되어서 힘들어요. ➡ 아버지의 마음을 생각하지 않고 하고 싶은 말을 씀.

17 ②는 축하하는 마음, ③은 섭섭하거나 슬픈 마음, ④,
⑤는 고마운 마음을 전해야 하는 상황입니다.

19 재환이의 편지 마지막 부분에 이웃에게 전하고 싶은 마
음이 나타나 있습니다.

채점 기준	답안 내용
상	**정답 키워드** 좋은 이웃 앞으로 좋은 이웃이 되고 싶은 마음 ➡ 좋은 이웃이 되고 싶다는 내용을 썼으면 정답으로 인정
중	새로 만난 이웃에게 인사를 하고 싶은 마음 ➡ 편지에 나타난 마음이기는 하지만 문제에서 요구하는 정확한 답이 아님.

20 좋은 이웃이 되고 싶다는 재환이의 편지를 읽은 이웃
사람들은 훈훈한 마음을 느꼈을 것입니다.

3. 바르고 공손하게

17쪽 | 쪽지시험

01 ② 　　02 내가 　　03 민영 　　04 ⑩ 거친 말
05 ⑩ 무시당하는 기분 　　　　06 친구들과 사이좋게
지내자. 　　07 ⑵ ○ 　08 말할 기회 　　09 @.@
10 대화명

18쪽 | 기출 문제

01 남자아이 　　　　02 ⑴ 수고하셨어요 ⑵ 고맙습니다
03 ②, ③ 　04 ㉠

---

01 웃어른께 "수고하셨어요."라고 말씀드리는 것은 예절에
어긋납니다.

03 경희는 손을 들어 말할 기회를 얻지 않았고, 높임말을
사용하지 않았습니다.

04 희정이는 경희에게 거친 말을 사용하였으므로 ㉠이 알
맞습니다.

19~22쪽 | 단원평가

01 ④ 　　02 ⑴ ① ⑵ ② 　　03 별명 　04 ①
05 ⑤ 　　06 ⑩ 고맙습니다. 　07 책 　　08 ⑴ ○
09 ④ 　　10 ⑴ 강찬우 ⑵ ⑩ 다른 사람이 의견을 발표
할 때 끼어드는 것은 잘못이야. 손을 들어 말할 기회를 얻
고 나서 발표해야 해. 　11 ⑴ 고운 말을 사용하자. ⑵ 친
구들이 나쁜 말을 주고받으면 사이가 안 좋아지는 것을
자주 봤기 때문이다. 　12 ①, ⑤ 　13 해리 　14 ⑤
15 경청 　16 ⑴ ⓒ ⑵ ㉠ 　　17 ① 　　18 민철
19 ⑤ 　　20 ⑩ 자나 깨나 예절 바른 말

---

01 박 노인은 아랫마을 양반에게 더 좋은 고기를 더 많이
주었습니다.

02 박 노인은 자신에게 함부로 말한 윗마을 양반을 '손님'
이라고 불렀고, 자신을 존중한 아랫마을 양반을 '이분'
이라고 불렀습니다.

04 채은이가 이름을 바르게 부르며 인사해서 민수는 기분
이 좋았을 것입니다.

05 민수가 고운 말로 말하면 영철이도 고운 말로 답하였을
것입니다.

06 고마운 마음을 직접적으로 표현하는 말을 하는 것이 알
맞습니다.

09 사회자의 말을 통해 회의 주제를 알 수 있습니다.

10

채점 기준	
답안 내용	
	정답 키워드 ⑴ **찬우** ⑵ **말할 기회**
상	⑴ 찬우(강찬우) ⑵ ⑩ 다른 사람이 말할 때 끼어들면 안 돼. 손을 들어 말할 기회를 얻은 후에 말해야 해.
	➡ ⑴에 찬우의 이름을 쓰고, ⑵에 다른 사람이 말할 때 끼어들지 말고 말할 기회를 얻어 발표해야 한다는 내용을 씀.
중	➡ ⑴에 찬우의 이름을 썼지만 ⑵에 찬우에게 알려 줄 대화 예절을 구체적으로 쓰지 못함.
하	➡ ⑴만 알맞게 썼거나 두 가지 모두 쓰지 못함.

11 희정이의 발표를 살펴봅니다.

12 희정이는 말할 기회를 얻지 않고 거친 말을 사용해서
주의를 받았습니다.

13 회의와 같은 공식적인 상황에서는 높임말로 말하는 것
이 알맞습니다.

14 과반수가 찬성한 의견이 실천 내용으로 정해집니다.

15 찬민이는 다른 사람의 의견을 잘 듣지 않았습니다.

16 영철이가 대화명을 이름이 아닌 다른 것으로 써서 지혜
가 영철이를 알아보지 못했고, 지혜가 줄임 말을 사용
해서 영철이가 이해하지 못했습니다.

17 친구들이 그림말을 정신없이 너무 많이 사용해서 화난
기분을 나타냅니다.

18 뜻을 모르는 표현을 그냥 사용하는 것은 온라인 대화를
할 때 알맞은 대화 예절이 아닙니다.

19 친구가 자신이 할 말만 하고 대화방에서 나가 버려서
당황한 모습입니다.

20

채점 기준	
답안 내용	
상	⑩ 함께 지킨 대화 예절 우리 모두 좋은 기분 / 내가 한 거친 말 내게 올 거친 말
	➡ 대화 예절을 지키자는 내용의 표어를 알맞게 씀.
중	➡ 대화 예절을 지키자는 내용을 썼지만 너무 길거나 너무 짧게 씀.
하	➡ 대화 예절을 지키자는 내용의 표어를 알맞게 쓰지 못함.

4. 이야기 속 세상

24쪽 | 쪽지시험

01 인물   02 사건   03 배경   04 사라
05 (어느 날) 아침   06 앞쪽 자리
07 공기 알   08 벌레   09 우봉(이)
10 바둑알

25쪽 | 기출 문제

01 ⑴ 그날 밤 ⑵ 사라의 방   02 ⑵ ○ ⑶ ○
03 수현   04 걱정하느라, 제대로 못할

02 사라가 살던 때는 차별이 있던 시대여서, 흑인인 사라는 버스의 앞자리에 앉을 수 없었습니다. 이에 대해 사라의 어머니는 따뜻하게 위로해 주었습니다.

03 우봉이가 젓가락 달인이 되기 위해 반찬을 집을 때에도 연습을 하고 있으므로 승부욕이 강하고 적극적인 성격을 가졌음을 알 수 있습니다.

04 우봉이가 소극적인 성격이었다면 걱정 때문에 젓가락 대회 준비를 제대로 하지 못하였을 것입니다.

26~29쪽 | 단원평가

01 ②, ④   02 앉는 것이 못마땅한   03 ④   04 ③
05 ⑤   06 예 흑인은 버스에 탈 때 뒷자리에 앉아야 한다. / 흑인은 버스의 앞자리에 앉을 수 없다.   07 ⑤
08 학교   09 공기놀이   10 ⑤   11 ⑵ ○
12 ⑴ 공기 알 ⑵ 억울해서   13 ①, ④
14 예 얄밉다.   15 ②, ③   16 ②, ④ 17 ㉮, ㉰
18 ②   19 ㉰   20 예 "네, 할아버지 말씀을 들으니 알 것 같아요. 제가 야만인이라고 생각했던 것은 고쳐야겠어요."

01 버스에 타서 찡그린 사라가 사라의 어머니 말씀을 듣고 나서야 앉았으므로 뒷자리에 앉는 것에 대하여 기분이 좋지 않았을 것입니다.

03 사라의 어머니는 늘 백인들이 앉는 앞자리와 구분된 뒷자리에 앉아야만 했다고 설명하셨습니다.

05 사라가 앞쪽 자리로 나아가 운전사의 옆에 앉았습니다.

06

채점 기준	
답안 내용	
상	**정답** **키워드** 흑인 흑인은 버스의 뒷자리에 앉아야 한다. ➡ 흑인이 어떤 차별을 받았는지 알 수 있는 내용을 구체적으로 씀.
중	백인만 버스의 앞자리에 앉을 수 있다. ➡ 의미가 통하지만 정답 키워드를 빠뜨리고 백인을 언급하여 씀.

07 어떤 흑인도 계속해서 버스를 타지 않자 버스 회사와 시장이 당황하였고, 법을 바꾸게 되었습니다.

10 우진이를 좋아하는 '나'는 우진이의 칭찬을 들은 윤아에게 샘을 내고 있습니다.

11 장난을 치던 창훈이가 윤아에게 부딪쳐서, 윤아가 공기 알을 떨어뜨리고 말았습니다.

12 '나'는 공기 알이 걱정돼서, 윤아는 공기 알을 못 잡은 게 억울해서 창훈이에게 소리쳤습니다.

13 장난을 치다가 부딪치고도 사과를 안 하고 혀만 내밀고 도망가는 모습에서 장난스럽고 배려심이 부족한 성격을 짐작할 수 있습니다.

15 자를 들고 와서 사물함 밑을 더듬거려 공기 알을 찾고, 먼지가 붙은 것까지 털어 주는 모습에서 우진이의 다정하고 적극적인 성격을 알 수 있습니다.

16 인물의 말과 행동을 살펴보며 인물의 성격을 짐작할 수 있습니다.

17 주은이의 성이 '김해 김씨'이지만, 김해에서 살았는지는 나타나 있지 않습니다.

18 처음 만난 친구들 앞에서도 자기소개를 또랑또랑 잘하는 것으로 보아, 주은이는 당당한 성격, 적극적인 성격을 가졌습니다.

19 할아버지의 설명을 듣고도 자신의 생각을 굽히지 않고 맨손으로 밥을 먹는 것이 더럽다고 한 우봉이는 다른 문화를 이해하는 융통성이 부족합니다.

20

채점 기준	
답안 내용	
상	이해심이 많은 성격이 잘 드러나는 말을 알맞은 높임 표현으로 정확하게 씀.
하	이해심이 많은 성격이 잘 드러나는 말이지만, 높임 표현이나 문장에 어색한 부분이 있음.

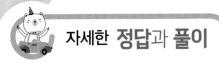

5. 의견이 드러나게 글을 써요

01 (2) ◯ **02** (2) ◯ **03** 성질이나 상태 **04** 움직임
05 과학자를 꿈꾸는 예지가 바로 제 친구입니다.
06 상태 **07** 댐 **08** 취소 **09** 찬성 **10** 홍수

01 ③ **02** (1) 목화가 (2) 몽땅 타 버리고 말았다.
03 ㉠ **04** (1) 폭우 (2) 홍수

01 '그 다리를 맡은 목화 장수는'이 '누가', '고양이 다리에 산초기름을 발라 주었다.' 부분이 '어찌하다'에 해당합니다.

02 '목화가' 부분이 '무엇이', 나머지 부분이 '어찌하다'에 해당하므로, 글자를 틀리지 않게 주의합니다.

03 글쓴이는 ㉠에서 상수리 주변에 사는 사람들이 홍수 때문에 겪는 피해가 해마다 늘어나고 있다는 문제를 제시하였습니다.

04 글쓴이는 ㉡과 ㉢ 부분에 댐을 건설하면 좋은 점을 의견에 대한 까닭으로 제시하였습니다.

01 ③ **02** (3) ◯ **03** (1) 아버지께서 밭에 묻어 두신 보물은 (2) 주렁주렁 열린 포도송이였습니다. **04** 제훈
05 ③ **06** 예 귀여운 동생이 멋진 그림을 그립니다.
07 ② **08** ㉢ **09** (1) ② (2) ① **10** ㉮
11 (1) 김효은 (2) 댐 건설 기관 담당자
12 예 우리 마을에 댐을 건설하는 것에 반대합니다.
13 (1) 동물들 (2) 물고기들 (3) 고향 **14** ㉢
15 (2) ✕ **16** 도균 **17** (1) 반대 (2) 설득 **18** ③
19 ㉣ **20** ②, ④

01 '말해 주었습니다'는 움직임을 나타내는 말이므로 '어찌하다'에 해당합니다.

02 '달려갔습니다'뿐만 아니라, '밭으로'도 '어찌하다' 부분에 해당합니다.

04 문장의 짜임을 알면 문장의 연결이 자연스러운지, 어색한 부분은 없는지 쉽게 알 수 있습니다.

06 채점 기준

	답안 내용
상	'누가'를 꾸며 주는 말과 '어찌하다'의 뜻을 자세하게 해 주는 말 등을 넣어 '누가＋어찌하다' 짜임의 문장을 정확하게 씀.
중	'누가＋어찌하다' 짜임의 간단한 문장을 정확하게 씀.
하	'누가＋어찌하다' 짜임의 간단한 문장을 썼으나 문장에 틀린 글자가 있음.

07 광의 쥐가 목화를 어지럽히기도 하고 오줌을 싸기도 하여 목화 장수들은 고양이를 기르기로 하였습니다.

08 ㉠과 ㉡은 '누가＋어찌하다', ㉢은 '무엇이＋어찌하다' 짜임으로 쓴 문장입니다.

09 ㉠과 ㉡은 서로의 탓을 하며 목홧값을 물어내야 한다고 생각합니다.

10 '네 사람은'은 '누가'를 나타내는 말입니다.

12 채점 기준

	답안 내용
상	**정답** **키워드** 댐, 건설 상수리에 댐을 건설하면 안 됩니다. ➡ 정답 키워드를 포함시켜 댐 건설에 반대한다는 의견이 분명하게 드러나도록 씀.
중	상수리의 환경을 지켜야 합니다. ➡ 글쓴이가 찬성할 만한 의견이지만, 댐 건설에서 벗어난 내용을 씀.

13 글쓴이는 숲의 동물과 만강의 물고기들, 마을 어른들의 사정을 의견에 대한 까닭으로 제시하였습니다.

14 ㉠과 ㉡은 글쓴이가 사는 곳의 자연환경이 얼마나 아름답고 소중한지 알리는 부분입니다.

15 댐 건설 기관 담당자에게 예의를 갖추어 알맞은 높임말로 쓴 편지입니다.

16 의견을 제시하는 글에는 의견뿐만 아니라 의견을 뒷받침하는 까닭도 함께 써야 합니다.

17 글쓴이는 댐 건설이 꼭 필요하다고 김효은 어린이를 설득하기 위해 답장을 썼을 것입니다.

18 앞의 내용과 반대되는 내용이 이어지므로, '하지만'을 넣으면 자연스럽게 이어 줄 수 있습니다.

19 글쓴이는 해마다 늘어나는 상수리 주변의 홍수 피해 문제를 더 중요하게 여기고 있습니다.

6. 본받고 싶은 인물을 찾아봐요

38쪽 쪽지시험

01 (1) ○　02 상황　03 선비　04 스물세　05 ㉠
06 한양　07 실학　08 앤 설리번　　　　09 여덟

39쪽 기출 문제

01 흉년　02 ⑤　03 (2) ×　04 예 어려움을 겪어도 희망을 버리지 않고 끊임없이 노력하는 점

40~43쪽 단원평가

01 헬렌 켈러　　　02 ⑤　03 우리글　04 ③, ⑤
05 ⑤　06 예 신분 제도가 있었다.　　　07 ⑤
08 ②　09 ③　10 규리　11 ㉮　12 ①
13 예 성을 짓는 일에 자주 나오지 않아도 되어 마음 편히 농사를 지을 수 있었다.　14 (1) 거중기 (2) 암행어사 (3) 『목민심서』　15 ④　16 (3) ○　17 토미
18 ①, ②　19 ①　20 예 나라를 사랑하는 마음

06 채점 기준

	답안 내용
상	신분 제도가 있었다.
	➡ 예시 답안과 같은 내용으로 썼으면 정답으로 인정
하	기생이 있었다. / 양민이 있었다.
	➡ 글에서 신분을 나타내는 낱말을 찾아 그대로 사용함.

08 조선 시대에는 양민의 신분으로는 임금을 만날 수 없었습니다.

13 채점 기준

	답안 내용
상	성을 짓는 일에 자주 나오지 않아도 되어 마음 편히 농사를 지을 수 있었다.
	➡ 예시 답안과 비슷한 내용으로 썼으면 정답으로 인정
하	수고를 덜게 되었다.
	➡ 정약용이 만든 거중기가 백성에게 어떤 도움을 주었는지 정확하게 알 수 없게 씀.

7. 독서 감상문을 써요

45쪽 쪽지시험

01 (1) ○　02 ㉮　03 무릎　04 새 양말과 새 신발
05 (1) ○　06 편지　07 ㉢　08 바닷물　09 빙하

46쪽 기출 문제

01 ㉠　02 ㉢　03 (2) ○　04 예 어머니가 이슬을 털며 산길을 걸어서 05 예 아들의 옷이 이슬에 젖지 않도록 하려는 어머니의 사랑이 느껴졌기 때문이다.

47~50쪽 단원평가

01 『이순신 위인전』　02 예 내가 몰랐던 동지
03 (1) ㉯ (2) ㉰ (3) ㉮　04 ⑤　05 (1) 책 내용 (2) 생각이나 느낌　06 공부, 학교　07 ②　08 ⑤
09 ㉮　10 (1) 예 어머니께서 품속에 넣어 온 새 양말과 새 신발을 아들에게 갈아 신긴 장면 (2) 예 아들에게 좋은 것만 주고 싶은 어머니의 마음이 느껴졌기 때문이다.
11 (1) ① (2) ③ (3) ②　12 ①　13 예 다른 사람들과 더불어 행복을 느끼는 일이 훨씬 더 가치 있고 소중한 것이다.　14 ⑤　15 ㉯　16 (2) ○　17 ④
18 ㉯　19 고양이 투발루　20 주미

10 채점 기준

	답안 내용
상	(1) 어머니께서 품속에 넣어 온 새 양말과 새 신발을 아들에게 신긴 장면 (2) 아들에게 좋은 것만 주고 싶은 어머니의 마음이 느껴졌기 때문이다.
	➡ 감동받은 부분과 그 까닭을 알맞게 씀.
중	(1)과 (2) 중 하나만 알맞게 씀.
하	(1)과 (2)를 쓴 내용이 모두 부족함.

13 채점 기준

	답안 내용
상	다른 사람들과 더불어 행복을 느끼는 일이 훨씬 더 가치 있고 소중한 것이다.
	➡ 예시 답안과 비슷한 내용으로 썼으면 정답으로 인정
하	다른 사람들과 더불어 행복을 느낀다. / 이제 다른 사람에게 그늘을 빌려주어야 하는 까닭을 안다.
	➡ 욕심쟁이 영감이 총각을 통해서 깨달은 점을 정확하게 쓰지 못하거나 엉뚱한 내용을 씀.

8. 생각하며 읽어요

52쪽 쪽지시험

01 아버지, 아이, 농부 **02** 당나귀 **03** 아이 **04** 바람직한 독서 방법 **05** 여러 **06** ㉰ **07** 의견
08 고인돌 **09** 찬성 **10** 생생하게

53쪽 기출 문제

01 메고 **02** ㉰ **03** ㉰ **04** (1) ○

54~57쪽 단원평가

01 ② **02** ⑤ **03** 아버지 **04** (2) ○
05 예 다른 사람이 말할 때마다 그것이 적절한지 판단하지도 않고 그대로 따랐기 때문이다. **06** (1) ③
(2) ① (3) ② **07** 혜원 **08** (1) 예 한 분야의 책만 읽으면 시력이 나빠진다. (2) 예 글쓴이의 개인적인 경험이라고 생각하기 때문이다. **09** ④, ⑤ **10** 현진
11 ① **12** ⑤ **13** (2) ○ **14** ⑤ **15** ④
16 ① **17** ②, ④ **18** ⑤ **19** ② **20** ④

05 아버지와 아이가 다른 사람이 말할 때마다 한 행동을 살펴봅니다.

채점 기준

	답안 내용
상	**정답 키워드** 판단 다른 사람이 한 말이 좋은지 판단하지도 않고 그대로 따랐기 때문이다. ➡ 아버지와 아이가 당나귀를 잃은 까닭을 구체적으로 씀.
하	다른 사람의 말을 그대로 따랐기 때문이다. ➡ 인물의 행동의 결과에 대한 까닭을 구체적으로 밝혀 쓰지 않음.

08 뒷받침 내용이 믿을 만한지 판단해 봅니다.

채점 기준

	답안 내용
상	(1)에 예시 답안을 쓰고, (2)에 알맞게 까닭을 씀.
중	(1)은 알맞게 쓰고, (2)에 까닭에 대하여 구체적으로 쓰지 않음.
하	(1)의 내용만 씀.

9. 감동을 나누며 읽어요

59쪽 쪽지시험

01 비행기 **02** ㉰ **03** 지하 주차장 **04** 아빠
05 차 **06** 용 **07** 넓적 가자미 **08** 눈
09 ㉰ **10** (2) ○

60쪽 기출 문제

01 ⑤ **02** (1) ○ **03** ㉰ **04** ④

61~64쪽 단원평가

01 ③ **02** ①, ⑤ **03** 비행기 **04** ㉱ **05** 상욱
06 ⑤ **07** (1) ② (2) ① **08** ②
09 예 차를 어디에 두었는지 기억나지 않아 헤매고 다닌 것을 아이에게 들키고 싶지 않았던 아빠의 마음을 느낄 수 있다. **10** 지은 **11** ㉰ **12** ③ **13** ③
14 ①, ④ **15** 예 김밥을 먹고 싶어서 선생님께 도시락을 싸 가겠다고 한 동숙이의 마음을 조금은 이해할 수 있을 것 같다. **16** ③ **17** (1) ③ (2) ① (3) ② **18** ④
19 민주 **20** ②

09 아빠에게 일어난 일에 대한 느낌을 떠올립니다.

채점 기준

	답안 내용
상	아이에게 실수를 들키고 싶지 않아서 책에 나온 인물을 만났다고 말씀하시는 아빠의 행동이 재미있다. ➡ 아빠의 행동에 대한 느낌을 구체적으로 씀.
중	아이에게 들키고 싶지 않은 아빠의 마음이 느껴졌다. ➡ 아빠의 어떤 행동에 대한 느낌인지 구체적으로 쓰지 않음.

15 인물이 왜 그 행동을 했는지 생각해 보고 그 행동에 대한 자신의 생각을 정리해 봅니다.

채점 기준

	답안 내용
상	엄마께 먼저 물어보지 않고 선생님께 도시락을 싸 가겠다고 한 것은 무책임한 행동이다. ➡ 동숙이의 행동에 대한 생각을 구체적으로 씀.
중	'나쁘다.', '이해한다.'와 같이 동숙이의 행동에 대한 생각을 구체적으로 쓰지 않음.

완벽한 수업을 위한 모든 것을 담았다!

국어/사회/과학 리더

풍부한 시각 자료

풍부한 사진과 도표, 그림 자료로
쉽고 재미있게
개념을 다질 수 있는 교재!

다양한 평가 대비

개념 정리 → 쪽지시험 → 기출문제
→ 단원평가로 이어지는 구성으로
다양한 평가 대비! (학년별, 과목별 구성 상이)

편리한 수업 준비

수업 준비가 편리하도록 강의 팁,
꼭 짚어 줄 문제와 확인할 문제 수록!

선생님과 학생 모두가 만족하는 국사과 기본서!
학기별(국어: 초1~6 사회·과학: 초3~6)

정답은
이안에
있어 !

BOOK 3

정답과 풀이

코칭북

40년의 역사
전국 초·중학생 213만 명의 선택

HME 학력평가
해법수학 · 해법국어

응시 학년	수학 ǀ 초등 1학년 ~ 중학 3학년
	국어 ǀ 초등 1학년 ~ 초등 6학년

응시 횟수	수학 ǀ 연 2회 (6월 / 11월)
	국어 ǀ 연 1회 (11월)

주최 **천재교육** ǀ 주관 **한국학력평가 인증연구소** ǀ 후원 **서울교육대학교**

*응시 날짜는 변동될 수 있으며, 더 자세한 내용은 HME 홈페이지에서 확인 바랍니다.

book.chunjae.co.kr

교재 내용 문의 ························· 교재 홈페이지 ▶ 초등 ▶ 교재상담

교재 내용 외 문의 ····················· 교재 홈페이지 ▶ 고객센터 ▶ 1:1문의

발간 후 발견되는 오류 ············ 교재 홈페이지 ▶ 초등 ▶ 학습지원 ▶ 학습자료실

My name~

		초등학교
학년	반	번
이름		

시험 대비교재

●올백 전과목 단원평가	1~6학년/학기별 (1학기는 2~6학년)
●HME 수학 학력평가	1~6학년/상·하반기용
●HME 국어 학력평가	1~6학년

논술·한자교재

●YES 논술	1~6학년/총 24권
●천재 NEW 한자능력검정시험 자격증 한번에 따기	8~5급(총 7권)/4급~3급(총 2권)

영어교재

●READ ME	
– Yellow 1~3	2~4학년(총 3권)
– Red 1~3	4~6학년(총 3권)
●Listening Pop	Level 1~3
●Grammar, ZAP!	
– 입문	1, 2단계
– 기본	1~4단계
– 심화	1~4단계
●Grammar Tab	총 2권
●Let's Go to the English World!	
– Conversation	1~5단계, 단계별 3권
– Phonics	총 4권

예비중 대비교재

●천재 신입생 시리즈	수학/영어
●천재 반편성 배치고사 기출 & 모의고사